Ernst Herhaus:
Kapitulation
Aufgang einer Krankheit

Deutscher
Taschenbuch
Verlag

dtv

Unveränderter fotomechanischer Nachdruck
August 1980
Deutscher Taschenbuch Verlag GmbH & Co. KG,
München

ISBN 3-446-12412-8
Umschlaggestaltung: Celestino Piatti
Gesamtherstellung: C.H. Beck'sche Buchdruckerei,
Nördlingen
Printed in Germany · ISBN 3-423-01560-8

Das Buch

Jugend, Lehr- und Liebesjahre eines unsteten Säufers, »Bettelerzählers« und Schriftstellers, der sich mit dieser offenen, sprachgewaltigen Beichte aus dem Elend des Alkoholismus befreite. »Ein in jeder Hinsicht außergewöhnliches Buch; außergewöhnlich der Mann, der es geschrieben hat, ein geborener, weil mit strömender Phantasie begabter Erzähler und eben deshalb – da Phantasie auch Ängste wuchern läßt – ein geborener Trinker, eine Verschränkung seiner beiden Naturen, von deren Gefährlichkeit der Geheilte hier Zeugnis ablegt. Sich der eigenen Sucht zu stellen, heißt für Herhaus: stellvertretend für viele die Krankheit in den Griff zu bekommen ...« (Süddeutsche Zeitung)

Der Autor

Ernst Herhaus, geboren am 6. Februar 1932 in Ründeroth im Bergischen Land. Abbruch der Schulbildung, abgebrochene Verwaltungslaufbahn. Lebt heute in Frankfurt. Er veröffentlichte neben Hörspielen und Rundfunkessays die Romane: ›Die homburgische Hochzeit‹ (1967), ›Roman eines Bürgers‹ (1968), ›Die Eiszeit‹ (1970) und ›Siegfried‹ (1972, gemeinsam mit Jörg Schröder). Seine ›Notizen während der Abschaffung des Denkens‹ und das ›Kinderbuch für kommende Revolutionäre‹ erschienen 1970. Seine Lebensbeichte setzte er 1978 mit dem Band ›Der zerbrochene Schlaf‹ fort, als letzter Band der Trilogie folgte 1979 ›Gebete in die Gottesferne‹.

Kapitulation

Für Schneeflocke

Bin nun im Ginster, weit da hinten im Ginster, grün auch zur Winterzeit, eine Zecke im Ginster, im Schilf der Sorge, im Meer meiner Angst, im Sturm der Sucht, einer, der mit dem schiefen Kopf auf die Welt kam, klein Hundsgesicht im Mutterleib, mit einer grünen Kugel im Maul, die seine Sprache ward, Fehlersucher bei anderen und Hasttrinker und Bettler, siechender Stadtchines und Traumnotar später und nun eine Zecke im Ginster, ein Pünktlein Angst, ein Hürlein Zaudern, ein Zeitlein Phantasie, blinzelnd in neugieriger Scheu hell hervor aus den Sträuchern. Ob wohl die Zecke dich, Freund Gott, herbei uns blinzelt? Obs uns wird? Geduld, denn eine Zecke in den Sträuchern braucht Geduld. So will ich euch backen Königstorten der Liebe und dicke Eierkuchen der Angst, schlemihlge Schrecken, holde Entzükken, von mir alternden hundsnervigen Kreatur. Lächle, Gott, einmal nur lächle in diesem großen und wilden Jahrhundert, groß in den Signalen deiner Freundschaft, wild in unseren Schmerzen. Ja, schaue mich nur eben an, deinen so sonderbar geschrumpften Freund in der heutigsten Stadt Europas, immer noch atmend in deiner geheimnisvollen Gabe, unfehlbarer Angst. Angst, ich komme. Ich komme nicht als Gegner, ich komme als Erzähler.

Erstes Buch
Kindheit

Krankheit ist Wüste,
aber Krankheit ist auch
mein Zelt in der Wüste,
in dem erzählt wird.

Im Oberbergischen

1932–1949

Ich sah und fühlte und verstand im Leib meiner Mutter, was ich träumte im Mutterleib: Ich kam im Jahr 617 nach der Geburt eines kranken Mannes zur Welt, jenes sehr hellen Kranken, der am Kreuz bis heute nicht entdeckte Krankheit stellvertretend ertrug und demutsvoll auslebte, in einem schmählichen frohen Tod. Ich kam als Fliege auf die Welt, in einem Jahr der Haare, in Hunan, einer Provinz in Südchina. Gott gefiel es und ich nahm es hin. Hunan heißt Süden des Sees, Hunan war schön. In jenem Jahr der Haare, das von allen Schwärmen der Lösfamilie festlich begangen wurde, festlich begangen auch von allen Leuten in Hunan, mit neuen erzählenden Übungen in ihrer kaum sonst zu entdeckenden Sprache, in jenem Jahr erbebte ich unter einem Anruf von sehr weit draußen. Der Anruf war leichter als jedes Gebot, heller auch als Empfehlung; er war verwegen, weil genau: »Du, Fliege, mache dich auf zum Hengschan.« Ich wähnte noch, ich hätte nichts verstanden, aber ich hatte alles verstanden. Als Fliege vom Süden des Sees bis zum Hengschan? Der Hengschan war einer der fünf heiligen Berge in China. Er war von den Schwirrplätzen meiner Schwärme legendenweit entfernt. Nicht die Flugbahnen aller Schwärme der mächtigen Lösfamilie, zu deren Lebzeiten aneinandergereiht, hätten den Berg vom Süden des Sees her erreicht. Wie denn ich einzelne Fliege? Dünn werdend vor Furcht meinte ich schon, mein Verstehen des Anrufs müsse mich töten. Da überkam mich Angst, wundersame helle Angst, ein Anhauch Phantasie? Helle angstbeschützte Phantasie? Angst half mir, mein Verstehen zu meistern. Aber wie sollte ich dem Anruf gehorchen? Ich war doch keine besondere Fliege, nicht einmal eine kräftige. Da sprach die helle Angst in mir: »Du hast den Anruf verstanden, du möchtest ihm folgen, mithin folge ihm.« Neue Furcht, tiefe Sorge. Da sprach die helle Angst in mir: »Du, Fliege, sorge dich nicht. Entschlage dich nur aller falschen Sucht nach Vollkommenheit und bescheide dich mit den dir möglichen Schritten. Was aber möglich ist, das tue sogleich.« Da wurde ich endlich bereit. Entlastet hauchte ich: »Schöpfer dieser Botschaft von sehr weit draußen, schmiede mir einen demütigen fragenden Geist – Abenteuer, beginne.« Nun zögerte ich nicht länger und machte mich auf den Weg. Ich erhob mich nicht zum Flug, ich gehorchte einer inneren Stimme und machte mich zu Fuß auf den Weg zum Hengschan. Schon bald verlor ich zuviel Energie, aber ich ging zu Fuß weiter und war nun mutiger erschöpft, eine Fliege zu Fuß, unterwegs zum Hengschan. Da verging mir mein Bewußtsein und ich fühlte noch, wie das geschah. Es war Versinken. Versinken in tiefste Angst – höchste Lust. Da kapitulierte ich. Ich kapitulierte bedingungslos und tat den nächsten Schritt und fühlte, wie ich auch den Verlust meines Bewußtseins überstand und weiterging. In diesem Schritt in meine tiefe Bewußtlosigkeit sah ich Sprache, ich sah einen Namen und hauchte ihn. Gott, ging ich nun ohne Ahnung, Sinn und Sorge weiter? In Richtung des Hengschan?

Zeitspaltung

In diesem Traum sah ich etwas, was mit Augen nicht zu sehen ist, und ich hörte etwas, was mit Ohren nicht zu hören ist, und ich fühlte etwas, was mit einem Leib nicht zu fühlen ist, weder mit eigener Seele noch mit eigenem Geist oder mit Ahnung oder Phantasie zu erkennen – ich sah und hörte und fühlte Freiheit, die mehr als zwei Liebende freier macht und die darum nie endet, ich sah wiederum Sprache und sah ein Wort und träumte es. Geschenk, träumte ich dich? Ich erlebte das Nichts und sah mich bewahrt in furchtbarer fortschreitender Leere, bewahrt von faszinierender Fülle im Nichts, dem Bergwerk aller künftigen bleibenden Sprache, lebhaftem Fragen. Da hörte ich von meiner Bereitschaft zu immerfort währender phantasierender Arbeit und fühlte auch dieses Geschenk aus einer Erbarmung von sehr weit draußen, von sehr weit außerhalb des Leibes meiner Mutter. So wurde aus Nichts helle Erfahrung. Wo war ich, Gott, als du aus der Leere mein Nichts erschufst? Wo war ich, Erbarmender, als du in der Fülle des Nichts mein Fragen, Aufknospen vorgeburtlicher Sprache, erbautest? Wo war ich, ferner Freund von sehr weit draußen, als du in meinem Traum im Leib Ruths meine Erfahrung stilltest, die mächtigen Brände der Sprache? Ich schlief und träumte. Da blickten zwei Augen mich an und ich erwachte und erfaßte den Traum. Die fremden Augen schauten mich an, aus forschender Nähe, aus liebender Ferne, in geistiger Freude. Ihr Blick war rätselhaft und geheimnisvoll zugleich. Ein Geheimnis wärmte mich, ein Rätsel verursachte mir Angst. Ist damals, erwärmt vom Geheimnis und geängstigt vom Rätsel, die Sprache meiner Phantasie entbrannt? Da richtete ich sprachhaftes Phantasieren auf den neben mir entstehenden Bruder im Leib meiner Mutter. Mit augenlosem Instinkt und gehörloser Witterung und mit fühlender Sprache entdeckte ich diesen Bruder neben mir. In Sorge, er könne mich aus meinem Traum verdrängen, beugte ich mein winziges Maul über das Haupt meines Bruders und fraß ihm, erbarmungslos und hirnlos und zungenlos, den Kopf weg. Ich fühlte, wie ich versagte. Da stürzte ich in eine bodenlose Tiefe. Der Sturz war ein Fall und ein Niederschweben zugleich, ein Niederschweben in eine Wasserwelt und ein Sturz in sprachaufschäumendes Nichts. Dabei schoß ein mächtiger heller Schatten an mir vorbei und durch mich hindurch und ich fühlte eine Kugel in meinem von Gier und Sorge besudelten winzigen Maul und fühlte, daß die Kugel grün war und daß diese grüne Kugel meine Sprache war. Da zerbrach ich die Kugel in meinem Maul und verschlang alles und schmeckte Sprache in lustaufschäumender ganzer Zeit. So kam ich an in der Wasserwelt, in einem Meer meiner Angst. Da beantwortete ich mit augenlosem Blick den Blick aus jenen Augen; mit dieser Antwort wurde ich geboren. Ein kalter spitzer Schlag, der naß war und immer kälter wurde auf meiner wie gekochten Stirn – dann ein zerreißender Schmerz, das war es, was sich begab bei meinem Herauskommen aus Ruths Leib. Bei Austritt meines Kopfes aus dem Leib meiner Mutter traf mich die Wucht ganz anderer Zeit. Im Leib Ruths war ganze Zeit gewesen, außerhalb des Leibes meiner

Mutter war ganz andere Zeit. Die ganz andere Zeit war relative Zeit in fortschreitender Zeitspaltung – und da geschah es: Im Schmerz meines Übertritts aus ganzer Zeit in relative Zeit aus fortschreitender Zeitspaltung durchhieb mich ein Schwert aus Nichtenergie. Zeitspaltung hieß das Schwert. In der Klaffung meines mittendurch geteilten Kopfes und in der Klaffung meines mittendurch geteilten Leibes sah ich meine Herkunft und diesen Hergang meiner Geburt und meine Zukunft, sah mit an, wie alles, was ich sah, in tosender Stille unterging. Ich sah allen Aufgang und Untergang und erlebte die tosende Stille und sah nun, daß meine Suche nach dem, was in tosender Stille unterging, ihren forschenden und stürmischen Anfang nahm. Da fühlte ich das dritte Geschenk und sah ein Wort und lernte es. Dankbarkeit, lernte ich dich, lehrtest du mich? Da fand ein Kampf um meine Sprache statt, ein Kampf auf Leben und Tod, Kampf zwischen Angst und Schuld und zwischen Furcht und Sorge. Angst und Schuld überwanden Furcht und Sorge. So blieb ich am Leben. Wer kämpfte diesen Kampf für mich? Mit diesem Leben, staunendem Fragen, kam ich, mit dem Kopf voran, aus dem Leib meiner Mutter. Vier Jahre in vierundvierzig Jahren währt meine Sprachgeburt und länger dann meine Suche nach meinen Geschwistern in euch und in einem anderen Leben.

Die Frau mit sieben Siegeln

Ruth, höre ich, ist meine Mutter. Lieblingstochter des Hohen Vieh, so heißt es. Ruth ist schön. Und leidenschaftlich. Und mir Kleinem zugetan. Ach, sie will immerzu verreisen. Aber Wilm will das nicht. Wilm, Vater, grausam. Ruth hat mit Wilm einen dicken Klüngel. Ich fühle das, ich fühle alles. Vom Hohen Vieh angelernt zum Hochmut, war Ruth auch manchmal aufgelegt zu lustbetonten weichen Späßen. Es konnte ihr einfallen, mit mir zu schmusen, daß mir anders wurde. »Ruth, er ist erst drei«, sagt Wilm knapp, aber Ruth sagt lächelnd: »Immerhin, Wilm, immerhin.« Dann beruhigte sie mich gewöhnlich mit reicher Schmusesprache. »Ach, Ernst, ach, du mein Liebessohn«, sagte sie oft. Oder: »Oh, du wirst bestimmt einmal ein tüchtiger Beischläfer und ein Strauchschläfer dazu.« Ich verstand nichts oder viel zuviel. Ruth kümmerte es nicht. Mich, in meinem Kinderkokon aus wörterlösenden Empfindungen und phantasierender Naturringsumbetrachtung, mich riß sie mit ihren Sätzen aus meiner fürstlichen Apathie. »Ernst, den Wilm, den wollte ich haben und da haben wir uns auch gekriegt.« Zum Beispiel. Das waren schwerwiegende seelische Fakten, solche Sätze von Ruth. Ich fing an, sie stürmisch zu begehren, diese ungeschminkt sinnliche Frau. Ich fürchtete auch ihre Geistesgegenwart. Ruths Geist war am lebendigsten gegenwärtig auf ihrer hellroten Zunge und in ihrem Gang; er stand in erregendem Widerspruch zu ihrer betont fahrlässigen erotischen Trägheit. In dieser Trägheit schien meine Mutter ihre unberechenbaren Sätze vorzubereiten.

Eines Tages sagte Ruth: »Ernst, du hattest einen Zwillingsbruder. Er kam eine Stunde nach dir auf die Welt. Er kam ohne Kopf auf die Welt. Du hast ihm, in meinem Leib, einfach den Kopf weggefressen. Clemens sollte er heißen. Wir haben den Rest dann gleichwohl Clemens getauft und haben ihn hinter Karls schöner Scheune, unter dem Komposthaufen, begraben.« Es war Geburtstag. Wir saßen mit viel Verwandtschaft an einer mächtigen Kuchentafel. Großes Gelächter. Breites allgemeines Gelächter, bei dem Ruth mir weich über mein Haupthaar fuhr. Da sagte Ida Kornmaul, die den Kaffee stehen ließ und den ersten Korn bereits ruckartig kippte: »Ja, liebe Leute, das war eine sittenstarke Geburtstagsgeschichte.« Und wieder breites Gelächter.

Ich fragte meine Mutter: »Was ist ein Buch?« Ruth sagte, erstrahlend: »Oh, du mein herzdicker tüchtiger Schweinsbräutigam, ein Buch ist entweder langweilig oder es ist ein Buch mit sieben Siegeln.« Ein Buch mit sieben Siegeln, ja das gefiel mir. Ich liebte Ruth längst über alle Maßen. Ihre Sätze wärmten mich; was über diese fremde Zunge kam, war rein. Ich fragte meine Mutter notflugs und bereits darum streng: »Was ist das, eine Mutter?« Ruth sagte: »Ich weiß es nicht, ich bin eine Frau.« Da sagte ich zu dieser Anmutigen mit holder Ruhe: »Du bist die Frau mit sieben Siegeln.«

Freiheit

Das Hohe Vieh ist mein Großvater Karl. Wilm spricht, mit einem Lächeln in seinen Lidwinkeln, wenig. Er hat dem Hohen Vieh dessen Lieblingstochter geraubt. Das gibt Wilms Sprechen die Schönheit klarer Mäßigung. »Das Hohe Vieh ist froh. Ja, Karl ist ein sehr freier Mann. Er hilft und er läßt sich helfen. So ist das«, sagt Wilm. Ich bewege jedes Wort in meinem Gemüt. Was Wilm sagt, ist für mich amtlich. Nun weiß ich auch, was Freiheit im Bauch einer Mutter und was Freiheit im Hohen Vieh und was Freiheit im Oberbergischen ist. Das mit der Freiheit ist jetzt amtlich. Das Amtliche ist für mich jetzt Schönheit, Klarheit, Mäßigung und die Freiheit ist, irgendwie, hell und gesetzt und viehisch.

Das Hohe Vieh trägt mich auf seinen Schultern einen Waldweg hinan, vorbei an einem weißgekälkten Kirchlein, durch einen Laubwald und vorbei am Rand einer kleinen Schlucht, durch die ein Bach fließt. Das Hohe Vieh raucht Strangtabak in einer Pfeife. Erzählt mir eine feiste Geschichte und lacht gewaltig zwischendurch, derweil ich auf diesen Schultern zufrieden hin- und herschlafe. »Ernst, freue dich«, sagt das Hohe Vieh, mitten in seiner feisten Erzählung. Ich beginne mich zu freuen und höre Vogelstimmen und werde so unvergeßlich freudig müde, ah, schläfrig. Dann sehe ich, in hochanwesender Abwesenheit, eine ganz andere gekälkte Kirche und sehe einen Eingemauerten, in einem Seitenteil jener Kirche. Angst streift mich. Das Hohe Vieh, mit tierischer Ruhe mich auf seinen Schultern tragend, geht weiter den Waldweg hinan. Der Rauch aus Karls Tabakspfeife steigt mir in die Nase. Es ist breiter Gestank, kratzend, knochentrocken und phantastisch.

Kurz darauf sprach ein Anderer das erste Wort von Liebe in meiner Kindheit. Er sprach mich an mit lange schon ersehnter und hell so erwarteter Deutlichkeit, in seiner Musik, Tochter Gottes. Er sprach mich an mit seiner 7. Sinfonie, dem ersten Weltwort von Liebe in meiner Seele. Das ging so: Ruth, Wilm und ich waren in der Stube. Es war ein Samstag. Die Stille im Dorf war erheblich. Ruth sprach sardonisch und Wilm baute ein Radiogerät aus. Ich hörte zu und sah zu. Wilm klüngelte nachdenklich.

Ruth sagte: »Dir will ich mein Herze schenken, Wilm, ach, Wilm.« Mein Vater schaute Ruth an und blieb nachdenklich. Er blieb so eine Weile. Dann, Ruth mit immer noch zum Tisch geneigter Stirn aus hoch aufgeschlagenen Augen anblickend, sagte er: »Ruth, in inniger Beständigkeit bin ich dir und dem Kleinen zugetan.« Ich erfuhr das alles mit längst vorhergewußter, mit äußerster und flirrender Beseligung. Dann sagte Wilm: »In ein paar Minuten kommt aus Leipzig die 7. Sinfonie von Ludwig van Beethoven. Wilhelm Furtwängler musiziert mit dem Leipziger Gewandhausorchester. Das soll der Kleine hören.« Ruth sagte: »Oh, Wilm, so eine schwere Musik versteht der Kleine noch nicht.« Aber Wilm stellte nur fest, sehr ernst in seinem unvergeßlichen geistigen Vergnügen: »Nun – es genügt, wenn der Beethoven davon etwas versteht, wir können das einfach genießen. Und zur Siebten: Es ist keine schwere Musik, es ist Musik.« Damit war das entschieden, und ein paar Minuten später stellte Wilm den Sender ein und ich hörte die Siebte.

Ich vernahm einen Klang von so gesammelter höherer Macht und aus so unbeugsamer Wildheit und so bemeistertem Schmerz, daß mir mit dem ersten orchestralen Schlag der Siebten alles abstarb, was ich, qualvoll unerfahren, in den Kammern meiner Träume an Sprachresten aus früheren Zeiten mit eingeschleppt hatte in diese Gegend. Ich starb allem Gestrigen ab und lebte auf mit dem, was ich jäh fühlte in diesem Weltwort der Musik. Es war eine Umwälzung. In dieser Umwälzung bejahte ich zum erstenmal hochbewußt den Einbruch der Zeitspaltung in mein Leben.

Das Umwälzende in dieser Musik war ihre Botschaft von höherer Macht als Menschenmacht – und von höherer Macht in Menschen, von glanzvoller Machtlosigkeit aus erfaßter, gestalteter und nie mehr zerstörbarer heiliger Liebe, geschenkter Nichtenergie aus der Ferne. Beim Hören der Siebten fühlte ich, um einen Bruchteil Zeit jeweils voraus, was vom Orchester aus Leipzig durch das Rundfunkgerät in unsere Stube kam. Ich fühlte, was jeweils kam – und dann kam es, mit diesen immer neuen und immer weiter pochenden orchestralen Schlägen, mit geordnetem Sturm, beständigem Widerstand Beethovens gegen jede eigene Schwärmerei und auch gegen jede eigene überhebliche Verzweiflung. Da stürmte mit der Siebten und mit ihren dissonanten orchestralen Schlägen Beethoven selber durch meine Seele, mit Angst, Wut, Lust und Schmerz – und mit seinem Zweifel, diesem geistigen Wissen in beide Richtungen, daß es gelinge und daß sonst nichts gelinge, diesem schöpferischen und gebieterischen Ende von Verzweiflung. Ich fühlte nicht nur alles voraus, was vom Orchester kam, sondern darin erlebte ich zum erstenmal das Wunder meines von nun an freien Sprechenkönnens. Mein von nun an freies Sprechenkönnen war in der musikalischen Sprache der Siebten wörtlich enthalten und auf ewig ein Geheimnis in der besiegelten musikalischen Wortwörtlichkeit. Beim Hören wich die tiefste Bedrükkung von mir Neuankömmling auf der Erde langsam von mir: Sprachlosigkeit wich von mir. Ich fühlte die Sprache anklopfen in mir und ihre phantastische Architektur hieß Liebe. Liebe als Geschenk höherer Macht, als eine Botschaft Gottes von sehr weit draußen, ausgesprochen durch andere Menschen, als weltumwandernde Sprache aus drei Gewässern, als Sehnen ohne Sucht, als Lust ohne Tücke und als Schmerz ohne Entwürdigung, solche Liebe zog ein in mein Gemüt. So sprach

Beethoven sein erstes Wort in meiner kindlichen Seele. Sprach mich an mit innigem Ernst, stürmendem Mut, kapitulierender Liebe. Mir kamen Tränen aus meinen erstaunten Augen. Erlöst fühlte ich das Richtige voraus, die triumphale Beugung des Großen unter den Schmerz seiner Unfertigkeit, die Antwort kapitulierender Liebe auf Verlassenheit von anderer Liebe, das Geschenk dafür, Gestaltung der tiefinneren Not. Ich weinte beim Hören der Siebten in meeraufschäumender Freude und in urlangsam beginnender seelischer Aufmerksamkeit. So faßte ich mich und verstand im Vorwärtsgehen der Sinfonie, daß ich Wilm die Tatsächlichkeit dieses Hergangs verdankte. Denn dieser versiegelte wortknappe Mann hatte mir, vor Beginn eines jeden Satzes der Sinfonie, die von Beethoven gewählte Bezeichnung des Satzes genannt und sonst nichts. Weil Wilm nichts sonst erklärte, konne ich phantasieren. Phantasierend bei der Musik, verstand ich, was ich fühlte:

Den 1. Satz der Siebten, Poco sostenuto – Vivace, empfand ich als mein Sehnen. Den 2. Satz, Allegretto, dieses Pochen und Pochen und Pochen, empfand ich als Fortschreiten meines Sehnens zur Liebe und zur höchsten Liebeslust, Vorwärtsgehen zum Anderen in meiner Nähe – und so zu mehr als einem einzigen Anderen in meiner Nähe. Diesen Satz höre ich seither in seinem strahlenden gezügelten Gang, in seiner ahnungsreichen Wehmut, der Gewißheit kommenden zerreißenden Schmerzes, eigener Produktivität. Im Beginn des 3. Satzes der Siebten, dem Presto, hörte ich die Klarheit des Willens Beethovens hell explodieren, hörte ich im explosiven Presto die Offenbarung des richtigen Weges zur Liebe, des Sprechens der Liebenden von ihrer Liebe: Sprache vernahm ich, hinreißende Klärung, schöpferischen Ausdruck der Liebe, weltumwandernde Nichtvergewaltigung durch das Sprechen von Liebe – im zweiten Teil des 3. Satzes, Assai meno presto, milderte Beethoven diese ungeheuerliche Herausforderung zur Sprache und schloß ernst ab. Im 4. Satz, dem Allegro con brio, führten Sehnen, Vorwärtsschreiten zur Lust und zur Sprache, mit kühlem und steigendem äußersten Tempo in die Verwirklichung der Liebe, in gestalteter Wehmut und mit schmerzlicher Wucht führte mich die Musik in das vollendete Lied, das tiefste Lied. Ich empfand den Schluß der Sinfonie als Schmerz ohne Entwürdigung, und Beethoven erschuf das Ende dieses Allegro con brio mit dem Mut einer Seele aus Granit. Als diese Musik endete, wußte ich, daß es Gott gab, weil es Menschen mit einer Erfahrung von unbesudelbarer Liebe gab. Ich verschwisterte mein Leben für immer mit Ludwig van Beethoven und wurde bereit, alle in mir schlummernde Erfahrung von unbesudelbarer Liebe zu wecken und sie zu gestalten und Widerstand bis zu meinem letzten Atemzug zu entwickeln, Widerstand gegen jede Einlullung meiner Absicht und gegen jede unmäßige Verzweiflung in mir. Ein nicht zu ertragender Schmerz durchhieb mich nach dem Schweigen des Orchesters, Schmerz, weil die Musik für jetzt und so, an diesem Tag, für immer in mir begonnen hatte und schon vollendet war. Ich nahm den Schmerz, der nicht zu mildern ist in dieser bis heute immer noch anhaltenden Stille seit jenem Schweigen des Orchesters damals, staunend hin. Da entdeckte ich mich, denn ich entdeckte zum erstenmal meine persönliche Verschwisterung mit dem Agens von Phantasie, wie ich sie verstehe seither: Phantasie war wartende Wirklichkeit, die mit höherer Macht und aus eigener Erfahrung von unbesudelbarer Liebe – und um den Preis lebenslangen Widerstandes gegen alle eigene Euphorie und gegen alle eigene Verzweiflung langsam und mit Nichtenergie verwirklicht werden kann.

Eine Hütte Gottes bei den Menschen

Beim Anblick von Milchsuppe erbrach ich mich jedesmal. Ruth sagte: »Er erbricht aus Gemeinheit, es ist reine triumphierende Gemeinheit.« Aber Wilm sagte: »Ruth, es ist anders – er leidet. Milch quält ihn, das sehe ich ihm an – gib ihm einen geriebenen Boskopp.« Ich spitzte sofort die Ohren. Wenn Wilm das Wort Boskopp sagte, spitzte ich die Ohren. Ich fraß den rauhhäutigen Apfel so gern, weil ich das Wort Boskopp brauchte. Ich brauchte dieses offene trotzige Apfelwort, weil ich seelischen Hunger erlebte. Wilm sagte: »Du bekommst bald Gesellschaft.«

Eines Tages fing es an, mein Erbrechen beim Anblick von Milch. Als ich das Wort Boskopp zum erstenmal hörte, dieses hohle und kraftaushöhlende saftige Wort mit dem trotzigen Klang, empfand ich hirnwasserströmende Lust, demütige tiefinnere Arschlochlust. In ihr weidete sich mein Sehnen nach baldiger Sprachhochzeit. Es kannte mein Hirnwasserströmen aber kaum noch Grenzen, wenn Wilm sagte: ». . . einen geriebenen Boskopp.« Es war ein so dicker und zugleich ein so messerschlanker sarkastischer Klang, es war ein Sinnensatz, ein heftiger Brustgenuß, grelle Träumerei und tiefe fromme Ohrenerfahrung, Begreifen in meinen Ohren, längst überfällige Relativierung aller Märchen vom Nurgehirn, die mir die tollen homburgischen Tanten und Basen und ein wilder Onkel noch dazu in mein Kindergemüt gesetzt hatten. Wilms Satz vom geriebenen Boskopp erfreute mich durch die Bekanntschaft mit meiner lustvollsten Tätigkeit, leisem und träumerischem Infragestellen, friedlicher Hirnerschütterung. Ich fraß mit Andacht und verspeiste auch Wilms Apfelsatz.

Die Siebte war Wilms erste Liebestat gewesen, sein Apfelsatz war seine zweite Liebestat in meinem Leben, ich fühlte längst die dritte: An meinem fünften Geburtstag schenkte er mir ein Buch mit farbigen Illustrationen. Er gab mir das Buch, ich wog es in meinen Kinderhänden und Wilm sagte: »Das sind Hauffs Märchen.« Ein Haufen Märchen? Haufenmärchen? Märchen beim Haufenmachen? Mein Gott, was ging in mir vor! Da meinte Wilm: »Damit du erfährst, um was es sich handelt, lese ich dir mal etwas vor.« Er las mir an meinem fünften Geburtstag den ganzen Zyklus ›Die Karawane‹ vor. Ich hörte ihm zu, viele Stunden, scheu und fasziniert. Beim Zuhören aber hing ich mich über Wilms Schulter und schaute in das Buch, aus dem mein Vater mir vorlas. Wilm war zuerst etwas irritiert, aber schließlich nahm er unsere Leibesnähe hin und hatte im Weiterlesen eine Idee: Sein Finger fuhr unter den Wörtern und Sätzen her, während er sie mir vorlas. Wilm las impertinent gut, langsam und fast ohne Färbung der Stimme, ohne interpretierende Betonung, – die Wörter leise aussprechend, die das Geschehen beglaubigten. Ich betrachtete die Wörter, die Wilm mir vorlas. Ich betrachtete sie intensiv und Wilm ließ mir, durch sein langsames Lesen, genügend Zeit dafür. Ich sah den Bau der Buchstaben und erlauschte deren Klang, vernahm die Sätze, erlebte den Hergang des Geschehens. Die Richtigkeit eines jeden Buchstabens frappierte mich, denn ich entdeckte, wie in der Musik, das nie erlebte Meer der meerbewegten Sprachentiefe: Das Geschriebene war so abhold jedem Zufall, so wundersam gestreng jeden Zufall und damit allen Wahnsinn leichthin aus dem Meer meiner Ahnungen eliminierend, denn nicht dieser oder jener Buchstabe dünkte mich, ausnahmsweise, richtig, sondern, du hohes und unfaßbares Wunder, jeder Buchstabe frappierte mich mit seiner Richtigkeit! Da atmete ich auf in schierem Trost, fühlte etwas voraus: Geborgenheit in allen kommenden splitternden Katastrophen, Ahnung der Fülle des Nichts, Bergung meiner Leere in etwas, das nicht aus mir und nicht von mir erschaffen war, das größer war als alles im Meer meiner Ahnungen.

Als Wilm den ganzen Zyklus vorgelesen hatte, sagte er: »Ja, Ernst, das ist die Hütte Gottes bei den Menschen, das ist Erzählerei, Junge.« Da faßte ich mir ein Herz und gab Wilm sofort Antwort, und das war mir möglich, weil ich spontan das von Wilm so silbenklar gelesene Wort Karawane musikalisch mit dem Wort Erzählerei befreundete, und so antwortete ich: »Ja, das ist die Hütte Erzählerei, Erzählerei ist Karawanserei.«

Verstehen

Ich zeigte Wilm ein Wort und fragte: »Heißt dieses Wort Wüste?« Wilm sagte: »Ja, richtig, das Wort heißt Wüste.« Ich verstand das Wort nicht und fragte: »Was bedeutet Wüste, ich verstehe es nicht.« Da sagte Wilm: »Ich könnte dir leicht sagen, was ich unter dem Wort Wüste verstehe, aber das will ich nicht tun. Du wirst das Wort ohne weiteres selber verstehen, früher oder später. Du wirst es schon ganz von selber verstehen, du kannst das.« Da fühlte ich, daß Wilm mich verstand. Sein Verstehen baute seinen Ruhm in meinem Herzen, die Liebe das Geheimnis seines Ruhms. Wilm belehrte mich nicht? Ich würde das selber können? Ich aus mir selber? Es war sensationell. Ich hatte bereits zögernd, aber insgeheim schon sicher im Gelingenden, allein mit dem Lesen im Märchen von der Karawane angefangen. Es ging knubbelig, aber es ging. Natürlich wußte ich längst, daß Wüste ein menschenleerer Ort aus Hitze und Wasserlosigkeit – und mit Zelten war, aber ich wollte nicht bloß wissen, ich suchte Verstehen. Da überließ ich mich einfach meinem Gefühl und sagte zu Wilm: »Etwas wissen, aber niemand verstehen, ist das Wüste?« Wilm sagte: »Ja, das ist es, das ist Wüste, wie du es verstehst. Und wie komplex du es verstehst . . .« – »Was heißt nun komplex?« fragte ich ihn. Er schmunzelte und sagte, leicht geniert: »Ach, nichts, sagen wir mal nichts.« – »Wie verstehst du das Wort Wüste?« fragte ich ihn. Er sagte: »Wüste ist ein Wort, das mir zeigt, wo ich lande, wenn ich anfange, dich zu belehren.« Das nahm ich Wilm sofort ab. Aber da sagte Wilm den unvergessenen Satz: »Es ist unser Glück, daß sieben Leute unter einem Wort bestimmt siebenerlei verstehen – falls man sie nicht belehrt. Und weil sie dann, im selben Wort, durchaus Verschiedenes verstehen, darum entsteht Gespräch. Und aus dem Gespräch entsteht manchmal Erfahrung, niemals aber Krieg, oft sogar Liebe. Wer alles für andere Leute und ein für allemal erklären will, ist sehr unglücklich, er kennt kein Gespräch, nur Radau, er erleidet Krieg und fürchtet sich vor Liebe. Und Furcht vor Liebe, das ist auch eine Art Wüste.« Ich hatte schwer zu tun, um alle diese Mitteilungen zu behalten. »Kannst du schreiben?« fragte ich Wilm. Er nickte. Ich konnte nicht schreiben. Deshalb fragte ich meinen Vater: »Könntest du für mich aufschreiben, was ich dir jetzt sage? Ich kann ja nicht schreiben.« Wilm holte Papier und schraubte seinen Füllfederhalter auf. Ich sagte, was er schreiben möge. Er tat es. Als wir fertig waren, sagte ich: »Danke, lieber Wilm, es ist sehr aufregend in unserem dörflichen Leben.« Mein Vater sagte: »So, das wäre aufgeschrieben. Immerhin, du Knurrarsch beschäftigst bereits einen Sekretär.« Das Wort Sekretär gefiel mir sofort. Ich sagte: »Später habe ich bestimmt keinen Sekretär.« – »Warum denn nicht?« fragte Wilm. »Lieber Wilm«, fuhr ich nun sehr artig fort (die Anrede übernahm ich ab nun von Ruth), »es geht schief mit uns allen und schief mit mir.« Mein Vater war nicht leicht zu erschrecken. Aber er verfärbte sich etwas und sagte: »Es sieht so aus, wie du sagst. Es laufen hier Leute umher und brüllen und rotten sich zusammen. Sie erklären alles. Das gibt Krieg.« Von diesen Leuten wußte ich nichts.

Der Mann mit dem Horn

In der Geburtstagsnacht nahm ich Hauffs Märchen mit in mein Bett. Begann darin zu lesen. Nach einer Stunde kam Wilm und machte das Licht aus. Ich wartete etwas, dann stand ich auf und machte das Licht wieder an, las weiter. Wiederum eine Stunde später kam Wilm und machte das Licht wieder aus, kommentarlos, ohne zu schimpfen. Ich wartete nun wieder und stand wieder auf und machte das Licht wieder an und las nun bis in den beginnenden Morgen weiter. Da kam Wilm zum drittenmal und es war schon hell in dem kleinen Zimmer. Wilm schüttelte den Kopf und machte das Licht zum drittenmal aus und sagte: »Der Form halber.« Da schlief ich ein und träumte vom Mann mit dem Horn. Von ihm hatte ich Erstaunliches gehört, überall in den Dörfern wurde von ihm erzählt. Bei Hochzeiten und Beerdigungen wurde der Mann mit dem Horn bestellt. Aber auf Hochzeiten spielte er auf seinem Horn mit so wehmütiger Kunst, daß alle Gäste zu weinen anfingen, bei Beerdigungen aber spielte er mit so anderer wehmütiger Kunst, daß alle Grabgänger zu strahlen und verstohlen zu lachen anfingen. Der

Mann mit dem Horn sagte jedesmal, er könne nichts dafür. Ruth und Wilm und meine Tante Ida und das Hohe Vieh, ja sogar die stolze Wilhelmina, Gattin des Hohen Vieh, hatte ich vergebens bestürmt, den Mann mit dem Horn zu suchen. Ich wollte ihm zuhören. »Er ist weitherum unterwegs, immer unterwegs«, damit mußte ich mich bescheiden. So aber behielt ich es.

In jener Nacht nach meinem fünften Geburtstag träumte ich, der wilde Falk, ärgerlichster Schwiegersohn des Hohen Vieh und die größte Saufnase von allen, Falk ohne Hirn hätte Bleßchen, die rotweiße Kuh, mit einem Vorschlaghammer erschlagen, ihr mit erschreckender Fertigkeit das Fell abgezogen. Ich stand dabei, hinter Karls Scheune. Da öffnete sich der Himmel und wir standen in einem Regen, der in breiten Schüben vom Himmel herabfiel. Da packte Falk mich und wickelte mich in die Kuhhaut, verschnürte mich mit Kälberstricken; nur mein Kopf schaute noch heraus, mein Kopf mit meinem starren Pesthaar schaute oben heraus. So legte der wilde Falk mich an der Scheune nieder und stürzte weg aus dem Regen. Der Regen fiel in solchen Sturzbächen aus dem Himmel, daß er sich ringsum staute. Ich sah die Wasser neben mir ansteigen. Da stieg das Wasser zu allen Seiten über die Kuhhaut und armhoch über meinen Kopf und ich lag unter dem Wasser und ertrank nicht. Ich lag in wassersteigender Stille. Da sah ich den Mann mit dem Horn. Er stand wenige Schritte von mir entfernt, mit Fischerstiefeln und einem hohen spitzen Hut und mit einem Kattungesicht unter dem Hut. Er nahm ein großes Horn von der Schulter und blies. In meiner Stille unter dem Wasser vernahm ich seine wehmütige Kunst, und lachend begann ich zu weinen und weinend begann ich zu strahlen und strahlend begann ich verstohlen zu lachen und davon erwachte ich. Als ich wach geworden war, wunderte ich mich, daß ich hinter Karls Scheune nicht den Komposthaufen, unter dem Clemens begraben lag, gesehen hatte. Da schrieb ich das erste Wort meines Lebens, ich schrieb es auswendig und leichthin und mit Bestimmtheit. »Klemens« schrieb ich. Wilm sah das Blatt später und sagte: »Das hast du geschrieben? Das hast du mit großem Sprachgefühl geschrieben. Wir hatten uns den Clemens eigentlich mit C gedacht, aber mit K ist es deutsch und wir hier in der grünen Wildnis, wir sind ja nun wohl ziemlich deutsch.« Was meinte er mit deutsch? Ich fragte ihn. Da sagte er mit Würde: »Ach, was deutsch ist, weiß keiner so genau. Aber es ist nichts von vorneherein dummes.« Ich hätte es gern aufgeschrieben, aber ich konnte noch nicht schreiben. »Wann kann ich endlich schreiben?« fragte ich Wilm, in richtiger Fischigkeit, verkappter Angst und Sprachenliebe aus der Energie der Angst. »Mache es wie der Mann mit dem Horn, gehe erst mal weit herum, sei erst mal weitherum unterwegs«, sagte Wilm. Ich gab ihm einen Namen. Wilm war nun der Ginster. In diesem eleganten winterfesten und grünen Gesträuch vermutete ich den Klang meines kommenden Schreibens, schönen Fuhrmannsklang im Erzählen. Weiß war meine Geistesangst, schwarz wie Holunder der Schmerz meiner Freude – und Regen, herabstürzend vom Himmel, hatte mir Klemens gezeigt, den ganz anderen in mir und mit mir, damals im Leib unserer versiegelten Mutter. Ruth war versiegelt von etwas Unbekanntem; Wilm war versiegelt von der Liebe mit Ruth. Wann würde ich eingesiegelt?

Grielachen

Grielachen? Das ist eine heimatliche Wortbildung. Ein Grielächer ist einer, der im Grielachen zu Hause ist. Was ist es eigentlich, das Grielachen? Das Hohe Vieh hatte sein wachsendes Interesse auf mich gerichtet, auf mich kleinen Knurr- und Trotzteufel mit den dicken Angstbeinen und den übergestülpten schrecklichen Matrosenanzügelchen, jawohl, die so über dem Knie spannten. Das Hohe Vieh mochte mich. Sagte: »Mit dir Kind kann ich wenigstens normal reden, du Matrose der Phantasie, du hast noch Geist, erinnerst mich an Sterns Christian, wohingegen das halbe bloß alt gewordene Familiengesindel um einen herum nicht einmal mehr Verstand hat, ach, Ernst, freue dich, denn mit dir kann man reden!« Und dazu pflegte das Hohe Vieh mächtig und hellauf zu lachen. »Wer ist Sterns Christian?« bohrte ich beim eisengrauen Hünen, der mich so erkennbar mochte, aber das Hohe Vieh winkte nur ab und sagte: »Höre auf mit deinen penetranten Fragen. Sterns Christian ist der Halbbruder Gottes, Kind, damit bist du bezahlt und jetzt höre auf mit deiner Wissenschaftstollheit.« Aber ich war nicht faul und stand da mit meinen dicken Angstbeinen und kuckte an dem Hohen Vieh herauf und fragte: »Opa, ist der Halbbruder Gottes vielleicht Liebreich, Gevatter Tod?« Aber mein Großvater wurde wirklich ärgerlich und sagte: »Ich habe etwas Schreckliches angefangen, indem ich überhaupt etwas mit dir rede, du bist schlimmer als ich in meinen alten Erfahrungen, du würdest selbst Sterns Christian das letzte seiner drei himmlischen Sackhaare aus dem Leibe ziehen. Ich bin jetzt böse. Höre: Liebreich ist Liebreich und Sterns Christian ist der Halbbruder Gottes und hat mit Liebreich überhaupt nichts zu tun, du Hurengehirn. Denn Liebreich steht dir linkerhand, geht überall hin mit dir, wohin du auch gehst, wohin du dich wendest, indessen Sterns Christian steht am Himmel. Er ist nicht im Himmel, glaube bloß das nicht, mein herzneugieriger dicker Junge, nein, er steht *am* Himmel, der Halbbruder Gottes.«

Damals, es war in der Pferdemulde unterhalb des Hauses, fragte ich meinen Großvater, den ich so furchtbar gerne Karl nannte, was das Hohe Vieh jedesmal leicht verdutzte: »Ja – und Gott, Karl, ist das nun ein Mann oder eine Frau?« Ich habe später nie mehr einen so geistmächtigen Mann so vollkommen hoffnungslos resignieren sehen wie einst das Hohe Vieh. »Man forscht und sehnt und phantasiert sich den Leib naß, man bringts nicht zustande im Kopfe und das ist gut für unsereins – zum sich Verkleinern im Kopfe ists nämlich gut. Was oder wer Gott ist, das werde ich wohl auch nicht im Tode erfahren. Liebreich packt mich eines Tages. Möge er mich als Freund packen. Sterns Christian aber, der Halbbruder Gottes, schützt mich eines Tages, drunten in der Erde, drunten im Kühlchen, er schützt dann meinen sterbenden Geist vor dem Anblick Gottes, denn wie sollte ich Menschenauge wohl den Anblick einer Herrlichkeit ertragen, die bestimmt weder Frau noch Kind noch Mann ist.« So sprach das Hohe Vieh.

»Lasse dir nichts unter die Joppe schieben, dein Großvater ist ein Grielächer«, sagte meine Großmutter, die stolze Wilhelmina, zu mir. Und dann sagte sie manchmal zu mir: »Junge, höre auf mit dem Griemeln.« Das Griemeln ist eine westfälische Spezifität. Es ist Ginsterdenken. Es geht dabei nicht ums Denken, sondern ums Leben. Griemeln ist gefährlich, kann jählings umschlagen in lebenslange Konsequenzen. Das Griemeln läßt sich nicht erlernen; die einen grübeln, die anderen griemeln. Ich fürchtete mich vor dem Griemeln und wenn Wilhelmina zu mir sagte: »Junge, höre auf mit dem Griemeln«, dann dachte ich: ›Stern, Halbbruder Gottes, bin ich denn da schon mittendrin? Ach, da lasse du mich doch barmherzig lieber bloß ein Grielächer werden, wie das Hohe Vieh! Denn da hat das Grielachen ja nichts geschadet . . .!‹

Mit meinen Kusinen Irmel und Ursel hütete ich die Kühe von Tante Mariechen, auf dem Wohlertsiefen, der Wiese unterhalb vom Eselskopf. Der Eselskopf war ein geheimnisvoller Berg. Es war die schöne Zeit, in der ein Hochsommer in den Herbst überging. Wir brieten Kartoffeln und rauchten Farn. Ich betrachtete dabei die Kühe und besah mir den Eselskopf. Das Hohe Vieh hatte mir von dem kleinen Berg allerlei erzählt. Die Kühe hütete ich am leichtesten, indem ich mit denen redete. Irmel und Ursel, diese geschärften Biester, kujonierten dauernd mit Stöcken an den Kühen. Liesel bekam davon solche Zustände, daß sie in einen starken Galopp fiel und wir sie oft durchs Unterholz verfolgen mußten. Außerdem bekletterte die Liesel den Stier Kuni, anstatt der sie. Liesel hatten den Rappel und gab Milch, als ob ihr das peinlich wäre. Sonst waren die Kühe so friedlich, daß sie fast tragisch wirkten.

Das Hohe Vieh hatte mir beträchtliche Unterscheidungen beigebracht. Der wilde Falk war vom Hohen Vieh als Tragiker bezeichnet worden. Ich wollte wissen, was das wäre? »Wenn ich zum Scheißen schreite, will ich es dir gern erklären«, sagte Karl mit Würde. Wenn das Hohe Vieh zum Scheißen in den grünen Bretterabtritt schritt, pflegte es einen Topf starken Kaffees und eine Brasil mitzunehmen. Damit machte Karl es sich im Abtritt bequem. Das grüne Scheißhaus hatte in der Tür ein kopfrundes Loch. Dort schaute das Hohe Vieh beim Sitzen und beim Scheißen und beim Kaffeeschlürfen und beim Brasilrauchen befriedigt heraus und gab mir fabelhafte Denkwürdigkeiten zum Besten, schöne Memoiren, wie Karl sagte. Ich stand dann vor dem Abtritt und sah Karls Schädel mit dem eisengrauen buschigen Haar und der Kopf des Hohen Vieh blies dann den Zigarrenrauch zu mir nach draußen und der feste Mund im Kopf sagte dann: »Ernst, im Hergang der Notdurft mit starkem Kaffee und Brasil phantasierts demütiger in mir, denn ich fühle mich komfortabel.« Ich wollte nun wissen, wie das mit den Tragikern wäre, aber mein Großvater genoß in Besinnung durch Schweigen seine Defäkation. Später sagte er, gut rauchend im Abtritt: »Es gibt drei Sorten von Tröpfen, die Zyniker, die Ironischen und die Tragiker.« Ich fragte: »Karl, wie kann ich denn die drei Sorten voneinander unterscheiden?« Das Hohe Vieh sprach: »Gut, passe auf: Die drei Sorten von Tröpfen bilden den großen gleichgültigen Haufen, vereint zerren sie auf Dauer selbst dem fähigsten Menschen den Humor aus dem dritten Daumen. Du mußt dir jeden einzelnen von ihnen als faulen und ganz entmutigten Zerrer vorstellen. Wer glaubt, solche Tröpfe einfach als Masse abtun zu können, liegt falsch. Sei nun zufrieden, denn mehr sage ich heute nicht. Das Scheißen macht so fromm und mein Reden macht nur überflüssigen Ärger.« Aber ich war nicht zufrieden und sagte: »Karl, nun vorwärts, die drei Sorten.« Verärgert funkelten die ernsten Augen aus dem Bretterloch und das jagte mir jedesmal ein Bauchvergnügen aus bevorstehender Wissensbefriedigung durch den Leib und schoß hoch bis unter mein Kopfhaar, meine Zeitmütze. »Du bist die dicke Pest, gut, passe auf«, sagte das Hohe Vieh, »Zyniker glauben nicht an die Liebe, Ironiker glauben nicht an das Wort, daß es Fleisch wird und die Tragiker verwechseln die Liebe mit dem Wort, welches Fleisch wird. Das merke dir und erliege nie der Versuchung zum Regieren, denn wer freiwillig Tröpfe regiert, kann unmöglich gut im Stuhl sein. Regiere nie, diene. Diene, wo menschenmöglich regiert wird.« Karl hatte seinen mächtigen Kopf ein wenig zurück in das Innere des Bretterhauses gezogen und hatte hinzugefügt: »Falls Sterns Christian ein Einsehen hat mit dir, falls er dich vor Herzensfäule bewahrt, dann kriegst du Denkkraut, Gotteskraut, haltbare Phantasie zum Dienen. Und Phantasie ist ja etwas, über das selbst Gott fast kopfschüttelnd lächelt.« Das gefiel mir. Vor allem Herzensfäule gefiel mir und dann, ja dann dieses Fast – daß Gott fast kopfschüttelnd lächelt über uns Abtrittsgeher, das gefiel mir ganz besonders.

Irmel, Ursel und ich rauchten den gedrehten Farn in Zeitungspapier unter dem Eselskopf und wir hüteten die Kühe, diese Tragikerinnen, tranken auch vom eiskühlen Wasser aus der Loope, dem murmelnden Bach, der unter dem Eselskopf entsprang. Das Loopewasser, hieß es, wäre Zwergenwasser und Karl hatte, grielachend, zu mir gesagt: »Wer an seinem siebten Geburtstag aus der Loope trinkt, dem vermacht Sterns Christian eine Gabe.« Ich habe damals oft aus der Loope getrunken, ob aber auch an meinem siebten Geburtstag, das weiß keiner. Es bleibt offen. Den stillen Ruck zum vielen Geld habe ich gewiß vom Hohen Vieh, leider aber nicht seine Gabe, es mit einer Erfindung prompt auch zu machen und sodann mit dem Erfinden für immer aufzuhören, nein, die Gabe habe ich kaum von ihm geerbt – aber dafür einen Charakterzug: Im Schönsten aller aufregenden Eventualität, im Geistigen, waren das Hohe Vieh und ich dieselben strengen Burschen. Deshalb bleibt das mit dem Zwergentrunk an meinem siebten Geburtstag aus Wissensmangel offen. Schuf dieser Wissensmangel mir meine zeitbemützte Neugierde? Der Eselskopf war noch geheimnisvoller als der Kleine Borberg auf der anderen Seite des Tals. Im Kleinen Borberg hatte König Etzel ein kupfernes Kalb vergraben und um die Kuppe des Bergleins hatten die Kelten einen Schutzwall gezogen. Das war schon viel. Aber im Eselskopf hatten die bergischen Geschwister aus dem Rosenhag Zuflucht gesucht und, irgendwo in diesem Berg, dort hatten sie ihre geschwisterliche Liebeshochzeit gehalten. Dafür büßten sie seither mit schmerzhafter Verborgenheit, um der Aufrechterhaltung der Wahrheit einer verbotenen Liebe willen. Noch aufregender für mich, damals: Oben auf dem Eselskopf sollte es Pferdenester geben. »Nester mit frischgeborenen Pferden, mit Pferden aus Sterns Eiern«, so das Hohe Vieh. Das Liebesmartyrium der bergischen Kinder berührte mich so, daß ich darüber fast ins Griemeln geriet. Schnell richtete ich meine Phantasie auf die Pferdenester, ging hinunter zur Loope und trank mich satt. Dann kletterte ich den Berg hinan, bis hinauf zur Ginsterweide. Sah Königskerzenfelder. Ich stand lange dort, sog den würzigen Duft des Ginsters ein und roch den holzigen Brandgeruch des Heidelbeergestrüpps. Sterns Rivalen griemeln, Sterns Freunde grielachen, das empfand ich plötzlich. Grielachend über diese Festlichkeit bin ich aus der Zeit geraten. Ob der Liebesmut der bergischen Geschwister mich aus der Zeit brachte? Plötzlich stand ich in der hereinbrechenden Nacht. Ich legte mich in einen Ginster und schlief ein.

Ich erwachte, weil ich Stimmen hörte. Es war wieder taghell. Dann sah ich viele Leute aus dem Dorf. Ich tat, als schliefe ich weiter, hörte jemand rufen: »Mariechen! Da ist er! Liegt im Strauch und schläft!« Aber ich schlief nicht, ich lag im Strauch und phantasierte. Ich fühlte das Hohe Vieh in der Nähe, öffnete ein Auge einen winzigen Spalt und sah den Hünen, der mir das Märchen von den Pferdenestern unter die Joppe geschoben hatte, und dann hörte ich seine mächtig erheiterte ernste Stimme: »Da seht ihr es ja, voreilige Sorgennasen. Das Kerlchen hat zu tun. Liegt im Ginster und denkt und grielacht. Wir haben einen Grielächer!«

Einsiegelung

Ich kam in die Dorfschule, dachte, ich komme in eine Blödenhölle. Da sah ich in der Bank Gisela, ging zu ihr, legte hell einen Arm um ihren Hals und küßte sie, hingebungsvoll, auf ihren erstaunten Mund. Es war ein Zungenkuß, erfuhr ich später. Der Lehrer riß mich aus der Bank und schlug mich. Da wurde alles versiegelt, was ich Schönes erlebt hatte bis dahin. Ich trat den Kerl mit aller Kraft vor das Schienbein und dann stieß ich ihm beide Fäuste voll in den Bauch und rannte aus dieser Klasse, ging heim und sagte Ruth nicht, was geschehen war, sondern wartete, bis Wilm kam. Ihm sagte ich, was passiert war. Nachmittags kam der Lehrer. Er beklagte sich bei meinem Vater. Sein Gerede war schlimm, nichts stimmte wirklich, nichts war frech gelogen, unser Dorfblöder sprach besser. Wilm fragte mich: »Willst du mal erzählen?« Eisig antwortete ich: »Dir erzähle ich, aber diesem Affen erzähle ich nicht, denn er hat mich geschlagen.« Wilm sagte zum Lehrer: »Gehen Sie. Ich warne Sie, den Jungen noch einmal anzurühren. Betrachten Sie das als meine erste und letzte Warnung, es gibt keine zweite.« Damit führte er diesen aufgeblasenen Hanswurscht zur Tür. »Ich gehe nie mehr in die Schule!« sagte ich, ungemein erleichtert. Da sagte mein Vater: »Ernst, um des lieben Friedens willen, gehe morgen wieder dorthin.« Da packte mich Jammer um diesen machtlosen Mann und dann packte mich Haß auf die Schule, gnadenloser Haß. In diesem Belehrungsstall, das fühlte ich, begann die Zerstörung der Phantasie. In meinem Haß aber, das fühlte ich nicht, begann meine Abdrängung des Erkannten.

Bloy

Wörter flogen mir zu, daß sogar Ruth schluckte. Ich brauchte Menschen, mit denen ich wenigstens über die Wörter sprechen konnte. Wo waren solche Menschen? Ich dachte nun oft an die schöne Harriet. Sie blieb immer in ihrer Wohnung. Harriet hatte, hörte ich, auch einen Mann. Er hieß bei den Leuten der Spanienreisende. Von Harriet wurde gemunkelt, sie käme aus dem Ausland. »Frankreich«, hieß es anzüglich. Wir wohnten im schönsten Haus an der Hauptstraße, in dem auch Harriet wohnte. Wilm war auf den Balkon gekommen. Da zeigte Harriet sich auf der Wiese am Haus. Den Mann sah ich niemals. »Was ist ein Spanienreisender?« fragte ich Wilm. Mein Vater sagte nur: »Ernst, das sind schwierige Angelegenheiten.« Ich stellte mir vor, Harriets Mann sei in Wirklichkeit in der Wohnung dieser Schönen verborgen, und ich überlegte auch, ob Harriet und der Spanienreisende nicht in Wirklichkeit jene bergischen Geschwister aus dem Rosenhag wären, denen Gott in einer geheimnisvollen Erbarmung, um des Muts zu ihrer Liebe willen, die Möglichkeit gegeben hatte, um den Preis einer gewissen Zurückhaltung dennoch wieder unter Menschen zu leben. Das Hohe Vieh hatte gesagt, es gäbe Liebe, die nur mit dem Risiko der Vernichtung der Seelen gewagt werden könne, und es sei besser, schnell als Schuldloser erschlagen zu werden, als eine solche Liebe zu wagen. »Kann denn da Sterns Christian nicht helfen?« hatte ich gefragt, aber Karl hatte nur geschwiegen. In meinen Phantasietätigkeiten am Rande des Feldes war mir aber zumute geworden, daß Gott die Seelen derer, die ihre Vernichtung um einer Liebe willen wagten, nicht vergaß. Ich nahm die Sprache ernst und vernichtet hieß vernichtet, für mein Gefühl, aber ich fragte mich dann, ob die von Liebe vernichteten Seelen nicht in besonderer Nähe Gottes wären?

Harriet war so schön, daß zudem noch ihre fremdländische Herkunft ein Indiz sein konnte für einen überlegenen und ernsten Willen Gottes, ihr und dem beständig verschollenen Mann höheren heiteren Beistand zu gewähren. Eines Tages sah ich sie wieder, hinter dem Haus, auf der Wiese. Ich sah Harriet und liebte sie sofort, vorbehaltlos. Sie stand dort, sie blickte sich um. Dann ging sie, scheu und in einem bis dahin nie für möglich gehaltenen Stolz, zurück ins Haus. Harriet vertraute ich sofort, weil sie so schön, so scheu und so stolz war. Ich wollte sie besuchen, aber ich wartete noch einen Tag und ging wieder auf die Wiese, wo Harriet um sich geblickt hatte. Zu wem? Ich ging zu ihrer Etagentüre und schellte. Es war am Nachmittag. Harriet öffnete, in einem eleganten hellgrünen Kostüm aus sehr leichtem Stoff. Sie schien erfreut, in Überraschung entzückt. Ich gab ihr die Hand und sagte: »Ich liebe dich, du bist die schöne Harriet.« Harriets Lächeln überwältigte mich, hell und selig schaute ich sie an und tat den ersten festen Schritt in ihre Wohnung. Ohne Überraschung sah ich, was ich mir unter ihrer Wohnung immer vorgestellt hatte: Weite und Helligkeit, wenige kostbare Möbel, Bilder, Teppiche, Bücher, mitten in unserem Dorf. »Ich will jetzt gehen«, sagte ich und Harriet brachte mich wieder zur Tür. Ich brauchte mindestens einen Tag und eine Nacht, um den Beginn dieser Liebe zu verkraften.

Harriet erwies sich in den Wochen und Wochen darauf als freimütig und anspruchsvoll, freimütig vor allem im Hinblick auf ihre passionierte Katholizität und anspruchsvoll, weil sie von mir erwartete, daß ich ihr erzählte, wie mir wirklich zumute sei. Das war das Schwierigste, denn in meinem Angstleben auf dem Dorf hatte ich nur Stoßsprechen gelernt, aber nicht Erzählen. Harriet zeigte mir Bücher. Aus einer Lyoner Ausgabe mit theologischen Artikeln eines gewissen Thomas von Aquin las Harriet mir vor, zunächst in lateinischer Sprache. Dann übersetzte sie mir das Gelesene ins Deutsche. Sie zeigte mir ein anderes Buch. Mit Herzklopfen las ich einen leidenschaftlichen Namen: Léon Bloy. Darunter stand ein einziges Wort: Journal. Ich war bis in meine tiefste Herkunft und bis in meinen kommenden Tod ergriffen. Auch aus diesem Buch las Harriet mir vor, zunächst in französischer Sprache. Dann übersetzte sie mir das Gelesene ebenfalls ins Deutsche. Harriet erzählte mir: »Léon Bloy, ein Trinker übrigens, verprügelte sich in den Kaschemmen von Paris für Jesus Christus. Es war der einzige katholische Skandal, den Frankreich nie verkraftet hat. Er liebte Gott auf eine so entsetzliche und eigenmächtige Weise, daß ich mich frage, welchen Kränkungen dieser Mann im geistlichen Bereich ausgesetzt war? Für mich ist er ein Heiliger und vielleicht besteht seine Heiligkeit gerade darin, daß er bestimmte Kränkungen niemals verwunden hat, daß er sie niemals verziehen hat.« Dabei schaute Harriet mich so stolz und fragend an, daß ich sie fragte: »Verzeihst du auch bestimmte Kränkungen niemals?« Harriet war betroffen. »Ich meine den Spanienreisenden«, sagte ich mit der Direktheit, die später für mich bestimmend wurde, weil freiere Menschen als ich nur auf diese und auf keine andere Weise antworten. Harriet sagte: »Die Abwesenheit dieses Mannes, der wohl deinen Geist beschäftigt, stellt keine Kränkung dar, denn er liebt mich und ich liebe ihn und Liebe, weißt du, Ernst, das ist ein Geschenk, welches nichts mit dem Besitz eines Menschen zu tun haben darf, es sei denn um den Preis eines Unglücks, das ich demjenigen, den ich liebe, unmöglich wünschen kann.« Da überkam mich, von sehr weit draußen, eine furchtbare Vermutung. Ich wollte sie wegschieben. Es ist mir dann gelungen. Aber plötzlich erinnerte ich mich an etwas, von dem Wilm gesprochen hatte.

Kopfnicker

Durch unser Dorf spazierten Leute in braunen Furzhosen, mit vorgestreckten Brüsten, die Hand am Lederkoppel und in Stiefeln, die von Besessenen geputzt schienen. Ich dachte an Kinderkacke, als ich das Braun ihrer Hosen sah. Kopfnicker, die zu Hause vor den Weibern kuschten, mit vorgestreckter Brust und in diesem Aufzug, durchs Dorf schiebend, allein und in Rotten, das war ein Bild von wirklich gemeingefährlicher Beschränktheit. Wilm sagte: »Jetzt kommt ans Tageslicht, was für gewöhnlich normal genannt wird. Das ist nun die Partei.« – »Was ist das, die Partei?« fragte ich. Wilm sagte: »Organisiertes Unglück. Nichts dagegen. Unglück organisieren ist besser als abwarten. Aber die Sorte Kopfnickerei, die hier herangezüchtet wird, das wird böse. Das gibt Krieg.« Einer von denen kam ins Haus und sagte zu Wilm: »Ich bin jetzt euer Ortsgruppenleiter.« Mein Vater sagte: »Hermann, meiner bist du nicht, denn ich bin nicht in eurem Weltuntergangsverein.« Der Leiter ging konsterniert weg und mein Vater sagte: »Das kommt bei Hermann von der Partei. Er war früher auch nicht geradezu ein Licht, aber passabel.« Dann kamen, einige Tage später, zwei Leute aus der Firma, in der mein Vater arbeitete. Einer von den beiden war der Mitbesitzer des Stahlwerks. Er bot meinem Vater eine leitende Stellung an. »Sie müßten allerdings in die Partei eintreten, aber das ist ja nur eine Formalität«, sagte der dicke Herr. »Nein, es ist keine Formalität. Wenn die Stellung davon abhängt, bleibe ich, wo ich bin«, sagte Wilm. Er folgte dem Rat eines Freundes und ging freiwillig in die Armee. Sein Verstand hat ihm das Leben gerettet, die Armee hat ihm den Kopf gerettet.

Schlangenbad

Mein Vater war bereits bei den Soldaten. Es geschah in der Frühdämmerung, daß sie Harriet holten. Ich bin schreiend herumgerannt. Ich habe das bis heute nie zu denken gewagt, daß ich damals alles ahnte, das Grauen. Ich bin schreiend zu Ida Kornmaul gerannt.

Ohm Fritz war von der Staublunge genesen und an der Trunksucht gestorben und Ida Kornmaul kippte jetzt erst richtig weiter, immer mehrere Gläschen ruckartig hintereinander. Aber auch Ida war, sonst nicht faul im Zungenreden, schlagartig stumm, als ich sie fragte, wo Harriet jetzt wäre? Ida war die Tante von Wilm. Sie sagte: »Die Rente ergibt ein solides Quantum Münsterländer. Den zu saufen ist besser als Denken. Es gibt heutzutage Dinge, von denen man schnell zu viel versteht.« Mich betrachtete Ida mit Wohlgefallen, wenn ich bei ihr auf der Holzkiste saß. Aber ich war gelähmt und fühlte, daß es schlimmer wurde mit meiner weißen Geistesangst. Ida biß sich die Fingernägel ab und spie die Hornfetzen in die Stube. Ich war krank und sie stellte mir das erste Glas Schnaps hin. Dazu ließ Ida Kornmaul den greisen Weiberbart auf der Oberlippe erzittern und sagte: »Nimm ihn, den Fingerhut Teufelspisse, nimm ihn.« Ich nahm das Glas und trank es aus. Mir ekelte.

Eine sonderbare Gier nach mehr durchzog mich. Ida füllte nach und sah gespannt zu, wie ich das Glas herunterkippte, weil der Ekel so groß war. Da lachte Ida markerschütternd auf und dann kreischte sie: »Er säuft den Schnaps wie toll! Er säuft den Schnaps wie toll!« Nun murmelte sie etwas von »gottgefälliger Unzucht und Erlösung untereinander« und dann leckte Ida sich die Oberlippe und sagte: »Ernst, jetzt hast du Teufelspisse im Blut und tollen Brand im Herzenssäckchen. Du kannst mal erzählen«, und triumphierend stieß Ida hervor: »Teufel, erbleiche, Gott will es!« Klein und kompakt, so stand Ida auf ihren krummen Füßen in den Salamanderschuhen in der Stube, rieb sich die Kummersäcke unter den Augen und belehrte mich mit wilden Sentenzen, von denen ich Siebenjähriger nicht viel behalten habe. Sie sprach ernst von der Kunst der Undankbarkeit und des sich Bedienenlassens. »Lasse dich bedienen und bleibe undankbar. Leute, die sich anmaßend verhalten, übergehe schweigend. Wer frech wird, den lobe. Keiner, den du lobst, wird das auf die Dauer gut überstehen«, sagte Ida und lachte markerschütternd. Dabei betrachtete sie mich mit einer Gnadenmiene, die der Schamane für sein Idol aufbringt. Der Schnaps durchmilchte mich und so bekam ich Tante Ida an diesem Tag plötzlich satt. Ich wollte gehen, aber Ida stellte sich, nun ihrerseits heftig trinkend, vor die Stubentür. Ich konnte nicht fort aus der Stube, Ida stand vor der Tür, tief beleidigt und mit verschränkten Armen. Sie betrachtete mich und hielt eine halbe Stunde Maulaffen feil. In ihrem Maul blieb alles still. Mir wurde unheimlich. Da sagte Ida: »Mich holt bald Liebreich, aber du machst mal einen bedeutenden Doktor, so wahr mein Bruchmaul jetzt voll Schutz von Droben ist, verflammt ewig!« Dann wich sie zur Seite und öffnete die Tür. Ich ging an Ida vorbei, aber ich blieb stehen im Steinflur und fragte: »Tante Ida, was ist das, einen bedeutenden Doktor machen?« Ich hatte diese Frage noch nicht ganz ausgesprochen, als Idas Kreischen mich festnagelte: »Dein Schnaps, das wird dein Schlangenbad! Dein Schlangenbad!« Gelähmt stand ich auf dem Steinplatz, dann flüchtete ich, in qualvoller Langsamkeit, nach Hause.

Wir gingen in das Nachbardorf, in unsere evangelische Kirche. Es war ein unfestlicher Ort, düster, kalt, verschroben alles. Meine Kusine Ursel wurde konfirmiert. Ruth sagte: »Uns treibt ja keiner in die Kirche, gehen wir mit, sonst steht Ursel allein in der Bank. Denn Falk mit der Flasche im Kittel ist nicht dumm genug, um das Predigen vom Großblutel zu ertragen.«

Unser Pfarrer war ein ordentlicher Mann, einen Meter achtzig und kuchenkrank, mit käsiger Stirn und mit dicken puterroten Backen. Ich hatte ihn erlebt, als er uns einmal besucht hatte. Wilm hatte ihn nicht eingeladen und bot ihm einen Stuhl an. Die beiden setzten sich. Der Pfarrer sagte etwas. Wilm schaute ihn an, sagte nichts. Der Pfarrer redete etwas hektischer. Noch immer breit und behäbig, aber sichtlich nervös. Wilm sagte nichts, schaute ihn nur an. Da sagte der Pfarrer zu mir: »Nun, mein Sohn, du bist auch gewaschen mit dem Blut Christi.« So eine Sauerei. Ich sagte, steif vor Angst und mit entsprechend eisiger Ruhe: »Ich bin nicht Ihr Sohn. Ich bin dem da sein Sohn.« Dabei zeigte ich auf Wilm. Ich wollte noch eine Bemerkung über die Blutwäsche machen, aber Wilm stand bereits auf. Die Audienz war beendet. Mit Höflichkeit brachte Wilm den Mann zur Tür. Ich hatte, ein für allemal, genug. Gesehen, zugehört, genug. Zu Wilm sagte ich: »Das war der Großblutel.« Ich dachte mir das so, weil der Urlaub Wilms zu Ende war und weil ich ihn trösten wollte. Wilm war verärgert. Ich habe ihn selten verärgert gesehen, aber er sagte beherrscht: »Es ist eine Zumutung, dieses Gerede. Dieser Mann kann nichts dafür. Er meint es sogar gut. Das macht einen ja so hilflos. Die Welt geht in Stücke und da hockt er in seinem Aufzug und meint es gut.« Da kam mir über die Zunge: »Lieber Wilm, zuerst geht die Welt in Stücke und dann geht die Zeit in Stücke und dann ist er arbeitslos, der Großblutel.« Mein Vater sagte nichts dazu.

Der Krieg hatte angefangen. »Wir siegen«, sagte Wilm beim Abschied. Da bekreuzigte ich mich. »Ja, bist du denn neuerdings katholisch?« fragte Wilm. Das mich Bekreuzigen war ein Reflex. Mir war zumute, vor mehreren hundert Jahren war ich katholisch. Aber das getraute ich mich nicht zu sagen. Wir brachten Wilm zur Station. »Wartet nicht auf den Zug«, sagte er. Wir verabschiedeten uns ohne Gezeter. Als wir gingen, Ruth und ich, sagte Ruth: »Wilm hat Abscheu vor jedem Getue.« Als wir außer Sichtweite der Station waren, kamen Ruth die Tränen. Ich konnte mich kaum bewegen vor Angst, aber ich fühlte mich dennoch geborgen in der Nähe von solchen ruhigen starken Gefühlen.

Bleibende Hilfe

Ich erzähle eine Geschichte, die mir aufging, als ich zehn Jahre alt wurde: Meine Schwester war sechs Jahre alt geworden. Sie lebte anonym. Sie hatte bei der Geburt eine Gehirnblutung erlitten. Ich erfuhr nichts über die Umstände, denn Verzweifelte schweigen. Ich litt in zunehmender und unerklärlicher Angst, aber ich war nicht verzweifelt und konnte damals nicht verstehen, warum das Leid uns so stumm machte. Ich teilte das Verstummen der Erwachsenen und liebte meine Schwester. Sie hatte Anmut gehabt, lebte verlangsamt. Sie lernte wenig und das Wenige unvorstellbar langsam, aber sie behielt Schönes. Sie vergaß Schlimmes und behielt Schönes. Ich fuhr sie im Wagen durch das Dorf und die Leute sagten: »Er fährt wieder sein blödes Schwesterchen spazieren.« Da fühlte ich mit Doris die einzige bleibende Hilfe, Gemeinsamkeit, denn ich wurde auch anonym. Noch sorgsamer kümmerte ich mich nun um sie. Ich erzählte Doris, sie begann zu sprechen. Ich fuhr sie im Wägelchen und erzählte ihr dabei und sie begann zu sprechen. Es kamen umständliche und schrecklich verlangsamte Dinge aus ihrem Mund. Wilm war an der Westfront. Eines Tages sagte Doris zu mir: »Ernst . . .? Du bist mein Bruder . . .?« Sie dehnte jedes Wort so langsam aus und jeder Satz meiner Schwester endete als eine von ferne herwehende Frage. Das berührte mich tief. In unserer geschwisterlichen Anonymität verstärkte das Gerede der Leute unsere Liebe. Ich fühlte, daß in mir eine starke Ruhe war, Doris immer inniger zu lieben. Ihr Leiden war kein Makel, denn es hatte Gestalt: Die Liebe meiner Schwester war vollkommen ohne Hintersinn. So erfaßte ich die von keinem Normaleren jemals zu vollendende Form menschenrichtiger Sprache: fragenderer Sprache. Die Leute tuschelten, wenn ich, holzsteif, meine kleine Schwester durch das Dorf fuhr. Da fühlte ich die Heranwehung bleibender Hilfe, denn ich haßte nicht das böse Getuschel der Leute, nur Schmerz schlug mich lahm, meine Unfähigkeit, den Leuten zu erzählen, warum meine Schwester mir so innig vertraut und warum sie ein geistiger Helfer in meinem Dorfleben, in meinem Angstschlaf Kindheit, geworden war. Die Hilfe war die Liebe zwischen uns, Liebe untereinander. Die bleibende Hilfe kam von sehr weit draußen. Sie war jene höhere Macht, die allen Haß aus meiner Schwester und mir mächtig und gewaltlos fortnahm. Der Schmerz war das Nichtsprechenkönnen.

Scheherazade

Ich stand oft am Rand eines bestimmten Feldes. Onkel Walter war aus Polen gekommen. Er fuhr Eisenbahnzüge. Er hatte gesagt: »Was da gefahren wird in den Zügen, das sind Menschen.« Diesen Satz behielt ich. Ich stand am Feldrand und schaute hinan zum Himmel, der tief hing über unserer Gegend. Ich konnte nicht mehr lesen, ich konnte nicht mehr Musik hören, ich konnte auch mit Ruth nicht mehr sprechen, nicht mehr mit Ida und nicht mehr mit den Leuten im Dorf. Die Zeit fror zu. Ich bekam immer mehr weiße Angst. Ging nach der Schule oft zum Hohen Vieh. Selbst die stolze Wilhelmina hatte sich geändert. Karl tat, als merke er nicht, was mit mir los war. Ich stellte ihm nie mehr solche penetranten Fragen. Ich merkte, daß er merkte, was mit mir los war. Eines Nachmittags sagte er: »Komm, wir wollen Birken anzeichnen, damit sie geschlagen werden.« Wir gingen zum Fluß. Karl zeigte mir, wie man die Birken wählt und wie man sie anzeichnet. Nach einer Weile sagte er: »Ich habe dir eine Pfeife mitgebracht und hier ist Strangtabak. Stopf dir die Pfeife und rauche. Wenn du kotzen mußt, dann kotze in den Fluß, das bringt die Fische zum Erglühen.« Ich verstand, wie gewöhnlich, fast nichts, aber ich behielt alles. Ich rauchte und kotzen mußte ich nicht. Als wir später heimgingen, sagte mein Großvater: »Nachher zeige ich dir im Weißen Zimmer ein paar Sachen.« Ich war gespannt.

Das Weiße Zimmer wurde sonst nur an hohen Feiertagen geöffnet. Dort verwahrte Karl seine selbstgebaute Honigschleuder, einen Blechwagen mit einer Handkurbel. Im Weißen Zimmer stand auch eine Truhe mit Familienpapieren und einigen Büchern. An jenem Nachmittag öffnete er das Zimmer. Er ließ sich einen Topf Kaffee bringen, schnitt eine Zigarre und mir ließ er Pannas bringen, eine Pfannenspeise. Dann sagte er zum alten Thönes, der ihn, seit ich denken konnte, bediente: »Ich will nicht gestört werden«, und der alte Thönes nickte und Karl holte ein Buch aus der Truhe und las mir, vier Stunden hintereinander, die Geschichte von Sindbad dem Seefahrer vor.

Er las eine Weile, dann brach er ab und sagte: »Ich merke, ich habe falsch angefangen. Ich will dir vorher eine andere Geschichte erzählen, damit du verstehst, warum Sindbad auf Reise gegangen ist. Das will ich dir doch lieber zuvörderst erzählen – dann lese ich dir die Geschichte von Sindbad wieder vom Anfang vor. Also – in Arabien lebte ein König. Der hieß Schehrijar. Er hatte viele Frauen, die ihm zu Willen waren. Darunter war nun eine Frau, seine Lieblingsfrau. Eines Tages war diese Frau mehreren Dienern des Königs zu Willen, nacheinander und gleichzeitig. Da wurde der König krank. Er war vielleicht schon vorher krank, königskrank. Die Königskrankheit hat man oft bei Königen. Aber nun kam die Krankheit des Königs zum Ausbruch und Schehrijar meinte, er wäre weniger wert als seine Diener. Er ließ seine Lieblingsfrau köpfen und dachte, nun würde es sich legen mit der Krankheit. Aber nichtsda. Diese Krankheit, Minderwertigkeitssucht, sie wurde nur noch schlimmer, denn der König war im Herzen milde und die Köpfung seiner Lieblingsfrau verschärfte seine Angst, minderwertig zu sein, nun noch mit großen Schuldgefühlen. Der König hatte keinen Freund. Um ihn herum waren nur Arschkriecher und Speichellecker. Keiner konnte dem König helfen, denn sie gaben ihm nur Ratschläge, wenn sie ihm vorher seine Meinung aus der Nase gezogen hatten. Es waren keine Ratgeber, denn sie hatten keine Courage und darum hatten sie weder eine eigene Meinung noch eine eigene Sprache. Nur elende Kreaturen, die genau wußten, daß sie nichts taugten und die es verdeckten mit besonders kunstloser Schleimscheißerei, dummen Lügen, die der König durchschaute. Denn der König war krank und nicht elend. Das ist ein bedeutsamer Unterschied. Nun wurde der König noch kränker, denn zu seinen Minderwertigkeitssorgen und zu den Schuldgefühlen kam nun noch Ekel hinzu, Ekel vor sich selber, daß er diese Schleimscheißer um sich herum ertrug, anstatt sie sich aus dem Palast zu schaffen und eine Zeit der freiwilligen Einsamkeit zu verbringen, um sodann eines einzigen fremden Menschen aufrichtiger Freund zu werden – und so einen Freund zu bekommen. Nichtsda. Die Krankheit wütete in dem König Śchehrijar und er verfiel auf einen bitteren Gedanken, einen Ausweg. Er ließ jede Nacht eine schöne Jungfrau aus seinem Reich zu sich bringen. Sie mußte ihm zu Willen sein und am nächsten Morgen wurde sie getötet. So gedachte der König sein Alleinsein zu stillen, wenn er schon kein Wissen vom Wert einer zeitweisen Einsamkeit hatte. Hunderte von Jungfrauen wurden auf diese Weise dem Willen des Königs unterworfen und am Tag darauf getötet. Zuletzt sagte der König zu seinem Wesir: ›Wesir, diese Nacht will ich deine Tochter haben.‹ Der Wesir war der höchste Beamte im Reich. Er erbleichte und dann ging er zu seiner Tochter Scheherazade, um ihr den Befehl des Königs zu überbringen. Scheherazade war jung und bildschön. Ihre Anmut war berühmt, ihr Geist lebhaft. Der Wesir trauerte und Scheherazade liebte ihren Vater und erfuhr nun, warum er trauerte. Aber Scheherazade fürchtete sich nicht vor der Nacht mit dem König und sagte zu ihrem Vater: ›Wie aber das Glück geht, so auch schwindet dein Trauern, o Wesir.‹ Es war noch Tag und Scheherazade dankte Allah für diesen schönen Tag. Es war vielleicht der letzte Tag dieser Anmutigen, ihr letzter Lebenstag hier auf der Erde. Scheherazade genoß ihn in vollen Zügen. Zuerst dankte sie Allah für ihr bisheriges Leben und für Erfahrungen, die sie so schön und anmutig und lebhaft hatten werden lassen, dann dankte Scheherazade Allah für diesen letzten Tag. Sie war sehr erleichtert und ging dann zu dem Wesir und dankte auch ihm, ihrem Vater, sie dankte ihm für seine Zuneigung und sie wirkte auf ihren Vater in der heitersten Weise, im Zauber ihrer einfachen Gefühle, mit inniger Wärme. Daraufhin ruhte Scheherazade sich aus, um für den König, ihren Mörder, ausgeruht und sehr schön zu sein. Im Schlummer träumte Scheherazade von ihrer Liebe mit ihrem Mörder. So sammelte sie Freude im Schlummer und in ihrem Traum begann sie, erwachend, zu phantasieren. Dann wurde es Nacht und Scheherazade begab sich zum König Schehrijar. Sie umarmten sich und sie liebten sich. Nach der Liebe sank der König erschöpft auf sein Lager. Er war nicht ermattet, wie ein Mann ermattet ist nach den Freuden der Liebe mit einer Frau, nein, der König war erschöpft, erschöpft von seiner Krankheit, zu Tode verzweifelt. Er lag da, erschöpft, und fürchtete nun die Angst auch dieser Frau, ihr Wissen, daß sie nun umgebracht würde, ja, der König fürchtete das Wissen der Frauen. War das, du mein Matrose der Phantasie, vielleicht sogar der tiefste Urgrund jener Krankheit des Königs, ja die Herkunft jeder Königskrankheit? Wir wissen es nicht, deshalb fragen wir, denn einmal werden wir wissen. Nur wer fragen kann, kommt zu Wissen. Der König fürchtete, erschöpft und auf den Tod verzweifelt, nun wiederum dieses furchtbare Schweigen nach dem Akt der Liebe. Die Todesangst der Frauen erschuf dieses grausame Schweigen. Der König hatte die Augen geschlossen. Er wartete, daß seine Diener Scheherazade holten, um sie fortzuschleppen und gegen Morgen, in einem abgelegenen Teil des Palastes, umzubringen. Schehrijar dachte: ›Wenn es doch nur schon geschehen wäre . . .‹ Da hörte er eine holde Stimme und er hörte Scheherazade sprechen: ›O König – ich danke dir für deine Liebe, die du mir geschenkt hast. Ich weiß deine Liebe zu schätzen, denn ich fühle mit dir und ich verstehe dich. Kein Glück brachte ich dir für deine Liebe, mein Gebieter, so aber genoß ich dennoch deine Liebe und trachte nun, dein Unglück zu mindern. Ich bin machtlos gegen dein Unglück, aber ich will dir eine Geschichte erzählen, eine Geschichte von anderem Unglück und vom Glück in diesem Unglück. Höre, o König . . .‹ Dann erzählte Scheherazade dem König die Geschichte der ersten Nacht. Der König erholte sich. Scheherazade erzählte eine Geschichte von ganz anderem Unglück und vom Glück im Unglück einer ersten Nacht – und der König kam zu sich. Er kam zu sich aus der Erschöpfung, denn Scheherazades Phantasie, wirklicher als jede Wirklichkeit aus Angst, Krankheit und Mitschuld an solcher Wirklichkeit, wirklicher als alles frühere Phantasieren, das von Hofnarren dem König angedient worden war, ja Scheherazadens Phantasie, von Scheherazade verwirklicht in erzählerischer Sprache, sie erlöste den König. Der König erfuhr in der Erzählung von fremdem Unglück alles über sein eigenes Unglück. Der König erfuhr in Scheherazadens Erzählung von fremdem Glück im Unglück alles über sein eigenes Glück im Unglück. Der König Schehrijar wußte nicht, wie das zuging. Er lebte auf in Dankbarkeit, Staunen, Stille. In die Stille, die eintrat nach Scheherazadens Geschichte, sagte der König: ›Hole mir Wasser, Scheherazade. Ich will einen Krug Wasser mit dir gemeinsam trinken, damit wir unsere Zungen erfrischen.‹ Scheherazade trank mit dem König Wasser. Da sagte der König: ›Ist es möglich, daß du heute nacht wieder kommst in meine Einsamkeit?‹ – ›Du, König, einsam . . .?‹ fragte Scheherazade und schickte zu Allah ein Stoßgebet, einen Dankesseufzer. Dann sprach sie mit Wärme zu Schehrijar: ›Du bist nun einsam, König, aber nun weicht dies Alleinsein von dir, denn gerne komme ich wieder zu dir, heute, in der Nacht.‹ Nun war es Tag und Scheherazade ruhte sich aus von der Liebe und sammelte neue Freude im Schlummer ihrer Phantasie.

Dann wurde es Nacht und Scheherazade begab sich wiederum zu dem König Schehrijar und sie umarmten sich und sie liebten sich und dann erzählte Scheherazade dem König eine neue Geschichte. So erzählte Scheherazade dem König 1001 Nacht und sie liebten sich immer machtloser und der König fand Genesung in seiner Krankheit.«

Das Hohe Vieh hielt ein und dann sagte es: »So, nun weißt du, wie es zuging, daß ein König in Arabien aus seinem begrabenen Leben wieder aufstand und neu eintrat in ein besseres Leben und bedenke, Junge, was Erzählung vermag. Denn der König wurde wieder lebensfroh, Scheherazade wurde die größte Erzählerin des Jahrtausends, denn die Angst hatte alle Erzählungen Scheherazadens so innig und lebhaft und sinnenprächtig gemacht, denn nur Angst ist der Schöpfer bleibender Sprache, berührender Wahrhaftigkeit. Der Ruhm dieser arabischen Frau aber, die tausendundeine Nacht einen kranken König liebte und ihn ins Leben zurückerzählte, bleibt unvergänglich, denn sie besaß die Gabe, tausend Frauen vor dem Tode zu erretten. Holde Anmut, erstrahlende Schönheit und Sprache von tausend nicht erschlagenen Frauen wirken seither in abertausend Frauen, Kindern und Männern von diesen arabischen Frauen, sie wirken fort und erschaffen in vielen Menschen, bis an das Ende aller Zeit, die tiefe und selbst einen vorzeitigen Tod bezaubernde Verneigung vor Phantasie. Denn jeder fühlt bei jedem, der mit Phantasie dahergezogen kommt, daß dort ein Fremder kommt, der einem Größeren dankt, sei er Allah oder Christus oder Buddha oder Mohammed oder eines unbekannten fremden Zeitgenossen frei erwählter König.«

Ich war berührt und sagte zum Hohen Vieh: »Dann danke ich dir, Karl, daß du mit Phantasie dahergezogen kommst, und ich danke einem Größeren, Scheherazade.«

Da las mir das Hohe Vieh in einer großen nochmaligen Vorlesung die Geschichte von Sindbad, dem Seefahrer, langsam und ausgeruht vor. Es war abenteuerlich. Und wenn ein Teil der Geschichte vorgelesen war, dann machte Karl eine Pause, schaute mich an und sagte jedesmal mit aller Ruhe: »Nun war es

Tag und Scheherazade ruhte sich aus von der Liebe und sammelte neue Freude im Schlummer ihrer Phantasie. Dann wurde es Nacht und Scheherazade begab sich wiederum zu dem König Schehrijar und sie umarmten sich und sie liebten sich und dann erzählte Scheherazade dem König alsbald weiter.« Dann las Karl das folgende Abenteuer, und dann schaute er mich wieder an und machte wieder seinen Zusatz.

Ich war fasziniert von Sindbads Erlebnissen, aber tiefer bewegt von Karls wundersamer, eigener Hinzutat. Ich wußte nichts von den besonderen Tätigkeiten, Unterlassungen und Wegen der Liebe, aber ich phantasierte und holdes Begreifen war alles.

Das war meine erste Begegnung mit der Erzählerin Scheherazade aus Arabien, der Schöpferin von Selbsthilfe und dem Licht der Anmut in ihrem Jahrtausend. Es war, weil Karl mir erzählte, auch meine Errettung von den Chimären in meinem Angstschlaf Kindheit. Denn ich atmete auf in der zufrierenden Zeit und in dem Krieg, in dem mein Onkel Menschen durch Polen fuhr, und ich winkte der fernen Scheherazade zu, in der grünen Wildnis des Oberbergischen. Als ich aber nun in dem Weißen Zimmer der Fernen aus Arabien zuinnerst winkte, geschah es, daß mir eine Frage aufstieg in meiner langsamen Entlähmung. So fragte ich meinen Großvater: »Karl, warum ist der Seefahrer Sindbad auf dem Meer gefahren?« Das Hohe Vieh schwieg. Da fragte ich: »Hatte auch Sindbad Angst vor dem Wissen der Frauen?« Mein Großvater schlug das Buch nachdenklich zu, dann sagte er: »Ich weiß es nicht. Aber eines weiß ich: Du hast Fragen und du fragst. Darum wirst du Wissen bekommen.«

Ein schwieriges Fest

Ich wurde zwölf Jahre alt. Wilm kam nicht mehr auf Urlaub. Stalingrad begann. Ruth, Doris und ich lebten in dem Haus und die Anonymität, unsere Art zu leben, wuchs.

Eines Abends kam ich in die Stube und Ruth war nackt. Sie

wusch sich. Da erlebte ich in meinem Körper zum erstenmal Freiheit, denn ich bekam einen Steifen. Heftig liebte ich Ruth in diesem Augenblick, heftig begehrte ich sie. Autonom. Ihr von Wilm genossenes Liebesfleisch erregte mich, Ruths Schönheit bewegte mich und ihre erotische Reinheit überzeugte mich von der Weisheit meiner Wahl. Das alles geschah gleichzeitig und das war nun auch Wirklichkeit, ich fühlte Zuversicht, als ich den Steifen hatte, denn in meiner Geilheit wurde ich bewußter. Dann ging Ruth ins Bett, sie ging allein ins Bett, allein und in nie zuvor geschauter triumphaler Eleganz, nämlich nackt. Ruths Nacktheit war ihre höchste Eleganz. Es war in dem Begehren ihres Leibes keine Furcht und keine Sorge, denn nun fühlte ich, daß alle Nahrung der Seele, jeder Elan des Geistes und die Wirkung des Leibes die einzige gottnahe Gemeinschaft im Geschlechtsakt von Liebenden ermöglichten, Übereinstimmung mit dem Willen Gottes. Ich fürchtete mich nicht vor dem Wissen Ruths. Alles wollte ich nun riskieren und davon wollte ich dann erzählen. So würde mein Leben aussichtsreicher, ein schwieriges Fest. Aber ich wagte es nicht, Ruth in ihr Zimmer zu folgen und ihr zu sagen, daß ich sie liebte, daß ich sie begehrte, daß ich ihr Wissen nicht fürchtete. Ich wagte nicht, zu ihr zu sagen: »Ruth, komm, nun siehst du ja, wie ich dich liebe, weil ich dich begehre« – denn alles andere war ja schon Liebe. Ich wagte das nicht, denn in meiner Nervosität fühlte ich: Es gab, offiziell, keinen Steifen. Da begann ich zu lachen, gelacht habe ich, Tränen der Wut in den Augen, und gleichzeitig habe ich gelacht, entgeistert in Freude, in furchtbarer geistiger Freude, die mir die ganze Hoffnung zerriß, dennoch aber Freude – denn ich fühlte, daß alle Ableugnungen der Tatsachen der Liebe jede Liebe in nur noch mehr Liebe verwandeln würden. Ich stand da und ersehnte für mich eine persönliche Sprache, eine grabdunkle und leibeshelle Sprache mit einem unverwechselbaren Klang, ersehnte eine gefaßte steife Verbrechersprache für mich: realistische Liebessprache aus ernster Wehmut und freudigem Mut, hellem Durchblick in meine Angst und in meine inneren Gebrechen, Feigheit und

Hundekram und Geschichten vom Überleben mit einem schönen ländlichen Fuhrmannsklang. Ich ersehnte diese Sprache und wußte nicht, daß Sindbad nun am Tor meiner Angst stand.

Die Harm Erikaner

Die Kapitulation war fabelhaft, jetzt lebten wir in dieser Gegend alle noch. Doris, meine Schwester, und ich hockten oben in Karls Scheune. Ich las uns vor aus den Geschichten von Lederstrumpf, las langsam und ohne Färbung in der Stimme aus dem Buch des nordamerikanischen Schienbeins James Fenimore Cooper vor und Doris lachte dazu in hohen und kreischenden Schleifen. Von Zeit zu Zeit kuckten wir aus den Astlöchern der Scheunenwand, ob die Amerikaner, die angemeldet waren, nicht bald kämen. Dann hörten wir das Geruckel. Ich riß meine Schwester hoch aus ihrem faulen Dahocken, riß sie hoch an ihr Astloch und ich hockte vor meinem Astloch und dann sah ich die ersten lehmhellen amerikanischen Panzer über das Loopebrückchen rollen. Voll bis zum Kragen mit Coopers Lederstrumpfbildern von Hetty Boones Harm und von den Bildern des Glimmerglassees, sagte ich zu Doris: »Faule dicke Schwester, die Harm Erikaner sind da!« Und Doris lachte dazu, in hohen kreischenden Schleifen. Ruth stand im Hof und ich schrie hinab: »Ruth, es sind die Harm Erikaner!« Dann widmete ich James Fenimore Cooper einen Gedanken, wie einst das Hohe Vieh Sterns Christian im Himmel einen Gedanken widmete, nachts an der Böschung, beim Pissen mit nackten Füßen.

Ein paar Parteigenossen hatten die Brücke über den Fluß noch gesprengt; sie hatten sie nicht gebaut, sie hatten sie nur gesprengt und waren davongelaufen; die Detonation war der schnell verwehende letzte Lärm ihrer Unbedarftheit. Die Harm Erikaner begannen damit, eine große Holzbrücke über den Fluß zu bauen. Ich stand dabei und sah ihnen zu. Captain

John Esmeraldus Heller lachte immer über mein Englisch. In seinem Zelt zeigte er mir ein Buch: ›Life and opinions of Tristram Shandy gentleman‹ by Laurence Sterne. War das vielleicht Sterns Christian, niedergestiegen zur Erde? Ich saß vor Johns Zelt und las in diesem Buch und sagte zu meinem ersten amerikanischen Freund: »John, ich denke, dieses Buch ist das Ende von meinem Schulenglisch.«

Ich war nun dreizehn und wollte den ersten Handel meines Lebens machen und bot John einen Pfeifenkasten vom Hohen Vieh für das Buch. John verstand das Wort Pfeifenkasten nicht. Immerhin radebrechte ich ihm, das Hohe Vieh sei mein Großvater, und übersetzte Hohes Vieh, aber John wollte davon nichts wissen und sagte: »The high Vieh is much better, it's perfect!« Ich schlug einen Besuch bei meinem Großvater vor und sagte zu John: »Als Besitzer des Buches von Sterns Laurenz hast du eine klare Chance, von meinem Großvater empfangen zu werden.« John lachte und lachte, sagte: »Okay – Ernest, let us see the high Vieh.« Im Jeep fuhren wir zu Karl. Das Weiße Zimmer wurde zwar nicht geöffnet, aber Karl war einverstanden mit meinem Wunsch, nun, da ich einen Freund gefunden hatte, eine neue Freundschaft zu stiften. Ich zeigte Karl das Buch und sagte: »Gib John einen Pfeifenkasten dafür.« Das Hohe Vieh betrachtete das Buch von Sterns Laurenz und ich war gespannt, ob nun endlich herauskäme, wer Sterns Christian wirklich wäre. Aber das Hohe Vieh zuckte mit keiner Miene, gab John das Buch zurück und sagte dem alten Thönes, er solle Schnaps bringen. Es wurde eine lange Unterhaltung zwischen Karl und John, von der ich nicht viel verstand. John bekam einen Pfeifenkasten, aber ich bekam nicht das Buch, denn Karl sagte zu John: »Dieses Buch ist wirklich besser für Sie als für meinen Enkel, Sie bewahrt es vielleicht vor weiteren Siegen, aber meinen Enkel verwirrt es.« Als wir im Jeep zurück zur Brücke fuhren, schenkte John mir das Buch gleichwohl und sagte: »But do not tell it to the high Vieh.«

Mit diesem Buch lebte ich, in ihm entdeckte ich mein heute noch an Notzucht grenzendes Englisch. Als die Amerikaner damals kamen und ich ausrief, es sind die Harm Erikaner, wußte ich nicht, daß sie damals etwas mitbrachten nach Europa, was mir und ungezählten anderen Kranken ohne Hoffnung das Leben retten sollte.

Dorfrätsel

Die geile Loni hieß bei uns das Dorfrätsel. Keiner konnte Loni verstehen. Was war in sie gefahren, daß sie zurück ins Dorf gekommen war? Immerhin hatte Tante Ida, ruckartig mehrere Gläschen hintereinander kippend, mit ihrer gepreßten Deutlichkeit erklärt: »Die besten Frauen findet der richtige Mann im Puff«, und vom Dorfrätsel hatte Ida bei einer unserer Kuchentafeln im Jahr des Nichts des weiteren erklärt: »Loni mit ihrer begnadeten Geilheit hatte schon immer Glück – mit einundzwanzig die Totaloperation, wer hat schon so ein Schweineglück! Sie hat es genutzt und ist in einem Kölner Bordell zu Vergnügen gekommen. Nun ist sie zufrieden, aber ich sage euch, Loni ist noch lange nicht aus dem Tritt!« Loni wohnte unten an der Hauptstraße und hieß das Dorfrätsel. Tante Ida reagierte mit Hohn darauf: »Das Beste ist dem Scheinheiligen ein Rätsel, darüber kann sich jede Frau, die genossen hat, nur kühlig wundern!« Dazu lachte Ida markerweichend und ließ ihren greisen Weiberbart auf der Oberlippe vor Lust erzittern. Sie kippte zwei Gläschen, wischte sich das Maul mit dem Handrücken und faßte zusammen: »Das sind Fakten.« Das Wort Totaloperation hatte mir zu denken gegeben. Ich verstand wieder so gut wie nichts, aber ich war insgeheim zu dem Beschluß gekommen: Beim Dorfrätsel machts nichts.

Es wurde schon früh kalt und Ruth sagte eines Tages: »Wir brauchen dringend Briketts, wir frieren uns sonst bald die Beine ab.« Meine Beine waren nicht der Rede wert, bloße Fortbewegungswerkzeuge, dick vor beständiger Angst. Indessen Ruths schöne Beine? Das war geheimnisvoller als es mir zustand, fürchtete ich, da gings nicht nur um Fortbewegung und ich dachte ans Dorfrätsel und Ruths schöne Beine wurden ein Welträtsel, vor dem selbst Idas knochennasser Realismus haltmachte. Ruths Beine waren zu schade zum Abfrieren. Da Wilm in Gefangenschaft war, mußte ich die Brikettfrage lösen. Ich ging zu den amerikanischen Soldaten, die am Stauweiher ein Depot eingerichtet hatten. John Esmeraldus und seine Brükkenbauer waren längst fort, aber im Wagenpark des Depots kannte ich Ray, mit dem ich stundenlang über Wörterbedeutungen stritt. Ray war, so schien mir, bestimmt das, was Ida gemeint hatte mit ihrer Phrase vom richtigen Mann. Ich fragte Ray: »Do you want a profilady?« Ray geriet sofort aus dem Häuschen. »Sie ist schweineglücklich and her name is Dorfrätsel«, erläuterte ich. »Oh, Dorfrätsel! It's a strange name, it's a wonderful name!« sagte Ray und ich freute mich, als er, immer wieder neu und in anderer amerikanischer Betonung, Dorfrätsel vor sich hin sagte. Das Erlernen des Amerikanischen war ein Abenteuer, denn es war Nehmen und Geben, und nun war ich hocherfreut, weil es mir gelungen war, vertrauend auf die Macht klangfremder Geheimnisse, den Namen Dorfrätsel in die amerikanische Sprache einzuschleusen. Ich zeigte auf einen mittleren Lastwagen und sagte zu Ray: »Du bringst mir einen Wagen Brikett nach Hause und ich bring dich zu Dorfrätsel.« Ich brauchte Ray nur noch das Wort Brikett zu übersetzen und entschied mich für Heizkohle, die brannte ohnehin besser.

Am nächsten Abend kippte Ray mit seinem truck die Ladung Kohle vor unsere Tür und ich brachte ihn zu Loni. Als wir die Treppe hochstiegen, fragte Ray mich: »Not danger, Ernest?« Gefahr? Ich sagte beruhigend zu meinem Freund: »No danger, Ray, Totaloperation.« Ich wußte nicht, warum mir das über die Lippen kam und Ray verstand es auch nicht und ich sah sofort, daß das kein Wort zum Einschleusen war. Neugierig stand ich mit Ray bei Loni in der Stube und Loni hatte schon die Hand an ihrem Reißverschluß. Ich wollte dableiben und zusehen, aber die beiden schickten mich weg.

Schwer enttäuscht kam ich nach Hause. Ruth stand vor den

Bergen Brikett und fragte: »Junge, wie hast du das nun wieder gemacht? – Was hast du gemacht?« Enttäuscht knurrte ich: »Das hab nicht ich gemacht, das hat mein verheerendes Amerikanisch gemacht, aber beruhige dich, ein Bein wärmt viele andere.« Dann ging ich zu den Nachbarn und sagte denen, sie könnten sich ihren Teil Brikett abholen.

Der Fremde ist das Glück

An einem Abend schellte es. Ich ging zur Haustür und öffnete. Draußen stand ein Fremder in amerikanischen Klamotten. »Zu wem möchten Sie?« fragte ich. Da sagte Wilm: »Es ist phantastisch, er kennt seinen Vater nicht mehr.« Ich drehte mich um und schrie durch das Haus: »Ruth! Ruth! Wilm ist gekommen! Wilm ist da!« Dann umarmten wir uns und Wilm sagte später: »Bei allem Sinn für Förmlichkeiten, Junge, das hat gutgetan.« Dann war auch Ruth schon da und ich trat beiseite. Doris erschien und lachte in hohen kreischenden Schleifen. Dann saß Wilm im Sofa, saß da in seinen Klamotten und grielachte. Keiner unterbrach diese wundersame Tätigkeit. Nach dem Grielachen sah er fabelhaft aus, geheilt und nüchtern. Für mich war Wilms Grielachen erschütternder als Weinen, denn sein lautloses Lachen bei vollkommen ernstem Mund war steinernes Weinen. Es ist besser, steinern zu weinen, als nicht zu weinen. Wilm war so fremd, welches Glück. Das Fremde war in unserem Dorf das Helle, der Fremde ist das Glück. Wilm sagte: »Ruth und ihr beiden Kinder, es geht mir gut – und ihr drei seid auch nicht verhungert.« Ruth fragte stürmisch: »Warst du mir treu?« Wilm sagte nachdenklich: »Ich habe es einmal mit einer Französin versucht, einmal in allen diesen Jahren. Immerhin, ich habe es wenigstens versucht – es war eine nützliche Katastrophe.« Da flog Ruth Wilm um den Hals und ich stand auf, dachte an Ray und das Dorfrätsel, nahm Doris bei der Hand und sagte: »Schwester, reiße dich auf, wir gehen für einige Tage zum Hohen Vieh.« Das haben wir getan.

Marlies und ich gingen morgens gemeinsam zur Bahnstation. Marlies fuhr ins Gymnasium, ich fuhr zur Hauptschule. Marlies war dreizehn, ich war vierzehn. Es war sofort vollkommene Liebe. In einem ruckelnden Eisenbahnwagen hatten wir uns in die Augen gesehen. Das genügte. Dann sagte Marlies: »Ernst, ich habe noch einen zweiten Vornamen. Er ist eigentlich für später gedacht gewesen, von meiner Mutter für später gedacht gewesen. Aber wie es nun ist, will ich dir den Namen sagen: Yvonne. Ich heiße richtig Marlies Yvonne.« Ich weiß nicht, was mich mehr in die Liebe zu Marlies Yvonne stieß: ihre distinguierte Scheu oder der Blick aus ihren Augen? Ich weiß nur, daß ich ein Wort in meine geliebte deutsche Sprache einschleuste, als ich erkannte, daß die Liebe zu Marlies Yvonne Liebe war. Das Wort hieß Komplikatesse. Damit soll meine Anmaßung, diese Fremdartige mitten im Dorf zu beschreiben, ausgesprochen und getilgt sein. Woher das Wort aufstieg in mir, wußte ich nicht. Eines Tages fragte Marlies Yvonne mich: »Wirst du mich zu Hause besuchen?« Sie lebte in der Villa. Die Villa stand im Dorf, in einem Park. Ich hatte Angst und sagte: »Ich werde dich bestimmt besuchen. Notfalls leihe ich bei deiner Mutter ein Buch.« Sie fragte: »Wann wird das aber sein?« Ich sagte: »Weiß nicht.« Sie sagte: »Ich habe meiner Mutter von dir erzählt.« Ich fragte: »Was hast du ihr von mir erzählt?« Marlies Yvonne sagte: »Ich habe ihr erzählt, daß du so klug, aber auch so wahnsinnig bist, daß du mich bestimmt erst dann besuchen wirst, wenn du keinen Zahn mehr im Maul hast.« – »Das könnte so kommen«, sagte ich, erkennend und entsetzt. Marlies Yvonne schaute mich verzweifelt an. »Ist es so schlimm?« fragte ich. »Es ist schlimmer, ich bin ganz krank, es ist verheerend«, sagte sie.

Dann hörte ich von ihrem Bruder, daß Marlies Yvonne in eine Klosterschule am Rhein gegangen war. Ich bestürmte Rolf, mir alles zu sagen. Rolf war zwei Jahre älter als ich. Er hatte einen Hund. Wir gingen spazieren. Im Wald sagte Rolf:

»Ich liebe meine Schwester bestimmt nicht weniger als du, aber das Höchste, was ich mir einzugestehen wage, ist die Tatsache, daß meine Schwester die Waldsteinsonate spielen kann.« Ich sagte zu Rolf: »Deine Schwester hat die erste wirklich gute Eigenschaft in mir, die eine fremdländische Frau und eine Frau mit sieben Siegeln in mir berührt haben, vollends ans Licht der Wirklichkeit gefördert – das hat deine Schwester getan.« Rolf sagte: »Was ist das für eine Eigenschaft in dir?« Ich sagte: »Es ist meine Bereitschaft, Liebe niemals durch Besitz und Eigentum an einem Menschen, den ich liebe, zu zerstören.« Dann kam mir zu Bewußtsein, daß der wilde stille Sommer mit Marlies Yvonne zu Ende war. Die Fremdländische, die Versiegelte und die Fremdartige überforderten meine Widerstandskraft. Um nicht gebrochen zu werden, ließ ich die Aufflutung meines wilden Schmerzes in meinem Innern zu und setzte mich am Waldrand auf die Böschung des Weges und weinte laut, während Rolf dastand und sein Hund jaulend um mich herumkroch.

Verstehe Gott, wie du ihn verstehst

Wir versammelten uns jede Woche im Pfarrhaus und saßen dort in einem holzgetäfelten Raum und erhielten vom Großblutel Konfirmandenunterricht. Der Raum in seiner einfachen Anständigkeit tat mir wohl, die Holztäfelung roch nach dem prachtvollen Lutherdeutsch, und was der Großblutel uns vorlas aus dem Katechismus, dem Alten Testament und dem Neuen Testament und aus einem Liederbuch, wirkte mit dem unverdorbenen Geist der Texte auf mich. So war ich ruhig in diesem Unterricht, hörte zu und phantasierte. Das gewaltige Klagelied des Jeremias erreichte in meinem Herzen die Dimension der Vierten von Beethoven. Das Lied des Jeremias, Turm seiner Ehrlichkeit zu sich selber, bestürzte und befreite mich. Jeremias wurde für mich der Beethoven der Schreiber. Dann aber fing der Großblutel an, uns einzuhämmern, wie wir Gott gefälligst zu verstehen hätten. Ich war sofort bedient von diesem Mann. Aber ich haßte ihn nicht, weil ich ihm die Begegnung mit jenem Jeremias, dem Propheten ehrlich festgestellter eigener Verstümmelung, verdankte. Das nahm ich mit aus dem Konfirmationsunterricht. Darum absolvierte ich diese Zeit bis zum Ende ohne Empörung. Ich nahm mir vor, die Konfirmationsfeier hinter mich zu bringen und dann nie mehr eine Kirche zu betreten. Mit meinem freiwilligen Studium der Texte hielt keine Predigt irgendeinen noch so gutartigen Vergleich aus. Die großen Schreiber der Testamente hatten erzählt, die Schwarzkittel belehrten. Ich fühlte das Bedürfnis nach einer Gemeinde Gottes, aber ich fühlte auch, daß ich niemals Leute akzeptieren würde, die sich eine solche Form der Belehrung gefallen ließen, um der Konfrontation mit den heiligen Texten zu entgehen.

In der grauen Kirche war ich dann konfirmiert worden. Vierzehnmal war ich in der Vorprüfung von den pfahlernsten homburgischen Presbytern aufgerufen worden und hatte zitiert und rezitiert und frei gesprochen, während der Großblutel vor uns stand und die Presbyter, einer nach dem anderen, mir Fragen stellten. Schließlich hatte ich genug und sagte: »Nun vom Jeremias ein Klagelied aus dem Kopf« – dann hatte ich das Klagelied deutlich und sicher in der grauen Kirche hergesagt. Dann war Stille in der Kirche und der Rest der Prüfung war gestrichen. Bei der Konfirmation erhielt ich ein Papier mit einem Spruch. Das Wort stammt von Jesaia und heißt: »Ich will dich segnen und du sollst ein Segen sein. Ich habe dich bei deinem Namen gerufen. Du bist mein.« Diesen Satz empfand ich keine Stunde in meiner längst wirkenden Krankheit als Besitzergreifung, sondern immer als eine ernste und abenteuerliche Zusage. Die Prüfung, die Konfirmationsfeier und der Satz des Jesaia, ausgesucht vom Großblutel, verliefen so unprätentiös, daß ich froh war, denn ich wußte nun, daß ich mich ohne Haß von der Kirche trennen konnte, sobald die Zeit gekommen war.

Ich besuchte Helma, die Mutter von Marlies Yvonne. Sie empfing mich freundlich und bot mir Tee an. »Wir trinken zu

Hause Kaffee«, sagte ich. Helma sagte: »Der Tee regt das Hirn an, der Kaffee springt aufs Herz.« Ich sagte: »Gnädige Frau, zum Teetrinker werde ichs nie bringen, aber das macht nichts, ich bin jetzt schon eine Ruine.« Helma sagte: »Lieber Ernst, nenne mich nicht gnädige Frau, überlasse es Leuten, die sonst nichts mitzuteilen haben.« Ich sagte: »Entweder gnädige Frau oder Helma, dazwischen gibts bei mir nichts.« Helma sagte: »Du bist aus dem Holz des Hohen Vieh. Ich schätze deinen Großvater sehr.« Ich sagte: »Ja, er ist ein kluger Mann. Wenn er auch kein Herz hat, so hat er doch Sinn für ruhige Zeremonien.« Da lachte Helma und sagte: »Meine Tochter darfs nicht erleben, nun gut, nenne mich Helma.« Ich mußte mich zusammennehmen und gab ihr einen Brief und sagte: »Ich möchte Sie bitten, diesen Brief an Marlies Yvonne zu schicken.« Jetzt mußte Helma sich zusammennehmen. Dann sagte sie: »Ich wußte nicht, daß meine Marlies dir ihren zweiten Vornamen genannt hat. Dann ist es ärger für sie, als selbst ich es zu denken gewagt habe.« Sie stand auf und ging zum Wintergarten, kam dann zurück, fragte mich: »Liebst du diese Marlies?« – »Ja«, sagte ich. Sie fragte: »Würdest du dich überwinden können, ihr diesen Brief nicht zu schicken?« Da legte sich eine große Hand aus dem Nichts flach über meinen ganzen Rücken. In einer fürchterlichen Scham und eingedenk meiner Worte an Marlies Yvonnes Bruder Rolf sagte ich: »Ja – im Namen der Liebe ja.« Ich nahm den Brief nicht zurück, sondern bat Helma, ihn zu behalten. Ich betrachtete die Bibliothek. Schließlich lieh ich mir ein Buch aus. Ich bat Helma um den Roman ›Das unauslöschliche Siegel‹. Von Elisabeth Langgässer. Ich hatte von diesem Buch gehört, die Geschichte des Herrn Belfontaine interessierte mich. »Ist das Buch nicht zu schwierig?« fragte Helma mich. »Das Buch Ruth war nicht zu schwierig für mich«, sagte ich. Da lieh Helma mir dieses Buch.

Das Buch riß mich in die überfällige Krise. Katholizität, Sexualität und Taufsakrament und die überwirkliche Kraft des Sakraments im Leben eines ungläubigen Mannes, Herrn Belfontaines, brachten mich in eine gefährliche Lage, weil ich an dem Gottesgeschenk der Willensfreiheit irre wurde. Die Prosa Elisabeth Langgässers hieb mich in Stücke. Sie schlug erbarmungslos genau zu. Sie hatte die Tatze von Hildegard von Bingen und von Sigrid Undset. Unter den Schlägen dieser Prosa ging ich mit meiner dörflichen Freuden- und Schmerzenswelt, mich wehrend wie ein Berserker, endlich zu Boden.

In die katholische Kirche war ein neuer Priester berufen worden. Die Leute nannten ihn den Rektor. Das war sehr weltlich, für mein Gefühl, und der Rektor erschien mir auch sehr weltlich. Ich wußte nicht, ob das gut war für einen Priester, oder ob es schlecht war. Ich wußte nur, daß der Rektor freier war als die meisten Menschen bei uns im Dorf. Die Katholiken und die Protestanten lebten bei uns in Rivalität um die alleinige Pachtung Gottes. Schweigen, Unterstellungen, Verleumdungen kamen aus dieser Rivalität und alles kam vom Schweigen. Das hatte mich als Kind fühlbar beeinträchtigt. Ich war aber deswegen weder entsetzt noch wurde ich böse, denn wenn mir auch in der Dorfschule gesagt worden war, anständige Leute kämen in den katholischen Himmel und ich Protestant käme in die Hölle für Protestanten, so nahm ich das, sehr zurückhaltend, dennoch hin, denn ich konnte sprechen. Der Rektor behandelte mich Evangelischen indessen nicht wie künftiges Höllenfutter, sondern wie einen heranwachsenden Menschen. Er kam oft am Haus vorbei. Er sah elegant aus in seinen sommerleichten schwarzen Anzügen, mit seiner Baskenmütze, stets ein Büchlein in der Kitteltasche. Im Winter trug der Rektor einen Shawl.

Wir waren einige Male im Dorf aneinander vorbeigegangen, einander grüßend wie ernste Hunde. Schließlich hatte der Rektor mir eines Tages geholfen, einen Leiterwagen mit zwei Zentnern Kohle den Berg hinaufzuziehen. Der Rektor war mir entgegengekommen, er hatte gesehen, wie ich mich schund, er hatte mitangepackt und als wir am Oberweg angekommen waren, hatte ich ihm gedankt. »Du wohnst doch gar nicht hier,

Bursche«, wunderte er sich. »Ich bringe nur der kranken alten Gesine das Zeug hier«, sagte ich. »Das tust du?« fragte der Rektor. »Na, nun hören Sie mal, das ist doch das mindeste«, sagte ich, nun auch verwundert. »Wer hat dir das beigebracht?« fragte der Rektor. »Wilm und das Hohe Vieh«, sagte ich. Der Rektor sagte: »Wilm, das ist dein Vater. Wir kennen uns.« »Sie kennen sich?« fragte ich erfreut. »Nicht sehr gut, wir tauschen Floskeln. Aber dein Vater ist ein ehrlicher Mann und Floskeln mit einem solchen Mann sind besser als die ganze Wissenschaft mit halben Leuten«, sagte der Rektor. »Was sind halbe Leute?« fragte ich und der Rektor sagte: »Halbe Leute sind halbehrliche Leute.« – »Fehlt denen eine Hälfte?« fragte ich. »Ja, die Hälfte, die weh tut, die geistige Hälfte, die fehlt ihnen«, sagte der Rektor. »Und wer ist das Hohe Vieh? Das würde mich ja nun doch interessieren – falls du nichts dagegen hast«, sagte der Rektor. Das erzählte ich ihm. Ich erzählte gut, denn ich erzählte mein erprobtes Fastnichts. »Und diese beiden haben dir also beigebracht, der alten Gesine das Zeug vor die Tür zu fahren.« Ich sagte, immerhin fast lächelnd: »Oh, Herr Rektor, nicht vor die Tür, sondern in den Keller.« Der Rektor sagte, tief erheitert: »Und sauber aufgestapelt im Keller, was?« Jetzt lachte ich offen und sagte: »Klar, soldatisch.« Dann wurde ich ernst und sagte: »Es ist ja übrigens bedrückend, Herr Rektor, daß ausgerechnet Sie, der Sie hier mitgezogen haben, sich wundern über solche Kleinigkeiten.« Da sagte der Mann: »Ich komme aus einer anderen Welt.« Ich verstand sofort, daß er dazu kein weiteres Wort zu sagen wünschte, und das beachtete ich und sagte nichts mehr. So standen wir nun da auf dem Oberweg, mit den Briketts auf dem Leiterwagen. Da fragte der Rektor: »Was willst du einmal machen?« Oh, verflucht, jetzt hatte er mich. Ich wich zurück und sagte fahl: »Kunst.« Mehr zu sagen, war mir unmöglich. Schon was ich hier dem Rektor sagte, war ein starkes Stück, für meine inneren Verhältnisse. »Aha, du meinst Kritik«, sagte der Rektor. »Ja, Kritik wohl auch, aber bestimmt keine Belehrung«, sagte ich. Aber diese Sache wurde bereits äußerst unerquicklich. »Die Kunst wird sehr hart«, sagte der Rektor. Ich wurde jetzt ärgerlich und sagte kalt: »Herr Rektor, hören wir auf damit, durch Wilm und Beethoven und durch Wilhelm Hauff und durch das Hohe Vieh und Sterns Christian, den Halbbruder Gottes, und durch eine Gabe, für die ich nichts kann, bin ich längst eine Kreatur aus der Wildnis. Vom Menschen alles sagen, ohne einen Menschen zu verletzen, im Gegenteil, um Verletzungen deutlich zu machen und um sie in Freude zu verwandeln, das ist Kunst – der Rest ist spießige Geschicklichkeit, zu mies selbst für den Hühnerhof.« Ich war schwer aufgebracht und der Rektor war wie vom Donner berührt und wir verabschiedeten uns korrekt und nun gingen wir wieder weiter, wie ernste Hunde. Kunst? Wie lange war das her? Inzwischen hatte mir mein Gedächtnis, das aufnahm und registrierte, alles fortwarf, was nicht Angst, Wut, Schmerz und Lust potenzierte und wie ein Gottesspeicher arbeitete, einen Schlag nach dem anderen beigebracht und die Erzählung von Elisabeth Langgässer hatte mich zu Boden gezwungen. Was für einen Lügenkram hatte ich dem Rektor erzählt? Kunst? Das war angstvolle Irreführung gewesen. Ich würde ein Scheherazado der Angst und sonst nichts. Am Boden liegend, wußte ich das.

Ich wußte nicht, wie ich, geschlagen von den Energiemassen des Speichers und platt an der Erde, jemals wieder auf die Füße kommen sollte. Ich ahnte das nicht einmal. Aber ich sagte mir ruhig und mit fahler leiser Stimme, so daß ich es hören konnte: »Kind dieser grünen Gegend, du wirst das tun, was du tun kannst, du wirst, wer du bist – und wenn du dreißig Jahre dafür brauchst. Und du gehst auch mit dem Kopf durch die Wand und wenn die Wand aus Granit ist, dann gehst du eben träumend und betend mit deinem kranken Kopf durch die Wand.« Dann wollte ich zum Rektor, um ihm endlich die Wahrheit zu sagen, denn er hatte mich Protestanten wie einen Menschen behandelt. Ich hatte diesen Wunsch – und kam auf die Füße.

Der Rektor empfing mich in seinem Arbeitsraum. Da waren Bücher, wenige Bücher – aber was für Bücher. Ich stand da und kuckte und dachte: ›Kerle, kuck nicht zu sehr, kucke weniger, am besten ist, du kuckst überhaupt nicht.‹ Die Kinder im Dorf hatten sich gegenseitig Namen gegeben. Mir hatte nie einer einen Namen gegeben, ich war mir und den anderen Kindern fremd. Ich hätte auch gern einen Namen von den anderen Kindern bekommen. Ein Name, den dir ein Kind gibt, den behalte, behalte ihn immer, wenn du gescheit bist. Ich dachte: ›Naja, du Ruine von Kind, du hast ja noch keine Berufswahl getroffen, du gehst ja noch soeben durch als Kind, also gib dir, in der Fremdheit Namen, selber einen Namen. Du bist der Kucknicht.‹ Der Rektor fragte: »Möchtest du eine Tasse Kaffee?« Wir setzten uns. Ich sagte dem Rektor, was richtigzustellen war. Der Rektor war ziemlich gelassen, kaum überrascht. »Aber nicht vom Kommenden will ich sprechen, von meiner jetzigen Qual möchte ich sprechen«, sagte ich. »Erzähle, ich höre dir zu«, sagte der Rektor. Ermutigt vom ruhigen Zutrauen des Rektors in die Fülle der Wahrheit in uns selber, öffnete ich dem Fremden mein Inneres und er hörte mir zu. Ich erzählte ihm von meinem Steifen wegen Ruth und von meiner schmerzhaften Freude wegen Marlies Yvonne und von meinem Irrewerden an der Willensfreiheit durch das Buch der Frau Langgässer. Am Ende meiner Erzählung sagte ich: »Ich leide in unerklärlicher Angst und mein geistiger Hochmut macht aus mir einen Stein und meine Wildheit entsetzt mich und ich schüchtere Kinder, die ich am meisten liebe, immer nur ein. Ich fühle mich einsam, und das genieße ich, aber gleichzeitig ist in mir eine Sucht nach Alleinsein, und die würgt mich. Es ist Wahnsinn, Herr Rektor, es ist Krankheit, denn einsam und süchtig nach Alleinsein, bin ich gleichzeitig süchtig nach Menschen, die das verstünden. Ich weiß nicht mehr weiter, ich brauche geistige Hilfe.« Der Rektor bedachte, was ich gesagt hatte, gründlich. Dann fragte er mich: »Ernst, was eigentlich wünschst du dir am meisten?« Ich sagte: »Ich habe keine Freiheit zum Wünschen. Ich sterbe aus Mangel an Liebe in einer Überfülle von Liebe. Ich begreife das nicht und das ist entsetzlich.« Ernst erwiderte der Rektor: »Versuche jetzt, einmal ehrlich zu dir selber zu sein und sprich nicht um den heißen Brei, sage mir unumwunden, was du dir am meisten wünschst.« Da kapitulierte ich endlich und sagte ruhig: »Am meisten wünsche ich mir ein langes tätiges Leben mit einer guten Wirkung über mein Privatleben hinaus und zuletzt den Tod eines frohen Mannes.« Der Rektor nickte und sagte: »Ich verstehe dich.« Er fuhr fort: »Wenn dein Wunsch aufrichtig ist und wenn du bereit bist, alles Notwendige zu tun, dann kann es nur eine geistige Hilfe geben; für einen Menschen wie dich kann es nur eine geistige Hilfe geben, die für alle Menschen Hilfe ist: Bitte Gott, dir deinen Wunsch so in dir zu klären, daß du ihn verwirklichst. Gott kann diesen Wunsch erfüllen – wenn auch ganz anders, als irgend jemand von uns denken könnte.« Ich war betroffen. Der Rektor sah es und sagte: »Bete. Etwas Geistvolleres kannst du nicht tun. Du selber mußt dir den Anfang zu geistiger Hilfe schaffen, deshalb bete. Geistvoller kann keiner sich helfen und darum kann keiner auch je etwas Praktischeres tun als ruhig zu beten.« Ich stieß hervor: »Ich kann nicht mehr beten! Mein Glaube ist vollkommen vernichtet. Belehrung und Angst haben meinen Glauben vernichtet!« Da sagte der Rektor: »Liebe einen anderen Menschen, suche dir einen, den keiner versteht und den somit auch keiner liebt. Den liebe. Lerne es. So gewinnst du Glauben an dich selber. Schwärme nicht, sondern lerne lieben. Dann, wenn du dazu bereit geworden bist und wenn du dann einen liebst, dann bete ruhig ohne Glauben.« Ich sagte, schier am Ende: »Ich kann Gott nicht mehr verstehen, es ist aus mit mir.« Da sagte der Rektor einen Satz der Wilmklasse: »Es genügt, wenn Gott dich versteht. Du brauchst Gott nicht zu verstehen, du darfst dich freuen. Gott ist ganz anders als unsere Sorge, ihn verstehen zu müssen, bevor wir beten. Wir sind allesamt unwissende Leute, aber in der Wüste unserer Unwissenheit ist das Geheimnis unseres freien Willens.«

Ich wurde immer verzweifelter, die Angst umschmiedete meinen Brustkorb mit drei eisernen Reifen, mit Gier nach noch mehr Angst, mit Minderwertigkeitsbewußtsein und mit

Hemmungen. Aber ruhig fuhr der Rektor fort: »Auch ich bin erledigt gewesen, tief unten. Meine Krankheit heißt Herrschsucht. Sie machte mich zum Krüppel. Ich habe die Zuneigung einer Frau verloren, die mich ganz verlassen hat, ganz und für immer. Weil sie mich geliebt hat. Und weil sie keinen anderen Weg mehr wußte, als mich zu verlassen, damit ich zu mir käme. Wenn ich heute noch lebe, verdanke ich es der Selbstüberwindung dieser Frau und der Tatsache, daß ich, am Boden mit meiner Herrschsucht, endlich gewagt habe, zu beten. Ich habe etwas ganz und gar Wahnsinniges getan zuletzt, denn mir wurde plötzlich so zumute: Ich habe Gott gedankt, daß ich diese Frau kennenlernen durfte. Dann kam ich zu mir. So bin ich Priester geworden. Ich habe weiter gebetet. Meine Herrschsucht ist nicht von mir gewichen. So etwas bleibt. Aber ich bin ruhiger geworden. Priester bin ich geworden, weil ich erlebt habe, daß ich nur zum Leben zurückfand, weil eine Frau sich selber bemeisterte und weil Gott sich meiner erbarmte. Ich nahm mir damals vor, das weiterzugeben. Ich tue es in den Regeln und in den guten Übungen der heiligen Schriften. In deinem Fall bin ich aber sicher geworden, daß es gut wäre, dir meine persönliche Geschichte mitzuteilen. Denn Menschen, die nicht so tief unten sind wie du, denen würde nur das Herz bluten und dann würden sie lachen, um den Schreck vor der Wahrheit wegzuschieben. Ich sage dir: Wenn ich aus meinem Elend durch Gott, wie er mir in einem liebenden Menschen begegnete, freigekommen bin, dann wirst du es auch schaffen. Ich werde auch für dich heute beten. Das Bittgebet ist sehr gescheit und von großer Rechtlichkeit für jeden Menschen, aber ein Gebet um geistige Hilfe für einen anderen Menschen ist unendlich freier. Das beste Gebet ist aber das Dankgebet. Aus ihm kommt keine Gewalt, niemals Schaden.« Dann sagte der Rektor den Satz, der meine Rettung vor mir selber einleitete. Er sagte: »Ernst, es gibt Situationen, wo ein Mensch in der Not den schwierigen Weg suchen muß, eine von Herkunft, Familie und äußeren Lebensumständen unabhängige und selbstbestimmte Liebe zu Gott zu finden. Wenn es einmal ganz hart wird in deinem Leben, dann suche deinen Weg und dann verstehe Gott, wie du ihn verstehst.« Damit beendete der Rektor unsere Unterredung. Seine Güte hatte ihm die Fähigkeiten verliehen, Menschen zu empfangen und sie zu verabschieden. Er liebte nun mehr als einen einzigen anderen Menschen. So klammerte er sich an niemand.

Mein erstes Notizbuch

Nach der Unterredung mit diesem Priester kaufte ich mir ein Notizbuch und machte meine erste Eintragung. Ich notierte von mir, daß ich, sollte ich jemals ein Schriftsteller nach meinem Geschmack werden, ich der Notar von sieben Abenteuern unkäuflicher Beziehungen werden möchte, im Fastnichtswissen und im Fastnichtsverstehen und im Fastnichtleben. Und, so notierte ich, nun bewege mich also die Frage, welche sieben Abenteuer das wohl später, wenn alles getan sei, wären?

Fritz vom Bingenhof

Er riß jeden Morgen, Punkt sieben, das Fenster im Erdgeschoß seines Bauernhauses auf, lehnte sich hinaus und rief mit Stentorstimme »Feierabend« in den Bingenhof. Die Leute, die um diese Zeit mit ihren Henkelmännern brav zur Fabrik gingen, sagten kopfschüttelnd: »Alles verkommt.« Fritz war derjenige im Dorf, den ich ruhig liebte. Es war von selber so gekommen.

Ich war inzwischen sechzehn und ging bereits in die Dorfwirtschaft und stand an der Theke und trank Pils. Wenn Fritz hereinkam, sagte er zu mir: »Ernst, wenn du kannst, zahle mir einen Klaren.« Ich nickte und Fritz bekam den Klaren, kippte ihn und stellte das Glas heftig hin und sagte: »Nur du hast mir gegeben Geist, Seele, Herz und Leben – Ernst, wenn du kannst, dann zahle mir, in Gottes Namen, noch einen.« Ich nickte und Fritz bekam noch einen, kippte ihn, setzte das Glas wieder hart auf die Theke und sagte: »Und nun, wenn möglich, noch einen.« Ich nickte und Fritz bekam noch einen. Wenn er den dritten Klaren gekippt hatte, setzte er das Glas, etwas erleichterter, lautlos auf die Theke und sagte, aufatmend: »Der Spiegel steigt, es geht mir besser, heiliges Arschloch im Winter.« Dann beteiligte er sich an den Unterhaltungen der anderen Thekensteher. Deren Gerede interessierte Fritz keineswegs, er suchte nur denjenigen, der ihm jetzt ein Pils spendierte. In einer oft geprobten Strategie der harmlosen Provokationen und einiger zum Lachen bringenden übertriebenen Rückzieher fand Fritz denjenigen jedesmal. Beim Pils ließ er sich Zeit. Wenn er drei Klare und ein Pils intus hatte, lief er zu einer solchen Erzählerform auf, daß die Leute ihm gern weiter spendierten. Fritz war die wandelnde Katharsis in der dörflichen Grundstimmung des gedeichselten Einerleis. Wenn er voll war, erklärte er den Thekenhabitués das Wort Katharsis und zu mir sagte er dann: »Ich schreib das Wort zwar anders, nämlich Katarrhsis, aber das brauche ich denen ja nicht zu sagen, die brauchen Latein.«

Fritz ging betrunken und mit der Würde eines Grandseigneurs tagein und tagaus, durch Frühling, Sommer, Herbst und Winter in hauchdünnen Lederlatschen und alten Militärsocken durch die Gegend. Sein weißes Haar wehte. Inspiriert redete er gegen seine Krankheit an, umsonst. Wilm sagte: »Der Fritz vom Bingenhof hat im schmutzigsten Zeh mehr an Energie und Geist, als die trostlosen Stockfische hier je begreifen werden. Wenn er nicht so unmenschlich söffe, wäre er ein großer Lehrer geworden, denn seine Intelligenz ist frei von jeder Gemeinheit. So aber muß es böse enden mit ihm.«

Ich besuchte Fritz oft in seinem verkommenen Haus, das gepfändet war und in dem er zuletzt noch ein Zimmer behielt, vollgestopft mit Büchern und zerlesenen Scharteken und leeren Flaschen. Wenn ich ihn besuchte, brachte ich ihm eine Flasche mit. Er residierte in der Unordnung wie ein König. Er schaute sich in seiner morschen Freistatt um und trank aus der Flasche und sagte: »J'aime le désordre.«

Eines Tages sagte er zu mir: »Ernst, ich habe meinen verrücktesten Traum nicht angepackt, deshalb bin ich verloren.« Da faßte ich mir ein Herz und erzählte Fritz von meiner ersten langsamen Lektüre des ›Zauberberg‹. Fritz hörte mir zu, ohne mich zu unterbrechen. Zuletzt sagte ich: »Ich verstehe zwar fast nichts in diesem Buch, aber ich glaube, ich halte mein zweites Schlüsselbuch in Händen, wenn ich es aufschlage. Dabei mißfällt mir die These des Romans, denn Krankheit macht nicht genial, sie demoralisiert. Ich glaube, ich habe wirklich nichts begriffen.« Fritz sagte: »Warte ab. Du wirst das Buch noch mehr als einmal lesen. Mich beeindruckt etwas ganz anderes am ›Zauberberg‹. Es sind die Umstände, unter denen er begonnen und vollendet wurde. Thomas Mann hatte mit seinem ersten Buch einen verdienten großen Erfolg. Dieser Erfolg hat ihn nicht dumm gemacht. Im Gegenteil, er hat ihn zum Meister gemacht. Denn Thomas Mann setzte sich hin und fing nun erst an, ehrlich zu arbeiten. Sieben Jahre Zeit hat er sich genommen. Er wollte nicht mühelos sofort noch mehr Erfolg raffen, entschloß sich vielmehr zu geduldigem täglichem Schreiben, sieben Jahre lang. Nach dem Erfolg der ›Buddenbrooks‹ stand Thomas Mann am Kreuzweg. Die eine Richtung hieß Demut, Bescheidenheit aus Mut zum Möglichen und die Leute für klug genug halten, daß sie sein Bestes schon verstehen könnten. Die üble Richtung hieß also Mittelmäßigkeit, die andere war der Weg zum Canossa der Meisterschaft. Thomas Mann erwies sich als Meister, er hat sich selber bemeistert und das ist das Höchste, was einer kann, denn für mich gibt es keinen Zweifel, daß Thomas Mann die Menschen geachtet hat. Dafür ist der ›Zauberberg‹ der Beweis. Kein Wunder, daß er gut erzählt ist.«

Ich bin nach Hause gegangen. Ich fühlte, daß die Dinge allmählich zu einer Entscheidung kamen. Mein Kopf war leer, mein Herz war leer, meine Füße waren leer. Ich stand zu Hause in meinem Zimmer, vollständig leer. Da kam, von sehr weit draußen, etwas hineingewandert in meine Leere, tiefes Mitgefühl mit Fritzens Bekenntnis, er habe seinen verrücktesten Traum nicht angepackt und sei deshalb verloren.

Ich ging wieder aus dem Haus und machte mich auf, in den Bingenhof. Ich wollte Fritz irgend etwas sagen. Keinen Trost, Trost gab es nicht und der Versuch wäre eine Anmaßung gewesen. Da fragte ich mich unterwegs, was denn mein verrücktester Traum wäre? Den letzten Teil des Weges rannte ich. Atemlos stieg ich in Fritzens morsche Freistatt. Er war ganz betrunken. Ich kümmerte mich nicht darum, ich wußte, er würde jedes Wort begreifen, und ich sagte zu ihm: »Fritz, du hast die zweite gute Eigenschaft in mir gefördert, Bereitschaft zu täglichem Fleiß. Ich nenne dir jetzt meinen verrücktesten Traum: Ein Buch zu schreiben wie den ›Zauberberg‹. Über Krankheit. Ich bin nicht so gebildet wie Thomas Mann, ich Dörfler mit meiner Angst-Sprach-Traumwehmut, aber ich bin hell vor Liebe und ich bin genau! Mein Zauberberg wird eben weniger gebildet, dafür dann hoffentlich praktischer. Das ist mein verrücktester Traum, Fritz – und ich werde ihn anpacken.« Fritz saß in dem selbstgebauten großen Brettersessel mit den Wolldecken. Ich hatte ihn nicht beobachtet, denn ich beobachte niemals einen Menschen. Da sagte Fritz in vollkommener Ruhe: »Du bist ein sehr freier Mensch, du kommst, um einen wie mich in seine Würde, etwas Gutes bewirkt zu haben, einzusetzen. Wer kann das? Du kannst es und du hast es getan. Nicht nur kannst du es, du hast es auch getan. Mein Gott da oben, und ich habe dich so angstvoll vergessen. Ernst, wenn du deinem Traum die Treue hältst und wenn du deshalb, eines Tages, einem anderen Menschen die Treue hältst und dich in einer starken Position vollkommen unterordnest und wenn du deshalb, drittens, mit deiner Begabung in täglicher Genauigkeit ernst machst, dann kannst du deinen Traum verwirklichen. Er wird auch gelingen, denn verrückt genug ist er. Er ist heute so verrückt, daß er schon jetzt vollkommen brauchbar ist.« Ich gab Fritz die Hand und ging.

Ich ging zum Feldrand. Angst wanderte in mich ein, sie bewegte mir die Füße, bis ich an der für mich richtigen Stelle stand, am Feldrand. Ich stand da und dachte an Ruth, Wilm, das Hohe Vieh, Harriet, Marlies Yvonne, Helma, den Rektor und an Fritz in der Freistatt. Ich fühlte helle Angst und die Fülle meiner Nichtigkeit und faltete meine Hände in protestantischer Manier und schaute hinan gegen den Nachthimmel und sagte, sehenden Auges und auf meinen angsterfüllten Füßen ruhig am Feldrand stehend: »Lieber Gott, ich danke dir für deine Hilfe, die du mir durch andere Menschen geschickt hast. Du kennst meinen Traum. Beschütze alle und mich bereite zu für die Arbeit in meinem Traum. Schaffe mir ein Bewußtsein vom Ernst meiner Lage. Gebe mir die Bereitschaft, in allen geistigen Dingen immer als ein vollkommen humorloser Mensch dazustehen. Denn nur du hast Humor, Gott, diesen über Zeit, Raum und Menschen wachenden heiteren Ernst; danke, lieber Gott.« Ich stand noch einige Zeit dort am Rand des Feldes, dann ging ich nach Hause.

Entscheidung

Es war ein Nachmittag im August 1949. Unser Leben im Dorf hatte sich entspannt. Die Diktatur war zu Ende und unausgesprochen stellte sich unter uns der Gedanke ein, mit tüchtiger Arbeit wäre nun das Weiterleben wieder anzupacken. Der erfreuliche Mangel an organisiertem Größenwahn machte sogar die sommerliche Landschaft in unserer Gegend wieder schön, ihr ernster Liebreiz bewegte mich mehr, als ich mir anmerken ließ. Wilm und ich arbeiteten im Feld. Wir machten Furchen für die Kartoffelsträucher, damit sie Luft kriegten. Ich zog den Ritzhaken, Wilm machte die Furchen. Wir machten eine Pause. Wilms nackter und schwitzender Oberkörper brachte mir sein ausgebeutetes Leben zu Bewußtsein, diese Diskrepanz zwischen seinen Gaben und seiner Einkesselung durch immer mehr Abhängigkeit. Das buschige Grün der Kartoffelstauden mutete mich an wie Wahnsinn. Mich überkam plötzlich Angst, Wilm könne dem Irrtum verfallen, sein Leben für wirkungslos zu halten. In mir wirkte er beständig. In tiefer Liebe schaute ich ihn an, konnte nichts sagen. Da fragte Wilm: »Hör mal, Ernst, du hast ja jetzt diese sogenannte mittlere Reife – was möchtest du eigentlich machen?« Die Frage traf mich mittschiffs. Ich spürte, daß ich jetzt setzen mußte, daß ich mit dem nächsten Satz für immer stehen oder fallen würde. Ich setzte auf die Wahrheit und sagte ruhig, mit einemmal ruhig: »Ich werde Schriftsteller.« Wilm nickte. Dann sagte er: »Naja.« Dann arbeiteten wir weiter.

Zweites Buch
Krankheit

Kontrollverlust

1949–1954

Ich stand zu Hause herum. ›Du brauchst mindestens zehn Jahre als Wandersmann und zehn Jahre als Sitzemann, um überhaupt anfangen zu können, wie kommst du bloß über diesen Zeitgraben?‹ fragte ich mich. Wilm und ich stellten fest, daß es so nicht weitergehen könnte. Wilm fragte: »Warum gehst du nicht aufs Gymnasium und machst in drei Jahren Abitur?« Ich sagte, sofort eisig werdend: »Verdammt nochmal, Wilm, dazu habe ich keine Lust. Bis jetzt haben diese Schulmeister meine Phantasie noch nicht kaputtgekriegt, aber spätestens mit Erreichung des Abiturs ist sie am Boden. Für die Universität reicht das nicht mehr, denn ich bin ja jetzt schon der wandelnde Friedhof.« Dann ritt mich der Teufel und ich sagte zu Wilm: »Weißt du was? Ich mache die Übergangsprüfung!«

Ich meldete mich an und trank vorher tüchtig Pils und Steinhäger und dann enterte ich mit den anderen aus meiner früheren Schule das Prüfungszimmer in dem Kleinstadtgymnasium. Der Stellvertreter des Direktors hielt die mündliche Prüfung ab, ein Oberstudienrat, der im Städtchen dafür bekannt war, daß er hundert Vogelsorten unterscheiden konnte. Dafür wurde er von den Leuten servil bestaunt. Ich hatte nichts gegen den Vogelsortenkenner, im Gegenteil, ihn konnte ich gut verstehen, ich Sinfonienkenner mit meiner Kopfkrankheit des mühelosen Behaltenkönnens. Mich störte nur das servile Gestaune der Leute, dieser Kopfnicker. Betrunken redete ich mir aber plötzlich einen Haß auf den Studienrat ein, stand auf und hielt einen ziemlich scharfen Exkurs über die Schule als Anstalt zur Vernichtung der Phantasie. Ich sagte, was ich sagte, höflich.

Ich glaube, meine Höflichkeit kam aus meiner Erfahrung, jederzeit alles formulieren zu können, was ich viel lieber singend ausgedrückt hätte. Mein Formulierenkönnen war das, was mich selber am tiefsten verletzte, denn lieber hätte ich gesungen und musiziert, aber davor bekam ich Angst. Denn beim Gedanken ans Musizieren legte sich jedesmal eine große fremde Hand flach über meinen ganzen Rücken.

Der Studienrat hörte mir zu bis zum Ende meines höflichen Ausbruchs. Da brüllte ich, in Sorge, es könnte doch zuguterletzt alles noch klappen: »Ich will kein Abitur, verdammt nochmal!« Dann sagte ich, ruhig und ohne jede weitere innere Bewegung: »Guten Tag.« Und ging. Gute Nacht heißt bei mir Naja. Guten Tag heißt bei mir Feierabend, und zwar für immer.

Leider bin ich aber bereits am selben Tag mit der Lüge hausieren gegangen, man hätte mich durchfallen lassen. Ich durchschaute meine Lüge. Ich brauchte, um mein Wissen zu betäuben, ein ziemliches Erleichterungstrinken. Ich ging ins Hotel Flatten, bestellte das erste Pils. Zum Anfeuchten. Ich ließ es gut einrinnen, kaute auch ein Maulvoll Pils zum Schluß. »Noch ein Pils?« fragte der Büffetier. Ich fuhr ihn eisig, als hätte er sich etwas herausgenommen, an: »Blödsinn, Schnaps, vorwärts . . .!« Seine gepflegte Kleinstadtmanschettenmiene zuckte zusammen.

Totsaufen

Ich kam, irgendwann, zu Hause durch die Tür gesegelt. Stocksteif drehte ich in der Tür um, stakte in den Bingenhof, zu Fritz. Nahm mir vor, mich in Gesellschaft von Fritz sofort totzusaufen. Traf den Fritz in seinem Brettersessel an. Ich hatte in der Kneipe bei Gerd mehrere Flaschen geholt, ziemlich hochprozentige. »Ich zahle später«, hatte ich zu Gerd gesagt, dachte: ›Erst mal totsaufen, damit endlich Ruhe ist.‹ Übrigens war ich, unterwegs in den Bingenhof, durchaus sicher, daß ich mich totsaufen und dann, in eigener Person, hinterher trotzdem den Gerd bezahlen würde, durchaus mit richtigem Wirtschaftswundergeld. »Fritz, jetzt ziehen wir erst mal durch. Wenn das Gesocks hierherum das Geldmachen bereits in den Rang des Wunders erhebt, dann ist es ja geradezu eine Frage von Gottesliebe, sich totzusaufen. Der ökonomische Betrug, verkleistert als Wunder, mein lieber Herr von Fritz, das ist so bekotzt, daß der Selbstmord per Steinhäger zur Minima teologica wird«, sagte ich angewidert. »Heiliges Arschloch im Winter, es irrt, wer dich für geistreich hält«, sagte Fritz und wir leerten die erste Flasche.

Wir hatten dann in der Nacht ein so schier unmenschliches Erleichterungstrinken, daß nicht ich, sondern Fritz am Morgenschein des neuen Tages totlag. Ich besah ihn mir, riß, an seiner Stelle, das Fenster auf und rief mit Stentorstimme »Feierabend!« in den Bingenhof, während die ersten Kopfnicker mit ihren Henkelmännern vorbeikamen. Ich drückte dem Fritz die Augen zu und ging nach Hause.

Wilm war noch da und sagte: »Du bist aber dick besoffen.« – »Ich bin bei der Übergangsprüfung durchgefallen.« Wilm war skeptisch, sagte: »Das glaube ich jedem, dir aber nicht. Das hast du so gedreht.« Ich sagte: »Zum Abitur, dem Fremdwort für Mitmachen, hats nicht gereicht, aber den Fritz anständig zu Gott saufen, dazu hats gereicht.« Wilm sagte: »Was? Der Fritz ist tot?« – »Ja, stinktot«, sagte ich. Wilm war sehr betroffen. Dann sagte er: »Ich weiß nicht, was ihr beiden gemacht habt – und ich wills auch nicht wissen. Aber tu mir einen Gefallen und erzähle Ruth kein Wort von diesem Trauerspiel.« – »Vom Durchfall in dieser Belehrungsanstalt?« fragte ich. Aber Wilm musterte mich mit unfroher Ruhe und sagte: »Unsinn, Junge, der Schulkram interessiert wohl keinen. Aber du hast den Fritz umgebracht. Und das erzähle, nach Möglichkeit, nicht der Ruth.« – »Meinst du, ich habe den Fritz jetzt auf dem Gewissen?« fragte ich betreten. Mir wurde langsam nun doch klammbange. Wilm sagte: »Ach was, der Fritz war fällig.«

Ich ging bedrückt in mein Zimmer. Zuerst hatte ich meinem Zwillingsbruder Klemens im Mutterleib den Kopf weggefressen und nun hatte ich meinen einzigen Freund, Fritz vom Bingenhof, sechs Fuß tief gesoffen; meine Freiheit, nicht studieren zu müssen, war vielleicht doch ziemlich überbezahlt. Ich ging in den Keller und trank, den Daumen auf der offenen Flasche, hastig zwei Flaschen von Wilms hochprozentigem Heidelbeerwein. Ich war sicher, ich kam in die Hölle, die, dessen war ich inzwischen ebenfalls sicher, direkt unter unserem Dorffriedhof anfing, ab sieben Fuß. »Die Hölle ist der kraftloseste Ort, ein Ort ohne Spuren von Sprache«, hatte Fritz gesagt.

Die Kunde vom toten Fritz lief um. Sie hatten ihn gefunden. Ich tat von allen Leuten am überraschtesten und meine Erschütterung war so echt, daß ich dachte: ›Mit soviel Betrug im Brüstchen wirst du zuerst ein Galgenvogel und dann ein steinalter Sänger, eins nach dem anderen.‹ Dann flüchtete ich, zwei Ortschaften weiter, ins Café Baum vom schönen Frettchen. Das schöne Frettchen gab mir die Traueranzeige und sagte: »Eine Schande.« Ich stierte auf das Blatt und sah, daß heute der Begräbnistag war: Fritz war ja schon halb im Dreck! Ich sprang sofort hoch und sagte zum schönen Frettchen: »Mädchen, zieh sofort die Strickhosen an und fahre mich zum Kirchhof, Fritz ist schon halb drunten, wir müssen uns beeilen, die graben den schon zu!« Frettchen zog die Strickhosen an und ließ draußen schon den Bäckerwagen mit dem Holzkocher an und los gings. »Verdammt, Mädchen, ich muß dreimal auf seinen Sarg spukken, denn das hat er mir abverlangt und hat mir angekündigt, er käme sonst wieder aus der Grube und ich würde statt seiner eingegraben, fahre, fahre, in der wahren Frömmigkeit Namen, fahre!« feuerte ich das schöne Frettchen an und das stolze Mädchen fuhrwerkte und arbeitete vorn auf dem Holzkocherauto, daß ich dachte, wir fahren hoch in die Luft anstatt auf den Friedhof. Sie kurvte am Wiehlpuhl um die Fabrikecke und brüllte im Fahren in den zischenden und knallenden Lärm: »Der Fritz war ein Gesichtsmann, und solche Geister werden bei uns als lustige Personen verbraten, wir können es uns ja leisten!«

Es standen schon die ersten Leute wieder am Kirchhofstürchen, alle dick zufrieden. Die Arme werfend sahen sie zu, wie ich besoffen aus dem Bäckerauto fiel. Einer half mir auf und sagte: »Der Fritz ist schon im Dreck, aber ein paar Grabkieker sind noch drüben.« Ich ging hinüber und meine Ankunft wurde mit Händeschütteln quittiert. Der Pastor stellte gerade die Beschwichtigungsarbeit ein und sagte zu mir: »Ernst, das ist schön, daß man sich auf deine Ehrfurcht und Treue verlassen kann, du bist zwar besoffen, aber auf dein Heimatgefühl ist Verlaß.« – »Bestimmt, Herr Pastor, aber nur in Todesfällen«, sagte ich. Hermann Peffekovens, unser Dorfgalan, ein Hausteufel und Straßenengel, reichte dem Totengräber einen Geldschein und sagte: »Nimm, und sei so gut und grabe den Fritz noch mal aus, dann können wir ihn mit Würde noch einmal begraben.« Der Totengräber, voller Furcht vor dem Pastor und scharf auf den Schein, kuckte in die Runde, aber ich sagte: »Köbes, grabe nur vorwärts, na los.« Der Pastor kam etwas aus der Fassung, aber wir Grabsteher schauten so demütig und hintersinnig, daß auch er eine fromme Miene machte und Köbes schaufelte den Sarg noch einmal frei und dann gab Peffekovens ein Zeichen und wir hoben den Sarg mit Fritz noch einmal aus der Kuhle, stellten ihn quer und der Pastor sagte noch einmal ein paar einfache Abschiedsworte und dann sagte er, herzlich froh: »Laßt ihn nun hinab«, und wir ließen den Sarg gut hinunter in die Kuhle und dann sangen wir gemeinsam das schöne Lied von Herz, Geist und Leben und ich spuckte dreimal auf den Sarg unten und dann schaufelten wir die Erde darüber. Als das getan war, gaben wir dem Pastor die Hand. Dann zogen wir, Arm in Arm und die bergischen Immergrünsträußchen im Knopfloch der Begräbniskittel, hinunter ins Dorfwirtshaus, um Fritzens Fell zu versaufen. Verwegen sangen wir, tremolierend und in wackeligem Chor: »Vergeblich haben gerungen Fortuna und Gott, Triebe und Tugend.«

Inge

Als Inge zur Stadtkasse versetzt wurde, sank mein Interesse an der Mitarbeit auf Null. Von meinem Schreibtisch aus betrachtete ich Inge. Sie saß unserem Chef, dem Stadtrentmeister, gegenüber. Herr Walter war mein Lehrmeister. Ich saß im Hintergrund, einer Art Erker. Mit mir ging es bergab.

Die Aussicht, städtischer Beamter zu werden, schreckte

mich nicht mehr; spätestens beim Lehrabschluß würde sich meine Unfähigkeit herausstellen.

Meine andere Befürchtung, durch ein Mädchen aus meiner Apathie herausgerissen zu werden, erwies sich auch als gegenstandslos; zu Hause hatte ich fünf oder sechs Werke der Weltliteratur gelesen; mit den darin immer noch lebendigen Frauen konnte niemand aus unserer Gegend konkurrieren; ich onanierte nicht einmal mehr und stellte auch das Lesen ein. Immerhin, es gab unter meinen Kollegen Leute, die mich für einen Triebmenschen hielten. Inge schien auch zu ihnen zu gehören. Ich war hin und wieder in ihr früheres Büro gegangen, hatte dort Inge wortlos in die Augen geschaut.

Ich verließ dann bald wieder das Wohnungsamt, ohne mit Inge gesprochen zu haben. Ich wußte, daß mehrere Kollegen Inge vor mir gewarnt hatten. Daß ich das wußte, strapazierte Inge, aber ihre Geduld ertrug es, ihre Geduld war fabelhaft: Inge war nicht nur geduldig mit ihrer Umwelt, sie war ebenso geduldig mit sich selber.

Sie war vierundzwanzig, verlobt, sechs Jahre älter als ich. Als Inge zur Stadtkasse kam, legte ich eines Mittags einen Pakken Buchungsunterlagen mit Nachdruck auf ihren Tisch und schaute Inge dabei offensiv an. »Ich bin doch verlobt«, sagte Inge. »Deine Verlobtheit ist mir heilig«, sagte ich, aber in Inges Blick trat ein Ausdruck zagender Skepsis und dieser Ausdruck schien mir bestätigen zu wollen, daß ich ein kommender Galgenvogel sei, und im Bann dieser Idee verliebte ich mich in Inge.

Mittags saß ich allein im Kassenraum. Die Mittagspausen lähmten mich noch mehr als die Dienststunden. Ich sah die Zukunft vor mir wie eine Ewigkeit ereignisloser Lethargie. In den Mittagspausen nahm die Stille peinigende Formen an und ich hockte inmitten dieser Stille wie ein dicker tibetanischer Götze.

Plötzlich kam Inge eine halbe Stunde früher aus ihrer Mittagspause zurück ins Büro. Sie lächelte mich an, setzte sich an ihren Schreibtisch und begann mit dem Tagesabschluß.

Ich beugte meinen Kopf mit scheinbarem Interesse auf die

Blätter mit den Tagesbuchungen und schob dabei eine Hand unter Inges Rock, drückte Inges Oberschenkel gegen deren geduldigen Widerstand auseinander und legte einen Finger sanft über Inges wollenes Provinzhöschen, vorn auf den Zwickel, guckte währenddessen ernst auf Inges Abschlußsanskrit und sagte: »Inge, deine Verlobtheit ist mir heilig.«

Dann nahm ich meine Hand von ihrem Zwickel, und zwei Minuten später kam Herr Walter, unser Vorgesetzter.

Herr Walter war ein untadeliger Vorgesetzter, aber anders. Er war ein Kollege, aber anders. Herr Walter war verheiratet, Vater zweier Söhne, aber anders. Herr Walter war Christ, aber anders.

Meine Lehrzeit war keine Lernzeit, sondern ein monotoner todesnaher Starrkrampf und Herr Walter stand dem vor, der Lehrherr und Rentmeister, aber ich entdeckte mit einem Bewußtsein von gravierender Helligkeit, daß er der paradoxeste Mensch war, den ich bis dahin kennengelernt hatte: Aus seinem Gesicht sprach mich ein Geheimnis an, die Gewißheit, daß meine Zukunft nur scheinbar leer und leidenschaftslos war, daß ich eines Tages den Entschluß fassen würde, Einfluß auf mein Leben zu nehmen.

Diese Gewißheit widerspiegelte sich in Herrn Walters rätselhafter Duldung, die er meiner Lehrlingsexistenz gegenüber an den Tag legte und die in vollkommenem Gegensatz zu seiner Strenge, seinen Leistungsgewohnheiten stand. Diese meine Gewißheit widerspiegelte sich außerdem in Herrn Walters Schweigen, welches das allerlebendigste Gegenteil von Dumpfheit oder Kälte war.

Jetzt verstand ich auch Inges Geduld, und diese neuartige Erfahrung ihrer Geduld eröffnete mir eine schnelle Folge erster Einblicke in meine schon länger als ein Jahrzehnt anhaltende Lähmung, die bis dahin so total gewesen war; daß ich ihr ohne die verheißungsvolle Ruhe Herrn Walters mit Sicherheit für immer verfallen wäre.

Inge kam am folgenden Tag wieder eine halbe Stunde früher als Herr Walter. Sie begann wieder mit dem Tagesabschluß und ich legte meine Hand wieder zwischen ihre Schenkel. Aber dieses Mal zog ich sie sofort wieder zurück und sagte: »Inge, dein Höschen.« Inge sah mich fragend an. Am nächsten Mittag kam Inge wieder früher und ich setzte mich wieder neben sie und wir buchten zum erstenmal zusammen den Abschluß und meine Hand unter ihrem Rock erkannte, daß da kein Höschen mehr war.

»Und was willst du nun?« keuchte Inge und streckte ihren Unterleib langsam über die Kante des Bürostuhls. Ich küßte Inge zärtlich, bis Herr Walter kam.

Am kommenden Mittag war Inge wieder nackt unter ihrem Rock. Ich stellte sie gegen den Heizungskörper, aber mit uns beiden funktionierte es nicht. Abends machten wir einen Spaziergang. Außerhalb der Stadt gingen wir in die Büsche, zogen uns erst halb aus, zogen uns schließlich ganz aus; es klappte nicht. Inge stellte sich gegen einen Baum, sie legte sich auf die Erde, sie lag auf der Erde wie auf einer Bahre, mit gestreckten Beinen. »Du bist doch verlobt, verdammt nochmal!«, sagte ich konsterniert. Es half nichts.

Inge war genauso ahnungslos wie ich. »Bin ich zu eng?« fragte sie und wurde unter den Nußsträuchern knallrot. Ratlos trotteten wir nach Hause. Ich überlegte, wen ich fragen könnte? Keinen. Ich redete ja nicht mit den Leuten, außerdem befürchtete ich, daß meine Fragen Antworten auslösen könnten, denen meine Ahnungslosigkeit keineswegs gewachsen wäre.

In den folgenden Tagen kam Inge eher noch früher aus den Mittagspausen und wir buchten den Abschluß.

Inge und ich gingen abends zum Aussichtsturm auf dem Hackenberg. Wir redeten auf dem Hinweg mit verlegener Anstrengung über Musik, dann standen wir auf dem Turm und sahen von der Umgebung nichts mehr, weil es längst stockdunkel geworden war. Eine Stunde hockten wir da oben in der Finsternis, schließlich stolperten wir heim. Inge brachte mich an den Bahnhof.

Zu Hause musterte ich das kleine Regal mit unseren Büchern. Thomas Mann, ›Der Zauberberg‹ – ich erinnerte mich vage an ein Gespräch zwischen dem schüchternen Hans Castorp und Madame Clawdia Chauchat, dieser betörenden fremdartigen Frau, die immer so lässig die Türen schmetterte, wenn sie den Speisesaal des Lungensanatoriums betrat und an den ›Guten Russentisch‹ ging. Ich schlug im Buch nach und fand das Kapitel, las es zwar mit neuem humoristischem Entzücken, aber eine Auskunft über die Technik des Beischlafs fand ich in dem Gespräch des schwierigen Liebespaars nicht, denn Castorp und Madame Chauchat befanden sich, als Clawdia dem umständlichen Lübecker Lungenjüngling gestattete, sie nach dem Sanatoriumsball auf ihr Zimmer zu begleiten, beide in eben denselben Schwierigkeiten, denen Inge und ich unsere todernste Affäre verdankten. Indessen ärgerte ich mich über einen entscheidenden Unterschied: Madame Chauchat, das spürte ich durch Thomas Manns sardonische Zurückhaltung hindurch, Madame war hundertprozentig informiert! Anders als Inge wäre es ihr selbst in ihrer ernstesten Lungenkrise nicht eingefallen, starr wie eine Tote dazuliegen und abzuwarten, was dem umständlichen Castorp einfallen würde.

Ich schlug das Buch noch nicht zu, sondern blätterte weiter, weil mir die Gestalt des holländischen Pflanzers Mynheer Peeperkorn mit seinen großen Kulturgebärden einfiel, und mir klopfte beim Herumblättern das Herz in schrecklicher Beengung, denn so lange es auch her war, daß ich Thomas Manns Roman zum erstenmal gelesen hatte, nichts kapierend und fasziniert, so bestimmt war in meiner Erinnerung noch der Verdacht, daß der leibesmächtige Peeperkorn die Liebe der exzentrischen Russin wenn schon nicht, so doch ihre Wollust um so bedenkenloser genossen hatte. Dieser Verdacht bestätigte sich, und das um so eindeutiger, je souveräner der Erzähler dieses Abenteuers von seinen Einzelheiten schwieg.

Ich stellte das Buch zurück auf das Regal, da stand es nun wieder zwischen den anderen Büchern, und von seinem gewölbten Rücken schauten die Buchstaben der Titelei nackt und ironisch und distinguiert auf mich herab: Thomas Mann, ›Der Zauberberg‹.

Endlich, das war es! Ich würde sofort nach Köln fahren; eine tüchtige Kölner Hure sollte mir die dringend erforderliche Aufklärung über die richtige Technik des Beischlafs verschaffen. Aber womit sollte ich das Mädchen honorieren? Geld hatte ich nicht. Ich nahm unsere Familienbibel, eine alte Leipziger Ausgabe mit Illustrationen, heimlich vom Regal. Die Bibel wollte ich in Köln verkaufen und mit dem Geld meine Pestbraut bezahlen.

Es kam der Mittwochnachmittag, an dem wir dienstfrei hatten. Als der Bummelzug nach Köln hielt, stieg ich nicht aus, sondern blieb sitzen. Herr Swiatislovsczcy, unser Bahnhofsvorsteher, gab das Pfeifsignal zur Weiterfahrt. Als der Zug anfuhr, ahnte ich, daß nun die erste meiner ›Biographien‹ zu Ende war, daß eine andere Vita anfing, und das markerschütternde Pfeiftönchen des Herrn Swiatislovsczcy gellt mir hin und wieder jetzt noch, nach mehr als zwanzig Jahren, in den dörflichen Ohren. Der Hauptbahnhof in Köln imponierte mir nicht; ich hatte mir alles gewaltiger, absurder, verwegener vorgestellt.

Aber während ich noch mit dieser Enttäuschung spekulierte, kam ich auf den Bahnhofsvorplatz und erblickte plötzlich den Kölner Dom. Ich wußte von diesem Bauwerk nur aus einem Schulbuch, von einer verschossenen Fotografie. Daß es diesen Dom in Wirklichkeit gab, erschütterte mich. Ich stand da, schaute hinauf zu den Domtürmen, in einer nie zuvor erlebten inneren Bewegung sprangen mir Tränen in die Augen, ich starrte und starrte dort unten auf dem Platz, am Schiff der Kathedrale vorbei, an diesen gotischen Türmen vorbei, zum erstenmal in meinem Leben in einen unendlich realen Himmel; meine Augen atmeten, mein Mund blieb mir offen; im Anblick dieses Doms, des Schönsten, was ich bis dahin sah, überfiel mich eine alle Furcht und jede Verlassenheit bekehrende Vision von der menschlichen Intelligenz: Das Schöne war nicht nur wirklich, es war sein ewiges Geheimnis, das Schöne ist seine Idee.

Mit meiner Familienbibel unter dem Arm kehrte ich um und sah ein Schild: ›*Bahnhofsbuchhandlung Gerhard Ludwig*.‹ Da bekommst du deine Bibel vielleicht los, dachte ich und ging in die Buchhandlung. Im Laden stand ein rotbackiger Mensch hinter einem Tisch und bediente einen imposant aussehenden Mann. Aha, ein Bücherfreund, dachte ich, trat etwas näher und musterte den fremden Mann. Er schaute mich an. Ich machte eine höfliche Verbeugung und sagte treuherzig: »Ernst Herhaus.«

Der Fremde lächelte ein wenig und sagte kühl: »Sieburg.«

Leute kamen in den Laden. Der rotbackige Mensch kam auf mich zugestürzt und stöhnte leise: »Um Gottes willen, Sie da, hören Sie endlich auf, der Mann ist berühmt . . .!«

Ich hatte wirklich keine Ahnung, aber ich schob den Rotbackigen sanft etwas zur Seite und besah mir den anderen noch einmal und faßte instinktiv Vertrauen zu ihm.

»Was haben Sie denn da für ein Buch?« fragte der Mann mich.

»Eine alte Bibel«, sagte ich.

»Und was wollen Sie damit?« fragte der Mann.

»Verkaufen«, sagte ich.

»Verkaufen?« fragte der Mann.

Ich erzählte ihm die Geschichte von Inge und von mir und ich erzählte ihm auch, daß es mit uns beiden nicht funktionierte. Der Mann hörte mit großem Vergnügen zu.

»Und?« fragte er schließlich, »was wollen Sie tun?«

»Die Bibel verkaufen«, sagte ich.

»Meinen Sie, das hilft?« fragte der Mann.

»Ich bin nach Köln gekommen, um ein Hurenmädchen zu suchen, und dieses Mädchen soll mir alles theoretisch erklären, und dafür will ich auch bezahlen«, sagte ich.

Der Mann betrachtete mich nachdenklich und fragte: »Ist Ihnen das alles ernst?«

»Ja, natürlich«, sagte ich.

»Waren Sie schon einmal in Köln?« fragte der Mann.

»Nie«, sagte ich.

»Waren Sie schon einmal bei solchen Mädchen?« fragte der Mann.

Ich verneinte.

Der Mann überlegte, dann fragte er: »Ein Kölner Hurenmädchen soll Ihnen also ein Extempore in Beischlaftechnik halten?«

»Extempore, was meinen Sie damit?« fragte ich.

»Ja«, sagte der Mann gedehnt, »das ist, wenn einer aus dem Kopf redet.«

»Hauptsache, sie redet«, sagte ich in neuer Geduld.

»Das gebe ich zu«, sagte der Mann. Der rotbackige Buchhändler wurde immer nervöser. Der berühmte Mann sah sehr nachdenklich aus.

»Hör mal, Junge«, sagte er mit etwas veränderter Stimme, »könntest du mir eins verraten? Was im Leben möchtest du tun?« Jetzt hatte er mich erwischt. Ich bekam einen noch röteren Kopf als der Ladenmensch.

»Ich bring's nicht raus«, sagte ich verstört.

»Sag's«, sagte der Mann.

»Nein, es wäre Größenwahn«, antwortete ich, »ich will Sie nicht beleidigen, ich muß es für mich behalten.«

Der Mann sagte: »Du kannst es weit bringen.«

»Meinen Sie vielleicht, so weit wie Sie?« fragte ich. Der Mann wirkte etwas geschockt.

»Sind Sie glücklich, wohin Sie es gebracht haben?« fragte ich.

Der Mann sagte mit einem Fastlächeln: »Manchmal bin ich weniger unglücklich, um genau zu sein.«

»Waren Sie schon mal bei Huren?« fragte ich ihn. (Ich fragte ihn das, weil ich dachte, er könnte mir vielleicht einen Rat für ein möglichst angemessenes Verhalten bei solchen Mädchen geben, im Interesse der Theorie.)

Der Mann lächelte und sagte: »In meinem Leben hatte ich es mit mehr Huren zu tun, als ich selber oft begriff.«

»Um Gottes willen, was machen denn Sie?« fragte ich.

»Ich behalts auch für mich, du ja auch«, sagte der Mann.

»Was willst du denn für die Bibel haben?« fragte er.

»Wieviel müßte ich, anständigerweise, einem Mädchen für ein Aus-dem-Kopf-reden bieten?« fragte ich.

»Na, hundert Mark, und einen Strauß Schnittblumen«, meinte der Mann. Er nahm ein Ledermäppchen aus seiner äußeren Kitteltasche, öffnete es und gab mir hundertfünfzig Mark.

Ich wollte ihm die Bibel geben, aber der Mann wehrte ab: »Nein, die behalte, ich habe selber eine.«

»Geben Sie mir Ihre Adresse? Wegen dem Zurückzahlen, später?« fragte ich.

Aber der Mann schüttelte den Kopf und sagte: »Wenn du mit dem Zurückzahlen soweit bist, bin ich entweder tot und lustig, oder wir sehen uns nochmal wieder, auch ohne eine Adresse.« Und damit verließ der Mann mit bestimmten Schritten und hochaufgereckt den Laden.

Später erfuhr ich, wer Sieburg gewesen war, aber als ich ihm sein Geld mit anderer Münze hätte zurückzahlen können, war er längst tot und ist nun sicher auch im Grab hin und wieder lustig, denn Friedrich aus Westfalen im Grab hat wohl auch dort drunten, hin und wieder, Anlaß zum Extemporieren.

Ich verließ die Buchhandlung und dachte: ›Fritz vom Bingenhof ist tot, es lebe Friedrich aus Westfalen, mit Mützen und mit Stangen.‹ Ich nahm ein Taxi und erklärte dem Fahrer, wohin ich wollte. Das Taxi hielt in einer düsteren Gasse. Ich ging ins erstbeste Haus. Eine hübsche Rothaarige fragte mich: »Kommst du mit?« Ich sagte lachend: »Ja, Mädchen, vorwärts . . .!« Sie ging mir voraus. Wir betraten ein Zimmer. Das Mädchen fragte: »Trinken wir etwas?« Ich hatte nichts dagegen. »Wegen mir brauchst du dich vorher nicht zu besaufen, ich bin ganz passabel – aber trink nur«, sagte ich und die hübsche Rothaarige lächelte anerkennend und zog sich aus. Als sie nackt war, hielt sie die Hand auf. Ich gab der Hand hundert Mark, sagte mit jähem Bedauern: »Oh, verzeih mir, die frischen Schnittblumen für dich, die habe ich vergessen, wie schade.« Das Mädchen lachte hell und lachte und wollte mir die Hose öffnen. Es fehlte uns der genitale Ernst. Gute Nacht. »Leg dich mal hin«, sagte ich und das Mädchen legte sich hin.

Es legte sich auf den Rücken, spreizte langsam die Beine, spreizte sie sehr träge und sehr weit und dann zog es die gespreizten Beine langsam an. Hurra! Das war sie, die Lösung des Problems! Ich sagte: »Vielen Dank, vielen Dank, ziehe dich nur wieder an.« Das Mädchen schien sich nicht im mindesten zu wundern, stand auf und zog sich wieder an. »Kommst du wieder? Du bist ein prima Freier«, sagte das Mädchen.

Am nächsten Abend machte ich mit Inge einen Spaziergang.

Schwester Anna

Die Verwaltungslehre beendete ich mit letzten Energien, mit Schuldgefühlen und mit einem guten Zeugnis. Ruth war sehr zufrieden: Ahnungsreichtum oder Zynismus? Ich wußte es nicht und sagte nichts dazu. In den Mittagspausen des letzten Lehrjahrs hatte ich mittags heimlich zwei Flaschen Bier hineingedrückt. Ich brauchte das Zeug schon. Ich trank nicht, ich drückte das Bier heimlich rein.

Nach der Lehre bestellte der Stadtdirektor mich in sein Büro. Er sagte: »Ernst, du bist der Jüngste in der Verwaltung. Du sollst die Krankenhausverwaltung aufbauen, die ja bekanntlich bis jetzt nur in der Handtasche der Schwester Oberin existiert. Du kommst mit Schwester Anna klar, du fürchtest sie ja nicht.« Natürlich fürchtete ich sie nicht. »Sie ist eine aufrichtige Frau, sie hat Geist und Tatkraft, ich liebe sie deswegen, Angst habe ich nur vor Gewohnheitsknechten mit ihren in beständigem Kleinkrieg mühsam erschlichenen Kompetenzen. Ich habe niemals Angst vor dienend erworbener geistiger Macht, ich habe nur Angst vor gewaltsam angeeigneter materieller Macht, Angst davor und Ekel, denn usurpierte Macht geht schmutzig unter, das ist ein Gesetz, das ist ein Weltgesetz!« schrie ich leise und der Stadtdirektor war völlig konsterniert von meiner Überreaktion, die bei mir das Normale war, ohne daß ich es verstehen konnte. Der Stadtdirektor wehrte mit beiden Händen ab, aber ich wollte diesen Menschen nicht beruhigen und sagte: »Wer hat denn eigentlich Angst vor Schwester Anna? Von Ihrer Antwort hängt es ab, ob ich den Auftrag übernehme.« Der Stadtdirektor sagte: »Die Chefärzte haben Angst vor der Oberin und der Stadtrat, den selbst ich nicht immer im Griff behalte, der Stadtrat betet Schwester Anna förmlich an.« Diese Erklärung des Stadtdirektors gab den Ausschlag, denn sie erschien mir sofort zwar ungeheuer zynisch, aber eben darum ehrlich, und in diesem Augenblick faßte ich zum erstenmal Vertrauen zum Stadtdirektor, den ich bis dahin immer für einen eher überarbeiteten Kommunalsektierer gehalten hatte, für einen hochangesehenen Prediger im Büro, für einen verhinderten Politiker, der Verwaltungsfachmann aus angeborenem Hochmut geworden war. Ich sagte zu ihm: »Herr Stadtdirektor, ich bin alles andere als begeistert von diesem Auftrag, aber ich kann es versuchen. Möchten Sie die wirklichen Gründe wissen?« Der Stadtdirektor sagte: »Ja, Ernst, aber natürlich.« Ich sagte und setzte zum erstenmal in drei Jahren Bürokratie auf meine innerste Wahrheit: »Ich habe seit längerem das Gefühl, mich auf ein Unglück zuzubewegen. Das ist der erste Grund. Dann habe ich Sie offenbar falsch eingeschätzt, weil wir nie miteinander gesprochen haben, und das ist der zweite Grund. Schließlich ist mir, als käme ich innerlich in Gesellschaft Schwester Annas einen Schritt weiter. Das ist der dritte Grund. So, und jetzt fühle ich mich erleichtert.« Der Stadtdirektor sagte: »Es ist sehr interessant. Ich wollte schon seit langem mit dir, irgendwann einmal, sprechen. Ich hatte mir stets etwas Bestimmtes darunter vorgestellt. Nun schön, nun haben wir gesprochen. Geh und mache es, du kannst es ohne weiteres schaffen, denn Herr Walter und ich trauen es dir zu.« Damit war die Sache entschieden.

Ich ging aus dem Büro des Stadtdirektors und ging sofort ins Krankenhaus, um mit Schwester Anna zu sprechen. Ich, der konventionellste Mensch, den ich je kennenlernte bis heute, war derart in Gedanken, daß ich nicht einmal im Büro der Oberin anrief, um Schwester Anna zu fragen, ob ihr eine Unterhaltung mit mir möglich wäre. Unterwegs ins Krankenhaus gingen mir die Worte des Stadtdirektors nicht aus dem Sinn. Warum hatten die Chefärzte Angst vor der Oberin? Ich fühlte die Richtigkeit dieser Angst, aber ich konnte sie mir nicht erklären.

Der Grund, aus dem der Stadtrat Anna anbetete, hing wohl damit zusammen, was Schwester Anna am Ende des Krieges getan und was so allgemein bekannt war, daß nicht mehr darüber gesprochen wurde. Ich hatte es von Herrn Walter, irgendwann, erfahren. Schwester Anna war auf der Stadtkasse erschienen, eine eindrucksvolle Frau, heiter und selbstbewußt, gewohnt, den Karren aus dem Dreck zu ziehen und damit als erste anzufangen. Jeden Monat war sie bei uns erschienen, hatte die Handtasche geöffnet und einen Packen Geld herausgenommen, hatte das Geld auf den Tisch gelegt und gesagt: »Hier, bitte, das Geld vom letzten Monat.« Herr Walter hatte das Geld in Empfang genommen, hatte eine Quittung ausgestellt. Schwester Anna hatte dann die Quittung eingesteckt, war, freundlich nickend, gegangen. Herr Walter sagte dann jedesmal: »Es ist ein Drama. Wir dürfen keinen Pfennig ohne eine ordnungsgemäße Abrechnung von Einnahmen und Ausgaben annehmen und wir dürfen das auch so nicht verbuchen. Es ist schrecklich. Schwester Anna kümmert das nicht. Sie nimmt Geld ein von Privatpatienten, sie gibt Geld aus für laufende Kosten und was übrig bleibt, das liefert sie jeden Monat einfach ab. Wir sind in des Teufels Küche. Ich habe alles versucht, um den Stadtdirektor zu bewegen, Abhilfe zu schaffen, aber der Stadtdirektor, der sonst vor niemand den Kopf einzieht, hat schweren Herzens sein Placet zu dieser tollen Unmöglichkeit gegeben, denn er ist sicher, wir können nichts machen. Schwester Anna ist stärker als die Gemeindehaushaltsordnung.«

Herr Walter pflegte am Nachmittag eine Zigarette zu rauchen. Dabei erzählte er Inge und mir manchmal.

»Im letzten Kriegsjahr wurde das Lazarett bombardiert und

Schwester Anna leitete damals das Kinderheim und die Kinderabteilung des Krankenhauses, die beide in einem Seitenflügel des Lazaretts untergebracht waren. Als die Bomben fielen, ist Schwester Anna allein in diesem Chaos gewesen und sie ist elfmal durch den Splitterregen gegangen und sie ist jedesmal, mit zwei Kindern unter den Armen, im Keller angekommen und sie ist jedesmal wieder hineingegangen in das Verderben und sie hat nicht aufgegeben, bis alle Kinder heil im Keller waren. Ringsum die Toten und die Verletzten, und das Wunder war, weder den Kindern noch Schwester Anna ist auch nur ein Haar gekrümmt worden, obwohl es eine Nacht des Wahnsinns war.« Ich sagte: »Weil es eine Nacht des Wahnsinns war.« Das kam mir von selber über die Zunge.

Als ich an jenem Tag ins Krankenhaus ging, vergegenwärtigte ich mir den lange zurückliegenden Nachmittag mit Herrn Walter und nun war mir klar, warum Schwester Anna Quittungen derart interesselos in ihre Handtasche stopfte, und auch diverse andere Dinge waren mir etwas klarer geworden.

Ich kam im Krankenhaus an und fragte an der Pforte nach Schwester Anna. Ich brauchte nicht lange zu warten und Schwester Anna kam aus ihrem Büro. Sie begrüßte mich und fragte: »Sind Sie etwa krank oder wollen Sie mich nur mal so besuchen?« Ich sagte: »Schwester Anna, wenn es Ihnen recht ist, möchte ich gern einmal mit Ihnen sprechen, ich komme geradenwegs aus dem Büro des Stadtdirektors.« Schwester Anna fragte: »Wie geht es ihm?« – »Er hat Probleme«, sagte ich. Schwester Anna führte mich in ihr Büro und bot mir Platz an und fragte: »Ach, Probleme – und wie geht es Ihnen?« Ich sagte: »Mir gehts gemischt, denn ich habe Sorgen, aber ich habe auch Oberwasser.« Schwester Anna konnte wirklich sehr frei lachen, heiter und herzhaft vergnügt. »Warum haben Sie denn Oberwasser?« fragte sie mich in gestrenger Neugierde. »Ich habe einen guten Rentmeister und eine neue Angelegenheit in der Nase.« – »Bestimmt eine Freundin«, sagte Schwester Anna. »Jawohl, nämlich Sie!« sagte ich in heller Angst und steifer Freude. »Nun hören Sie, da muß ich mich aber wirklich wundern!« sagte Schwester Anna. »Ich habe etwas auf dem Herzen«, sagte ich. »Hat Ihnen der Stadtdirektor diesen Floh in den Kopf gesetzt?« fragte Schwester Anna und ich wunderte mich keineswegs über ihre nüchterne Art, durchzustarten. »Es ist kein Floh im Kopf, es ist ernst, Frau Oberin«, sagte ich. »Schwester Anna höre ich lieber; nun gut, schießen Sie mal los«, sagte Schwester Anna. »Ich möchte Sie etwas fragen, Sie persönlich«, sagte ich. Schwester Anna schaute auf, sie schaute mich an und nickte. »Was haben Sie damals empfunden, damals in dieser Bombennacht, als Sie die Kinder aus dem Lazarett holten? Würden Sie mir das sagen?« fragte ich. Schwester Anna war sehr berührt, dann sagte sie: »Ich ahne nicht, warum Sie mich das fragen; wollen Sie das wirklich wissen? Ja, vermutlich wollen Sie es wissen, wie kämen Sie sonst dazu, hier aufzukreuzen und mich das zu fragen?« Sie besann sich und dann sagte sie: »So etwas behält man ja. Zuerst mußte ich die Todesangst niederringen, aber das war nur ein kurzer Moment. Es war ein schlimmer und zugleich auch herrlicher Augenblick . . .« Sie sann dem Augenblick nach und fuhr fort: ». . . Todesangst ist schlimm. Aber ich hatte Übung. Im Ersten Weltkrieg war ich Op.-Schwester vorne an der Front, da war Sterben normal. Daran habe ich mich erinnert, als die Bomben fielen und ich zu den Kindern wollte, unbedingt wollte. Ich sage es noch einmal: Todesangst ist schlimm, sie bricht die Beine, aber als ich dann fühlte, daß ich trotzdem die Kinder holen würde, und zwar alle, als das über mich kam, das war ein herrlicher Augenblick, das war tausendmal herrlicher als jeder Schrecken des Todes.« Sie hatte Tränen in den Augen. Sie wischte sie ruhig weg und sagte mit Festigkeit: »Glauben Sie mir nur, der Tod ist bloß ein Beinbruch, aber das lebenslange Sterben, wenn man zurückweicht, das ist das wahre Unglück des Menschen.« – »Und später, als alles vorbei war, was haben Sie da empfunden?« Schwester Anna sagte: »Ich habe überhaupt nichts mehr empfunden hinterher, einige Zeit war ich wie betäubt. Dann kam mir zu Bewußtsein, daß die Kinder alle noch am Leben waren, und da habe ich Gott gedankt.«

Schwester Anna bestellte Kaffee für uns. Als der Kaffee kam, sagte ich: »Ich begreife langsam den Sinn meines Herkommens und jetzt möchte ich vom Zweck sprechen. Der Stadtdirektor hat mich aufgefordert, hier im Krankenhaus eine Verwaltungsabteilung einzurichten. Was halten Sie davon?« Schwester Anna sagte erleichtert: »Also endlich! Na, endlich!« Hörte ich richtig? »Begrüßen Sie das etwa?« fragte ich konsterniert. »Begrüßen? Sehnlichst habe ich darauf gewartet? Ja, denkt die Stadt denn, mir ist wohl bei meiner schrecklichen Geldwirtschaft? Ich habe kein Talent zu so was und ich habe schon mit den Sachen, von denen ich etwas verstehe, alle Hände voll zu tun«, sagte Schwester Anna. »Wollen Sie sich dieser Malaise denn annehmen?« erkundigte sie sich. »Wenn Sie mir dabei helfen, mit Freuden«, sagte ich. »Es ist aber ein furchtbares Zeug und Sie sind doch offenbar ein Mensch mit eigenen Gedanken; ist das denn überhaupt etwas für Sie?« staunte Schwester Anna. »In der Arbeit verstehe ich absolut keinen Spaß, wenn ich das will, dann ziehe ich es durch, bis es funktioniert, vielleicht ist das gut für meinen isolierenden Irrsinn«, sagte ich. Mich bedrückte nun doch etwas und ich beschloß, es sofort auszuräumen, damit ein für allemal Ruhe hier war. Deshalb sagte ich: »Schwester Anna, ich habe mich nicht zu der Sache hier gedrängt. Der Stadtdirektor meint, die Chefärzte haben Angst vor Ihnen. Was ist der Grund? Denn daß da etwas dran ist, fühle ich.« Sie fragte: »Warum fühlen Sie, daß da etwas dran sein könnte?« Ich sagte: »Ich sehe nur einen Grund für Angst. Es ist das Nichtmiteinandersprechen. Ich habe keine Angst vor Ihnen, ich spreche gern mit Ihnen.« Woraufhin Schwester Anna zum zweitenmal herzlich lachte. Dann wurde sie ernst und sagte: »Was die sogenannte Angst der Chefärzte vor mir angeht, so möchte ich Ihnen, wenn Sie das hier machen wollen, reinen Wein einschenken. Ihr Urteil über das alles bilden Sie sich dann hoffentlich sehr viel später. Ein Hospital ist eine Front. Es ist eine Front wie im Krieg. Leben oder Sterben, was willst du? Das vor allem mußt du Kranken klarmachen. Das ist für jeden Kranken wichtiger als alles Röntgen und als alles Geschnipsel. Ein Hospital ist ein brutaler Ort. Jeder muß sich hier entscheiden, wo er stehen will, auf welcher Seite – auf der Seite der Kranken oder auf der Seite derer, die an den Kranken groß verdienen? Ich rede nicht von vernünftig entlohnter Arbeit, die ist in Ordnung, ich rede vom Großverdienen an Kranken, ich spreche von den Chefärzten. Es ist eine Schweinerei, das Großverdienen an Kranken. Das führt dazu, daß Kranke krank bleiben. Ich wünsche das nicht zu begründen, denn was ich selber erlebe, bedarf für mich nicht weiterer Begründung. Zwischen den Fronten kannst du nicht stehen, das zerreibt jeden. In einer Frontsituation gibt es nie einen Ausweg, sondern immer nur eine klare Linie, das schrecklich verpönte alte Entweder-Oder, für die Kranken oder gegen sie. Unerbittlich ist das und keiner, der in dieser Lage ist und glaubt, er könne taktieren, wird den Tatsachen entrinnen. Ich habe klar Stellung bezogen, für die Kranken, gegen das Großverdienen. Ich weiß, daß ich es nicht ändern kann, denn ich bin nicht ein Kind schöner Illusionen. Zu meinen Lebzeiten wird das vielleicht nie geändert, aber ich weiß, daß es geändert wird, eines Tages. Und verschiedene Leute, die gute Gründe haben, gehen mir aus dem Wege, weil sie erfahren mußten, daß ich an dem, was erforderlich ist, keinen Zweifel aufkommen lasse. Nun weißt du also Bescheid.«

Ich ging einen Tag nach diesem Gespräch ins Krankenhaus und zog gleich ins Büro Schwester Annas. Sie hatte es mir angeboten. »Groß genug ist es ja«, sagte sie und meinte, wir hätten auf diese Weise die Möglichkeit, hin und wieder Kaffee miteinander zu trinken.

Ich fing sofort an und verschaffte mir zuerst Einblick in die allerdringendsten Erfordernisse. Dann arbeitete ich wie ein Sträfling. Nahm eine Pritsche im Massageraum, wo ich nachts schlief, fing morgens Punkt 6 Uhr an und arbeitete bis 14 Uhr, ab 16 Uhr bis Mitternacht. Das Essen ließ ich mir aus der Küche bringen. Aber das Furchtbare war: ich mußte trinken. Ich schaffte es, tageweise nichts anzurühren, dann mußte ich trinken. Was um mich herum vorging, kam mir vor wie Zirkus.

Ohne Schwester Anna in unserem gemeinsamen Büro wäre ich verrückt geworden. Sie staunte nicht über meine rücksichtslose Art, durchzuarbeiten, sie war ja selber so. Indessen nahmen wir uns die Freiheit, vormittags gegen halb zehn und am Nachmittag alles stehen- und liegenzulassen, um Kaffee miteinander zu trinken und eine zu rauchen. Dabei entdeckte ich eine andere Fähigkeit Schwester Annas: sie konnte erzählen. Nicht nur hatte sie gelebt, sie lebte intensiv, denn sie arbeitete intensiv und war fasziniert von bestimmten Menschen. Dann kann man erzählen.

Ich ging von Woche zu Woche an die Arbeit, als wäre es die letzte Arbeit, die ich zustande bringen sollte. Ich machte mehrere kurze Reisen, um mich woanders über erprobte spezifische Praktiken zu informieren.

Ich fühlte mich krank, nie gesund und verzweifelt und überarbeitet. Das nie Gesundsein nahm ich hin und meine starre Verzweiflung überdeckte ich mit Stoizismus und Höflichkeit gegen Interessenleute und mit Liebe zu wenigen anderen Leuten, vor allem mit Liebe zu Schwester Anna. So ertrug ich auch das. Aber ekelhaft war mein Überarbeitetsein. Machthaber sind überarbeitet und das steht ihnen zu; Schwester Anna arbeitete mehr als die meisten anderen Leute, sie war nie überarbeitet, sie war oft erschöpft, gut erschöpft. Ich schüttete Alkohol auf meinen Ekel vor mir selber. Aber ich fühlte meine Lüge. Denn ich schüttete Alkohol in mich hinein, weil ich ihn brauchte und deutlich fühlte, daß das nicht normal war. Diese Lüge hat, was alles auch später geredet worden ist von mir und von anderen Leuten, um den Skandal zu erklären, diese Lüge hat meinen Kontrollverlust eingeleitet.

Vermächtnis

Das Hohe Vieh war gestorben. Im Nonnenkrankenhaus. »Ich will jetzt zu diesen Mädchen, die verstehen was vom Sterben«, hatte Karl zuletzt gesagt.

Als wir den Leichnam holten, hatte die Oberin zu Wilm und mir gesagt: »Dieser Mann ist gut gestorben. Er hat mit dem Pfarrer eine Flasche Scharlachberg ausgetrunken und die Herren haben sich erzählt. Ich habe sie herzhaft miteinander lachen hören. Erzählend und mächtig lachend ist dieser Mann gestorben, und der Pfarrer kam aus dem Totenzimmer und sagte erfreut zu mir: ›Ach, Frau Oberin, jetzt glaube ich auf meine alten Tage doch wieder von Herzen frei an den lieben Gott!‹«

Ja, das Hohe Vieh war dahin. Da ließ die stolze Wilhelmina mich holen. Sie war fast achtzig Jahre, eine Frau von hellem Geist und würdiger Heiterkeit. Wilhelmina saß am Fenster und schaute in den Oesinghauser Hof. »Ernst, ich will dieses Jahr sterben, mein Schnarchen nachts gefällt mir nicht mehr. Und dich habe ich nun als meinen Blutenkel ausgesucht. Aber keine Bange, Junge, du brauchst das nicht anzunehmen, wenn du es nicht willst.« Das sagte Wilhelmina zu mir, als ich bei ihr am Fenster saß. Ich fragte sie: »Ahni, ein Blutenkel, was ist das?« Sie überlegte offensichtlich, dann begab sie sich in ein längeres Wachträumen und wir saßen einige Zeit vor dem Fenster und genossen unsere einträchtige Gelassenheit. Schließlich sagte Wilhelmina: »Gemach, Junge, das hat eine Vorgeschichte. Am Tag deiner Geburt habe ich dir aus Ruthchen herausgeholfen. Das war ich meiner Tochter schuldig. Und es erwies sich als nützlich, daß ich aus einer Familie tüchtiger Hebammen komme. Deine Urgroßmutter war eine Hebamme. Sie hätte sich nicht gescheut, dem Teufel persönlich mit einer Stricknadel aus einem wahren Engel von Mädchen herauszuhelfen. Der Teufel muß sein. Er gehört mitten unter uns. Denn Menschsein muß man üben. Und am Teufel können wir üben. Nun damals, mit Ruthchen und dir, hatten wir Glück, denn wenn ich nicht so beherzt zugepackt und Ruth das Schreien abgewöhnt hätte, damit sie das Maul schlösse und kräftig mitarbeite, dann wäret ihr beide längst unter dem Stein. So aber sprach ich über deinem Kopf einen schönen Reim: ›Werde ein Westfale, Kind, lausche hier dem Flötenwind.‹ Das war mein erster und letzter Reim und kam von selber. Denke nur nicht, ich hätte das irgendwo aufgelesen und zitiert, nein, wir zitieren in unserer Familie nie, wir denken selber. Um nun bei der Wahrheit zu bleiben: Flötenwind, das war ein Wort aus der Gefühlswelt deiner Urgroßmutter, der Hebamme. Sie hieß Katarin und war eine stolze Frau mit allerlei verschwiegenen bukolischen Gefühlen, aber im Beruf präsumptuös, diese Katarin. Und wenn sie nun ihre bukolischen Gefühle, die sie keinem zeigte, dennoch zeigen wollte, dann hatte sie so helle anmutsstarke Wörter und eines davon war Flötenwasser und Flötenwind, daran kann ich mich von Herzen gut erinnern. Flötenwasser, Ernst, das war ein hohes Glas mit sehr heißem Wasser und mit drei Eßlöffeln weißem Zucker. Wenn einer Kopfschmerzen bis zum Speien hatte, dann gab die Katarin ihm so ein Zuckerwasser und sagte: ›Trink das jetzt sehr heiß und in kleinen Schlucken. Es ist Flötenwasser. Es löst selbst einen Kopfschmerz aus Stein, trinks langsam und nachher kannst du flöten vor Erleichterung.‹ Flötenwind hingegen war etwas, das ging über Kopfschmerzen weit hinaus, das war ein weites Stück Natur, wie Katarin es verstand. Wenn in den Birken der Abendwind aufbrauste und dann wieder wegrollte in schönen rollenden Wellen und wenn er dann wieder heranwogte und wieder im Blätterwerk der Birken so leise aufbrauste, dann sagte deine Urgroßmutter zu mir: ›Da draußen, wilde Wilhelmina, das ist er, der Flötenwind.‹ Der Flötenwind ist von der Katarin, aber der Reim, mit dem ich dich am Tag deiner Geburt besprochen habe, der Reim ist von mir.«

Daß Wilhelmina mich besprochen hatte, war mir neu, aber an Flötenwasser erinnerte ich mich: Wenn ich als Kleiner bei meinen Großeltern zu Besuch war und diese hirneinreißenden Kopfschmerzen bekam, gab Wilhelmina mir heißes Zuckerwasser und sagte: »Trinke es, es heilt.« Dann band sie mir ein seidenes Tuch um den Kopf, mit dem Knoten über dem Scheitel. »Warum bindest du das denn verkehrt herum?« hatte ich gefragt und Wilhelmina hatte mir geantwortet: »Damit es die Verkehrtheit deines Kopfes umkehrt, du Kopflazerus.« Sie sagte nie Lazarus, sie sagte immer Lazerus und das behielt ich.

Bei meinem letzten Besuch nun erklärte sie mir: »Ich will dir zwei Fähigkeiten vermachen, das Brand-Besprechen und das Blut-Besprechen. Du sollst mein Blutenkel werden. Es ist ein einfacher und nützlicher Vorgang, den ich dir mitteilen will, denn du bist mit einer Glückshaube auf die Welt gekommen. Bei der Geburt lag dir ein Teil der Fruchtblase um den Kopf und das ist die Glückshaube und das hat mich erleichtert und im Staunen reimte ich. Und nun will ich dir den einfachen Vorgang nennen, denn wenn du ihn kennst, dann kannst du Brand besprechen und Blut besprechen. Du kannst das dann, du mußt es nicht. Das merke wohl. Wenn also ein Kind oder sonstwer sich schwer verbrennt, dann kannst du, wenn einer dich darum bittet, den Brand abheilen. Du brauchst dafür nur den Vorgang in deinem Inneren und du brauchst daran nicht mal zu glauben, der Vorgang ist mächtiger als eines Menschen Glaube. Der Gläubige zweifelt, der Kluge handelt in Liebe und glaubt hinterher. Oder sagen wir, eine Wunde blutet und blutet und ein Mensch verblutet, so kannst du mit demselben einfachen Vorgang das Blut zum Halten bringen. Falls man dich darum bittet. Es ist allerdings eine Bedingung, die ich von Ohm Friedrich aus Thal übernommen und an die ich mich mein Lebtag gehalten habe, und das ist mir zweimal gut bekommen, mir und zwei anderen Leuten, denn ich war leidenschaftlich. Wenn du die Bedingung nicht freiwillig eingehst, kann ich dir den seelischen Vorgang nicht nennen. Die Bedingung ist, daß du dich zeitlebens aufrichtig bemühest, keinem anderen Menschen jemals den Tod zu geben oder ihm den Tod zu wünschen. Das ist schwerwiegend, nicht wahr?«

Die Ahni schwieg nun. Meine Phantasie fing sogleich an zu arbeiten. Sagte die Ahni nicht, ihr wäre es gut bekommen, daß sie jene Bedingung vom Fritz aus Thal annahm? Ahnungsweise ging mir auf, daß die Ahni ein langes Leben gelebt hatte, von dem ich nichts wußte und nie etwas erfahren würde. In staunender Freude schaute ich sie an, wie sie dort am Fenster saß, alt und hell im Geist, streng und heiter. Mit Freude sagte ich zu ihr: »Ahni, wenn dir diese Bedingung bekommen ist, dir und zwei anderen Leuten, dann soll sie mir auch bekommen! Ich will mich also aufrichtig bemühen, zeitlebens keinem anderen Menschen jemals den Tod zu geben oder den Tod zu wünschen, und diese Bedingung gehe ich freiwillig ein.« Dann nannte mir Wilhelmina den seelischen Vorgang. Er war in der Tat einfach und er erfüllte mich zum zweitenmal mit Staunen, denn ich hatte genau das und nichts sonst erwartet.

Die Ahni sagte: »Nun bist du mein Blutenkel. Und nun will ich dir noch ein wenig erzählen, denn wer eine Fähigkeit übergibt, der sollte auch ein paar schöne Traditionen dazugeben. Ich liebe ja die Überlieferungen und am liebsten die erzählten. Ich habe von den Fähigkeiten, die nun du hast und die ich ab heute nicht mehr habe, in einem halben Jahrhundert selten Gebrauch gemacht. Aber dafür hat es jedesmal geholfen. Friedrich aus Thal hatte mir das schon übergeben, als ich Ende zwanzig war. Brand habe ich nur viermal besprochen und es war auch jedesmal Mattäi am Letzten, und Blut, denke dir, habe ich niemals besprochen. Das war in unserer Gegend auch nicht erforderlich, denn bei uns wird gefaustet, aber niemals gestochen. Ich will dir nur die Geschichte erzählen, als ich zum erstenmal den Brand besprochen habe. Bei uns im Hof passierte ein Unglück mit des Teis Christian jüngster Tochter. Das Kind fiel in einen Zuber mit Wasser, das kurz vorher gekocht hatte. Der Teis aber nicht faul, hat das Kind flugs am Bein aus dem heißen Wasser gerissen und hat sich Hand und Arm verbrannt. Jetzt kam die Marthe vom Teis den Weg zu mir herauf gerannt und heulte: ›Das Kind ist verbrannt und der Teis dazu!‹ Schrie und heulte, immerzu: ›Das Kind ist verbrannt und der Teis dazu!‹ Sie kam aber nur deshalb den Weg zu mir herauf gelaufen, weil ich in der nächsten Nähe war, und nicht etwa, weil Marthe etwas von meinen Fähigkeiten gewußt hätte. Ich habe zu Marthe gesagt: ›Gehe, es ist gut, dem Kind passiert nichts und dem Teis auch nicht, beruhige dich, alles ist längst gut.‹ Denn als die Marthe so schreiend den Weg herauf kam, hatte ich schon den Vorgang ins Werk gesetzt, in meinem Inneren, ohne Zögern. Und du kennst ja den Vorgang nun und weißt, das dauert nur einen armen Moment lang, dies tiefe Lied. Der Brand beim Kind und der Brand beim Teis heilten ab, ohne alle Sorge. Und so ist es später noch ein paarmal gekommen. Noch etwas will ich dir mitgeben. Ich habe nie einen Groschen für das Besprechen genommen. Und weißt du, was das Interessante ist, Enkel? Ich bin wegen meiner Fähigkeit nie in einen bösen Ruf gekommen. Das hängt offenbar zusammen. Halte du es, wie du willst. Aber keinem den Tod geben und keinem den Tod wünschen und mit seinen Fähigkeiten nur in schlimmsten Fällen Nutzen stiften und dafür kein Geld nehmen, das sind die guten Traditionen. Meinst du nicht auch?«

Ich war bewegt von Ahnis Geschichten und saß, ihr gegenüber, an dem Fenster und eine Frage schimmerte in mir auf. Ich wog sie hin und her, dann fand ich sie gut und sagte: »Ahni, du hattest zweifellos die Fähigkeit, Brand und Blut zu besprechen, und du hast sie auch unter Beweis gestellt. Aber mich bewegt eine sonderbare Frage.« »Sprich nur zu, Fragen sind sonderbar, oder sie sind Augenwischerei«, sagte Ahni. Ich genoß ihre Sentenzen. Nie eine Kreatur des Hohen Vieh, hatte Wilhelmina aus der apodiktischen Lebensweise des Hohen Vieh immerhin ihre apodiktische Redeweise genommen. Ich fragte: »Könnte es sein, Ahni, daß Ohm Friedrich aus Thal, den ich ja erst heute durch dein Erzählen kennenlerne, daß dieser Ohm ein Mensch mit Voraussicht gewesen ist?« Die Ahni schaute mich an und ich sagte: »Es ist nur Phantasie, Ahni, aber ich phantasiere nun, der Ohm hätte dich sehr geliebt aus der Ferne und er hätte deinen leidenschaftlichen Charakter mit Schrecken erkannt und wäre in helle Angst geraten um dich. Und da hätte er, um dir auf einem Umweg, an dem man die geistvollste Liebe erkennt, um dir und anderen Schrecken und Schuld zu ersparen, eine schöne Geschichte vom Besprechen von Brand und Blut unter dein Hemd geschoben, aber das alles in Wirklichkeit nur, um dich zu ermuntern, diese eine Bedingung dein Lebtag freiwillig zu erfüllen. Könnte das sein, Ahni?« Wilhelmina schaute mich immer noch an.

Wir saßen eine Weile da. »Umweg der Liebe, helle Angst, Schrecken und Schuld ersparen, was für sonderbare Phantasie«, sagte Wilhelmina. Ich sagte zu ihr: »Als du vorhin von dem tiefen Lied gesprochen hast, da kam mir das Hohe Lied des Königs Salomo in den Sinn.« – »Hast du das in der Schule gelernt?« fragte sie. »Nein«, sagte ich, »ich habe alles, was ich bis heute gelernt habe, trotz der Schule gelernt, ich habe nur von Menschen, die mir von sich erzählten, gelernt. Ich habe alles, in wachsendem Widerstand gegen die gottverdammten Schulen, aus eigenem Antrieb gelernt.« – »Ja, in Selbsthilfe«, sagte Wilhelmina. Dann sagte sie: »Man lernt ja nie, was man gelehrt bekommt, man lernt ja nur, was man freiwillig lernt.« Ich sagte: »Das Hohe Lied der Liebe habe ich gelesen, weil mir Fritz vom Bingenhof davon erzählt hat.« Wilhelmina sagte: »Ah, der Fritz! Das war auch ein erleuchteter Trinker.« Ich sah ihn dort hocken in seiner Freistatt und sagte zur Ahni: »Das Hohe Lied der Liebe, geschrieben von einem König zum Ruhm seiner Liebe mit einer Königin – das ist das Lied der Gemeinschaft. Das Tiefe Lied der Liebe ist das Lied der Abgetrennten, die sich durch einen einfachen Vorgang helfen – daran muß ich nun immer denken.« – »Du hast dir Gedanken gemacht über das Hohe Lied«, stellte Wilhelmina fest und lebte auf in heiterer Erfrischung. Ich sah es und freute mich und sagte: »Das Lied des Salomo ist vollkommen. Er hat es geschrieben in der vollkommensten Form der Liebe, als Dialog der Liebenden. Nie wird einer etwas Vollkommeneres erschaffen, höchstens etwas ganz anderes.« – »Woher weißt du das alles?« fragte Wilhelmina. »Aus der Siebten von Beethoven«, sagte ich. Dann fragte ich meine Großmutter geradeheraus: »Ahni, willst du mich retten? Du weißt doch, daß ich auch trinke, wie der Fritz vom Bingenhof. Willst du verhindern helfen, bevor du stirbst, daß ich einen totschlage im Suff? Oder daß ich ihm den Tod wünsche?« Wilhelmina richtete sich auf am Fenster und sagte stolz: »Ernst, du kennst den Vorgang mit der Bedingung und du hast die Fähigkeit zum Verstehen, so denn verstehe.«

Eines Nachmittags saß ich am Schreibtisch und baute ab, und Schwester Anna kam herein und sagte: »Mein Junge, Sie haben gelbe Augäpfel, lassen Sie mal sehen.« Sie betrachtete meine Haut. »Sie sind schon gelb, Sie müssen sofort ins Bett, Ikterus«, sagte sie. Ich verstand Ikarus und machte mir die wildesten Vorstellungen, aber mir wurde schon anders und Schwester Anna rief Renate an, die schüchterne Doktoresse. Ich bekam in der Inneren Abteilung sofort ein Zimmer.

Ich blieb zehn Tage in jenem Krankenzimmer. Nachmittags kam Schwester Anna. Wir tranken Kaffee und unterhielten uns. Eines Tages erzählte sie mir von ihrer einzigen Liebe zu einem Mann: »Es war im Ersten Weltkrieg, in einem Operationszelt in Frankreich. Er operierte, ich war Operationsschwester. Beim Operieren überkam uns die Liebe zueinander. Er wurde, kurz darauf, von einer Granate getötet, ich überlebte. Ich liebte diesen Menschen und er starb und ich liebe ihn immer noch. Ich konnte mich nie entschließen, diese Liebe aufzugeben, nur weil er tot war. So bin ich Krankenschwester geblieben.« Sie sagte: »Solange ich nicht wahrhaben wollte, daß er tot war, habe ich Schreckliches durchgemacht. Als ich mich entschließen mußte, die Wirklichkeit anzuerkennen, weil die Tatsachen stärker werden als jeder Schmerz, da blieb die Liebe in mir und hat mir geholfen, aus meinem Leben mehr zu machen, als ich je hätte träumen können. Ich lernte, in besonders schutzlosen Menschen, Kranken, die wohl abenteuerlichste aller Reisen zu beginnen, die Reise zu mir selber. Das muß ich schon als Mädchen gespürt haben, daß nur die Kranken mir mich selber geben konnten, und deswegen habe ich auch immer auf seiten der Kranken gestanden und nicht auf der anderen Seite.«

Ich bekam ziemlich hohes Fieber. In diesem Zustand sah ich ein Mädchen mit glatt zurückgekämmtem prachtvollem schwarzen Haar. Ich sah sein blasses Gesicht, um seinen Mund einen winzigen Zug Ekel, ein Inbild, stehengeblieben und herausfordernd für mich, der ich sehen konnte in meinem Fieber. Ich sah den Blick des Mädchens. Ihn würde ich, bis ans Lebensende, von allen anderen Blicken unterscheiden.

Ich wollte nach Hause, mich dort auszukurieren. Ein Krankenwagen brachte mich heim. Die Doktoresse Renate sagte schüchtern: »Sie müssen noch mindestens fünf Wochen Bettruhe haben, oder es kann übel ausgehen für Sie.« Ich dachte auch an so etwas, nur leicht anders als die Doktoresse.

Ich war drei Tage zu Hause. Dann stand ich auf und ging in die Kneipe, trank das erste Pils. Betrunken stand ich später auf dem Bürgersteig und sah die Schwarzhaarige. Sie fuhr auf einem Fahrrad vorbei. Hochmütig. Die Haare waren schwarz, prachtvoll, glatt zurückgekämmt. Der Mund stimmte. Der Blick war jener Blick. Das Mädchen war längst vorbeigefahren, ich schaute ihm nach, dachte: ›Und sollte dieser Hochmut der Teufel persönlich in Fremdgeburt sein, du wirst die Blasse auf dem Fahrrad kriegen.‹ Ich war sicher, kurz vor dem Abkratzen zu sein und dachte: ›Zuerst diese Blasse, das Abkratzen kommt dann später.‹ Damit ging ich nach Hause.

Ruth entsetzte sich und schimpfte: »Gelb wie Gift und betrunken!« Wilm kam und sah mich und sagte: »Mann, Mann, Mann«, und Doris lachte in hohen kreischenden Schleifen. Ich hatte jenes Mädchen auf dem Fahrrad früher nie gesehen und wurde zum Wegelagerer. Täglich um dieselbe Zeit verließ ich mein Krankenbett und ging zur Straße, aber ich ging zum Ausgang des Dorfes und setzte mich dort, unterhalb des Waldrandes, auf eine Böschung. Dort wartete ich darauf, daß das Mädchen auf dem Fahrrad käme. Es kam, immer um dieselbe Zeit. Aus genügender Entfernung sah ich es und kam die Böschung hinab und stellte mich an den Rand der Straße. Das Mädchen fuhr vorbei, ohne mich anzusehen. Ich hatte jetzt Geduld, denn sie sollte mir nicht entkommen, diese Satanin.

Ruth erregte sich jedesmal, wenn ich erschöpft heimkam: »Er bringt sich mutwillig um! Ich informiere die Frau Doktor!« Ruth hob eine Faust gegen mich und drohte: »Ich informiere Schwester Anna! Du bringst dich bewußt um!« Ich sagte: »Ich versuche, zu verhindern, daß etwas anderes mich umbringt.« Wilm sagte: »Laß ihn, es ist der reine Wahnsinn, es ist reiner Wahnsinn, darum laß ihn.« Ich legte mich wie ein längst Gestorbener ins Bett.

Am nächsten Tag saß ich wieder um die gleiche Zeit auf der Böschung, und wenn die Satanin kam, stand ich am Straßenrand und blickte ihr entgegen und sie fuhr vorbei, ohne auch nur einmal einen Millimeter zur Seite zu sehen. Das ging so sechs Tage, eine volle Woche. An jenem Wochenende war ich sicher, in meinem Bett abzukratzen. Montags ging ich wieder zur Straße.

Das Mädchen kam und fuhr in normalem Tempo auf mich zu. Aber ich stand nicht mehr am Straßenrand, sondern stellte mich dem Mädchen in den Weg. Es fuhr geradeaus weiter, schaute mich aus offenen Augen an und fuhr keinen Zentimeter zur Seite. Ich streckte meine Arme aus, berührte die Lenkstange des Fahrrads, packte zu. Ich hielt die Lenkstange so in der Waage, daß das Mädchen auf seinem Rad sitzen blieb. Keiner von uns beiden sagte etwas. Dann gab ich dem Rad mit der Zugkraft beider Arme soviel Bewegung wie nötig war, sprang weg zur Seite und gab dem Rad, hinter den Sattel packend, volle Schubkraft und das Mädchen fuhr weiter. Ich ging heim und merkte, wie die Kräfte wiederkamen. Am nächsten Tag ging ich zur Straße und wußte: ›Wenn das Mädchen jetzt wieder vorbeifährt, mußt du es fahren lassen, sonst ist Totschlag drin . . .‹ Woher wußte ich das? An diesem Tag stieg das Mädchen vom Fahrrad.

»Ich heiße Ernst«, sagte ich. »Ich weiß«, sagte das Mädchen. Sie wußte das? »Wie heißt du?« fragte ich. »Karolenka«, sagte das Mädchen. »Bist also russisch«, sagte ich. »Ostpreußisch, mein Großvater war Russe«, sagte das Mädchen. »Ich bin schon kaputt«, sagte ich. »Ich werde sechzehn«, sagte Karolenka. »Hast du schon einen Mann gehabt?« fragte ich. »Bist du wahnsinnig!« fauchte Karolenka.

Am nächsten Tag unterhielten wir uns weiter. Wir fingen da an, wo wir aufgehört hatten. »Willst du mich?« fragte ich Karolenka. »Ich rate dir zu«, sagte ich. »Was bist du für ein Mann?« fragte Karolenka, äußerst skeptisch. »Ich bin ein durstiger Mann, Karolenka, aber ich bin auch ein froher Mann«, sagte ich und wollte Karolenka das Fahrrad aus der Hand nehmen, da stieß sie es, in aufwallendem Zorn, in den Straßengraben unterhalb der Böschung. Ich zog sie die Böschung hinauf, zu einer Lichtung mit Ginster. Es war später Nachmittag. Die Sonne ging unter. Ich legte meinen Arm um Karolenka und wollte sie küssen. Sie wehrte sich. Zuerst wehrte sie sich zögernd, dann, mein Beharren erkennend, wehrte sie sich mit großer Gewandtheit und Kraft. Plötzlich trat sie mich, dann biß sie. Ich ließ los und Karolenka sprang zur Seite, bückte sich blitzschnell und hob einen ziemlich großen Stein, hob ihn hoch und erwartete mich. Ich ging ruhig auf sie zu. Karolenka hob den Stein bis über meinen Kopf. Ich ging auf sie zu, packte sie und küßte sie auf ihren erregten Mund. Im Kuß ließ Karolenka den Stein zur Seite fallen, dann umarmte sie mich und ergab sich unserem Kuß mit Leidenschaft. Dann zog sie ihr Kleid aus und dann zog sie sich ganz aus. Ihre Schönheit war vollkommen. Was dort auf der Lichtung geschah, war Liebe und war keine Liebe, denn wir kamen sofort in die tiefste Ebene der Geschlechtslust, in die Schweinslust, in der die Heilung beginnt. Karolenka schrie auf der Lichtung wie ein Tier aus der Steppe und dann hüllte Karolenka sich in Schweigen. Sie zog sich an und ich folgte ihr, zum Stauwehr und über die kleine Brücke, fort zu einem schönen Schieferhaus im Nachbarort. Schweigend zog Karolenka mich eine Treppe hinauf. In einem großen Zimmer saß eine Frau in einer steifgestärkten Schürze am Fenster. Es war eine knochige Frau mit abweisendem Blick und weißen Haaren. Es war eine unglückliche, eine schweigende Frau. Ich sah das Urbild von Karolenkas Schweigen. Die Mutter saß auf dem Stuhl, eine weißhaaarige Gorgo, wie versteinert. Karolenka zischte sie an: »Geh rauf!« Die Gorgo stand auf und gehorchte und ich bekam einen Schock. Die aus der Fremde hierher Verschlagene ging, in einer mir nicht verständlichen Knurrsprache leise Verwünschungen murmelnd, aus dem Zimmer. Ich hörte ihr Tappen auf der Stiege. Karolenka verschloß die Tür und riß mir den Kittel herunter und zog sich wieder aus. In dieser Nacht schrie Karolenka nicht mehr wie ein Tier, sondern alles vollzog sich in stöhnendem Schweigen, bis zum Hellwerden am frühen Morgen. In dieser Nacht brach ich die erste meiner sieben Verlobungen vom Zaun.

Das Ritual aus tiefster Lust und Schweigen wiederholte sich täglich und allnächtlich zwischen uns. Karolenka war meine Kirke, verwandelte uns in Schweine, und mit säuischem Genuß heilte sie mich vom Fluchtplan in gewaltsamen Tod. In ihrem furchtbaren Schweigen aber gab Kirke mir im Dorf die schlimmere Gewalt als allen Totschlag zu schmecken, sie gab mir den Vorgeschmack eines Rätsels zu schmecken, des Rätsels aus Angst und Tod im Weiterleben, zwei Körner schob Kirke mir unter die Zunge, zwei Körner aus einer Zeitempfindung, die ich bis dahin nie erlebt hatte. Immernurgestern und Immernurdemnächst hießen die beiden Körner dieser Zeit im langen Lebenstod. Nach zwei Monaten dieses eisigen Liebens brach ich zum erstenmal zusammen. In diesem Zusammenbruch geschah etwas, was ich heute noch nicht verstehe. Jedenfalls brauchte ich kein Zauberkraut Moly, sondern kam durch den Vorsatz, meine Arbeit im Krankenhaus zu beenden, wieder auf die Füße. Ich verließ Karolenka. Nicht Gute Nacht, sondern Guten Tag. Aber Kirke war anders geworden, sie hatte sich mitverwandelt. Kirke war klüger geworden.

Ich beendete meine Arbeit im Krankenhaus. Es funktionierte. Was funktioniert, ödet mich an. Ich kündigte. Der Stadtdirektor verständigte meinen Vater. So erfuhr Ruth es. Ruth und die Verwandtschaft brachten mich dazu, zum Stadtdirektor zu gehen und die Kündigung zurückzunehmen. Angewidert fühlte ich, wie ich gehorchte. Ich kam aus dem Büro des Stadtdirektors und dachte: »Bringe die Sache mit den Kranken ins Rollen, unterschlage Geld von Privatpatienten. Es muß stinken, bevor es sich klärt.« Schöner Gedanke. Gedacht, getan. Ich unterschlug das Geld, buchte es so, daß es keiner finden konnte und fuhr abends nach Köln, wo ich das Geld vertrank. Am nächsten Tag kam ich mit dem Frühzug zurück und ging wieder in mein Büro. Einige Tage später brauchte ich Geld zum Weitersaufen. Ich machte die zweite Unterschlagung. Ich stellte fest, daß ich seit längerem nicht mehr normal trank. Leute redeten schon von meiner Art zu trinken. Sobald ich ein Glas trank, mußte ich jetzt weitertrinken. Ich stellte ungerührt fest, daß der Kontrollverlust eingetreten war. Ich leugnete es, in mir selber, sofort ab und auch das stellte ich fest. Ich machte neue Unterschlagungen und trank weiter.

Eingekesselt

1954–1958

Ich war von zu Hause weggezogen. Ich ahnte, daß es bald schiefgehen mußte mit mir, und das Ende meiner bürgerlichen Laufbahn wollte ich nicht in der Familie erleben. In der Nähe des Krankenhauses mietete ich mir ein Zimmer. Dort schloß ich mich ein und trank, sobald ich aus dem Büro kam. Ich war selten in diesem Zimmer, denn ich verbrachte die meisten Nächte in Köln.

Mit dem Rotwangigen aus der Kölner Bahnhofsbuchhandlung hatte ich mich befreundet. Er hieß Ulrich und ich fing an, ihn zu mögen. Mit ihm konnte man streiten, ohne daß er gleich nach der Polizei schrie. »Das kommt vom Lesen«, sagte Ulrich beschämt. Er war scheu, ich bin schüchtern, so verschieden können Leute sein. Ulrich sagte zu mir: »Du bist ein merkwürdiger Hund. Von dir werden die Leute eines Tages sagen: ›Er hat sich sogar vom Galgen heruntererzählt.‹ Wenn einer erzählen kann, verzeiht man ihm alles.« Ich sagte dann bitter: »Ach, Ulrich, wenn ich nur halb so schwierig schreiben könnte, wie ich erzählen kann, dann wäre mir wegen des Galgens nicht bange. Aber ich saufe mich wohl vorher tot. Und ich habe noch nicht gehört, daß einer sich jemals aus dem Schnapsgrab heraus erzählt hätte.« Ich muß sagen, Inspiration hat Grenzen, denn genau so sollte es später kommen.

Mit einer meiner letzten Unterschlagungen in der Hosentasche (ich hasse heute noch Portemonnaies) kaufte ich mir in Ulrichs Buchladen ein Buch, das gerade erschienen war: Henry Millers ›Wendekreis des Krebses‹. Ich begann, in meinem Zimmer, in diesem Buch zu lesen. Kernlicht explodierte. Ein Rabelais der Nichtzerstückeltheit! Ich war in einem Königreich der Sprache. Die sexuellen Übertaten Millers nahm ich nicht so ernst, das war alles nur Angstbeißen, Millers tiefe Angst vor Frauenwissen, geschönt als Macht über Frauen. Daddydenken. Aber Millers Sprache: da hatte die Frau richtige Titten, eine frische und feuchte Votze, einen aufregenden Arsch. Da bekam Miller einen Steifen, Henry hatte ein Gesicht, denn er hatte einen Sack, atmende Eier, einen Schwanz, eine Zunge, er hatte ein Gesicht und eine persönliche Sprache. Gott, ich erkannte alles: Henry Miller hatte eine persönliche Sprache, weil er Fehler zugeben konnte! Ich erkannte in Miller sofort einen Inspirierten. Wegen seinen zugegebenen Fehlern und in seiner Sprache, seiner unbefangenen schöpferischen Sprache und seiner Unschmierigkeit, einen Schwanz einen Schwanz zu nennen, eine wunderschöne frische gute Votze eine Votze und seinen Steifen seinen, Millers Steifen. Entkränkt durch Millers Sprache, erfaßte ich das Wunder seines Schreibenkönnens: er war kein Ansichtskrüppel und kein Sexturner. Er erzählte, und die Sexualität war nur ein Aspekt unter mehreren Aspekten, denn Henry Miller erzählte, in einem machtlosen großen Gesang, unzerstückelt von der Angst, von der Liebe, von der Armut, von dem Überfluß der Armut, leidvoller Freiheit, vom Schmerz, von der Sexualität – und von Gott. Alles das war Millers Vision von einer Einheit. Klar, so einfach und klar: Gott war für Henry Miller der Schöpfer und Schutz solcher Unzerstückeltheit. Henry erklärte Gott nicht, er pries ihn. Was für ein gebenedeiter wunderbarer Mann. Ich las das Buch zuerst geschockt, dann verschlang ich es. Ich fing an zu heulen, zu jauchzen, zu schreien, zu singen, sprang aus dem Bett, riß aus der Mitte des Buches eine Seite, stopfte sie mir ins Maul, kaute die Seite, durchnäßte sie mit Spucke, ballte sie zu einer Kugel und fraß die Seite mit dieser Prosa. Ich hatte dieses Buch gebraucht. Da lag es. Ich stand auf, zog mich an, ging ins Büro. Fertigte eine Liste mit allen Unterschlagungen, mit der Art der Falschbuchung und mit den Buchungsorten an, schrieb meinen Namen darunter. Sense. Dann verließ ich die Stadt, fuhr nach Köln, von dort nach München. Ich kam in München an und stand im Nichts. Ich war erleichtert. Endlich im Nichts. Geld hatte ich keines mehr. Ich nahm mir vor, endlich zu tun, was ich schon seit längerem gewollt hatte. Ich wußte, jetzt fing es an, mein Betteln. Ich würde betteln und erzählen.

Ich stand in Schwabing und sah mich um. Den Versuch, unter den Leuten in dieser Gegend zu betteln, machte ich erst überhaupt nicht. Ich sah und hörte und kam mir sofort als Outsider vor. Ich ging die Ludwigstraße hinauf, kam zur Maximilianstraße, betrat ein Restaurant. Es war ziemlich gut besetzt und es war ein teures Restaurant. Ich betrachtete die Leute in dem Restaurant ohne Hast und ohne Illusionen, aber ebenso auch ohne vorgefaßte Meinung, denn vorgefaßte Meinung ist immer abfällige Meinung. Schließlich sah ich einen Mann, den ich kennenlernen wollte. Ich ging an seinen Tisch und sagte zu ihm: »Ich bin ein Bettler und möchte Sie kennenlernen, falls es Ihnen angenehm ist.« Der Mann betrachtete mich nüchtern und ohne Illusionen, aber ebenfalls ohne Hast, und er schien, wie ich selber, auch keine vorgefaßte Meinung in sich hochkommen lassen zu wollen, denn er sagte: »Sie machen nicht den Eindruck, ein Bettler zu sein, ich meine übrigens nicht nur Ihren äußerlich korrekten Eindruck.« Ich sagte: »Dieser Eindruck ist sicher richtig, aber er täuscht.« Der Mann bot mir Platz an seinem Tisch an und stellte sich vor und ich tat das auch. »Ich habe noch nicht bestellt, wollen Sie mit mir essen?« fragte der Mann. Ich war ausgehungert und stimmte deshalb gern zu. Wir haben zusammen gegessen und haben erzählt. Wir verließen gemeinsam das Restaurant. Der Mann sagte: »Wieviel Geld haben Sie denn heute bereits gebettelt und wieviel wollten Sie heute betteln?« – »Ich habe noch nie gebettelt und Sie sind der erste Mensch, bei dem ich es versuche«, sagte ich. »Und wenn Sie nun keinen Erfolg hätten, würde Sie das sehr zurückwerfen?« fragte der Mann und er war wirklich gespannt. »Nein, es würde mich nicht mehr zurückwerfen, denn ich habe keine Wahl.« Der Mann sagte: »Ich bin bereit, Ihnen einen ziemlich hohen Betrag zu schenken, denn ich kann mich nicht erinnern, mich in diesem Restaurant jemals gut unterhalten zu haben.« Er gab mir hundert Mark. Ich steckte den Schein ein. Da sagte der Mann: »Ich arbeite immerzu. Es ist meine Sucht.

Es ist eine Krankheit. Ich habe mich isoliert. Von Ihnen habe ich aber heute etwas gelernt. Meine Isolation braucht nicht endgültig zu sein. Sie haben mir gezeigt, daß ich auf unbekannte Leute zugehen muß, daß ich es bin, der etwas unternehmen muß, will ich nicht länger so isoliert sein.«

Schock

Ich bekam Ärger in einer Stehkneipe, in die ich nun manchmal ging. Das Betteln mit Erzählen funktionierte. Ich hatte kein Zimmer und erbettelte auch meine gelegentlichen Schlafmöglichkeiten mit Erzählen und auch das ging gut. In diese Stehkneipe ging ich regelmäßig, trank dort und war schweigsam. Ich stand wieder dort, in meinem Totengräberzivil. Ich war bereits ärgerlich und untersuchte nicht, warum, denn wenn ich verärgert bin, so bin ich es eben und genieße es, anstatt es zu analysieren. Wenn es möglich ist. In dieser Kneipe war es nicht möglich. Dauernd redeten Leute, die mir nicht paßten, auf mich ein. Einer, ein lärmender Hauklotz von geradezu abenteuerlicher Imponiersucht, faßte mich am Mantel. Ich sagte, zwar schon böse betrunken, aber immer noch ruhig zu ihm: »Finger weg oder es verändert sich etwas.« Der Hauklotz lachte breit und schien darauf gewartet zu haben. Nun bin ich, wenn es darauf ankommt, ziemlich schnell und rüde. Ich hatte längst meine behandschuhten Flossen im Wasser des Tresens, zog sie blitzschnell heraus und das nasse Leder gab meinen zwei Ohrfeigen mit der geballten Faust einen solchen Zug, daß der Imponiermann gegen den Kneipenausgang flog. Um keinen weiteren Ärger aufkommen zu lassen, war ich bereits bei ihm und riß ihn hoch und donnerte ihn mit Mattglanz durch die splitternde Tür auf die Straße. Sehr viel später erfuhr ich, daß die Beförderung durch geschlossene Türen und Fenster typisch für nasse Alkoholiker ist. Aber das wußte ich damals noch nicht, damals wußte ich nur, daß jetzt Ruhe war, denn der Hauklotz war der Kneipenspezialist für Krakeel gewesen. Ich trank mein Bier, das ich sofort mit allen Zeichen degoutanter Devotion bekam, in Ruhe aus und zahlte meine Zeche und die Tür. Aber etwas anderes war passiert: Während ich mein Bier trank, überkam mich ein derartiger kalter Jähzorn und eine Lust, diesen Burschen, der fertig war, da draußen vor der Kneipe, wo er auf dem Fensterstein saß, einfach kaltzumachen, und zwar nur deshalb, weil mir sein Gebrumme da draußen nicht paßte, daß ich das Stadtviertel entsetzt verließ.

Freiheitsentzug als Freiheitserlebnis

Am 6. August 1956, nachts gegen halb zwei, hielt ich in Köln auf dem Ubierring einen Polizisten an und gab ihm meinen Personalausweis und sagte zu ihm: »Ich bin Alkoholiker und stehe im Fahndungsbuch, nehmen Sie mich fest.« Der Mordinstinkt in mir hatte mich dazu gebracht, den Freiheitsentzug als letzte Rettung zu sehen. Der Beamte lachte nur. Ich sagte zu ihm: »Hören Sie, es ist ernst. Drüben ist eine Telefonzelle, nehmen Sie meinen Ausweis und rufen Sie Ihre Kollegen an.« Der Beamte nahm meinen Ausweis und ging zur Zelle. Ich sah ihn telefonieren.

Die erste Nacht als Festgenommener verbrachte ich im Keller des Kölner Polizeipräsidiums. Ich stand in einer Zelle im Keller, in einer saugenden Stille, in einem kompakten gestauten und saugenden lautlosen Lärm. Es war wie in der Turbinenkammer eines Staudamms. Als Junge hatte ich einmal in einer solchen Kammer gestanden. In jener ersten Nacht im Präsidium war mir, als stürzten unter meinen Füßen gewaltige Wassermassen in eine Tiefe. Ich stand in der Zelle im Keller und phantasierte vom Wasser. Ich empfand Erleichterung dabei. In ruhiger Verzweiflung schaute ich immerfort auf eine hellgrüne Milchglasscheibe, das Gefühl in der Haut meiner Fußsohlen, über gewaltigen herabstürzenden Wassermassen zu stehen. Ich fühlte nichts sonst, aber in mir phantasierte es, daß nun die Eule der Minerva ihren Flug durch die Dämmerung anträte, daß diese Eule nun den langen Flug durch meine Angst anträte. Ich phantasierte, daß ich zum erstenmal vorsichtig an ein Gestade trat, das ich immer gefürchtet hatte, mir war, ich stieg ab in das Meer meiner eigenen Angst und der Angst aller anderen. Ich war erleichtert, von einem bis an die Zähne bewaffneten Imperium oberhalb meiner Haare bewacht zu werden, und ich hatte keine Erklärung für dieses Gefühl von Erleichterung. Mein Phantasieren vom Wasser war bilderlos, denn in meinem Phantasieren tauchten nur Wörter auf: Wasserzeitalter, Meer aus Angst und Meersprache. Ich phantasierte von drei unentdeckten Sprachen, von Angstsprache, von Meersprache und von Reisesprache. Die Angstsprache war zuerst da; sie führte in besitzlose Liebe. Aus dieser Angstsprache kam die Meersprache und sie führte zu einer alles umwälzenden Entdeckung von ganz anderer Zeit, in einem anbrechenden Jahrtausend anderer Phantasie. Ich phantasierte von sieben Türen zu diesem Jahrtausend, die sich noch nicht öffneten. Aus Angst- und Meersprache kam Reisesprache. Sie war Erzählsprache. Sie vereinigte alle drei Sprachen zu einer noch nie vernommenen Krankensprache, und diese Sprache enthüllte schließlich, so phantasierte es in mir, ein Doppelgesicht von bestimmter Krankheit, ein dunkles und ein helles Gesicht. Ich empfand Scham bei diesem Phantasieren und dachte immer wieder: ›Was ist bestimmte Krankheit?‹ Diese Frage berannte mich bis morgens halb sechs. In jener ersten Nacht im Gewahrsam der Polizei erschuf ich in mir, im kompakten Staulärm meiner Angst und im Phantasieren vom Wasser, einen Vorsatz: fähig zu besitzloser Liebe zu werden und willig zu bleiben für mein Ziel, Krankheit zu gestalten. Ich nahm mir vor, von diesen beiden Dingen zu verwirklichen, was mir möglich wäre, komme, was komme. Diese Nacht war in meinem Leben das Ende des Märchens vom Absurden.

In jener ersten Nacht im Gewahrsam der Polizei erschuf ich in mir, im kompakten Staulärm meiner Angst und im Phantasieren vom Wasser, einen Vorsatz: Fähig zu besitzloser Liebe zu werden und willig zu bleiben für mein Ziel, Krankheit zu gestalten. Ich nahm mir vor, von diesen beiden Dingen zu verwirklichen, was mir möglich wäre, komme, was komme. Diese Nacht war in meinem Leben das Ende des Märchens vom Absurden.

Aus meinen Notizen: »Am 6. August 1956 (Untersuchungsgefängnis Klingelpütz in Köln). Alter Ziegelbau aus dem vorigen Jahrhundert, Karikatur der Burg, Imitation der Fabrik, Vorläufer kommender Hospitäler, in denen Kranke nicht mehr gewaltsam isoliert, sondern mit allen Mitteln kommender Bürokratie noch einmal für eine gewisse Zeit ignoriert werden können, allerdings mit verheerenden Folgen, die große Veränderungen einleiten. Ich konnte meine Kleider, den Füllhalter und mein kleines schwarzes Notizbuch behalten. In einer Zelle mit zwei anderen Untersuchungshäftlingen. Sie haben mir ihre Geschichte erzählt, extrem beschönigt und extrem beschlechtigt, denn im Klima des Eingesperrtseins ist demjenigen, der sich fürchtet, Erkenntnis nicht möglich. Die beiden fürchten um ihre bürgerlichen Qualifikationen, sie behaupten, unschuldig zu sein, und bereuen gleichwohl. Die Saftigkeit ihres erzählerischen Elans ist Wunschdenken, die Schläue wirkt ergreifend naiv, der Satzbau dieser Geschichten läuft über vor Resignation, ist gierig nach Gestrigem. Ich tat, was ich überall zuerst mache, ich suchte mir einen Platz zum Notieren und nahm die Pritsche. Ich will meinen ersten Eindruck festhalten: in keinem Fall ist dieses Gefängnis eine ungewohnte Umgebung für mich. Es ist auch keine unangenehme Umgebung. Wieso ich Freiheitsdurstiger ausgerechnet zu einer solchen Feststellung komme, verstehe ich nicht. Ich bin an einem Ort, wo Verlassenheit die Norm ist. Eine frühere Verlassenheit war größer. Alles war unklarer. Verlassenheit, furchtsame Hinauszögerung des Lebens und Stillstand, das sind die Erfahrungen, die mich draußen unklar quälten. Hier in diesem Gefängnis sind diese drei Dinge der erklärte und bezweckte Zustand. Hier fühle ich mich weniger getäuscht. Hier mache ich vielleicht die erste Erfahrung vom Wert meiner Einsamkeit. Sie ist überfällig. Einsamkeit ist aussichtsvoller als jede sonstige Beeinträchtigung oder Benachteiligung. Das ahne ich. Verlassenheit ist entsetzlich.

Ich bin Untersuchungshäftling, aber was untersucht wird, habe ich längst zugegeben, schriftlich und mündlich. Ich habe kriminell gehandelt und ich denke nicht daran, die Schuld daran anderen Leuten aufzubürden, denn ich glaube an meine Mitschuld als an die dunklere Schwester meiner Angst. Ich bin jetzt in einem völlig auf Unrecht, Herrschaftssicherung und Weiterverdummung basierenden veralteten Untersuchungsgefängnis und weiß dennoch: Mir kann alles nützen, bloß keine Strafrechtsreform. Wenn der Staat überhaupt etwas verbessern oder gar reformieren könnte, wäre die wirkliche Garantie des bewegten Lebens, der fragende Mensch, vollkommen lächerlich. Der Staat kann nur verzögern, und das kann eine entscheidende Hilfe für Weiterentwicklung sein. Denn die Apathie, das Unrecht und die Dummheit sind übermächtig, sie potenzieren sich ununterbrochen. Ich bin kriminell geworden, das will ich heute festhalten.«

Ich hielt es in der Dreierzelle nicht aus und machte einen Rapport beim 1. Hauptwachtmeister und bat um Verlegung in eine Einzelzelle. Kurz darauf wurde ich dem 1. Hauptwachtmeister vorgeführt. Es war ein kleiner rundlicher Mann mit einem feuerroten und vergnügten Gesicht, ein Mensch wie ein Kügelchen, ein Beamter ohne Koppel und ohne Kappe, der mir eröffnete, mein Wunsch sei im Moment unerfüllbar, die Anstalt wäre überbelegt. »Mirbach«, stellte das Kügelchen sich vor und ich dachte: ›Der Mirbach ist geistig und sittlich gesund.‹ Wir unterhielten uns eine Weile, dann sagte Mirbach: »Ich werde daran denken, sobald als möglich.« Einige Tage später bekam ich die Einzelzelle.

Am selben Tag wurde ich zum Appellhofplatz zu der Staatsanwaltschaft beim Landgericht gebracht. Ein Staatsanwalt wollte mich sprechen. Ich weiß nicht, was für ein Monster ich mir vorgestellt hatte, jedenfalls war ich überrascht, einen ziemlich gutaussehenden jungen Mann vorzufinden, der sich mir als Assessor vorstellte und sagte: »In der Verhandlung Ihres Falles übernehme ich zum erstenmal die Rolle des Staatsanwalts.« Ich sagte: »Dann wünsche ich Ihnen vollen Erfolg.« Der Assessor lachte und wir setzten uns und rauchten. Der Assessor sagte: »Ich wollte Sie gerne kennenlernen, denn ich habe Ihre Akte studiert, gründlich studiert – und ich komme nicht zurecht damit. Irgend etwas stimmt da nicht.« Ich kannte die Akte nicht und sagte: »Ihre Akte enthält wahrscheinlich auch das, was ich damals bei meiner Flucht auf dem Schreibtisch hinterlassen habe. Zumindest das wird jeder Überprüfung standhalten.« Der Assessor sagte: »Ich kenne diese Aufstellung und ich kenne Ihr Kündigungsschreiben an den Stadtdirektor. Außerdem habe ich Zeugenaussagen in den Akten, die sich mit dem Bild eines Kriminellen, wie es sich normalerweise ergibt, kaum noch vereinbaren lassen. Aber vor allem ist es die Aussage einer Schwester Anna, die mich sehr irritiert. Ich frage mich deshalb schon die ganze Zeit, was mit Ihnen wirklich los ist?« Ich wollte etwas sagen und bekam Angst. Eine große Hand legte sich auf meinen ganzen Rücken. Ich dachte: ›Wenn du jetzt das Wort Alkoholiker aussprichst, landest du in einer Heilanstalt und dort wirst du dann verrückt und kommst nie mehr heraus.‹ Ich sagte: »Ich habe das Geld unterschlagen und habe es für mich ausgegeben und mein Geständnis ist freiwillig abgelegt. Mehr kann ich nicht sagen.« Der Staatsanwalt sagte: »Sie haben mit dem Unterschlagen erst angefangen, nachdem der Stadtdirektor auf Ihre Kündigung in einer Weise, zu der er nicht berechtigt war, reagiert hatte. Die Aussage jener Oberin Anna ist eindeutig und sie wurde nicht auf fremdes Verlangen erteilt, sondern von jener Oberin selber zu Protokoll gegeben.« Ich sagte nichts. Der Staatsanwalt fuhr fort: »Von der juristischen Situation aus betrachtet, ist gegen die Handlungsweise Ihres Vorgesetzten nichts zu sagen. Aber die ganze Akte ist so, daß alles Kriminelle auf dem Kopf steht.« Ich hatte Angst, von meiner Art zu trinken etwas zu sagen, und unser Gespräch war beendet.

Der Anwalt wartete auf mich im Besucherraum. Ich hatte ihm die Fakten mitgeteilt und er machte mir den Vorschlag, einer Beobachtung meines Geisteszustandes zuzustimmen. Ich wollte ihn sofort wegschicken, aber ich tat es nicht, weil ich neugierig wurde auf die Argumente dieses Menschen. Er sagte: »Für Amtsunterschlagung, Untreue und Urkundenfälschung im Wiederholungsfall gibt es bis zu fünf Jahre. Wir brauchen mildernde Umstände. Selbst wenn die psychiatrische Untersuchung nichts bringt, so kann sie doch die Anklage erschüttern, und zwar allein schon dadurch, daß sie gemacht wurde.« Zorn stieg in mir hoch, weil ich fühlte, wie mein erster Gedanke, den Anwalt wegzuschicken, langsam in mir wegrutschte. Immer, wenn ich meinem ersten Gedanken folgte, kam es gut heraus; jedesmal, wenn ich meinen ersten Gedanken zugunsten eines zweiten Gedankens aufgab, kam es übel heraus. In meinem ersten Gedanken war jedesmal noch intaktes Gefühl enthalten; mein zweiter Gedanke war jedesmal eine von Furcht und Sorge verfälschte Abschwächung gewesen. Ich erklärte mich einverstanden mit der psychiatrischen Untersuchung und unterschrieb eine Vollmacht. Tags darauf las mir ein Beamter vor, es sei beschlossen worden, mich zur Beobachtung meines Geisteszustandes aus dem Untersuchungsgefängnis in die Psychiatrische Abteilung der Krankenabteilung des Untersuchungsgefängnisses zu verlegen. Das geschah am selben Tag.

Mit einem Beamten ging ich über den Außenhof zu einem anderen Tor. Es wurde geöffnet. Ein anderer Hof. Drüben ein Ziegelbau. Als ich durch das Tor ging, sah ich, unten an der Mauer, einen zementierten Abfluß. Davor stand ein Zementblock und oben im Zementblock eine Mulde. Ich blieb stehen und hatte ein bedrückendes Gefühl. Da sagte der Wachtmeister: »Hier haben wir bis fünfundvierzig noch tüchtig geköpft.« Ich war entsetzt. Der Wachtmeister sah das und sagte: »Das hat bei uns der Kapuzenmann mit dem Beil geregelt.« Mit Abscheu sagte ich: »Gott sei gedankt, daß das vorbei ist!« Ich ging weiter und der Wachtmeister kam hinter mir her und sagte: »Das kann sich über Nacht wieder ändern. Köpfen ist sicherer. Beim letzten, den wir im Februar 1945 hier geköpft haben, habe ich noch daneben gestanden. Dem haben sie die Rübe abgemacht, weil der mit seiner Mama ins Bett gegangen ist. Können Sie sich das vorstellen?« Ich sagte: »Ja, das kann ich mir vorstellen.« Der Wachtmeister sah mich nur an. Ich ging weiter. Er ging neben mir her. Kein Wunder, er brachte mich schließlich in die Psychiatrie.

Wir kamen in den Krankenbau. »In die Kammer, jetzt gibt es den Beklopptenfrack«, sagte der Wachtmeister. In der Kammer mußte ich meine Sachen abgeben und bekam eine weiße Leinenhose, einen weiß-blau längsgestreiften Leinenkittel, Holzschuhe und eine weiße Kappe. Ich mußte das weiße Zeug anziehen, aber erst als ich die weiße Kappe aufsetzte, empfand ich würgende Angst: Ich trug auf meinem Kopf, dem gefährdesten Teil meiner Existenz, die Kappe in der Farbe der Melancholie in ihrer tödlichen Gestalt, einer immerfortwährenden Trauer ohne Inhalt. Es ging mehrere Treppen hoch. In meinen Holzschuhen war ich unsicher. Weiße Gestalten bohnerten Fußböden. Ich stand vor einer Einzelzelle. Von außen sah sie aus wie eine der üblichen Gefängniszellen: Steinumrandung, Eisentüre, doppeltes Schloß. Dann stand ich drinnen, die Tür krachte von draußen zu, aber das Zukrachen endete in einem weichen saugenden Geräusch und ich sah, daß die Tür von innen dick gepolstert war. Es gab nicht einmal ein Schlüsselloch, keinen Spion, nichts, nur die dicke schneeweiße Polsterung. Ich stand in einer weißgestrichenen Zelle, vor einer weißen, gepolsterten Tür, in einer irrsinnig machenden Stille. Da überkam mich ein bis dahin nichtgekanntes Entsetzen. Und zum zweitenmal wurde mir die Bedeutung der weißen Kappe auf meinem Kopf schlagartig klar, und das kam daher als Ahnung und Erkenntnis, als Hieb in den Magen: Ich fürchtete ab jetzt mit Recht für meinen Kopf! Die allerfrühesten Masseneinschließungen waren im Mittelalter vorgenommen worden, man hatte Menschen, die bestimmte Schweigegebote übertraten, in weißen Kleidern und in weißen Mützen in sogenannte Blödenhäuser gesperrt. Sie waren dort, für verrückt erklärt und wie

Verrückte behandelt, bald verrückt geworden. Ich wollte klingeln, aber da war keine Klingel! In jeder Gefängniszelle war eine Klingel, hier war keine. Ich wollte gegen die Tür trommeln, ich trommelte gegen die weiße Polsterung. Ich fing an zu brüllen, daß ich raus wolle, umsonst, mein Schreien wurde verschluckt, ich hatte von hier drinnen keine Möglichkeit, mich denen da draußen bemerkbar zu machen. Ich fand nicht einmal einen Schemel, den ich gegen die Wand schlagen konnte. Dort stand die an der Wand hochgeklappte und verschlossene Pritsche, das war alles. In dieser Zelle, in der ich eine bis dahin nie gekannte panische Angst um meinen Kopf erlebte, hier konnte ich weniger unternehmen als in jeder Gefängniszelle, hier konnte ich nichts mehr tun, ich war auf den Zufall oder auf fremde Willkür von draußen angewiesen, und das Akzeptieren von Zufall und fremder Willkür bedeutete für mich den Ausbruch von Wahnsinn. Ich wich zurück von der Polstertür, bis an die hintere Wand unter dem vergitterten Fenster, und stand dort, ich weiß nicht, wie lange. Dann öffnete sich die Tür und einer in weißen Klamotten schnauzte: »Abendessen!« Zwei Wachtmeister neben ihm. Ich kam näher, ohne mein Eßgeschirr. »Pott!« schnauzte einer der Wachtmeister und sagte in breitem kölschen Dialekt, den ich seither hasse: »Dinge Pott, Jung, sonst kippt dir der Kalfaktor dä Fraß upp der Bodde, dann kannste putze.« Gepreßt brachte ich heraus: »Ich muß sofort aus dieser Zelle.« Der Wachtmeister feixte nur und sagte: »Ob du hier herauskommst und wie du hier herauskommst, bestimmen wir.« Ich nahm das Essen, die Tür wurde von außen geschlossen, wieder die erstickende Stille. Ich rührte das Essen nicht an und ein Wunder geschah, denn ich wurde ruhiger, der Wahnsinn in mir kippte um in Entschlossenheit, meine hinterfotzigste Erfahrung im Überleben, Geduld und Besinnung, Sprache und blitzschnelle Rücksichtslosigkeit zusammenzunehmen, auf den ersten Moment mit der minimalsten Chance zu warten, dann alles auf eine Karte zu setzen und mich zu wehren. So überstand ich die Nacht.

Der Moment kam am folgenden Mittag, als ich dem Leitenden Arzt dieser Psychoschweinerei vorgeführt wurde. Dieser Mann saß in seinem Büro. Auf dem Spaziergang hatte mir einer zugeflüstert, ich müsse vorsichtig sein, hier würden Kranke von zwei Wachtmeistern zusammengedroschen und vom Arzt würde das gedeckt. Ich wußte sofort, daß das hier im Bereich des Möglichen lag. Der Leitende Arzt saß in seinem Büro. Ein nacktes Gesicht, kalte Augen, ein wie wimpernloser Blick, um die Lippen ein erfrorenes gespanntes Grimassieren. In seinem weißen Kittel saß er hinter seinem Schreibtisch. Dieser Zombie sollte hier über den Geisteszustand von Gefangenen urteilen. Als ich dieser Sorte Medizin ins Gesicht sah, empfand ich noch Angst. Aber im Nu verließen mich Furcht und Sorge. Ich setzte alles auf eine Karte und sagte: »Herr Doktor, ich weiß nicht, wie Sie heißen. Der Staatsanwalt ist Ihnen bekannt. Er hat mir gesagt, ich kann ihn jederzeit anrufen, falls ich das wünschen sollte. Ich wünsche das jetzt. Machen Sie eine Verbindung mit seinem Büro und vergewissern Sie sich und übermitteln Sie dort, daß ich den Staatsanwalt zu sprechen wünsche, und seien Sie versichert, daß ich nicht scherze . . .« – Ein Häftling in der U-Haftanstalt hatte mir einen lärmenden Exkurs über seinen Kampf gegen die Korruption in der Verwaltung gehalten und mir einen Brief an den Staatssekretär Dr. Krille im Düsseldorfer Justizministerium gezeigt, damit ich den Brief besser formulieren solle. Leider hatte ich bei der Betrachtung des sprachlichen Zustandes dieses Pamphlets den Eindruck bekommen, daß der Schreiber unter unberechtigter Führung zweier Doktortitel litt und hatte den Brief nicht redigiert; jetzt fiel mir diese Episode ein und ich fuhr, zu dem Doktor gewendet, mit gemeiner Ruhe fort: ». . . falls Sie, Herr Doktor, sich mir gegenüber die geringste Abweichung von Ihren Pflichten als Arzt erlauben, werde ich den Bruder meiner Mutter informieren, Herrn Staatssekretär Dr. Krille im Justizministerium in Düsseldorf.« Die Angst, in dieser weißen gepolsterten Hölle zusammengeschlagen zu werden, hat mir diesen Gedanken eingegeben und ich bitte den mir unbekannten Helfer wegen meiner blague mit ziemlicher Verspätung um Entschuldigung. Der

genüber, in bester Absicht gehandelt hatte. Daran gab es für mich keinen Zweifel mehr. Er hatte ein Unglück verhindern wollen und hatte es beschleunigt. Während er noch die Fragen des Staatsanwaltes beantwortete, wurde mir klar, daß ich die Manipulationen des Stadtdirektors benutzt hatte, um in einer nassen Ruckzuckschaltung eine Geldquelle für meine Saufnächte aufzutun, um dann hinterher sagen zu können: »Ihr wolltet es so, ihr habt mich dazu getrieben.« Ich wollte aufstehen, die Verhandlung unterbrechen und erklären, was mir bewußt wurde. Ich wagte es wieder nicht und schwieg. Das war das dritte Mal, daß ich meine Früherkennung aus Sorge zerstörte und mit diesem dritten Schweigen zerstörte ich sie für immer. Siebzehn Jahre später kam die Späterkennung. Dann wurde der Gutachter aufgerufen und gab sein Gutachten ab: »Voll zurechnungsfähig.« Ich hatte das gewußt, aber ich war erleichtert. Als der Dozent fertig war mit seinem Exorzismus (er trieb den Richtern und Schöffen ihre Bedenken, mich zu bestrafen, mit Fremdwörtern aus), hielt der Staatsanwalt sein Plädoyer, in voller Maskerade. Er machte es sehr kurz und sagte: »Ich kann, nach Lage der Dinge, dem Angeklagten keinerlei kriminelle Energie unterstellen, dennoch hat er kriminell gehandelt.« Mit diesem unvergessenen Satz hatte der Staatsanwalt, in seinem ersten Prozeß, die Kalamität von Verbrechen in einer gewaltsamen Welt auf den Begriff gebracht. Der Staatsanwalt beantragte achtzehn Monate und Entlassung nach Verbüßung von zwei Dritteln. Ich stand auf und sagte zu ihm hinüber: »Herr Staatsanwalt, hängen Sie Ihren Beruf nach diesem Prozeß gleich an den Nagel, besser können Sie nie mehr werden.« Der Staatsanwalt lachte, der Dozent lachte, die Richter und die Schöffen lachten, nur ich lachte nicht, denn ich hatte es ernst gemeint.

Mein Anwalt sah entsetzt aus. Ich hatte völlig vergessen, daß es ihn gab. Er stand auf und fing an mit seinem Verteidigerzeug. Es war furchtbar. Der Kerl wagte es und flehte um Erbarmen. Für mich. Die wirklich gut gebaute Verhandlung, die wir hier zustande gebracht hatten, diese ganze boshafte wirklichkeits-

daß ich das zu Ihnen gesagt habe.« Ich fragte: »Gilt das für immer?« Das Kügelchen stutzte. »Was meinen Sie?« fragte dieser Mann. »Naja, räumen Sie mir eine Frist ein, nach der Ihre Bitte verjährt ist«, sagte ich. »Aha«, sagte das Kügelchen, begreifend und nachdenklich. »In zehn Jahren können Sie es von mir aus jedem sagen«, sagte das Kügelchen. »Also ab 1967«, sagte ich. »Meinetwegen«, sagte das Kügelchen und wollte gehen. In der Zellentür drehte sich der 1. Hauptwachtmeister um und fragte: »Brauchen Sie hier noch etwas? Klappt der Einkauf?« – »Danke, alles ist in Ordnung«, sagte ich.

Die Verhandlung beim Kölner Landgericht war kurz. Ich wurde in den Saal geführt. Der Staatsanwalt kam, das Gericht kam. Ich sah Wilm und Geisterwilli, meinen Onkel. Sie saßen an der Seite. Ginsterwilm und Geisterwilli. Ich ging zu den beiden und begrüßte sie in aller Ruhe, im Rücken das irritierte Gericht. Wilm sah weiß aus im Gesicht. Ich sagte zu ihm: »Keine Bange, das hier läuft alles ruhig ab.« Wilm atmete auf. Als Geisterwilli mir die Hand gab, fragte er: »Machst du keinen Skandal heute?« Ich sagte: »Nein, heute räume ich ein, aber in genau zwanzig Jahren räume ich um und in wiederum zwanzig Jahren räumt dann ein Anderer ab.« Geisterwilli war mit dieser Auskunft sehr zufrieden und ich ging an meinen Platz zurück und sagte zum Vorsitzenden: »Herr Landgerichtsdirektor, das waren familiäre Zeremonien.« Der Angesprochene nickte und eröffnete die Verhandlung. Er rief mich auf, befragte mich zur Person, ich gab die erforderlichen Antworten. Die Anklageschrift wurde vorgelesen. Der Vorsitzende fragte mich, ob ich dazu etwas zu sagen wünsche. Ich sagte: »Schuldig.« Die Zeugen wurden aufgerufen. Ein Beamter einer Kreisprüfungsstelle erklärte, daß das Resultat einer mehrwöchigen Buchprüfung mit meinen Angaben, die ich hinterlassen hätte, übereinstimme. Der Beamte wirkte deprimiert, aber sein Pessimismus bewahrte ihn vor jedem Überschwang. Die Vernehmung des Stadtdirektors wuchs sich zu einer Überraschung aus, denn bei den Antworten dieses Zeugen wurde mir klar, daß er, mir ge-

Weißkittel sah die beiden Wachtmeister, die hinter mir standen, mit einem Blick unterdrückter Sorge an, da wußte ich, daß ich nicht zusammengeschlagen wurde und daß dieser Mann vor mir tatsächlich Dreck am Stecken hatte. Der Doktor stellte die Telefonverbindung mit dem Staatsanwalt her und ich wurde am selben Tag vom Staatsanwalt zu einem zweiten Gespräch empfangen.

Unser zweites Gespräch verlief anders, denn nun erzählte ich dem Assessor. Was ich in diesem Psychostall empfunden hatte, löste mir die Zunge. Der Assessor hörte mir zu. Zuletzt sagte ich: »Ich habe Ihnen mitgeteilt, was ich dort hörte und was ich in der Zelle mit dem Maschores erlebt habe. Außerdem beugt dieser Psychiater sich meiner Drohung. Ich weiß selber, daß das alles für eine Anzeige nicht ausreicht, denn ich habe keine Beweise, mit denen ein Gericht etwas anfangen kann. Aber sollten Sie aus dieser Ecke weitere Dinge hören, dann merken Sie auf.« Der Assessor sagte: »Wenn das stimmt, dann wird es Änderungen geben.« Ich sagte: »Wenn das stimmt, dann wird es Änderungen geben – und dann Veränderungen, nämlich im Geldgeschäft mit bestimmten Kranken. Innerhalb der nächsten fünfzig Jahre.«

Der Assessor besorgte mir einen freien Gutachter. Zwei Tage später war ich wieder im U-Bau. Jahre später schug ich ein Nachrichtenmagazin auf, las dort einen Prozeßbericht. Das Kölner Landgericht verhandelte gegen jenen Arzt und einen Wachtmeister wegen Gefangenenmißhandlung. Die Angeklagten wurden verurteilt. Der erste Teil meiner Voraussage war eingetroffen.

Das Kügelchen brachte mir die Anklageschrift. Ich las sie und fand die dargelegten Dinge korrekt. Das Kügelchen fragte: »Wann ist der Termin?« Ich nannte den Termin. »Schuldig oder nichtschuldig?« fragte das Kügelchen. »Schuldig«, sagte ich. Das Kügelchen sagte: »Mitschuldig, aber sagen Sie keinem,

ähnliche Konfiguration und ihre bis zur Normalität gesteigerte trockene Theatralik zertrampelte er mit seinem stupiden Gejammer. Ich schaute ihn eisig an, ich wollte nicht mehr unterbrechen, denn einmal unterbrechen kann richtig sein; zweimal unterbrechen ist immer falsch. Der Unglücksmensch merkte an meiner steinernen Miene, daß er kurz davor war, von mir suspendiert zu werden. Er hustete etwas, brachte seinen Sermon zu Ende und setzte sich hin. Der Vorsitzende gab mir das letzte Wort. Ich stand auf und sagte: »Danke, ich habe nichts weiter zu sagen.« Dann kam das Übliche: Das Gericht zog sich zur Beratung zurück und kam nach kurzer Zeit wieder in den Saal. Die Richter taten ihre Beerdigungshüte ab, der Vorsitzende verlas das Urteil im Namen des Volkes: Achtzehn Monate Gefängnis und Entlassung nach Verbüßung von zwei Dritteln sowie Aussetzung der Reststrafe auf Bewährung. Es folgte eine kurze mündliche Begründung. Ich nahm das Urteil an. Damit wurde es rechtskräftig.

Ich verbrachte die Zeit bis zum August 1957 im Gefängnis Siegburg. Dabei ereignete sich etwas, mit dem ich nicht gerechnet hatte. Nach einem Vierteljahr floß die Angst ab und ich fing an, mich wohl zu fühlen. Ich trank nicht und versuchte auch nicht, mir Alkohol zu verschaffen. Der Freiheitsentzug wurde für mich zum Freiheitserlebnis. Nach jenem Jahr ohne Alkohol war ich sicher, meine Krankheit überwunden zu haben. Erleichtert verließ ich am Tag der Entlassung meine Zelle und ging über das Areal und freute mich, ein besseres Leben beginnen zu können. Ich war kein angstkaputter Mensch mehr und verabschiedete mich von dem Beamten am großen grünen Tor.

Das Tor öffnete sich. Ich trat auf die Straße. Da überfiel mich schlagartig die alte Angst, mit voller Wucht, in verstärkter Gewalt. An dem Morgen meiner Entlassung, während das Gefängnistor sich hinter mir geschlossen hatte, habe ich zum erstenmal vor Angst gezittert. Verkrampft ging ich zum ersten Wasserhäuschen und kippte drei doppelte Schnäpse. Dann trank ich weiter und die Angst ließ nach, vermeintlich. Tatsächlich lähmte ich mit dem Schnaps lediglich meine Erlebnisfähigkeit. Ich konnte nicht mehr aufhören mit dem Trinken und weiß nicht, wann und wie ich an diesem oder an einem der darauffolgenden Tage zu Hause angekommen bin.

Schneegesicht

Wilm hatte mir Arbeit in einer Speditionsfirma, ein paar Ortschaften weiter, besorgt. Ich fing sofort an. Abends machte ich Notizen. Wilm fragte: »Hast du im Gefängnis etwas geschrieben?« Ich sagte: »Ja, aber das ist alles unbrauchbar.« – »Wieso, das ist doch erlebt«, sagte Wilm. »Erlebt schon, aber nicht ehrlich, alles nur Selbstverleumdung«, sagte ich. »So?« fragte Wilm, ganz erfreut. »Freut dich das?« fragte ich. »Daß du dich verleumdest, freut mich nicht, aber daß du das so kalt siehst, das ist gut«, sagte Wilm. Dann fragte er: »Wann wird denn das Schreiben ehrlich?« – »Wenn erzählt wird«, sagte ich. »Aha«, sagte Wilm. Er dachte nach, meinte dann: »Könnte so sein.« Ich sagte: »So ein Job, das ist gut für mich. Ich muß mir jeden Tag erst mal acht Stunden aus den Augen, ob als Bürokopf oder als Bettelerzähler, das bleibt sich gleich.« – »Und wenn du viel Geld hättest?« fragte Wilm. »Schon faul«, sagte ich. Wilm grielachte. »Aber du hast den stillen Ruck zum vielen Geld, das gibst du doch wohl zu«, sagte er. Da hab selbst ich gelacht und habe Wilm zugenickt und habe mir sogar versuchsweise auf die Schenkel geklopft und an das Hohe Vieh gedacht – und lachend habe ich den bis heute besten Satz über meine Schreibe hingelegt: »Ah, Wilm, ich brauche immer einen Job, denn ich tauge nur als Nebenbeischreiber. Aber ich werde erst dann so ein richtiger Nebenbeischreiber, wenn der Job den höchsten Schwierigkeitsgrad erreicht hat, wenn er Tag und Nacht geht und ohne Gehalt bleibt.« – »Wie willst du dann aber noch schreiben?« fragte mein Vater. »Tja«, sagte ich ratlos. »Du siehst richtig aufgeschmissen aus«, sagte Wilm. Ich phantasierte und sagte zu diesem Ginster: »Schau mal, ich phantasiere davon, daß ich eines Tages, mit Liebreich im Arm, in der Hölle einziehe und daß Liebreich und ich an diesem kraftlosen Ort ein paar wirklich bediente Friedhofsgestalten auftun. Dann wird da erst mal Durchzug gemacht und dann wird erzählt und, nebenbei, wird dann geschrieben.« Wilm sagte nur: »Ruth hat schon gewußt, warum sie dir nie den Mann mit dem Horn gezeigt hat. Du bist selber so ein Mann mit dem Horn. Was der mit der Tröte konnte, das kannst du eines Tages mit dem Bleistift.« Da sagte ich, einfach so: »Hauptberuflich mit der Schneezunge, nebenberuflich mit meiner Gichtflosse.« – »Was, die Gicht kriegst du auch schon?« fragte Wilm. »Sie ist im Kommen, linkerhand, auf Liebreichs Seite«, sagte ich, wütend, ehrlich und verwundert.

Der Job war nützlich, aber er war zu einfach. Ich richtete den Büroablauf so ein, daß das jeder halbwegs intelligente Büroleiter nun mühelos machen konnte. Dann verabschiedete ich mich von Ruth, Doris und Wilm und fuhr nach München und wurde wieder Bettelerzähler.

Auf der Leopoldstraße sah ich Tina wieder. Es gab sie noch. Da kam sie, in ihrer dünnen schwarzen Herrenhose, mit dem schwarzen Kittel der Schmerzforschung am Leib, mit ihrer Löwinnenmiene und ihren Fäusten, Tina, wie immer voller Wut. »Woher kommst du?« fragte sie mich. »Aus dem Knast«, sagte ich. »Erzähl mal«, sagte Tina. »Noch nicht, Tina«, sagte ich. Sie zog einen Stenoblock aus der Hosentasche und zeigte mir eines ihrer neuen Gedichte. Ich las es und Tina riß mir den Block wieder aus der Hand. »Sagst du was zu meinem Gedicht?« fragte sie. »Es bedeutet mir nichts; sinnlose Wut gegen diesen Sonnenscheinbetrieb hier spricht mich nicht an«, sagte ich ruhig. Tina nickte. »Du bist kein Rivale, du bist schlimmer, du bist der Satan persönlich«, sagte sie. Ich war dieser Unterhaltung unendlich müde. Wir gingen in die Gaststätte Leopold und tranken eine halbe Maß, dann noch eine, dann noch eine. »Du säufst wie ein Hirnverletzter«, sagte Tina. »Ohne diese Sorte Saufen wäre ich Geschäftsmann geworden«, sagte ich.

»Und was bist du jetzt geworden?« fragte Tina. »Ein Erzähler vom Nichtleben«, sagte ich. Tina sagte: »Ich kenne einen Mann, einen verkrachten Schriftsteller, er macht Prophezeiungen. Ein ziemlich kalter Typ. Den müßtest du mal kennenlernen.« Ich hatte keine Lust und winkte ab, aber Tina ging telefonieren, kam zurück und sagte: »Er würde uns empfangen, komm, schau dir diesen Menschen einmal an.« Ich ging mit Tina. Es war vielleicht besser als Weitertrinken.

Wir gingen die Ainmillerstraße hinunter, in Richtung Hohenzollernstraße. Vor einem schönen alten Bürgerhaus blieben wir stehen. »Hier ist es«, sagte Tina und klingelte. Der Summer. Wir betraten einen großen Flur aus Marmor. Tina ging voran in den ersten Stock. Sie hatte mir erzählt, der Betreffende lebe mit einer Ärztin zusammen, die er in einem fort kujoniere und ausnutze. Die Ärztin empfing uns an der Tür und bat uns, einzutreten. Sie sah, jenseits von Resignation und Hoffnung, gut aus. »Sie möchten zu meinem Freund?« fragte sie neutral und führte uns in ein Vorzimmer. Sie blieb mit Tina in diesem Vorzimmer und öffnete für mich eine Tür, ich trat in einen hohen und weiten Raum mit halb heruntergelassenen Rolläden.

Zuerst sah ich einen großen Schreibtisch und dann, im Halbdunkel, ein Stehpult. Auf dem Schreibtisch standen Leichtmetallkästen. Langsam fand mein Blick sich im Halbdunkel zurecht und ich sah eine Bibliothek, registrierte die hellblauen Bände der Gesammelten Werke Hugo von Hofmannsthals, bemerkte einen Glasschrank mit einer Schallplattensammlung, erkannte Kassetten mit Werken von Wagner, Alban Berg, Arnold Schönberg. ›Walküre‹, ›Lulu‹, die ›Gurrelieder‹. Auf dem Schreibtisch ein Kästchen aus Rosenholz und auf einem Silbertablett kostbare Tassen und eine chinesische Schale mit Gebäck, eine Thermosflasche. Hinter der fragilen chinesischen Schale sehe ich nun den Bewohner dieses Zimmers, ein Männlein. Ein Männlein, das nicht durchaus klein ist. In grauem Anzug sitzt das Männlein dort, aufrecht und mit künstlicher Starre eine Art Aufgebrachtheit kaschierend, sitzt das Männlein in einem Sessel mit hoher Rückenlehne, ausgeschlagen mit grünem

Samt. Ein Kardinal könnte darin residieren, oder auch ein Abt. Das Männlein in dem grauen Flanellanzug schaut mich an aus wasserblauen und wie toten Augen und sagt: »Tina hat mir von Ihnen erzählt.« Plötzlich ergreift das Männlein eine Schelle und schellt, wie irre und heftig, sehr kurz und heftig und genau kontrolliert. Die Ärztin kommt herein und das Männlein sagt: »Er nimmt Kaffee« – und diese Frau serviert mir, nahezu unterwürfig und wie in dauernder Angst, eine Tasse und entfernt sich lautlos. Das Männlein blickt mit kalter Freude und triumphlos auf seinen kostspieligen Schreibtisch und murmelt: »Ich mache Ihnen eine Prophezeiung.«

Ich kam mir vor wie in Audienz bei einem Kranken, dessen Krankheit es offiziell nicht gibt. Das war mein erster Eindruck. Dann machte das Männlein mir eine Prophezeiung. Und während es leise und mit gepreßter Schärfe sprach, war mir, dort spräche eine Stimme aus einem Schneegesicht, aus einem Schneegesicht mit einer Schneezunge. Das sagte ich zu Tina, als wir zurück zur Leopoldstraße gingen.

Ich sehe den Engel

Es war ein heißer Sommernachmittag, ich ging beeilt durch die Kopernikusstraße. Fluchtartig hatte ich eine Wohnung in einem der Bürgerhäuser am Prinzregentenplatz verlassen. Ich sah, auf einem steinern überdachten Balkon, etwa einen Meter über der Erde und über einem Vorgarten, einen Engel sitzen. Sofort endete mein Verfolgungswahn, in den eine unglückliche Frau, Gerda, mich versetzt hatte; ich blieb stehen und schaute, für einen Augenblick ganz entzaubert, hinüber zu dem Engel. Dann ging ich auf das Gartentor zu. Es ließ sich öffnen. Ich betrat den Vorgarten und dachte: ›Wenn der Engel verschwindet, dann hast du ihn gesehen; wenn er nicht verschwindet, sprich mit ihm.‹ Ich kam an den Fuß einer Steintreppe, die hinauf zu dem Balkon führte. Der Engel verschwand nicht, er saß dort weiterhin im Schatten und betrachtete mich erstaunt. Er war jung und trug einen Anzug aus schwarzer Seide, an seinen nackten Füßen elegante abgetragene Wildledermokassins; sein dünner Seidenanzug war bekleckert. Ich erblickte eine Haltung und einen Stolz, wie nur praktizierter Geist und Geist aus Demut sie erschaffen, geschenkter Geist von ganz woanders und praktizierte Demut aus Dankbarkeit gegen das erfaßte Geschenk aus der Ferne. Ich betrachtete den Unbekannten und wußte, ich sah den Engel. Die Schönheit in seinem Antlitz zeigte mir die Tatsachen der Anmut, der Krankheit, der Liebe. Ich trat näher, wir standen voreinander. Ich reichte dem Engel die Hand hinüber, er nahm sie. »Ich heiße Ernst«, sagte ich. »Ich bin Walther. Mit th – das ist mir wichtig«, sagte Walther. »Ich sehe dich und sehe einen Engel«, sagte ich. »Und wer bist du?« fragte Walther. »Ein Alkoholiker und Bettelerzähler«, sagte ich. »Du siehst einen Engel? Bist du immer noch sicher?« fragte Walther. »Vollkommen sicher«, sagte ich. Da lächelte der Engel und sagte: »Ernst, du bist ein gefährliches Liebchen.« Dann sagte er: »Ich bin krank, das ist gewiß. Alles sonst bleibt ungewiß.« Ich faßte mir ein Herz und sagte: »Walther, als ich dich dort im Schatten sah, während ich so beeilt durch das Sonnenlicht in dieser Straße ging, da wurde mir anders. Mir zogen Jahrhunderte einer verschütteten Herkunft ins Herz ein, bilderlose Ereignisse, ungehobene Sprachbilder.« Walther sagte: »Alles, was du sagst, ist mir vertraut.« Da machte mein Herz mit den versammelten ungehobenen Sprachbildern einen Freudensprung und ich sagte in tiefer Liebe zu Walther: »Walther, ich habe den Engel gesehen, werde mein Fürsprecher im Absoluten, jetzt und dann immer.« Walther sagte: »Ich bin nicht wert, ein Fürsprecher zu sein.« Da versanken alle Not, alle Sorge, jede Furcht und ich sagte zu dem Engel: »Walther, mit dieser Erkenntnis deiner Würde will ich den Rest meines geistigen Lebens dankbar und tätig verbringen, sprich du im Absoluten für mich.« Walther sagte: »Gut, wenn es dein Wunsch ist. Was soll ich für dich erbitten?« Ich sagte: »Erbitte, was du willst, nicht, was ich will.« – »Das verspreche ich dir«, sagte Walther.

Mit Karina und Nikolaus machte ich eine kurze Bettelreise nach Amsterdam. Wir erzählten und lernten Leute kennen, die sich so wiederbelebten, das wir Mühe hatten, ernst zu bleiben. Naja, mit der im Friedhof geübten Fischköpfigkeit wars zu schaffen. Wir wollten zurück nach München. Ein Mann nahm uns in seinem Wagen bis Frankfurt mit, fuhr mit uns in die City.

Wir stiegen aus. Zum erstenmal stand ich in Frankfurt am Main, in der City. Es war Anfang Januar 1958. Ich stand da, besah mir den Verhau, mir wurde sonderbar hell in der Brust und ich sah drei Wörter: ›Beresina . . . Stalingrad . . . Frankfurt‹. Ich sah diese Wörter, starrend auf die Häuser in der City und dachte: ›Mein Gott, du bist angekommen . . .‹ Wo angekommen? Ich fühlte, ich war in der Stadt der Entscheidung angekommen. Ich versuchte, das zu verarbeiten und sah meine Freunde an und sagte: »Wir stehen hier in der heutigsten Stadt Europas – von hier aus wird, eines Tages, eine große Ernüchterung ihren Anfang nehmen, und dieser Anfang ereignet sich noch zu unseren Lebzeiten.« Die beiden starrten betreten auf den Verhau ringsum. Ich registrierte es, wollte alsbald ein gutes Wort für Frankfurt einlegen und sagte zu den Weggenossen: »Es geht los in schätzungsweise zwanzig Jahren, es ist schon vor zwanzig Jahren losgegangen und der Zeitzünder tickt schon und um den Zeitzünder herum ist keine Bombe montiert. An der Beresina schlug Kutusow die Reste der Grande armée, in Stalingrad erledigte ein Kranker seine eigene Sechste Armee und in Frankfurt beginnt eines Tages das Ende der Weißen Armee, des Geldgeschäfts der Weißenkittelindustrie mit den Süchtigen, im Namen Schwester Annas.« Karina sagte: »Der Ernst phantasiert wieder.« Nikolaus sah schrecklich ungläubig aus, aber er sagte: »Wenn ich unterwegs nicht ein paar ziemlich handfeste Sachen durch dich erlebt hätte, dann müßte ich dich für bescheuert halten. Denn das hier, das ist ja der reine

Stumpfsinn.« – »Ja, ein harter ernüchternder Stumpfsinn unter einer Zeitmütze, richtig«, sagte ich. Wir standen auf dem Platz in der City, Karina mit ihrer Romanoffmacke, Nikolaus mit seinem erschütterten Unglauben und ich frühgreise Pilshure. Ich sagte froh zu denen: »Frankfurt, das wird das Ende der Kirschen aus Nachbars Garten.« Dann sagte ich: »In mir ist ein Leib voll Trauer und ein Geist voll Staunen und eine Schneezunge voll Nichtenergie. Die Grande armée wurde von Kutusow und seinen ausgeruhten Kräften erbarmungslos zusammengeschlagen, die Sechste Armee wurde zur Kapitulation gezwungen und ihre Reste wurden in Gefangenschaft geführt, die Weiße Armee wird durch Erzählen weder zusammengeschlagen noch in Gefangenschaft geführt, sondern durch Erzählen aus Nichtenergie ernüchtert.« Als ich das sagte, sah ich, mitten in der Stadt hier, drei Tote. Sie bewegten sich in ihrem langen Lebenstod. Ich sah einen Betäubten, einen Niedergeschlagenen und einen Entgeisterten. Der Betäubte war eine Frau, der Niedergeschlagene war ein Mann und der Entgeisterte war ganz kindisch geworden.

Ein Herr aus der Nacht

Ich war furchtbar erregt und ließ es ruhig in mir toben. Die beiden bemerkten es nicht, und im Schutz meiner Fischigkeit gingen wir nun langsam durch die City und gingen mit unserem letzten Geld in einen Jazzkeller, um in dieser enormen Winterkälte von der Straße wegzukommen. Der Jazz im Keller war sehr nordamerikanisch, und als der Keller geschlossen wurde, standen wir wieder auf der Straße und hatten nun keinen Groschen mehr. Es war halb zwei in der Nacht.

Wir standen vor dem Schaufenster einer Buchhandlung in der Berliner Straße. »Was machen wir jetzt?« fragte Karina. »Hier kannst selbst du nicht mehr betteln«, sagte Nikolaus. Ich war anderer Meinung. »Die würden uns hier glatt verhaften«, sagte Karina. Da sah ich in einiger Entfernung einen Herrn kommen. Ich sah ihn und schaute ihm entgegen und er schaute mir entgegen. Herr ist richtig. Er trug einen schweren Mantel, seit langem aus der Mode. Er trug einen Hut aus den zwanziger Jahren, Handschuhe. Ich sah den Fremden, in Gedanken, unter dem Licht der Bogenlampen immer näher kommen. Er ging spazieren. ›Ein Herr aus der Nacht‹, dachte ich. Ich ging einen Schritt auf ihn zu. Der Fremde registrierte das und blickte mich nun forschend an. Dann blieb er vor uns stehen. Ich schätzte ihn auf Anfang Sechzig. Sein Blick zeigte unbestochene Intelligenz, sein Antlitz Würde, um den Mund war hochfahrende Ruhe. »Ich möchte Sie gern etwas fragen«, sagte ich. »So fragen Sie«, sagte der Fremde mit leiser herrscherlicher Stimme. »Kennen Sie Frankfurt?« fragte ich. »Ja«, sagte der Fremde und hob leicht eine Augenbraue. Aber ich erkannte sein Anerbieten, fortzufahren, deshalb fuhr ich fort: »Meine Freunde und ich, wir sind Bettler. Wir kommen von Amsterdam und wollen weiter. Wir haben kein Geld mehr und wissen nicht, wo wir die Nacht verbringen sollen. Können Sie uns helfen?« Leise und bestimmt sagte der Fremde: »Ich kann Ihnen helfen und ich bin froh, daß das alles ist, was Sie drei bedrückt. Gehen Sie hier die Straße hinunter, dann links hinüber und einige hundert Meter die Zeil hinunter. Dort liegt das Hotel Frankfurter Hof. Es ist ein anständiges Hotel, ich wohne manchmal selber dort. Warten Sie in der Halle auf mich. Ich beende noch meinen Spaziergang, es dauert eine Viertelstunde.« Dann ging der Fremde weiter.

»Wir werden sofort hinausgeworfen dort«, sagte Nikolaus, ungläubig. Karina sagte: »Ein Grandseigneur. Er weiß, wie man Bettler auf souveräne Weise los wird.« Ich war entsetzt. Konnten sie keine Menschen von Menschen unterscheiden? Ich sagte: »Also gut, gehen wir in dieses Hotel.« Ich ging schon, die beiden folgten mir.

Wir betraten die Halle, sahen uns um, setzten uns. Der Nachtportier näherte sich, sichtlich beunruhigt. Als er vor uns stand, sagte ich zu ihm: »Wir erwarten jemand; falls wir Sie benötigen, rufe ich Sie dann, in etwa einer Viertelstunde, danke sehr.« Der Portier entfernte sich. Karina grinste, Nikolaus pfiff konsterniert und leise durch die Zähne, ich wartete. Kurz darauf kam jener Unbekannte und fragte uns: »Möchten Sie Einzelzimmer?« Karina sagte lächelnd: »Wir drei sind nicht miteinander verheiratet«, und der Unbekannte lachte herzlich auf und sagte in unvergeßlichem ernsten Vergnügen: »Schade – ach, es ist schade!« Er ging zum Portier und sagte ihm etwas und der Portier reagierte mit Ehrerbietung anstatt mit Devotion, was mir auffiel. Der Unbekannte kam zurück und sagte: »Es ist erledigt. Es war wunderbar, Sie kennenzulernen. Ich wünsche Ihnen eine angenehme Nacht in Frankfurt und dann wünsche ich Ihnen auch weiterhin alles Gute.« Damit ging er.

Ein Nachtboy brachte uns zu unseren Zimmern. Ich verabschiedete mich von den beiden Freunden, die inzwischen doch etwas irritiert schienen bezüglich Frankfurts. In meinem Zimmer nahm ich ein Bad. Nackt saß ich später auf dem Rand meines Bettes und fühlte mich nackt und war endlich nackt. Eine Melodie stieg mir aus dem Gedächtnis herauf, Johann Sebastians Rezitativmelodie »Und ging hin ein wenig . . .« aus der Matthäus-Passion. Ich kann nicht singen, ich kann nur leise krächzen und so krächzte ich diese Melodie mit den fünf Worten und die Melodie erstand weiter in mir bis zu der Stelle »doch nicht wie ich will, sondern wie du willst . . .«. Mein leises Mitkrächzen der musikalischen Überlieferung Johann Sebastians machte mich aufmerksam für etwas, was ich beim Eintritt in die Stadt zu den beiden Freunden gesagt hatte. »Den Leib voll Trauer, in mir entsteht ein Leib voll Trauer«, hatte ich zu denen gesagt. Ich hockte auf dem Rand des Bettes und, in jenem Zimmer allein und endlich mal wieder gewaschen und nackt, fühlte, was ich den beiden vorher nicht zu sagen gewagt hatte: mein Leib war voll Trauer, weil ich mit innigem Ernst der Geburt, des Lebens, der Erzählungen und der Botschaft und des Martyriums jenes sehr kranken Mannes am Kreuz gedacht hatte. Wie lange war das nun her und wie gegenwärtig war es heute in meinem von Angst und Schuldgefühlen gebrochenen Gemüt? Was war damals wirklich geschehen und was war damals nicht geschehen und was war heute in meinem Gedächtnis geschehen? Ich konnte keine einzige von diesen Fragen beantworten, denn ich wußte buchstäblich nichts. Ich wußte nur eines, daß jener, dessen Erzählungen – dessen Botschaft bis jetzt unzerstörbar geblieben waren, wenn sie sogar in einem von allem Glaubenkönnen Entleerten wie mir eine solche Ehrfurcht und gewaltlose Andacht errichten konnten, von einem Augenblick auf den anderen, in belehrungsloser mächtiger Stärke und in glanzvoller Nichtenergie, daß jener Erzähler und Botschafter von ganz anderer Liebe gelebt hatte. Ich fühlte, daß er gelebt hatte, weil er das Recht von Menschen in ihrer seelischen und sozialen Zerbrochenheit, würdig aller aktuellen und aller nichtaktuellen Liebe zu sein, erklärt und verteidigt und vollzogen hatte. Ich fühlte auch, daß er das Martyrium durchlitten hatte, ohne die Schuldigen zu verfluchen. Und ich fühlte drittens, daß er aus dem Tod auferstanden war, denn die Überlieferung von seinem Sprechen und Handeln und von seinen Unterlassungen und von seinem Sterben stand jetzt auf, wie unzählige Male vorher in zahllosen anderen fassungslosen Menschen und auch nach mir in unzerstörbarer Klarheit, so jetzt in mir. Das wußte ich. Daß jener Mann am Kreuz ein Kranker gewesen sei, das phantasierte ich. Jeder, der ihn für einen Menschen hielt, sah ihn realistisch und jeder, der ihn für den Sohn Gottes hielt, sah ihn ebenfalls realistisch und jeder, der ihn für Gott selber hielt, sah ihn ebenfalls realistisch; da waren keine Widersprüche, das fühlte ich, frei von jeder Beweisnot, weil frei in den Herzen von unzähligen anderen Menschen.

Ich saß auf dem Bettrand und fühlte, daß ich nichts wußte und nichts jemals wissen würde, weil ich keinen Glauben hatte, sondern nur Ehrfurcht und ernste innige Liebe, weil ich keine Hoffnung hatte, sondern nur die in mir schlummernde unzerstörbare Fähigkeit, das Recht eines jeden Menschen, jenen Gemarterten selbständig zu verstehen, deutlich zu erklären und es auch furchtlos und das heißt schriftlich weiter zu überliefern. Ich phantasierte. In meinem Phantasieren auf dem Bett fühlte ich mit Erstaunen, daß jener beständig neu und gewaltlos Auferstehende ein Kranker gewesen sein mußte, ein Mensch in der Wandlung, der das unzerstörbare und doppelgesichtige Geheimnis aller Krankheiten in sich getragen und zum Ausdruck gebracht und alle Folgen dafür willig auf sich genommen hatte. Mit diesem Erstaunen stieg ich nieder in anderem und nun ungleich engerem Phantasieren, denn mich mutete meine gewaschene Nacktheit in dem Hotel und mein Hiersein kraft einer unerwarteten fremden und unbekannten und nicht von Hintergedanken besudelten Liebe mit einem Mal persönlicher an, und wenn mein Phantasieren bis zu diesem Moment unanfechtbar war kraft geschenkter ferner Nichtenergie von sehr weit draußen, so fühlte ich, wie mein Phantasieren jetzt enger und persönlicher und sehr anfechtbar wurde. Aber dennoch stieg ich nieder in mein nun fragwürdiges Phantasieren und phantasierte von sieben Meeren im Universum und zugleich in der Angstlandschaft der Brust eines Einzelnen.

Im Bewußtwerden der Anfechtbarkeit meines Phantasierens bin ich dann heiter abgestiegen in diese Meere. Fort führte mich ein seelisches Entzücken in einem Sprachgeschenk aus der Ferne. Im ersten der sieben Meere phantasierte ich, daß das Universum in der Brust eines Einzelnen, umwogt vom ersten Meer, umwogt vom Meer aus Angst, ein Universum der Liebe ist. Im darunter und darüber wogenden zweiten Meer phantasierte ich, daß dieses zweite Meer ein Meer anderer Liebe ist. Erschuf Liebe im Meer meiner Angst mein Entschlußdenken, so phantasierte ich in dem zweiten Meer aus anderer Liebe, daß meine Angst im Meer anderer Liebe meine Tatkraft in Sprache und Besinnung dereinst erschaffe. Im darunter und darüber wogenden dritten Meer, dem Meer meiner Träume, phantasierte ich von meinem Schreiben in Frankfurt, zehn Häuser tief unter dem Wasser, und im dritten Meer phantasierte ich von zehn Jahren dunklerem und von zehn Jahren hellerem Schreiben in Frankfurt. Im darunter und darüber wogenden vierten Meer, dem Meer der nie erlebten meerbewegten Sprachentiefen, dort phantasierte ich von meiner dereinst unbetrunkenen

Hinwendung zu Anderen. Im darunter und darüber wogenden fünften Meer, dem Meer der Offenbarungen, phantasierte ich von einer Verteidigung und von bleibendem Widerstand gegen sowohl meine Euphorie als auch meine Depressivität, von einer Verteidigung des Innersten des armseligsten und verdummtesten und verfehltesten Menschen und von kompromißlosem Widerstand gegen meine Euphorie im Erfolg und gegen meine Depressivität im Mißerfolg bei solcher Verteidigung. Im darunter und darüber wogenden sechsten Meer, dem Meer des Nichts, phantasierte ich, daß ich meine Furcht vor Mangel an Verteidigungs- und Widerstandsbereitschaft, siebenhundert Mal begangen und ertragen, endlich offen zugeben darf, damit ich einen neuen Anfang mit dem Richtigeren machen kann. Im darunter und darüber wogenden siebten Meer, dem Meer der Freundschaft mit Gott, phantasierte ich von meiner Bereitschaft, in allen meinen Ängsten, Mängeln und in meinen Tugenden ein Wanderer zu solcher Freundschaft zu bleiben und daß Gottes Erbarmen und seine Liebe unendlich überlegen bleiben aller Angst und jeder Verfehlung in mir verfehltem Menschen, daß allein sein Wille ermöglicht und entscheidet, was wird und was nicht wird, was vom Menschen kommt und was nicht vom Menschen kommt.

Beim Frühstück am folgenden Vormittag wurde uns ein Kuvert überreicht. Es enthielt etwas Geld und einen anonymen Gruß für uns drei. Karina und Nikolaus verließen Frankfurt sofort.

Anmutung

Ich ging zur Hauptwache, sah die Leute. Frostige Gesichter. Fast wissenschaftliche Mienen. Ein Zeitungsverkäufer schrie Schlagzeilen. ›Ein paar wehren sich‹, dachte ich. Ich ging in eine ruhige Einblödung und schaute ruhig auf die Szenerie. Als der Zeitungsverkäufer nicht mehr schreien konnte, setzte er sich neben mich auf eine Bank vor dem damaligen Café

Hauptwache. »Wollen wir etwas trinken?« fragte ich ihn. »Falls Sie mich einladen können, gern«, sagte der Zeitungsverkäufer und sagte: »Ich heiße Manfred.« – »Ernst«, sagte ich und wir gingen in ein anderes kleines Café in der Nähe und tranken etwas. Manfred sagte: »Was machst du?« – »Nichts«, sagte ich. Das schien Manfred einzuleuchten, und das freute mich. »Ich studiere hier an der Universität. Soziologie. Aber ich fürchte, ich studiere in Wirklichkeit bei Max Horkheimer Philosophie.« Dieser Satz Manfreds erfreute mich in seiner klugen Wahrhaftigkeit noch viel mehr. »Max Horkheimer?« fragte ich nachdenklich. Ich hatte den Namen nie gehört. Manfred sagte: »Ich bin nicht sachlich, was Horkheimer angeht. Viele bewundern ihn, ja sie verehren ihn. Ich aber fürchte mich beständig in seiner Nähe, denn ich liebe ihn.« Hell loderte in mir ein Gedanke auf und ich phantasierte plötzlich von einem Wiedersehen. Da sagte Manfred: »Ich gehe heute abend in eine Vorlesung Max Horkheimers. Wenn du willst, kannst du mitkommen, aber entschuldige, wahrscheinlich gehe ich dir schon auf die Nerven.« – »Nein, du gehst mir ganz sicher nicht auf die Nerven«, sagte ich, und Manfred nannte mir die Zeit und den Ort und ich verabschiedete mich von ihm und sagte: »Vielleicht komme ich dorthin, sonst alles Gute.«

Ich verstehe den Engel

Ich ging weiter und blieb stehen, vor einer Kneipe im Westend blieb ich stehen. Dachte: ›Das nächste Glas, das du trinkst, entscheidet über dein Leben . . . mit Sicherheit führt dieses Glas dich in den Abgrund . . . wenn du heute auch nur ein einziges Glas trinkst, kannst du dich nie mehr retten, aber du kannst ein Bruchstück Phantasie verwirklichen . . . wenn du aber jetzt nicht trinkst, kannst du dich retten und wirst nie mehr trinken müssen.‹ Da wünschte ich mir, daß einer neben mir stünde, Walther aus München zum Beispiel. Ich schaute mich um. Ich sah ein Straßenschild ›Kettenhofweg‹, und an der Ecke ein

Straßenschild ›Feuerbachstraße‹. Ich schaute mich um, ob Walther nicht da stünde. Niemand war da, ich stand allein auf der Straße. Da empfand ich ein Überspültwerden mit Meerwasser. Es war ein Meerwasser aus zu Wasser gewordener anderer Zeit. Dieses Wasser überspülte meine Angst und die Angst vieler unsichtbarer anderer Menschen, direkt neben mir. Ich sagte inwendig: »Angst, überspüle auch Walther, direkt neben mir, inspiriere ihn, mein Fürsprecher im Absoluten zu sein.« Dieser Vorgang dauerte hundert Jahre und dann länger als hundert Jahre und ich stand dort auf dem Kettenhofweg volle hundert Jahre und dann länger. In dieser langen Ausdehnung eines Zeitverlaufs wanderte ich zum erstenmal im Meer meiner Angst, nicht auf dem Wasser, sondern unter dem Wasser, in einer langen Reise ohne Hoffnung und ohne Weitblick. Ich wollte den Unsichtbaren neben mir fragen, ob ich jenes Glas trinken solle oder nicht trinken solle? Ich fragte ihn, ohne Wissen und ohne Zuversicht, daß er neben mir stünde. Ich fühlte das lange Schweigen. Alles, außer meinem Erlebnis dieses Schweigens, stürzte tosend in mir zusammen. Meine Angst stürzte ein, mein Leib ging unter und meine Sprache verendete, mein Phantasieren stürzte zusammen, nicht aber dieses Schweigen. Das Schweigen des Unbekannten und Unsichtbaren neben mir verhieß mir den Beginn meiner verschütteten und nie völlig aufgegebenen Willensfreiheit. So kam ich zu mir. Ich kam zurück von dieser langen Meerreise durch das erste Meer der Angst und stand immer noch am selben Ort. Nichts ringsum war verändert. Das war für mich unheimlich. Ich nahm mir vor, mich nicht zu retten, diesen Schnaps zu trinken und ein Bruchstück Phantasie zu verwirklichen, komme, was da wolle. Ich ging das Treppchen hinauf, ging in die Kneipe, bestellte den Schnaps und trank ihn und bezahlte und verließ die Kneipe und ging die Straße hinunter, in Richtung Universität.

Vor dem Eingang der Alten Universität erwartete mich Manfred. Wir gingen durch Gewölbe, betraten ein Holzsälchen. Es war überfüllt mit Studentinnen und Studenten. Nur die erste Stuhlreihe war frei. Ich nahm dort Platz und Manfred wurde etwas unruhig, aber ich sah ihn nur an, und er beruhigte sich. Dann kam Max Horkheimer herein. Da war es, das Wiedersehen. Der Herr aus der Nacht trat hinter ein Pult und schaute uns gerade in die Augen. Bewegt nickte ich ihm zu. Dann sah ich den Lichtfunken aus der Pupille seines rechten Auges. Ich wußte, daß dort mein Freund stand. Nach der Vorlesung ging ich zu ihm und sagte zu ihm: »Mein Name ist unwichtig, ich bin niemand, heiße aber Ernst. Max, ich möchte dein Freund werden. Ich bin ein Trinker und gehe heute weg. Aber in sieben Jahren komme ich wieder nach Frankfurt, und dann sollten wir uns wiedersehen – und uns dann niemals mehr voneinander trennen.« Max gab mir langsam die Hand. »Wohin gehst du?« fragte er mich, schon besorgt. »Weg, sieben Jahre in die Anonymität. Weg von mir selber, hin zu euch, her zu mir«, sagte ich freudig. Da lächelte mein Freund. Wir umarmten uns und ich verließ Frankfurt.

Anonymität

1958–1964

Ein Antiquitätenhändler nahm mich im Wagen mit nach München. Es wurde eine schöne Fahrt, denn wir erzählten uns. Der Händler sagte: »Wie schlimm, heimzukommen. Ich habe eine Freundin. Seit Jahren Liebe. Aber wir haben uns nichts mehr zu sagen. Sich lieben und sich nichts mehr zu sagen haben, das ist schrecklich.« Ich fragte ihn: »Haben Sie mal versucht, sich gegenseitig zu erzählen?«

München kam mir verändert vor. Als hätte die Stadt eine gewölbte Stirn vom übermäßigen Quartettehören bekommen. In einem Schwabinger Café lernte ich Henri kennen. Bei ihm quartierte ich mich ein. Ich konnte es einrichten, daß er mich darum bat. Mein Brabbeln mit dicker Zunge, ab mittags, wenn ich in dem fremden Apartment zu mir kam, war kein Saufgebrabbel, es war das Angst- und Zorngebrabbel eines Alkoholikers, der gegen jedes Glas, das er schließlich dennoch trank, einen von vorneherein aussichtslosen Widerstand leistete. Ich schaffte es, mit paranoider Energie, bis drei Uhr nachmittags nicht zu trinken, aber sobald ich Henris Apartment verließ, trank ich das erste Pils. Dann ging es unaufhaltsam weiter. Dann erstarb mein Brabbeln, und Angst kränkte meinen Blick, und Schuldgefühle machten ihn halbblind, und meine Augen wurden so krank, daß ich bei Tag und bei Nacht meine Sonnenbrille trug. Welche Sonne blendete mich, während der Planet gleichen Namens meinem Bewußtsein in München immer ferner rückte? In Halblicht und Stille erlebte ich München. Leute wurden auf mich aufmerksam, wollten mir helfen. Schreiend mehr als sprechend, in unehrlicher Verwahrung, lehnte ich sie ab. Robert, ein erfolgreicher Architekt, sagte zu mir: »Wenn du München erleben willst, die Menschen hier, dann mußt du auch die Landschaften um München und die Menschen in diesen Landschaften kennenlernen, den Chiemgau, das reiche Land, das Gottesland, und Niederbayern und den Bayerischen Wald, das Land der langsamen Wunder, wo aus Sträflingen und Bastarden von Fürsten und Fürstenhuren binnen vierhundert Jahren Leute wurden, die sich jetzt in einer Art Geschichte schon bewegen, laß uns dorthin fahren, ich werde dir vieles zeigen können, und dann erst, dann lernst du München kennen.« Böse lehnte ich ab, aber ich wußte von diesem Tage an, daß jenes München aus Halblicht und Stille nur meine krankhafte Erfindung war, meine Wahnvorstellung in meinem Umherwandern im Nachtlicht der Bogenlampen, im funzelhaft durchschummerten Dunkel der Kneipen, im Halblicht hinter den bei Tag zugezogenen Vorhängen in Henris Apartment. Und in der Stille meiner Verzweiflung und in einer noch anderen Stille: sie war weder Lautarmut noch Mangel an Weltlärm, die andere Stille war ein Ausdruck im Gesicht einiger Leute, die ich, durch die Mauern meiner Trunksucht hindurch, als Personen wahrnahm. Henris Gesicht hatte einen ahnungslosen Ausdruck, Roberts Gesicht hatte einen klaren Ausdruck, Alfreds Gesicht hatte einen schmerzerfüllten Ausdruck und Juttas Gesicht hatte einen abwägenden Ausdruck. Ahnungslos, klar, schmerzerfüllt und abwägend erschien mir die andere Stille, die ich, im Halblicht meiner Ahnungen, nun auf die Stadt übertrug.

Ich merkte, wie es abwärts ging mit mir, ich suchte nach dem Schlüsselwort für diesen Abstieg, der mich mit Grauen ansprach, aber ich fand das Schlüsselwort nicht. Es war Abhängigkeit – und ich kannte es, das Wort, aber ich fand es nicht; zu sehr empörte mich die Abhängigkeit der Anderen. Zu Henri sagte ich wütend: »In deinem Gehirn geistert die weiße Schürze deiner Mutter, du bist der klassische Familienidiot, du weißt es nur noch nicht. Und mir wirst du es nicht glauben, denn du schlürfst schon wieder meine Formulierung, und eines Tages, Henri, wenn du die bitteren Tatsachen erlebt hast, dann kannst du mir nichts mehr glauben, denn dann bist du ohne Gedächtnis.« Daraufhin verkündete Henri unter seinen Freunden und Vatermädchen in Schwabing: »In meinem Apartment im Stoßbunker kampiert ein trinkendes Genie.« Daß ich abhängig sein könnte, darauf kam ich nicht.

Die Anarchie meines Verhaltens und die Präzision meines

Sprechens machte es meinen damaligen Freunden unmöglich, mich mit mir hart zu konfrontieren. Robert gab mir Geld und Henri bewunderte mich. Das wäre nicht schlimm gewesen, aber Henri war krank in geleugneter Angst, angepaßt und schwach, Bewunderung durch ihn war schlimm. Robert sagte zu mir: »Du kapierst Sachen, die Leute mit Ausbildungsintelligenz nie kapieren, du assoziierst und damit haust du mich, und ich brauch das, ich bin ein Masochist. Mit deiner Haue zeigst mir halt, wer ich hätte werden können, dafür kriegst ein Geld von mir.«

Eines Mittags brachte Henri Jutta mit. Ich hockte im Bett, aufgerichtet vor Angst, gelähmt in meinem menschenleeren Denken, zitternd und schwitzend: ich hatte nichts mehr zu trinken. Jutta schaute sich auf mir um, in einer Art, die mir nicht paßte. Sie redete und ich fand, sie hatte eine ziemlich freche Schnauze. Ich hockte da auf dem Bett, griff mir ihre Hand und sagte nachdenklich zu ihr: »Du hast eine ziemlich freche Schnauze.« Dann stand ich auf und ging ins Bad und ließ mir ein Bad ein. Ich setzte mich ins Bad und rief Jutta. Sie kam ins Bad. »Willst du mir Gesellschaft leisten?« fragte ich sie. Sie setzte sich auf den Rand der Wanne. Dann schickte ich Henri fort, etwas zu trinken holen. Henri ging fort. »Ich brauche einen Schluck, um deinen schönen Arsch zu begreifen«, sagte ich mit Gewißheit. »Redest du immer so mit Weibern?« fragte Jutta. »Es sind meine Hemmungen, die ich zu überspielen hoffe«, sagte ich zu ihr und zog sie einfach in ihren teuren Klamotten herab zu mir in die Wanne. Es amüsierte mich in unglücklicher Weise, als ich erlebte, daß Jutta das für männlich hielt. Als Henri zurückkam, mußte er sogleich noch einmal fortgehen, um Juttas nasse Klamotten in die Reinigung zu bringen. Anschließend bezog Henri Quartier bei einer Freundin. Jutta und ich verbrachten einen Tag und eine Nacht in dem Apartment, bis ihre Sachen wieder da waren. Dann gründete ich in einem Teil des Englischen Gartens ein Geschäft.

Ich vermietete hinter dem Haus der Kunst Sträucher als Stundenhotels für Liebespaare. Ich akzeptierte nicht jedes Liebespaar. Das sprach sich schnell herum und brachte mir, leider, Zulauf. Ich war ein Bettler und war wachsam; wer in meinen Sträuchern liebte, kam verändert heraus, das merkten zuerst die Betroffenen, schließlich auch ich selber. Wie das geschah, wußte keiner, ich am wenigsten. Ich nahm für jede Vermietung 50 Pfennige und es wurden mir bald höhere Geldbeträge angeboten, aber das lehnte ich ab, denn ich wollte nur der abseits phantasierende Wächter ganz bestimmter Liebespaare sein, und ich wollte es nur für eine halbe Mark und nicht für mehr sein. Ich sah mir die Pärchen nur sehr unaufdringlich an und sagte dann: »Sie können einen Strauch haben«, nahm das Entgelt; oder ich sagte: »Es tut mir leid, mit meiner Einwilligung können Sie hier keinen Strauch haben.« Dann bot man mir jedesmal mehr Geld, niemals gab es Empörung. Und jedesmal sagte ich dann ruhig und mit Überzeugung: »Stecken Sie Ihr Geld ein, lieben Sie sich überall, aber Liebe in einem Strauch würde Ihnen schaden, und das hat nichts mit dem Wert oder Unwert Ihrer Person zu tun, vertrauen Sie mir einfach.« Wenn ich einem Liebespaar einen Strauch überließ, so ging ich abseits und phantasierte. Sonst nichts.

Nie gab es einen Zwischenfall. Selbst kontrollierende Polizisten gingen gewaltlos vorbei. Ein Beamter kam eines Nachts zu mir und sagte: »Wir haben davon gehört.« – »Das nehme ich an«, sagte ich und der Beamte fuhr fort: »Vor einigen Nächten war ich hier, in Zivil, mit meiner Freundin. Sie haben uns einen Strauch überlassen. Hinterher war meiner Freundin und mir ganz glücklich zumute.« Ich sagte, sehr erleichtert und halblaut lachend: »Wenn Sie in einem Strauch sich geliebt haben, ist es durchaus normal, daß Sie beide sich hinterher glücklich gefühlt haben, aber mich freut, daß Sie es mir sagen, denn das hilft mir, meinen Gefühlen zu trauen, und mein Gefühl war immer, das Normale sei das Schöne.« Der Beamte stimmte unumwunden zu, dann sagte er: »Zuerst wollte ich Sie kontrollieren, auch später noch, das gebe ich zu. Aber die Liebe zu meiner Freundin, die mich im Strauch überkam, war stärker.« Berührt fügte er hinzu: »Entschuldigen Sie meine Ausdrucksweise, ich drücke mich wohl sehr sentimental aus.« Für meine Begriffe drückte er sich in einer aufrichtigen und einfachen und würdigen Weise aus. Deshalb sagte ich zu ihm: »Für meine Begriffe drücken Sie sich in einer aufrichtigen und einfachen und würdigen Weise aus, ich jedenfalls verstehe und mag eine solche Sprache, wie Sie sie sprechen.« Der junge Beamte strahlte, er war wohl wirklich glücklich im Strauch geworden. »Wie Sie hat noch keiner mit mir gesprochen, stört Sie denn überhaupt nicht meine Uniform?« fragte er mich. »Sie sind Beamter, ich bin Bettler. Sie sprechen, wenn Sie gut geliebt haben, eine musikalischere Sprache, und ich trinke weniger, wenn ich eine glücklichere Sprache sprechen darf; wir sind verschieden, ist das nicht wunderbar?« fragte ich. »Sie müssen unbedingt meine Freundin kennenlernen!« sagte der Beamte spontan. »Nein, bitte schlagen Sie sich das aus dem Kopf«, sagte ich, wiederum sofort vollkommen verzweifelt und voller Angst. »Ich möchte, daß Sie ihr das sagen, was Sie von meiner Sprache gesagt haben; wenn ich es ihr wiedererzähle, glaubt sie mir das nicht«, sagte der Beamte mit Bedauern. Ich wollte ihm behilflich bleiben, ging einen Schritt beiseite und gab meine völlige Ratlosigkeit innerlich zu und wußte es, ging wieder zu ihm und sagte: »Es ist ganz einfach. Ihre Freundin wird Ihnen glauben. Ihre Art vorhin, zu sprechen, erinnerte mich ungemein auf nicht gemeine Weise an die einfache und kraftvolle Art, in der Joseph Haydn bestimmte Sinfonien komponierte, zum Beispiel die 41. Wenn Sie und Ihre Freundin mal eine Stunde Zeit übrig und Lust zu so etwas haben, dann gehen Sie in die Städtische Musikbibliothek am Salvatorplatz, lassen sich dort die Nummer 41 von Haydn auflegen und dann genießen Sie die Musik.« – »Meine Freundin und ich, wir verstehen leider nichts von klassischer Musik«, sagte der Beamte. Da konnte ich nur lachen, denn ich mußte einfach lachen, weil mir das Schönste einfiel: »Es genügt durchaus, wenn Haydn davon etwas versteht, Sie und Ihre Freundin können das einfach genießen!« sagte ich und der junge Polizist begriff plötzlich etwas, denn ein langsames

Entzücken malte sich in seinen Zügen. »Hören Sie sich die Sinfonie mal an«, fuhr ich fort, »dann hören Sie zwar nicht Ihre Sprache von vorhin, aber Sie vernehmen dann einen seelischen Klang, an den Ihr Sprechen vorhin mich erinnert hat. Und das erzählen Sie dann Ihrer Freundin und Sie wird Ihnen sofort glauben.« Ich mußte mich um andere Strauchgäste kümmern und bat den Beamten, seiner Freundin einen anonymen Gruß auszurichten. Der Beamte ging, aber dann kam er zurück und ich wurde ärgerlich, denn in vier Sträuchern liebten die Gäste und ich wollte wirklich beiseite gehen, zum Phantasieren, aber der Beamte sagte: »Von meinen Kollegen, die hier patroullieren, wird Sie keiner stören, im Gegenteil, die werden Sie schützen. Wir sind nämlich alle längst Ihre Freunde.« Ich nickte ihm zu und entfernte mich.

Meine Einnahmen stiegen. Es kamen bald Leute in jenen Teil des Englischen Gartens, die keinen Strauch haben wollten, sondern mich baten, Geld von ihnen zu nehmen. In bestimmten Fällen nahm ich das Geld, in anderen Fällen bedankte ich mich für das Anerbieten, lehnte aber freundlich und bestimmt ab. Ich bedurfte nie einer weiteren Erklärung, denn meine freundliche Bestimmtheit war für jeden, wer er auch sein mochte, ausreichend.

Ich will nun von anderer Stille erzählen, von schmerzerfüllter Stille, von Alfred, dem Lesbier. Alfred, der Lesbier, saß mit seinen Schweppesschranzen im Café am Siegestor und hielt dort Hof, mit schmerzerfüllter Stille in seinem Gesicht. Alfred kam meiner Lage von allen am nächsten. Er residierte vor Kalbshaxn und Lagen schweren Burgunders. Er war geizig und er demonstrierte seinen Geiz, aber wenn ich kam, sagte er: »Schau, eine Haxn spendier' ich dir, aber keinen Algerhol, auf keinen Fall Algerhol! Deine Mutter darfst von mir aus auf der Leopoldstraßn vanaschn, aber trinken darfst du nicht, du nicht! Eine Schande ist es!« Ich lehnte Alfreds Haxn-Einladung zornig ab und sagte, weil es mir gerade einfiel: »Alfred, du bist ein Lesbier.« Damit hatte alles angefangen zwischen ihm und mir. Ich war hineingekommen in dieses Café, um zu betteln. Sofort hatte ich Alfred inmitten seiner Schranzen erblickt und hatte, in einer gewissen Entfernung stehenbleibend, eine (nieder)-bayerische Großsuada von enormer Subjektivität gehört und besah mir den Redner, ein massiges ältliches Kind mit einem breitflächigen Gesicht, in dem Genußgier und schmerzerfüllte Stille waren und darunter ein extemporierendes Maul. Um diesen Angstklotz herum Leute, die ihn offensichtlich bewunderten. Ich trat näher. Diese bauernschlaue und von Einfällen strotzende heftige Sprache, in der lustvolle Intelligenz dominierte, machte mich sekundenlang vollkommen nüchtern. Ich sah den Mann vor einer Haxn hocken, sah ihn saufen und fressen und redend aufleben. Ich sah ihm zu, bis er, wie von einer Ahnung berührt, hochschaute zu mir und mit halboffenem Mund, im Kauen jäh aufhörend, mich aus seinen wasserblauen Mutterschoßaugen betrachtete, rätselnd. Ich fragte ihn: »Wie heißt du?« Ein Blitzschlag Angst traf ihn, dann schaltete er routiniert um von Angst auf Maullust, schaute in die Runde seiner Schranzen und sagte, auflachend und triumphierend: »Und ich hab mir schon denkt, der da pumpt mir ein Geld ab!« Die lachten. ›Naja, ihr da‹, dachte ich und wartete. Der Klotz begann wieder langsam zu kauen, aber mein Warten wurde ihm mulmig und er sagte, im Kauen: »Alfred heiß ich, aber du derfst Alfredo zu mir sagen.« Ich sagte: »Alfred paßt besser zu dir«, – dann sagte ich: »Alfred, du bist ein Lesbier.« Da lachte keiner mehr von denen. Alfred starrte mich an, fasziniert, im jähen Glück einer von seiner Maullust noch nicht besudelten und noch nicht zerfledderten unerwarteten Identität. »Hock dich her. Trinkst eine Weiße? Oder ein Pils? Du mußt wissen, ich bin ein Geizkragen, aber dir spendier ich was«, sagte er und winkte der Bedienung. Dann kam ein nahezu theologischer Glanz in seine Augen, ein Funke Phantasie, und er fragte mich: »Jetzt, Meista, ein Lesbier, was ist das?« Ich trank das Pils langsam aus und bestellte zwei neue und Alfred sagte hastig: »Mein Lieber, bestell dir, was magst, mein Lieber.« Ich wartete mit der Antwort, bis die beiden neuen Pils da waren, dann trank ich das nächste Pils aus und zog mir dann meine dünnen Lederhandschuhe glatt auf meinen Flossen, der Alkohol beruhigte mich und ich sagte zu Alfred: »Vor allem, Alfred, ich bin nicht dein Lieber, das mußt du dir allezeit gut merken, und nicht nur du, sondern jeder hier am Tisch sollte sich das gut merken. Ich heiße Ernst und ein Lesbier, Alfred, was ein Lesbier ist, das kannst du von mir nicht erfahren – denn ich weiß es nicht.« Alle am Tisch lachten. Alfred lachte nicht, aber seine Schranzen lachten. »Euer Gelache stört mich«, sagte ich leise und legte meine Lederflossen auf den Tisch und besah sie mir, und dann lachte keiner mehr von denen. Alfred sagte: »Recht hast, die lachen aus gekreuzigter Blödheit«, und plötzlich fauchte er sie an: »Hörts auf damit! Ihr Drottln! Ein Lesbier und was das ist, das ist alles andere denn zum Blöd-daher-Lachen!« Ich trank das dritte Pils aus und sagte zu Alfred: »Mache dir keine Sorgen, ich komme aus Westfalen, und wenn bei uns zu Hause der Frohsinn zu ordinär wird, dann gibts kommentarlos hart auf die Ohren, also mach dir keine Sorgen.« Alfred sagte: »Ernst, du mußt mir jetzt unbedingt sagen, was das ist, ein Lesbier.« Ich konnte ihm nur sagen, was der Fall war, daß ich es auch nicht wisse. Alfred geriet etwas außer sich. Da sagte ich ihm die Wahrheit: »Ich bekomme manchmal das Wort, aber oft nie seine Bedeutung. Das ist mein Glück. Dann bekomme ich manchmal eine Bedeutung, aber ich finde nicht das Wort. Das ist mein Unglück.« Da ließ Alfred auffahren und ich weiß nicht, wann und wo und wie diese Trinkerei geendet hat.

Ich fand mich wieder und hockte mit Jutta in einem Straßencafé. Sie lud mich ein zu einem Spaziergang zu den Kolonnaden. Wir aßen im Hofgarten und das Essen war passabel. Dann trank ich. »Geht es dir gut?« fragte Jutta. »Es geht«, sagte ich, und es stimmte nicht. Wir gingen die Ludwigstraße hinunter. Mich packte furchtbare Gier und ich ging zurück in das Weinhaus. Trank dort im Stehen. Jutta stand bei mir. »Wir gehen zu mir, in meine Wohnung, in der Clemensstraße.« Ich erstarrte. Trank heftiger. Als wir wieder auf die Ludwigstraße kamen, fing die eisige Verglasung meines Gehirns an, der Dimitrij. Der

Dimitrij überlagerte einen Zustand, dessen Kern Gewalt war, der Dimitrij war Tarnung, Maske meiner Sucht nach unmäßiger Liebe. Jutta hielt ein Taxi an. »Ich bin vollkommen dimitrij«, murmelte ich gelähmt und begann damit, Jutta zu vergessen. Ich hockte neben ihr im Auto, im Tresor der Angst. Ich glitt immer tiefer in den Dimitrij. Die Tür zum Tresor schloß sich. Ich saß innen drin, allein und in lautloser Finsternis. Keiner würde die Tür wieder öffnen. Hoffen, Schreien, Ersticken, selbst Sterben – alles umsonst. Es gab nur einen Weg hinaus: ich allein mußte die Tür von innen öffnen. Aber wie? »Was meinst du mit Dimitrij?« fragte Jutta. Dann sehe ich mich wieder mit Jutta in demselben Straßencafé. Dann stehe ich in ihrer Wohnung. Als ich mich umschaue, ist Jutta nackt. Ich sehe sie zum erstenmal nackt und ziehe mich auch aus und Jutta legt sich auf ein Bett. Ihre Erwartung fasziniert mich, ihr luxuriöses Bett erfüllt mich mit Vertrauen und mit Vertrauen besteige ich ihr Kalifenlager. Es wurde Abend, dann Nacht und heller Morgen. Dann fielen mir die ersten Dinge auf und kamen mir merkwürdig bekannt vor. Ich stellte ein paar Fragen und erfuhr, daß ich schon einmal eine ganze Nacht mit Jutta in dieser Wohnung zugebracht und daß wir uns gut unterhalten hatten. Davon wußte ich nichts. Gut unterhalten? Mich durchzog Grausen. »Wir haben uns phantastisch unterhalten, du hast von einer Oberin erzählt, von Schwester Anna«, sagte Jutta. Ich bin aufgestanden und habe mich angezogen, in steinerner Ruhe. Ich war im Dimitrij gewesen. Ich ging aus dem Haus, unterwegs begann ich zu laufen.

Im Café am Siegestor residierte Alfred wieder mit seinen Schranzen, Alfred vor Haxn und Burgunder, die Schranzen vor Schweppes. Alfred zerbiß fast den Kalbsknochen vor Gier. »Dös Kalbsmark, verstehst?« schnaufte er, schmatzend. Dann fragte er: »Weißt du, wie das geendet hat?« Ich wußte es nicht. »Einer wie du einer bist, der darf nie mehr trinken, nie mehr, verstehst? Ich bin kein Frommer, aber ich sage dir: Trinken ist für dich eine Sünde! Eine Schande und eine Sünde! Ich lade dich jederzeit auf eine Haxn ein, aber nie mehr kriegst du von mir einen Tropfen Algerhol zum Saufen. Wer dir zum Saufen gibt, ist ein Griminella!« Alfred sagte das mit der Ruhe eines Menschen, der sich im Richtigen zu Hause weiß. Das machte Eindruck auf mich. »Weißt du jetzt endlich, was ein Lesbier ist?« fragte ich ihn und während ich ihn das fragte, durchzog mich eine Ahnung. »Nein, ich weiß es nicht«, sagte Alfred und schob die Trümmer seines gewaltigen Angstmahls von sich und schaute mich an aus seinem schmerzerfüllten stillen Gesicht und sagte: »Weißt, Ernst, ich bin schlau. Ich bin der Sohn einer Frau, die einen Notar aus Niederbayern überlebt hat, ich bin schlau und berechnend und viel zu gebildet für meine Finanzen. Ich bin seit meiner Geburt kaputt und weiß es und bin daher erfolgreich, ich kriech mich durch und ich stoß mich durch, aber du bist einfach daher gekommen und hast gesagt, ich bin ein Lesbier. Und hast getrunken. Furchtbar ist sie gewesen, diese Trinknacht mit dir! Gegen deinen Zorn ist die Phantasie vom Fürstbischof Kasimir, der wo im Mittelalter die Residenz von Passau aus den Knochen von Sträflingen gestampft hat, ein bloßer Einfall aus Befehlen, bei dem Kasimir, wohlgemerkt, den ich verehr! Und als du bsoffn warst wie ein Vieh, da habe ich dich wieder gefragt, was ein Lesbier ist und du hast es mir auch sturznackt vor Saufen nicht verraten. Jetzt glaube ich dir, daß du es nicht weißt.« Er rief der Bedienung und sagte: »Mari, wir verstehen uns allerweil gut, gell? Bringens uns Kaffee. Und wenn dieser Mann hier an unseren Tisch kommt, denn kommens und räumens, unaufgefordert, alle Glaserln weg und denn bringens uns Kaffee, Mari, hams mich verstanden?« Mari lachte und sagte: »Ja, freilich, Herr Alfred, hab ichs verstanden.« Und brachte uns allen Kaffee. Alfred überlegte und sagte: »Vielleicht hast mir das Leben gerettet, indem du mir auch im schärfsten Trinken nicht vorgemacht hast, daß du wüßtest, was ein Lesbier ist.« Mir fiel ein Stein vom Herzen. »Von deinem Strauchgeschwerl hab ich natürlich auch gehört«, fuhr Alfred fort, »aber vorsichtshalber bin ich nicht in deinen Mysterigartn gekommen, weil ich kein fesches Weib nicht habe. Und die münchnarischn Dukatnvotzn sind mir zu teua! Das Geld hab ich schon, aber mein Geiz triumphiert. Und wenn ich herzuschleich mit einer halbblinden Ziegen, gibts ja bei dir keinen englischen Strauch, in dem die Leut ja ganz narrisch werden sollen im leisen Genuß, stimmts?« Alfred wandte sich an seine Schranzen und hielt ihnen ein Extempore über die Entfremdung des Menschen in Zweiter Natur und die Aufhebung dieser Entfremdung durch Snobismus. »Und dies, Freunde, ist ein münchnarrisches Fenomenon, Kant, gell? Kant, Freunderln, ist ein spezielles münchnarrisches Fenomenon, dargestellt von diesem kranken Trinker in seinem Mysterigarten, die Konschtituzio Grisis der Zweiten Natur durch den Münchner Snobismus in einem Liebesstrauchgeschwerl«, beendete Alfred ernst seine Suada. Mich fragte er dann: »Die sagen alle, daß du immer nur a Fuchzgerl nimmst als Honorar, du Hurenfürst. Stimmt das?« Ich nickte. Alfred schlürfte seinen Kaffee und fragte mich: »Ist das alles ein sarkastischer Witz oder hast du wirklich keine Ahnung?« Von was denn Ahnung? »Was meinst du?« fragte ich ihn. Er schaute mich an und sagte: »Daß die Münchner Dandies die teuersten und edelsten Callgirls engagieren, damit du ihnen einen Strauch gibst – weißt du davon nichts?« Ich wußte davon nichts. »Ich bin ein Lesbier und du bist ein Hurenfürst, habe die Ehre«, sagte Alfred fassungslos. Mich wunderte es nicht, daß nur noch die teuersten Callgirls den Anschein von Liebesfrauen erweckten, mit denen die Leute ganz narrisch wurden vor Genuß. »Habe ich dich jetzt gekränkt?« fragte Alfred. »Nein, du hast mich nicht gekränkt«, sagte ich. »Du schaust so tibetanisch aus«, sagte er. Ich gab ihm die Hand, um mich von ihm zu verabschieden, und sagte zu ihm: »Alfred, ich fahre weg. Immer, wenn ich etwas endlich verstehe, schaue ich tibetanisch aus und dann fahre ich weg. Ich wünsche dir alles Gute.« Dann ging ich in den Englischen Garten, um mein Geschäft aufzulösen.

Ich wollte noch einmal die Sträucher sehen. Es wurde Nacht. Es kam ein Fremder mit einem Strickschiffchen auf dem Kopf auf mich zu. Er sagte: »Ich heiße auch Ernst, wie Sie. Ich möchte Sie etwas fragen. Was tun Sie abseits, wenn die Leute in

Ihren Sträuchern sich lieben? Man erzählt sich, Sie wären ein Trinker, aber Sie sollen niemals betrunken sein.« Ich sagte zu dem Fremden: »Das stimmt zwar nicht, aber das, was Sie da gesagt haben, ist hoffentlich mein Untergang.« Ich hatte seine Frage nicht beantwortet und sagte: »Ich stehe beiseite und phantasiere.« – »Wovon phantasieren Sie, würden Sie mir das sagen?« fragte der Unbekannte. Ich hatte keinen Mut, aber ich ließ allen inneren Krampf fahren und sagte, was der Fall war: »Ich phantasiere. Von Gott. Für die Liebenden.« Dann verließ ich den Englischen Garten für immer.

Dimitrij

Ich stand auf einer Anhöhe und schaute von dort hinab auf die Stadt Paris und sah die Stadt in nächster Ferne und ferner Nähe. In diesem Augenblick fühlte ich mit einer Gewißheit, die mich gleichzeitig schier anpackte und losließ, daß ich in dieser Stadt schon vor wenigen hundert Jahren gewesen war. Ich ging zur Métrostation und stieg in einen Zug nach Paris. Später stieg ich hinauf ans Tageslicht und stand auf dem Boulevard Saint-Germain-de-Prés. Verschlagen aus meiner Ginsterwildnis stand ich da und dachte: ›Hier vergeht dir ein Jahrhundert aus Gesichtern der Stille wie ein Moment in einem Wachtraum.‹ Da kam einer mir entgegen, ein Jüngling mir kurzgeschorenen Haaren, in beeiltem Schritt, mit einer Brille mit dicken Gläsern. Ich trat auf ihn zu und lernte Rik, den Studenten der Sinologie, kennen.

Ich bekam Angst vor dem Dimitrij. Sagte es Rik. Er fragte, was das sei? Er gab mir zwanzig neue Francs. Ich zögerte. Er sagte: »Ernst, das Geld ist in unserer Familie zu Hause, es fühlt sich richtig wohl bei uns«. Er sagte das leise und in einer Art von schönem Grauen. »Wir haben Kaufleute und Diplomaten und Wissenschaftler hervorgebracht, in klugen Beratungen und gegenseitigen Absprachen, bloß einen Künstler hat unsere Familie nie hervorgebracht«, erzählte Rik mir und dann sagte er mir, wo ich ihn um eine bestimmte Zeit treffen könne und verabschiedete sich.

Später traf ich ihn wieder und er schenkte mir täglich zwanzig neue Francs und jeden Freitag fünfzig neue Francs und dieses Geld nannte er jedesmal unglücklich das Karfreitagsgeld. Inzwischen kannte ich ihn schon etwas besser. »Das Karfreitagsgeld ist meine Bestechung des Himmels«, sagte er. »Das ist die holländische Krankheit, mit forschendem Geiz den Einzug in die verrückteste menschliche Sprache, das Chinesische, in Angriff zu nehmen«, sagte Rik. Er sprach damit, ohne daß ich es verstehen konnte, einen tiefen Bereich in mir an, und ich sagte zu ihm: »Immer, wenn du vom Chinesischen sprichst, ist mir, du ziehst mich aus meertiefem Wasser herauf, triefend vom Meerwasser ziehst du mich herauf, das ist dein Privileg.« Rik sagte: »Dein Privileg ist es, einen in Geld Verstockten zu bewegen.« Er erzählte mir von seinem Privatlehrer, dem Professor Tschen, aber ich wollte nichts davon wissen. Ich sagte: »Mein Privileg ist meine Angst und auch meine Angst, du könntest bald aufhören, mir weiterhin dein Geld zu schenken.« Rik versuchte, mich zu beruhigen, aber ich war nicht wirklich zu beruhigen. Rik sagte: »Du lebst, aber meine Überarbeitung macht mich krank und auf eine nackte Art geil.« Er sagte dann: »Professor Tschen möchte dich gern zu einer Disputation über Phantasie einladen, aber er hat den Gedanken verworfen.« Dabei blickte Rik mich mit seinen in Dauerarbeit wie elektrisch gewordenen Augen und hinter dicken Brillengläsern an, mit seinen im alles relativierenden Reich der Sinologie einsam gewordenen Augen. »Warum hat Professor Tschen den Gedanken verworfen?« fragte ich Rik und Rik sagte: »Herr Tschen fürchtet deine Ablehnung.« Da sagte ich zu Rik: »Dieser Chinese fürchtet nicht meine Ablehnung, er durchschaut meinen Dimitrij.« Rik fragte wieder, was das bedeute? Da erzählte ich ihm von meiner Angst, von meinem anormalen Trinken und von der Erreichung eines Zustands, in dem ich die Vereisung unter der Schädeldecke erlebte, die Umwandlung von Gehirnmasse in Eis, ja ich sagte, das Eis sei wirkliches Eis, Eis aus

Meerwasser, aber was da wirklich vorginge, wisse niemand, keiner außer Gott, falls es ihn interessiere. Damals sagte Rik mir mit Ruhe: »Wir wissen nichts, überhaupt nichts, wir sind ahnungslose Leute, aber sei sicher, daß Gott dieses zu Eis gewordene Meerwasser, das in dein Gehirn unter der Schädeldecke tritt, interessiert.«

Daraufhin erzählte ich Rik von Dimitrij Karamasoff. Hatte Dimitrij oder sein Halbbruder, der immerzu gedemütigte Diener Smerdjakoff, den Vater Karamasoff erschlagen und beraubt? Ich erzählte Rik von Dimitrijs Orgie mit den Dörflern, bei der Dimitrij mit Gruschenka zum zweitenmal die Summe, die dem geraubten Geldbetrag entsprach, in einem exzessiven Unglückszustand durchbrachte. Dieser Hergang war Rik aus Dostojewskijs Buch bekannt. Das sagte er mir. »Das Buch hat auf mich deshalb eine so unheimliche Wirkung, weil Dostojewskij die Frage, wer Fjodor Karamasoff erschlagen und beraubt hat, nicht bis ins letzte klärt. Aber auch die Frage nach der viel weiter reichenden Schuld aller an jedem in diesem Drama läßt dieser Visionär einer ganz anderen Art von Krankheit, deren Entdeckung noch in unserem Jahrhundert bevorsteht, offen«, sagte ich. Dann erzählte ich Rik von meinem schaurigen Erlebnis mit Jutta, die meinte, ich sei vollkommen klar gewesen, während ich von allem nichts gewußt hatte. »Und eben dieser Zustand war der Zustand Dimitrijs bei der Orgie mit Gruschenka und den Dörflern«, sagte ich. Ich sah, wie Rik die Tragweite meiner Aussage zu ahnen begann und, erregt durch seine von Liebe ermöglichte Mittätigkeit, stieß ich hervor: »Die ungeheuerliche Exaktheit, mit der Dostojewskij später Dimitrij von diesem Zustand, in dem er überhaupt nicht anwesend war, eine Gedächtnisleistung von atemberaubender Richtigkeit und Schmerzbereitschaft geben läßt, beweist für mich, wie traumhaft sicher Dostojewskij am Tor der unentdeckten ganz anderen Art von Krankheit angeklopft hat. Ich phantasiere jetzt nur, Rik, aber ich fühle es: falls Dimitrij es gewesen sein sollte, der Fjodor erschlug und beraubte, dann kann er das nur in einem Zustand getan haben, in einem Zustand, der weder mit Mitteln der Psychologie noch mit Definitionen der Rechtsprechung beurteilt, geschweige verurteilt werden dürfte. Dieser Zustand kann erst verstanden und richtig beurteilt werden, wenn die ganz andere Art von Krankheit entdeckt und verstanden ist. Daß Leute im Zustand Dimitrijs laufend abgeurteilt werden, ist ein heute noch nicht zu änderndes Verbrechen an der ganzen Gesellschaft, ein Gewaltakt gegen geistige Signale ganz anderer Liebe, die sich zu uns tasten wollen, und das Ernste, Rik, ist dies: Diese Verbrechen sind heute noch nicht zu verhindern, gleichwohl aber sind sie so schwerwiegend, daß sie der ganzen Gesellschaft mit einer verheerenden Strenge aufs Haupt kommen. Wenn ich nicht einen Weg finde, das erzählerisch zu gestalten, endet mein Leben in einem Gewaltakt.« Rik sagte: »Jetzt und an diesem Tag und in Paris beginnt es zutage zu treten. Mich überzeugt jedes deiner Worte. Du wirst nicht in einem Gewaltakt enden.« Von Riks Worten ermutigt, sagte ich: »Es wird eine Gewaltsteigerung ausgehen von einem Individuum, fähig der größten Zartheit, der wildesten Barmherzigkeit, der tiefsten Verzweiflung. Das wird auf uns zukommen. Und mir ist, das wird kein Mann mehr sein, sondern eine Frau. Und mir ist, es wird kein Roman mehr sein, sondern ein Drama in der Wirklichkeit. Dostojewskijs Dimitrij Karamasoff könnte die erste Ankündigung von ganz anderer Krankheit sein, in einem Buch. Die Frau in der Wirklichkeit könnte die zweite Ankündigung werden. Dann werden Mitschuld, Elend, Sprachlosigkeit und Empörung lange herrschen – und dann wird, auf irgend eine unvorhergesehene Weise, jemand kommen und zeigen, warum jene Gewalttäterin in Wirklichkeit eine Kranke ist und das wird die letzte Ankündigung ganz anderer Krankheit sein. Die Bilder von Dimitrij Karamasoff im Untersuchungsgefängnis und meine Zustände im Dimitrij sagen mir das und sie sagen mir, daß die Möglichkeit besteht, daß alle drei Ankündigungen von ganz anderer Krankheit nicht verstanden werden, für sehr lange Zeit nicht verstanden werden.« Rik fragte: »Was ist das, andere Krankheit?« Ich sagte: »Es ist mir nicht möglich, mehr darüber zu sagen, als ich bereits gesagt habe, aber ich kann dir etwas über die Quellen der Anmutung sagen. Das Buch von den Gebrüdern Karamasoff ist eine der Quellen meiner Anmutung. Dostojewskij stellt in dem Buch den Säufer Fjodor, den Vater, einem Alkoholiker gegenüber, Dimitrij, dem Sohn. Dostojewskij scheint überhaupt nicht gewußt zu haben, wie genau und umfassend seine Gabe, einen Säufer von einem Alkoholiker zu unterscheiden, gewesen ist. Fjodor hätte ohne weiteres noch zwanzig Jahre unmäßig weiter trinken, Schwächere auspressen und exzessive Orgien mit Huren und Fusel feiern können, berstend vor Genuß, es wäre ihm nichts geschehen, wahrscheinlich wäre er eines Tages tot gewesen, gefällt wie ein gesunder Baum. Fjodor war ein Säufer. Der Alkohol tat ihm nichts. Er wäre gestorben und die Hölle, die er anderen bereitete, hätte eine Sekunde neuen Atem geholt. Nicht so bei Dimitrij. Er geriet schon durch ein einziges Glas Vodka in einen leidenden Zustand – und in eine Leidensmaschinerie zwischen Katerina Iwanowna und Gruschenka. Sein Unglück durchs Trinken und sein Unglück der gleichzeitigen und absoluten und zerrissenen Liebe sowohl zu Katerina als auch zu Gruschenka, die diesem Geschlagenen beide sofort rettungslos verfallen, weil sie fühlen, daß Dimitrij nicht zu beherrschen ist, weil etwas, was keiner begreift, ihn quält, das ist das Bild des Alkoholikers. Fjodors wilde Besäufnisse bewegen nichts in Fjodor, der Alkohol rührt ihn nicht an. Dimitrijs anormale Trinkerei fesselt ihn in ein eschatologisches und zugleich unbegreiflich ordinäres irdisches Unglück, bereits ein Glas Vodka inszeniert in dem kranken Dimitrij den Weltuntergang der Liebe. Gruschenka verfällt Dimitrij mit ihrer Sinnlichkeit, die stolze und sonst unnahbare Katerina Iwanowna verfällt ihm nicht nur mit ihrer Sinnlichkeit, sondern auch noch im Orkan ihrer vorausblickenden Neurasthenie, die nur Liebe heilen könnte, und zuerst und vor allem Dimitrij Karamasoffs unglückliche, unzüchtige und unheilbare Liebe, Krankheit, ausgelöst und verewigt bis an seinen letzten Erdentag vom ersten Glas. Mit dem jeweils ersten Glas geschieht Dimitrij etwas

Schlimmeres als Verrücktwerden oder Selbstmord. In einem furchtbaren Zwang unfähig gemacht, Katerina gegen Gruschenka auszuspielen oder Gruschenka gegen Katerina, beide lieben *müssend*, in einem Schmerz, der ihn zum lebendig Begrabenen macht und der ihn dann in das Verhängnis, dessen Hintergründe Dostojewskij offen läßt, hineintreibt, zu sich kommend aus einer vollkommenen Abwesenheit und einer Überfähigkeit zum Sprechen, und angeklagt, seinen Vater umgebracht und ihn dann beraubt zu haben, abwechselnd es zugebend und dann wieder abstreitend und ergeben einem für ihn unfaßbaren weißen Schmerz, einem Wahnsinn, durchnäßt von einem Meer, in diesem Zwang hast du das Porträt eines Alkoholikers. Dieses Buch Dostojewskijs ist ein Wunderwerk für mich, denn ich sehe in diesem Buch das Wirken eines hellen Willens, der mehr wußte als Dostojewskij und der den Leidensmann Dostojewskij auswählte als Notar einer Botschaft von Krankheit, die irgendwann einmal verstanden werden soll – und verstanden wird.« Dann sagte ich Rik, ich sei auch ein Alkoholiker, und nur so wäre es mir möglich geworden, den Roman von Fjodor Dostojewskij als eine Botschaft von ganz anderer Krankheit zu lesen, als Ankündigung. Ich sagte zu Rik an jenem Tag: »Es ist Phantasie, die zu mir spricht und Phantasie spricht in mir, daß weitere Ankündigungen folgen, wenn die Zeit dafür gekommen ist.« Dann brach tiefinnere Not aus mir heraus: »Ich habe qualvolle Angst, daß diese Ankündigungen als romanhafte Privatphantastereien abgetan werden könnten!« Rik fragte: »Glaubst du daran, daß der Wille Gottes einen größeren Einfluß auf uns alle hat als unsere qualvolle Angst?« – »Ja, daran glaube ich«, sagte ich, mit einemmal entkrampft. Da sagte Rik: »Alles das, was du mir mitgeteilt hast, nehme ich für voll, weil du von deinem Dimitrijzustand, fragend und verzweifelt fragend nach Gott, gesprochen hast. Nur die Werke bleiben, in denen nach Gott gefragt wird. Sie allein auch können verbessert werden. William Faulkner hat unlängst, in einer Disputation mit Studenten, etwas Ähnliches gesagt. Es hat mich sehr berührt. Er sagte, das Werk von Albert Camus könne verbessert werden, weil Gott darin existiere, hingegen das Werk von Jean Paul Sartre könne nicht verbessert werden, weil darin nur die Leere von Menschen, die sich für das Maß aller Dinge erklären, existiere. Verstehst du nun, warum ich dich gefragt habe, ob du dem Willen Gottes mehr traust als aller Wirrnis?« Nicht nur verstand ich Rik, ich verabschiedete mich von ihm, für diesen Tag, auch mit staunender Liebe. »Du hast mich getröstet und wer kann das schon, einen Wahnsinnigen trösten?« sagte ich betroffen zu Rik.

Eine Woche der Sprache

Ich nahm mir vor, nun Französisch zu lernen und sofort damit zu beginnen. Ich dachte: ›Lerne eine Woche lang intensiv Französisch.‹ Ich kam darauf, weil die sprachlichen Klangfetzen um mich herum mir so seltsam vertraut vorkamen. Ich fing sogleich an und sprach Leute in den Straßen an und auch nachts durchwanderte ich die Stadtviertel, bettelte, erzählte von mir und fragte Nachtgänger nach den Bedeutungen bestimmter Wörter. Mit jedem Wort, jedem Klang, die ich verstehen lernte, vergrößerte sich meine Fähigkeit, neue und differenziertere Fragen zu stellen. Davon machte ich einen so intensiven Gebrauch, daß ich eine Überraschung erlebte: Ich bekam Freunde, Freunde im Abenteuer der Entdeckung einer Sprache. Diese Sprachfreundschaften waren oft kurz, aber immer faszinierend und aufrichtig, denn sie begannen und lebten aus fragender, sprechender und entdeckender Freiheit. Sie begannen stockend, sie setzten sich fort in erzählerischen Abenteuern, in denen auch die Anderen, durch meinen Wissensdurst, ihre eigene Sprache oft zum erstenmal von neuen und bis dahin nicht geahnten Seiten kennenlernten. Es wurde die bis dahin intensivste Liebeswoche meines Lebens: Fragen, Phantasieren, Zuhören, Assoziieren, Erzählen. Diese Woche der Sprache nahm mir für immer meine Angst vor der mir eingetrichterten »herzlosen Oberflächlichkeit und Arroganz der Franzosen« und diese Woche endete in einer leidenschaftlichen Liebesgeschichte mit Maryse, mit einem Weltroman, während Maryse nur eben duschte, in einer Liebe ohne Kalkül, in einer Freiheit der Sexualität, daß ich später zu Maryse sagte: »Maryse, ich brauche viele Jahre, um dieses Abenteuer in meiner Einsamkeit nachhallen zu lassen, aber wenn ich überlebe, schreibe ich eines Tages ein Buch: ›Une Semaine de la Langue‹ und unsere Begegnung wird ihr furioser Abschluß.« Während Maryse mich zum letztenmal umarmte, erklärte sie mir in atemnehmenden Gestikulationen ihrer Seele, ihres Geistes, ihres Leibes und ihrer Sprache das Wort essuyer (ausstehen, erleiden, aushalten); im Liebesgenuß mit ihr versuchte ich, meinen ersten zusammenhängenden Satz in Französisch zu sagen, mit bewegter Vorsicht: »Maryse, nous avons essuyé le feu de l'amour dans l'aujourd'hui.« Maryse antwortete: »Tu parles comme Montaigne, un Montaigne moins sec, Ernest – mais qu'est-ce que tu veux dire avec l'amour dans l'aujourd'hui?« Ich verstand die Frage von Maryse, aber ich konnte sie nicht beantworten. Aber Marysens Frage löste in mir das Gefühl aus, daß ich, in einer turbulenten und dann sehr langen eintönigen Zeit, vor vielen Jahrhunderten, Französisch gesprochen hätte. Ich ahnte, daß ich es erfahren würde, wenn ich das Buch ›Une Semaine de la langue – Eine Woche der Sprache‹ eines Tages schreiben sollte.

Botschafterphantasie im Hôtel Descartes

In Monsieur Emiles Bistro an der Place de la Contrescarpe sah ich ihn zum erstenmal, jenen schlacksigen Burschen mit dem viereckigen und sehr zarten Schädel und mit seinen Dachfirstaugen. Der Bursche trug einen seegrasgrünen Kittel und amerikanische Armeestiefel. Von seiner Schulter hing eine Meldetasche, wie Kradmelder im Krieg sie hatten. Diesem Menschen gab ich eines Tages die Hand und sagte: »Ich heiße Ernst und komme aus Westfalen.« – »Ich heiße Sverker und komme aus Nordschweden«, sagte Sverker. Wir tranken einen Kaffee in

Monsieur Emiles Bistro. Dann kam Jeannette. Betrunken. Sie schrieb ihr zweites Buch. »Ich schreibe nur betrunken«, sagte Jeannette. Dann beklagte sie sich, ihr erstes Buch wäre so unbekannt, sie selber sei ganz unbekannt. »Ich kann nur betrunken schreiben«, spielte sie sich auf. »Haben Sie auch das Gegenteil mal versucht?« fragte ich sie. Wütend berief sie sich auf François Villon, der habe auch nur ewig gesoffen. Ich verlor augenblicklich jedes Interesse an Jeannettes Blödheiten. Villon war Alkoholiker gewesen, er hatte sich ununterbrochen gegen das Glas gewehrt, wie ein Berserker – und umsonst. Sein Genie, das war der vehemente Widerstand gegen das Glas und sein dem Glas verzweifelt abgekämpftes intensives Leben. Jeannette war eine ganz gewöhnliche soûlée, eine Säuferin. Sie konnte nicht einmal Villon lesen, sie wár von ihrer widerstandslosen Subbelei mit dem Alkohol so unbedarft geworden, daß sie nicht einmal mehr lesen konnte. Sverker und ich sahen keinen Anlaß, das noch zu kommentieren. Wir standen auf und gingen. »Ich lasse mir meine Einsamkeit nicht von betrunkenen Leuten zerstören«, sagte er. Dann erzählte er mir von seiner Einsamkeit. »Gott hat mir die Einsamkeit gebracht, damit ich davon schreibe«, sagte Sverker. »Du glaubst an Gott?« fragte ich ihn und wußte, warum ich ihm sofort die Hand gegeben hatte.

Wir trafen uns nun öfter. »Es ist eigenartig, daß du dich durch mein Trinken nicht gestört fühlst«, sagte ich zu ihm. »Du trinkst anders«, sagte Sverker. In seiner Meldetasche verwahrte er, was er schrieb. Er nannte es ›die Poemen‹. Wo er ein Stück leeres Papier fand, in den Straßen, auf Caféhaustischen, in Abfallkörben, dort nahm er es, beschrieb es und stopfte seine ›Poemen‹ in die Meldetasche. Eines Tages führte er mich in sein Hotel. Es lag an der Place de la Contrescarpe, in der rue Descartes, es hieß Hôtel Descartes. Sein Zimmer war groß und sauber und, bis auf einen festen Holztisch, vollkommen leer. »Ich schreibe an dem Tisch und esse an dem Tisch und schlafe auf dem Tisch«, sagte Sverker. Dazu lachte er hohl. Es war ein hohles und wälderhaftes Lachen, in dem Sverker seinen vierekkigen zarten Schädel langsam und gewaltlos von oben nach unten und dann von unten nach oben bewegte. »Ich lache nordschwedisch. Wie die Leute dort. Dort in den nordschwedischen Wäldern. Die fast alle geisteskrank bleiben«, erklärte Sverker. »Bleiben?« fragte ich. Sverker antwortete: »Ja. Geisteskrank bleiben. Geboren werden macht geisteskrank. Das verstehst du doch. Und Mutterliebe und Vaterkram machen bleibend geisteskrank. Einige werden dann später, durch andere Liebe, relativ geistesgesund. Die meisten nicht.« Ich sagte: »Was du da sagst, kommt mir so vertraut vor.« – »Sicher«, sagte Sverker. Dann erzählte er mir von Le Hâvre. Dort hatte er in einer Hafenkaschemme den Kapitän eines französischen Unterseeboots kennengelernt. Sie hatten sich gegenseitig erzählt und Sverker hatte die Absicht geäußert, einige Wochen hindurch in Abgeschiedenheit neue Poemen zu schreiben, wo, das müsse sich noch finden. Daraufhin hatte der Kapitän Sverker für einige Zeit in das Innere des U-Boots eingeladen. »Es lag im Dock und bekam Außenreparaturen, ein Dichter im Inneren des Unterseeboots störte niemand«, erzählte er. Er fuhr fort: »Ich habe mich sofort dort hinunter begeben. Nach drei Wochen: Kein Fetzchen Papier mehr in diesem Unterseeboot, alles hatte ich vollgeschrieben mit ›Poemen der Einsamkeit‹, mit Poemen meines Alleinseins in einem Unterseeboot und in der Einsamkeit. Davon verstehe ich jetzt etwas. Davon verstehe ich jetzt mehr, als mir angenehm ist. Die wahnsinnigen Konstrukteure, sie denken an Krieg.« Sverker mußte nun, obwohl er das augenscheinlich nicht wollte, doch lachen. »Ihre Konstruktionen für die Einsamkeit von geisteskranken Männern durch Mutterliebe und Vaterzeug überdauern jeden Krieg. Denn Krieg ist nur ein Vorwand für ihre wahnsinnigen Konstruktionen. Als kein Fetzchen Papier mehr im U-Boot zu finden war, habe ich alle Wände und alle Röhren da unten vollgeschrieben mit Poemen der Einsamkeit. Ich habe alles in Französisch geschrieben und der Kapitän hat alles gelesen. Der Kapitän ist jetzt in einem Dilemma. Aber sein Gehirn ist gut administriert. Dennoch hat der Kapitän gesagt, er käme mit meinen Poemen der Einsamkeit in eine Kapitänskrise.« Ich sagte: »Aber Sverker, vielleicht lernt der Kapitän um, auf Museumsdirektor.«

Mich mutete von sehr weit draußen etwas an. Ich sagte: »Sverker, vielleicht sattelt der Kapitän bald um, auf Einsamkeitsdirektor.« In mir fing es an zu phantasieren, ich brauchte dabei selber nichts zu tun, brauchte es nur machtlos herauszulassen, was arbeitende Phantasie in meinem Inneren zu Sprache umschuf. Ich ließ es heraus: »Es wäre vielleicht am besten, wenn wir das Unterseeboot samt Poemen und Kapitän dem Einfluß der französischen Regierung entwinden könnten. Wir könnten es dann, warte mal, ja, wir könnten es dann dem König von Cog dmar zum Geschenk machen, als Museum der Einsamkeit. Wir könnten es unter den Schneefeldern des Nanga Parbat verbergen, mit dem Kapitän als Einsamkeitsdirektor.« – »Für Publikum nicht geeignet«, sagte Sverker sehr befriedigt. »Ganz sicher – aber nur vorübergehend nicht geeignet für das Publikum, sagen wir für vorübergehende siebenhundert Jahre. Nach siebenhundert Jahren sollten wir einlenken, vielleicht sogar nachgeben, so in etwa nach siebenhundert Jahren in der Relativität der Zeit.« Sverker sagte: »Der Kapitän wird versuchen, uns herunterzuhandeln. Einmal zu seinen Lebzeiten möchte er das Museum der Einsamkeit bestimmt jemand zeigen.« Ich beruhigte Sverker: »Mir haben zwei Frauen aus meiner grünen Ginsterheimat, sie zankten sich im Morgentau in einem wilden Garten unter einem Holzbalkon, auf dem ich stand und ihre Uneinigkeit genoß, eine bergische Stunde vorausgesagt, ahnungslos beide, daß ich ihnen zuhörte. Die eine vermachte mir ein Leid und eine Gabe. Die andere wollte mich verhexen. Aber die eine Frau erklärte, ich sei nicht zu verhexen, und die andere schimpfte, das wollen wir doch mal sehen. Aber die eine sagte: ›Nein, Pritzbill, du altes Pfeifenmaul, der da steht unter einem mächtigen Schutz, der geht schmutzig und schrecklich langsam zu Boden, aber das muß sein, denn er bockt, und wenn der dann nicht mehr bockt, dann bockt er eine Menge allzu schlauer Leute und deine ganze Sorte, Pritzbill, alle euch Geisterseher, vollkommen gelassen mit Gott. Der geht zu Boden, aber man kann ihn nicht verhexen.‹ Und die Pritzbill schimpfte und zeterte und die andere sagte lustbetont: ›Ach, Geifer und Pfeifenhoffnung, es kommt anders, denn im hohen Alter von über achtzig Rauf- und Arbeitsjahren geht dieser Kucknicht messergesund und steinhell auf einer Weltreise verschollen und sein Leichnam wird niemals gefunden. Denn heimlich geht er seiner Begleitung davon, das hat er immer schon so gemacht, geht denen von der Fahne, zu einem Abstecher unter die Schneefelder des Nanga Parbat, wo er verschwindet.‹« Sverker vergnügte sich bei dieser Darlegung vollends ernst und ich fuhr fort: »Wenn es nun so käme, dann könnte ich unter dem Schnee des Nanga dem König von Cog dmar einen Besuch abstatten, um ihm eine Botschaft vom Anbruch der siebenhundert Jahre in der Relativität der Zeit zu überbringen. Der König von Cog dmar und der Kapitän und ich könnten dann im Museum der Einsamkeit, im Unterseeboot mit deinen Poemen, tief unter dem Schnee des Nanga Parbat, die ersten Besucher des Museums werden.« Sverker sagte: »Ja, das könnten wir dem Kapitän in Le Hâvre anbieten, wenn er uns von diesen siebenhundert Jahren herunterhandeln will.« Ich fuhr nun fort: »Der Weise von Cog dmar als König des Schnees und der Museumsdirektor als König der Einsamkeit und ich als ein König der Angst werden sich in dem Unterseeboot mit deinen Poemen unter den Schneefeldern des Nanga Parbat versammeln, und dort werden wir zu dritt eine Botschaft vom Anbruch der siebenhundert Jahre ganzer Zeit und ganz anderer Zeit in fortschreitender Zeitspaltung gemeinsam vorbereiten. In Gebet und Besinnung und in ihrer Nichtigkeit werden diese drei Könige ganz anderer Krankheit die Botschaft vorbereiten.« Sverker fragte: »Was ist das für eine Botschaft?« Da traf mich ein zerreißender Schmerz, wie ich ihn schon einmal erfahren und angenommen hatte, am Ende einer langen Einmauerung vor mehr als fünfhundert Jahren und in kapitulierendem Gehorsam. Wiederum diesen Schmerz, nun im Hôtel Descartes, kapitulierend annehmend, stob mir ein Sturm von Wirklichkeit ins Gesicht und ich sah Sprache und sagte zu

Sverker: »Was die Botschaft enthält, weiß ich nicht, ich sehe nur ihren Namen. Der Name dieser Botschaft heißt ›Freundschaft mit Gott, auf eine dem angsterfüllten und glaubensleeren Menschen von heute mögliche und selbstbestimmte und der Anhängerschaft nicht mehr bedürftige individuelle Verstehens- oder Nichtverstehensweise mit Mut zum Minimum und somit auf eine Gottes Tausendfältigkeit am ehesten noch angemessene Art‹. Die Botschaft wird errichtet in Angst und Nüchternheit und Zuversicht und in einer Epoche des abschmelzenden Dogmatismus.« Sverker sagte: »Wenn du diese Geschichte eines Tages erzählst, dann denke auch an mich und nenne die Geschichte die Botschafterphantasie im Hôtel Descartes.« Das versprach ich Sverker.

Petrarca in Blond

Nach der Begebenheit mit Sverker trank ich wieder und verkam. Ein Mädchen, Geneviève, entsetzte mich durch seinen Wunsch, in wilder erster Liebe mich Toten zu erlösen, so sehr, daß ich bis nach Wien flüchtete. Dort blieb ich einige Monate und bettelte das Geld für eine Reise in die Schweiz. In Sankt Gallen besuchte ich Joseph, den Dichter, mit dem ich in Wien getrunken hatte. Joseph wollte sein Geschlecht operativ umwandeln lassen. Er hatte bereits eine kunstsinnige Frau der St. Galler Gesellschaft so intrigiert, daß sie die Kosten dieses Eingriffs übernehmen wollte. Ich sagte zu Joseph: »Höre mit dem Saufen auf, sobald du satt bist. Bleib erst mal die Hodenruine, die du bist. Wenn du fünf Jahre nicht gesoffen hast und dann immer noch ein Weib werden willst, dann würde ich dem eine gewisse politisch-historische Intelligenz zusprechen.« Woraufhin Joseph den Geschlechtsumwandlungstermin in der Klinik absagte. Ich flüchtete weiter, nach Zürich. Dort soff ich mich ganz zu Boden. Für Joseph sah ich klar, für mich sah ich schwarz.

Ich saß im Café ›Select‹ an der Limmat und war sicher, in der nächsten halben Stunde zu sterben. Ich versuchte, so gefaßt wie nur möglich im Obergeschoß am Fenster zu sitzen, mir nichts anmerken zu lassen. Ich dachte: ›Bestelle noch einen letzten Kaffee, bevor Liebreich kommt, sterbe nicht mit Alkohol, sterbe stoisch, als Fischkopf mit Widerstand und ohne Reue . . .‹ Eine strenge Zürcherin brachte mir den Kaffee, unaufgefordert. Sie sagte: »Das han ich Iehne aagseh, daß Sie e Kaffi wönt.« Ich nickte und dachte: ›So, trinke das und dann Guten Tag . . .‹ Ich murmelte meine einzige geistige Floskel, ›Danke, lieber Gott‹. Ich war bereit und hob die Tasse an den Mund, als eine Blonde die Treppe heraufkam. Ich sah sie und wußte: ›. . . aus mit dem Sterben, da kommt es, das ewige Leben.‹

Das Zürcher Abenteuer meiner Begegnung mit dem blonden ewigen Leben hatte in Wien angefangen. In den sieben Monaten, die ich dort als Bettelerzähler zubrachte, hatte ich mir angewöhnt, Vollrausch hin, Vollrausch her, jeden Nachmittag Punkt 17 Uhr das Caféhaus im Hotel Sacher zu betreten, um dort einen kleinen Braunen mit etwas Gebäck, drei Leopoldspitzerln, zu mir zu nehmen und dabei eine Stunde zu notieren. Diese Zeremonie war der feste Punkt in meiner chaotischen Wiener Gschicht, an dieses Ritual klammerte ich mich. Ich konnte in der wüstesten Verwicklung krepieren, jedesmal ließ ich alles stehen und fallen und betrat auf die Minute das Caféhaus und war, schizophren, ein Anderer. Und jedesmal Schlag 18 Uhr verließ ich das Sacher und das Verhängnis nahm wieder seinen Lauf. An jedem Donnerstagnachmittag aber gab es auch in diesem Ritual eine Ausnahme, denn an diesem Tag brachte mir der Chefober des Café Sacher kommentarlos eine Sonntagsbeilage der ›Neuen Zürcher Zeitung‹, und zwar jedesmal die vier Wochen zurückliegende Nummer. Darum hatte ich gebeten und so wurde es fortan gehalten, sieben Monate hindurch. Wenn ich die Beilage aufschlug, hatte meine weiße Melancholie für einige Zeit keine Macht mehr über mich. Sobald ich die Beilagen der ›Neuen Zürcher Zeitung‹ aufschlug, bekam ich Zwischenatem und mein Notieren ging später weiter, dieses schreibende Suchen nach unbekannter ersehnter Gemeinschaft ging dann weiter. Der gewalthafte Kern meiner weißen Melancholie, in Selbstmitleid kenternder Zorn in meinen laufenden alkoholischen Rückfällen, wurde im Notieren wirkungslos und im Studieren der Beilagen erfuhr ich neue Bereitschaft zum Weiternotieren. Das war damals eine beständige körperliche Qual, denn meine blau aufgequollenen Hände protestierten, wenn sie mit dem Bleistift meine Notizbüchlein in kleiner Schrift füllen sollten, denn eigensinnig bestand ich auf einem Schriftbild von stoischer Schönheit und setzte es auch durch. Ich wollte nicht von dieser Arbeitsqual geheilt werden, denn eine mitleidlose Lust war tiefer als alle Qual, und diese Lust war meine Freude an Theorie, und so wurde mein tägliches Notieren mein leises Lied von Theorie. Ich wollte nichts beweisen und wollte nichts erreichen, ich konnte schreiben, das war meine tägliche und bestürzende und täglich neu sich anbahnende holde Überraschung.

Ich notierte Dinge, ohne sie zu analysieren. Ich betreibe keine Analyse und dulde keine Analyse, unter keinen Umständen, weder betrunken noch nüchtern, nicht in meinem Beisein, denn ich verachte die Verhöhnung des von sich selber und von jedem anderen Menschen verschiedenen Menschen durch fremden Begriff und seine Beugung unter jeden generellen Begriff, und gebärde er sich noch so wissenschaftlich. Ich fühlte mich krank, aber das erschien mir als ein lebenswerterer Zustand als die trostlose normative Kopfnickerei um mich herum, in der ich nicht wahrnahm, daß ich mich mit meinem anormalen Trinken nur vernichtete, anstatt die Wirklichkeit um mich herum nüchtern zur Kenntnis zu nehmen. Der normativen Reglementierung entrann ich immer für eine Stunde, wenn mir im Caféhaus die vier Wochen zurückliegende Beilage der ›Neuen Zürcher Zeitung‹ gebracht wurde.

Ich las die seitenlangen Abhandlungen von geradezu diviner Trockenheit, diese Amtshandlungen archivarischer Gelehrtensprache, las sie mit phantasierender Genugtuung. Ich suchte mir an jedem Donnerstag nur eine Abhandlung aus der Beilage aus, und zwar die trockenste und scheinbar orthodoxeste, was Thematik und sprachliche Beschaffenheit betraf. Diesem Werk widmete ich dann eine Stunde träumender hellwacher Aufmerksamkeit. Einen solchen Artikel las ich mit seinem Autor und mit dem Hergang seiner sprachlichen Tätigkeit, nicht gegen den Autor und nicht gegen den Hergang seiner Sprache und nicht gegen den Geist der vom Autor gewählten Form von Überlieferung. Diese Donnerstagnachmittage waren meine geheimen und demütigen Übungen in einem scheinbar ausweglosen Schmerz, denn erst in dieser Art des Mitlesens wurde mir deutlich, wo ich inzwischen angekommen war. Daß innere Gemeinschaft aus Interesse und aus Mittätigkeit mir nur noch in solcher personenlosen Abstraktheit möglich war, hier, im Überlieferten und längst Abgelebten und im Bild einer Zeitung, wurde mir damals in Wien zum erstenmal bewußter. Aber hier erlebte ich auch Genuß, den ich nicht mit meiner nur durch Höflichkeit maskierten Skepsis paranoid entwerten mußte, lesend erlebte ich Genuß im geistigen Beispiel: Die Abhandlungen zeigten mir sprachlich entfaltete Zuversicht in die das Glück und das Unglück der Menschen unnachsichtig hervorhebenden Zeitabläufe von Jahrhunderten, und ich entdeckte jedesmal ein neues Beispiel nüchtern notierten Gelingens, denn die Abhandlungen, die ich auswählte, erzählten von tätigen, problembereiten und produktiven Einzelnen. Das Geschick umfassenden Krankbleibens und der Produktivität, dieses Drama der Menschwerdung durch Liebe und Widerstand gegen Gemeinheit und durch Schaffensbereitschaft in wachsenden gesellschaftlichen Niedergängen, wanderte mir aus den Aufsätzen entgegen, mit der in dieser Zeitung selbstverständlichen Zuversicht in hochgradige geistige Schwierigkeit. Das war nicht Zeitung im gewohnten Format, das kam nur einher in der Vertrauen schaffenden Gestalt von Zeitung. Was ich damals in Wien, mit dem Mut eines guten Beamten, mit gewollter Verspätung regelmäßig las, kam mir vor als kryptische Vorbereitung einer Geisteswissenschaft, die von langer Hand unterwegs war zu sich selber und die sich eines Tages auch entdecken würde: Wissenschaft von ganz anderer Krankheit. Das ersehnte ich beim Lesen der Beilagen, davon phantasierte ich im Angstritual, damals im Sacher. Die dem Ruf aller Arroganz längst überlegene Strenge der Herausgeber der Beilagen und ihrer besten Autoren, etwas als Problem überhaupt anzuerkennen, erschien mir als Indiz für die Triftigkeit meiner Phantasie von ganz anderer Geisteswissenschaft. Beim Lesen der Abhandlungen träumte ich wach von einer Sprache, die nach der Öffnung der disziplinären Denkkerker entstehen könnte, bestimmte Aufsätze schienen bewußt die Schatzkammern der Tradition für eine Zeit gewaltlos offenzuhalten. Das regte mich an in meinem Suchtkerker, von einer praktikablen Geisteswissenschaft zu träumen, in der Traumwissen Liebesmut, Sprachwissen Liebesbekenntnis, Empfindungswissen Liebeslust, Technikwissen Liebessicherung, Krankheitswissen Liebesschmerz, Gemeinschaftswissen Liebestreue und Gotteswissen Liebesüberlieferung in den Rang alltäglicher Wirklichkeit bringen könnten – falls auch Nichtwissen und Nichtverstehen und Nichthoffnung als Quellen der ernstzunehmenden Erfahrung erlebt würden, weil Leidensgeduld und Krankheit nicht länger als entwertete Anomalie dastünden.

Weil diese Zeitung in Zürich gemacht wurde, erschien mir Zürich, das ich nicht kannte, aus der Ferne als sicherste Stadt der Welt. Denn mein Leben hieß Angst. Angst, Angst, Angst, steigend und abfließend in mir, ohne daß ich wußte, wie ich das überleben sollte. In dieser Angst und fasziniert von meinem Versuch, mit Mitteln äußerster Konventionalität den völligen Abbruch meiner kargen Studierversuche zu verhindern, stellte ich mir Zürich als den sichersten Ort des Erdballs vor. Die Schrecken meiner eisigen Besäufnisse in Wien waren so sumpfig, daß ich nach Zürich flüchtete, um mir noch einmal, wenn es möglich wäre, zu entkommen.

Eleonora erzählte später: »Ich ging mit Elvira ins Café Select an der Limmat. Ich war gern in diesem Teil von Zürich. Elvi und ich aßen im Select und wir haben uns gewundert, wir zwei, gewundert über die Leute dort im Café, denn die hatten Bärte, oder!« Schon damals, im Oktober 1958 in Zürich, fiel mir diese sprachliche Wendung Eleonoras, die mich seither immer wieder insgeheim entzückt, auf. Alle paar Minuten beschließt Lor mit einem hellen fragenden Ausruf »oder!« einen ihrer Sätze und es besteht kein Zweifel, daß ich Eleonora immerzu zitiere, weil ich sie liebe, aber es ist denkbar, daß ich sie darum so exakt zitieren kann, weil ihre hellen ›oder!‹-Satzschlüsse in meinem Bewußtsein Brücken zu wohl der aufrichtigsten erzählerischen Sprache, die ich bis heute genossen habe, immerzu bauen. So fahre ich also fort mit Eleonoras erinnernder Erzählung: »Die hatten dort die Schuhe kaputt. Als Schweizerin beachtet man so etwas. Aber mitten unter denen hockte einer, den sah ich sogleich in diesem anderen Geschmeusel. Langes Haar, unter einer Melone, einem aufgeklärten Judenzylinder, vorkommend, und einen Schnauzbart sah ich dann, dicht und fest und herabhängend über den Mund, wie bei dem Friedrich Nietzsche, oder! Ein ernstes und wildes Gesicht aus schrecklich kaltem Hochmut, aber Augen, schöne Augen, schöne Augen, die durch das alles im Select ruhig hindurchgingen, jawohl. Um den Leib hatte derjenige einen Kamelhaarmantel geschlungen, ein abgeschabtes Ding, darunter einen schwarzen Anzug. Die Hände hatte der Mensch damals in solchen kanarienvogelgelben Lederhandschuhen, sie lagen gefaltet und aufgestützt auf einem eingerollten Schirm und auf einem extra Spazierstock, und Schirm und Spazierstock standen nebeneinander zwischen seinen Beinen. So hat dieser Herr Fischkopf zwischen den Selectlern gesessen und dieser Herr Fischkopf, das warst du, oder! Die Leute haben mit aufgesperrten Mündern auf den geschaut und sie haben dem auch zugehört, aber derjenige hat so gut wie nichts gesagt und er hat auch diese aufgesperrten Münder nicht gemocht, das war deutlich zu merken. Eine Begräbniskrawatte hatte er um seinen Hals, bekleckert, ja bekleckert, und das hätte mir schon damals zu denken geben sollen. Und an den Händen, wie gesagt, diese kanariengelben Dinger. Und da war eine Freundlichkeit in dem seinen Augen, daß ich dachte: ›Das ist einer, den kann man nicht leiten, und dem seine Freundlichkeit, das ist fernes Himmelsbrot.‹ So war es dann ja prompt auch später. Und plötzlich ist derjenige aufgestanden und ist auf Elvira und auf mich zugekommen und Elvi hat gesagt: ›Das darf aber nicht wahr sein!‹ Aber es war trotzdem wahr: Du bist an unseren Tisch gekommen und hast vor allem mich sehr streng angeschaut, aber dann hast du höflich gefragt, ob du dich setzen dürfest! Und ich habe gesagt: ›Ja, gern, setzen Sie sich nur.‹ Du hast dann erklärt, es werde heute ein Fest geben und ein Fest ohne Damen sei ein Irrtum, darum möchtest du uns gern dazu einladen. Elvira wollte nicht, das war ihr unangenehm, aber ich habe sogleich und genau so streng wie du erklärt, daß wir zu dem Fest gern mitkommen. Es war überhaupt kein Fest verabredet, mit niemand, du hast das im Moment erfunden, aber dann hast du alles sogleich in die Wege geleitet und das Fest fand dann statt in Zürich und dauerte mehrere Tage und Nächte. Du selber hast keine Hand bewegt, du ließest einfach alles machen und so wurde dann auch alles gemacht und es wurde ein großes Fest. Du hast das gemacht ohne einen einzigen Franken im Sack, das bleibt zu beachten, oder! Sehr höflich hast du alles angeordnet, höflich warst du ja immer, schrecklich ist das und man kriegt immer sofort ein schlechtes Gewissen. Elvi wollte dann gehen. Du hast sie aus dem Haus geleitet. Elvi, scheinheilig, wollte das nicht, aber davon hast du dich nicht beeindrucken lassen, hast sie hinunter zu einem Taxi gebracht. Als du wiederkamst, hast du mir erklärt, dieses Mädchen sei kein Umgang für mich. ›Eleonora, nicht wahr, Ihre Freundin mag ja ganz brauchbar sein, vielleicht ein Säuselschatz für reiche alte Männer, Eleonora, aber für Sie ist das kein Umgang und außerdem, Ihre Freundin riecht schlecht.‹ Das stelle man sich vor, das hast du festgestellt, eine Unverschämtheit, denn Elvi roch nun garantiert nicht und das habe ich dir auch erklärt, aber du bliebst davon unberührt und wiederholtest: ›Sie riecht schlecht, damit genug.‹ Was nun den ersten Teil deiner unverschämten Behauptungen angeht, so muß ich leider zugeben, daß das ja später mit Elvira, viel später, genau so gekommen ist, oder! Woran du das nur gemerkt hast, weiß keiner, denn das war nicht so einfach abzuschätzen und ich habe das deshalb damals auch für eine unglaublich arrogante Behauptung gehalten. Als ich in dieser Nacht gegen vier Uhr heimgehen wollte, hast du mich bis zu meiner Wohnung in der Seefeldstraße begleitet. Du warst sehr förmlich, aber wir haben uns gut unterhalten und an der Haustür hast du dich freundlich verabschiedet. Am folgenden Tag, nein, etwas später dann haben wir uns wiedergesehen. Da war das Fest immer noch in vollem Gange. Du wolltest dann sogleich mit mir ins Bett gehen und ich habe gedacht: ›Warum eigentlich nicht? Dieses Rätsel kommt und zieht bald weiter. Warum eigentlich nicht? Das kränkt weiter keinen.‹ Aber wie meistens bei dir, so waren auch damals immerzu Leute um dich versammelt, die partout nicht mehr gehen wollten. Besonders ein sehr schönes Mädchen kuckte sich in einem fort die Augen nach dir aus, ein schönes Mädchen, eine Hamburgerin, ja diese Hamburger Reederstochter, ein schönes Mädchen, schönes Mädchen, oder! Aber du tatest, als merktest du das nicht und warst nur charmant zu dem Mädchen und ich dachte: ›Dieser Mensch muß ein genialer Verstellungskünstler sein‹, aber mal abgesehen davon, diesem Mädchen hätte so leicht keiner widerstanden, Ach, wie furchtbar, wie furchtbar: Immer hast du deine Handschuhe anbehalten. Du hast dann, mit diesen Kanari an den Händen, eine Jazzplatte aufgelegt und wir haben dazu getanzt. Beim Tanzen wolltest du unter meinem Pullover in meinem Rücken meinen BH aufmachen, was natürlich nicht ging mit diesen Handschuhen. Dann, sehr ruhig, hast du das Ding im Rücken zerdreht und weggeworfen den Fetzen, und beim Weitertanzen hast du recht zufrieden meinen Busen befühlt und ich dachte: ›Nicht übel.‹ Dann hast du plötzlich recht vergnügt leise gelacht und zu mir gesagt: ›Eleonora, wir beide, wir können dem Himmel danken, daß Sie so einen schönen festen Apfelbusen haben und keinen Birnenbusen, Gott sei es gedankt, Eleonora, keinen solchen Birnenbusen, denn sonst hätten wir alles Weitere vergessen können.‹ Ja, das hast du todernst zu mir gesagt. Wir sind dann ins Bett gegangen und das leugnest du heute ja alles ab, ich mußte damals zum Fenster hinausschauen, während du dich ausgezogen hast. Als du im Bett lagst und ich mich auszog, bin ich fast zusammengebrochen, denn du warst nackt – bis auf die Lederkanari, die hattest du noch an, und zwar ganz selbstverständlich. Ob du die nicht ausziehen könntest? Das zu fragen habe ich gewagt. Ziemlich bestimmt hast du erklärt, ich möge daran keinen Anstoß nehmen, du hättest keinen Ausschlag und du hättest, so hieße es, schöne Hände, die Lederkanari wären nur eine Schatulle für gesammelten Schmerz, nichts weiter. Dann aber war es im Bett schon recht mit dir, von Grund auf ehrlich und in Ordnung und, nun eben, du bist eben ein Erzähler.«

Eleonora ist ein Erzähler, ich bin ein Schreiber. Den Anfang der Geschichte hat die Petrarca in Blond indessen nicht erzählt. Ich ging an den Tisch der beiden Frauen und fragte, ob ich mich setzen dürfe? Eleonora erlaubte es und, übrigens, ich sah zunächst nur sie. Am Tisch sitzend sagte ich zu ihr: »Ich heiße Ernst, wie heißen Sie mit Vornamen?« – »Eleonora«, sagte Eleonora. Dann sagte ich zu ihr: »Eleonora, versuchen Sie es zu begreifen, wir beide, wir heiraten.« Dann erst kam mir der Gedanke zu jenem Fest und von nun an geschah alles so, wie Eleonora es mir später erzählt hat.

Wir verbrachten ein Wochenende in einem weiträumigen und komfortablen Kellerapartment in der Turnerstraße, das mir ein Maler für die Zeit seiner Abwesenheit zur Verfügung stellte. Um Eleonora zu erfreuen, ließ ich mir bei einem Coiffeur die Haare schneiden. Er bekam einen leichten Schock, als ich meine Melone absetzte, das Durcheinander meiner starren Pestbehaarung entmutigte ihn. Ich sagte zu ihm: »Machen Sie kein langes Werk, schneiden Sie alles so kurz wie möglich.« Der Unglücksmensch hörte nicht darauf und fing an mit seufzender Umständlichkeit. Ich sagte: »Hören Sie mit dem Seufzen auf und tun Sie, um was ich gebeten habe und wofür Sie bezahlt werden, vorwärts.« Es war nichts zu machen, er schnipselte hier und schnipselte da, ich schob ihn weg, stand auf, nahm das Leichentuch von mir herunter und ging. Zu Eleonora sagte ich: »Mache du es, bitte.« Eleonora befreite mich von meiner mitgeschleppten Strähnenpracht, sie machte es umsichtig, schnell und erstklassig; hinterher fühlte ich mich besser und sagte zu ihr: »Das wächst, das Haar, als wenn sieben Teufel in mir schufteten, von allen Seiten wächst es und wächst es, Angst läßt diese Behaarung sprießen, jetzt habe ich wieder für eine Weile Ruhe, bis von oben bis unten wieder alles zugewachsen ist.« Eleonora hatte einen großen Schweinslederkoffer voller Lebensmittel mitgebracht. Wir erzählten, tafelten und liebten uns in königlicher Breite und in glücklicher Unbefangenheit. Aber als Eleonora am Montag in der Frühe ging, kam schlagartig die Lebensfurcht zurück und ich trank wieder.

Ich erinnere mich, daß ich in den folgenden zehn Tagen im Trinken zum erstenmal das Bewußtsein verlor. Eleonora war von meinen Zuständen derart geliefert, daß sie sich nur nach Einbruch der Dunkelheit mit mir im Select verabredete. Von dort aus nahmen die Dinge dann ihren Lauf. Schließlich wurde ich in einer Bierbeiz im Niederdorf von der Zürcher Fremdenpolizei überprüft und sofort verhaftet, ein berufsloser und nicht angemeldeter Trinker ohne Geld, unerwünscht und vorbestraft. Im Polizeigefängnis sagte ich dem Vernehmungsbeamten: »Sie können mich gleich abschieben, in der Bundesrepublik habe ich noch ein halbes Jahr Gefängnis offenstehen, ich habe die damaligen polizeilichen Auflagen sämtlich nicht erfüllt.« Da schaute mich der Polizeioffizier Lauch aus Zürich nur an und sagte mit Nüchternheit: »Herr Herhaus, das haben wir inzwischen bereits festgestellt, denn wir haben ein recht anständiges Identifikationssystem.« Ich nickte, aber der Polizeioffizier Lauch übersah meine wenig sinnvolle Voreiligkeit und fuhr ungerührt fort: »Herr Herhaus, mit Nicken ist es nicht getan, denn selbst das Identifikationssystem der Zürcher Fremdenpolizei ist nichts wert ohne die Überprüfung mit dem jeweiligen Inhaftierten. Deswegen wollen wir, im Detail, mit Ihnen überprüfen, was das System sagt.« Ich war beeindruckt und der Beamte registrierte es und fragte: »Ist Ihnen gut, Herr Herhaus?« Ich nickte. »Möchten Sie vielleicht einen Basugger?« fragte der Beamte. »Ich meine, ein Wasser? Ein Basugger, das ist ein Wasser«, fügte er hinzu. Ich mußte halb lachen, obwohl mir nicht danach zumute war und sagte: »Herr Lauch, ich habe mich auf die letzte Sohle gesoffen, mir hilft nur noch ein Kaffee, aber das will ich Ihnen nicht zumuten, also geben Sie mir einen Basugger.« Freundlich erwiderte der Polizeioffizier: »Eine Tasse Kaffee ist keine Zumutung, ich nehme selber gerne eine. Nehmen Sie den Kaffee stark oder mittel? Au lait oder dunkel? Gesüßt oder ungesüßt?« – »Bitte stark und schwarz und ohne Zucker«, sagte ich. So bekam ich den Kaffee und dann tranken wir den Kaffee und dann fing eine Vernehmung von solcher Bedächtigkeit, Genauigkeit und Sachlichkeit an, daß mein furchtbarer Zustand sich besserte, weil ich, selber sehr genau in allem, was mit dem Schreiben zusammenhängt, von der forschenden Professionalität des Beamten angeregt wurde, einige Fragen, die jener mir stellte, für voll zu nehmen, so daß ich in meinen Antworten einiges Wissenswerte über mich selber erfuhr. Ich gab mir doch noch eine Chance, das erkannte ich. Dafür war ich dem Polizeioffizier Lauch dankbar. Als wir fertig waren, sagte ich zu ihm: »Ich hoffe, eines Tages ein Buch zustandezubringen, über meinen internen Wahnsinn. Sollte es mir dann beschieden sein, mit eben der Zürcher Gründlichkeit und Präzision eine Struktur in meine Krankheitserzählung zu bringen, dann wäre ich sehr, sehr glücklich – ja, zufrieden.« Herr Lauch sagte: »Im Fall, Herr Herhaus, daß Sie es so anstellen, leidet der Erfolg Ihrer Geschichte in mir keinen Zweifel.« Was hatte ich gesagt dort bei der Zürcher Fremdenpolizei? Krankheitserzählung?

Ich machte den Rest meiner Haftzeit in Freiburg/Brg. ab. Es war eine ruhige und angenehme Zeit, ich arbeitete in der Gefängnisbibliothek, trank nicht und fühlte mich wohler. Eleonora schrieb mir, ich schrieb ihr, und sie besuchte mich um die Weihnachtszeit. Nach einem halben Jahr wurde ich entlassen. Eleonora war da. Wir verbrachten einen kurzen Urlaub in meinem Dorf. Zu Wilm sagte ich: »Der Fall in die Gnade Eleonoras wird schrecklich.« Wilm bat Eleonora, das erzählte sie mir später, in den oberen Teil des Hauses. Dort eröffnete er ihr, ich, sein Sohn, wäre ein Triebmensch, und er rate ihr von einer Heirat ab. Sie müsse eine ganz ungewöhnlich gute Frau sein, denn sonst würde sein Sohn sie niemals heiraten wollen. In ihrem wohlberechtigten eigenen Interesse möge sie mir den Gedanken an eine Heirat nehmen. »Dein Vater sagte: ›Sprechen Sie offen, ohne Umschweife und bestimmt mit meinem Sohn. Alles andere beachtet er nicht und hält es, mit einigem Recht, entweder für hintersinnig oder dumm, das weiß man bei ihm nicht so genau.‹ Das sagte er, stelle es dir vor. Ich fürchte, was er gesagt hat, trifft zu. Ich kann also später nicht sagen, ich wäre nicht gewarnt worden, als es noch früh genug war.«

Nach dem Urlaub fuhr Eleonora zurück nach Zürich und ich nahm in einer Elektrofabrik in Pforzheim einen Job als Metallwäscher an. Dafür gab es Gründe. Ich mußte irgendwo polizeilich gemeldet sein, um heiraten zu können. Maurice, ein Freund aus dem Gefängnis, arbeitete in jener Fabrik in Pforzheim. Außerdem war Pforzheim in der Nähe von Zürich. Die Arbeit als Metallwäscher war anstrengend, aber sie bewahrte mich vor Gegrübel und ich verdiente etwas Geld und konnte Eleonora in Zürich an den Wochenenden besuchen. Nach der Heirat wollten wir nach München gehen. In Zürich trank ich an den Wochenenden nichts, ich kämpfte wieder gegen den Suchtdruck. Der Metallwäscher in der Fabrik war indessen ab mittags betrunken.

Aus den Hochzeitsvorbereitungen: Zürich, den 4. November 1959. Ein Mittwoch. Wir müssen Zürich heute verlassen, es soll sein. Gereizte Stimmung. Eleonora hat ungefähr zwanzig schwere Pakete gepackt, die zum Glück in ihr Elternhaus geschickt werden. Nach der Hochzeit fahren wir ohne Gepäck nach München und fangen im Nichts an, das ist zwischen Lor und mir geklärt. Sie findet immer neue Dinge, die sie mitnehmen will. Auf dem Gang stehen weitere Pakete, mein kleiner Koffer, mehrere Riesentaschen, ein sperriges Ölbild von Teo, ein Plunder, den kommentarlos dem Müll zu übergeben ich keine Minute zögern würde. Doch Eleonora ist entschlossen, alles mitzunehmen. Während wir dabei sind, das alles die Treppen hinunter zu bugsieren und es in ein Lasttaxi zu laden, halt, einen Seesack mit Schüsseln und Tassen, Vasen und Bestecken und irdenen Töpfen habe ich vergessen, fällt Eleonora etwas ein, was die Situation schlagartig verändert. Lor hat im Frühjahr im Klubhaus an einem Kurs für Mosaikarbeit teilgenommen und ein schwerer Rahmen, wie sie zugibt, mit einem angefangenen Mosaik in Zement liegt noch im Klubhaus. Den will sie auch noch holen. Als ich sie davon abbringen will, schaut sie mich an, als hätte ich den Verstand vollends verloren. Sie läßt alles stehen und liegen und zerrt mich, unter Beschwörungen, die Treppe hinunter. Wir hasten durch die Straßen, eine Stunde vor Abfahrt des Zuges, Lor findet in der Erregung das Klubhaus nicht. »Ich hänge an meinen Sachen! Es ist ein feiner Rahmen und ganz unten in der Ecke hab ich mit dem Mosaiken bereits angefangen! Ich werde dir alles zeigen und erklären! Die anderen nahmen Kunststeine, aber ich habe echte Steine bearbeitet und was denkst du, wie oft ich mir auf die Finger geklopft habe dabei! Ja, sicher, ich hänge eben an den Sachen, oder!« Usw. Im Dahinhasten. Endlich im Klubhaus angekommen. Eleonora verschwindet im Sekretariat. Nachdem ich lange gewartet habe, schaue ich durch die Tür und sehe Eleonora, die erfreut und ganz verändert in neuen Tiegeln und Töpfen herumwühlt. Eine Anzahl von Bechern und Tellern hat sie bereits ausgesucht. Ich sehe mich schon, beladen mit diesem Zeug, durch Zürich wanken. Als sie meinen Kopf in der Tür sieht, schenkt sie mir das abwesende Lächeln einer Somnambulen und kramt weiter, und ich überlege fieberhaft, wie ich sie am besten aus diesem Zustand lösen soll. Bestimmt? Oder behutsam? Energisch? Gedämpft? Ich beschließe, Lor zu versichern, daß alle diese Töpfe und Bestecke sehr schön sind und wichtig für unser künftiges Leben. Aber Eleonora hat schon den Sekretär des Klubhauses in ein Gespräch über handwerkliche Einzelheiten des Mosaikens gezogen und fragt nach ihrer Platte. Ich falle dem Sekretär fast um den Hals, als er sagt, wir könnten das verdammte Ding nicht mitnehmen, weil der Keller abgeschlossen sei und ohne den jeweiligen Lehrer nichts ausgehändigt werden dürfe. Eleonora schaut mich hilfesuchend an. Diesem Blick gegenüber bin ich machtlos, denn ihn zu ignorieren ist schlimmer als Kinderschändung, also bewege ich den Sekretär, einen Hausdiener zu holen. Der kommt und begleitet uns in den Keller. Er erkennt Eleonora und ist geschmeichelt. Im Keller findet sie schließlich ihren Rahmen unter einem Wust abgestellten Trödels. Sie zeigt mir ihre angefangene Arbeit mit einem solchen Stolz, daß ich ernsthafte Bemerkungen mache. Eleonora, von meinem Interesse überrascht und befriedigt, reißt den Rahmen an sich und steigt wortlos damit die Treppe hinauf. Ich verlasse mit ihr das Klubhaus. An die Tiegel und Töpfe drinnen scheint sie nicht mehr zu denken. Unterwegs nehme ich ihr den Rahmen aus der Hand. Er wiegt bestimmt dreißig Pfund. So streben wir nun wieder der Kuttelgasse zu. Lor macht den Vorschlag, vielleicht doch eine Tram zu nehmen. »Wir haben dann mehr Zeit, weißt Du? Denn zu Hause packen wir die Platte noch zu den anderen Sachen dazu«, sagt sie. Wir warten auf die Tram, nehmen die falsche, Lor trägt ihre Platte durch die dichtgedrängten Leute; als wir endlich vor dem Haus ankommen, setze ich mich auf die Treppe und gebe keinen Ton mehr von mir. Nicht so Eleonora. Zwar scheint ihr die Masse des Plunders inzwischen auch Sorge zu machen, aber sie hat einen Plan, wie man am besten mit dem Zeug fortkäme: »Einen Teil davon bringen wir zu Frau Käser!« sagt sie triumphierend. Wer denn Frau Käser sei? »Eine Verwandte. Sie kannte mich schon als Kind. Dann ist man schließlich verwandt. Frau Käser hat seit dreißig Jahren eine alte, glückliche

Ehe. Ich glaube, sie wohnt am Rand von Zürich, beim Güterbahnhof, Straße und Hausnummer werden mir schon wieder einfallen.« Ich winke einem Taxi und schicke es wieder weg, denn wir brauchen ein größeres Lasttaxi. Als es kommt, packen wir die Berge von Paketen ein. Eleonora hört nicht auf, immer mehr Zeug die Treppen herunterzuschleifen. Dazu verabschieden wir uns noch von den Hausbewohnern. Maria kommt und bringt Eleonora noch einen Arm voll Wasserkrüge, wofür Lor Maria freudeschluchzend um den Hals fällt. Der Taxichauffeur steht kurz vor dem Gehirnschlag. Aber Lor lächelt nur und das hilft ihm. Eine halbe Stunde lang dirigiert sie den Fahrer durch Zürich, schließlich halten wir in einer wüsten Gegend. Wir laden alles aus und stellen die Pakete auf die Straße. Ob die Frau Käser hier wohnt und ob sie daheim ist, weiß keiner. Aber Eleonora befindet: »Sie wohnt hier und in der Schweiz ist man als Frau um diese Zeit zu Hause, oder!« Ich begreife, bezahle den Fahrer, er stürzt mit seinem Auto davon. Wir sind mit uns und Lors Hausrat allein. Es stimmt, Frau Käser wohnt in dem Haus gegenüber. Also hält Lor die Tür auf und ich bugsiere zwanzig Pakete, einen Seesack, Taschen und Rahmen in den Hausflur. Eleonora klingelt. Lange rührt sich nichts, aber davon läßt Lor sich nicht entmutigen. Schließlich öffnet Frau Käser. Innigste Begrüßung. Diese Frau sieht die Bescherung und sagt zu mir: »Wenn Sie dieses Mädchen heiraten wollen, dann müssen Sie sich durchsetzen, oder Sie tun mir leid. Die Lore ist sehr gescheit, aber sie braucht eine ruhige Hand.« Wir lassen alles im Flur stehen und betreten die Wohnung der Frau Käser. Sie macht Kaffee, bringt Kuchen und Süßigkeiten. Dann rückt Frau Käser mir auf den Pelz. Eleonora beobachtet mich mit der Wachsamkeit eines Luchses. Als sie merkt, daß ich nicht kopfscheu werde, fällt ihr ein, daß sie noch ihre Lambretta im Institut stehen hat. »Kann man einen Dienstmann holen? Ich möchte meine Lambretta nämlich in Kreuzlingen verkaufen«, sagt sie. Frau Käser meint, es wäre doch klüger, die Lambretta hierher zu fahren. »Das ist leider unmöglich, weil ich den Motor ausgebaut habe, er ist in den Paketen«, sagt Lor und strahlt.

Frau Käser und ich sagen keinen Ton mehr und Lor geht zum Telefon. Eine Stunde später ist die Lambretta ohne Motor von einem Lasttaxi ebenfalls vor der Haustür der Frau Käser abgestellt. Diese vernünftige Frau macht den Vorschlag, alles weniger Wichtige in ihrem Keller zu lagern, wo Platz genug wäre. »Lore, was willst du das zu deinen Eltern an den Bodensee schleppen, wo es auch nur im Keller steht?« fragt sie. Nach langem Hin und Her ist Eleonora bereit, wenigstens das Ölmonster von Teo im Keller abzustellen, sonst nichts. Da kriege ich zuviel und sage: »Wenn nicht die Platte und der Lambrettarest und die Hälfte der Pakete hierbleiben, nehme ich meinen kleinen Koffer und, ich schwöre es dir, sonst nichts mehr in die Hand.« Sie ist davon unbeeindruckt, sie versucht es noch mit Schmeichelei, dann schnürt sie alles zusammen und reißt, nach und nach, alles Gepäck wieder hinüber zur Tramhaltestelle. Ich stehe da, mit dem kleinen Koffer in der Hand, und schaue zu. Eleonora bittet mich, ihr zu helfen. Ich reagiere nicht. Allein schleppt sie alles über die Straße und ich verfluche meine Unbeweglichkeit. Sie schleppt ihren wenigen Besitz allein über die Straße, um mir in meinen Wahnsinn zu folgen, und ich bewege mich nicht, stehe da und sehe gelähmt zu. Es war furchtbar. Leute blieben stehen, begannen zu murren. Ich ging auf sie zu und sagte eisig: »Verschwinden Sie, aber schnell, sonst vergesse ich mich.« Murmelnd entfernten sie sich. Dann kam der Bus und ich half Eleonora, die Pakete im Bus aufzuschichten. Mit dem Nachmittagszug verließen wir Zürich.

Eleonora erinnert sich an unseren Hochzeitstag: »Wir kamen am Vorabend an in Pforzheim. Du hattest ein Zimmer in der Gastwirtschaft zum Elefanten. Dorthin gingen wir, ich mit einem Koffer, du mit einem kleineren Koffer. Maurice, dein Freund aus dem Gefängnis, kam aus der Fabrik. Wir haben gegessen und viel getrunken und ich habe auch viel getrunken. Du hast quer über dem Bett gelegen in der Nacht. Morgens wurdest zuerst du wach. Ich wünschte mir eine Zuckerschnecke zum Frühstück, du hast dich angezogen und bist extra in das

Städtchen hineingefahren und kamst zurück mit einer Zuckerschnecke. In der Bäckerei hatten sie diese Teilchen, aber ohne Zucker. Du ließest eines mit Zucker bestreichen und brachtest es mit. Andere hätten sich abgefunden, daß es keine Zuckerschnecken gibt, aber nicht du, du hättest auch die Bäckersfrau zur Not dazu gebracht, einen Zuckerschneck eigens zu backen. Das hat mich gerührt. Während ich schon angezogen war und das Gebäck aß, hast du dich gewaschen. Du hast dich ausgezogen und hast angefangen, dich zu waschen, aber nur die eine Hälfte von dir hast du gewaschen. Dann hörtest du plötzlich auf und wolltest nicht mehr und ich sagte: ›Ernst, du hast kohlenschwarze Fersen, wenigstens am Hochzeitstag könntest du dich ganz waschen‹, aber du hattest keine Lust mehr und hast dich angezogen und wir sind zur Tramhaltestelle gegangen, vor dem Gasthof haben wir gewartet. Da fuhr nur eine 1. Sie kam und wir stiegen ein und ruckelten in dem Einser durch Pforzheim und stiegen irgendwo wieder aus. Es war ein Donnerstag. Die Eheschließung war für halb elf angesetzt. Es war ein kalter Novembertag. Es regnete und windete, oder! Ich hatte einen eleganten Trench im Militarylook, in Deutschland wurde das erst anderthalb Jahrzehnte später Mode als in Zürich, oder! Unter dem Trench war ich sportlich, schicker Rock, Pullover, schöne hohe Schuhe. Du warst in Hose und Pullover und im Teddymantel. Dein Pullover war geflickt, die Hose auch bös, deine Schuhe aber recht anständig, was mich erleichtert hat. Es war schlimm. Wir kamen in das Amt und da saßen Leute in einem Gang. Du gingst sofort durch die Tür dort. Wir mußten noch etwas warten. Waren an der Reihe. In dem Raum ein kleiner Mann, peinlich korrekt angezogen, er las etwas vor und wir sagten Ja und unterschrieben. Das Männchen wollte reden, aber du sagtest: ›Schon gut, danke.‹ Ach, Zeugen hatten wir keine; die mußten im Amt geholt werden. Ich war furchtbar traurig und du hast ernst geschaut, sehr ernst. Aber dann ist doch noch etwas gewesen in dem Zimmer, was ich nie vergessen habe: Als der Beamte aus dem Register vorlas und alles so armselig und traurig war, da kam plötzlich von draußen, aus dieser grauen und regnerischen Novemberwitterung, ein ganz kleiner und heller Sonnenstrahl, der kam schräg durch das Zimmer und quer über den Tisch und über das Register, sehr kurz. Daran erinnere ich mich. Wir sind gegangen. Im Café Adler kanntest du den Geschäftsführer, mit dem hattest du ein gutes Essen verabredet. Wir haben dort gegessen und dein Bekannter hatte extra noch ein Billett mit der Speisenfolge geschrieben. Abends war dann Maurice da. Du hast getrunken und auch ich habe viel getrunken. Ich muß in einer nachträglichen Panik gewesen sein. Denn nicht nur mir, sondern auch dir, Ernst, wurde nun nach und nach bewußt, daß wir da in eine Geschichte hineingingen, von der wir beide keine Vorstellung hatten. Maurice hat dir dann noch die Treppe hinaufgeholfen. Du warst so betrunken, daß du kaum noch gehen konntest, aber im Kopf warst du noch klar. An der Zimmertür hast du Maurice umarmt, steif, schrecklich zeremoniell. Dann hast du gesagt: ›Maurice, danke für die Gesellschaft, nicht bloß heute, sondern auch für deine Gesellschaft im Knast.‹ Wir kamen in das Zimmer. Es war so elend sauber alles. Du hast vor dem Bett gestanden. Ich habe mich ausgezogen. Du hast mir zugesehen. Du schwanktest, aber mit klarer Stimme hast du noch gesagt: ›Daß ich dich von Herzen und mit allen Verstandesresten liebe, Lor, das sollst du immer mehr erfahren. Aber keinen Geschlechtsverkehr in der Hochzeitsnacht. Man kann die Satire auf Autorität und Familie verdammt schnell überziehen.‹ Dann bist du, mit dem Gesicht vornüber, auf das Bett gefallen und bist so liegengeblieben. Es war eine ernste Hochzeitsnacht. So hat das damals angefangen.«

Schneeflocke

»Ich fuhr nach Hause und sagte zu meiner Mutter: ›Du, der Ernst trinkt.‹ Meine Mutter hat gestutzt und ein riesiges Gesundheitsbuch geholt und unter Alkoholismus nachgesehen. Die nahm das nicht weiter moralisch, die wurde sofort ganz praktisch. ›So? Der trinkt? Der ist ein Alkoholiker?‹ Sie nahm das weiter nicht tragisch, dachte: ›. . . eine Krankheit, also gibts was dafür.‹ So hat sie sich das gedacht. Ich schrieb mir also ein homöopathisches Mittel aus dem Gesundheitsbuch auf und holte das aus der Apotheke an der Leopoldstraße. Ich gab dir das Mittel zwei Monate täglich ins Essen. Es hat nichts genützt, du hast weiter gesoffen. Um diese Zeit traf ich im Schwabinger Supermarkt Klaus Lea. Er sagte: ›Es ist schlimm, wie Ernst trinkt, er trinkt sich tot.‹ Das hatte ich mittlerweile auch begriffen. ›Aber das muß doch nicht sein, es gibt Tabletten gegen Alkoholismus‹, sagte Klaus Lea. Auf das hin bin ich zu deinem Arzt gegangen, zu Dr. K. am Nikolaiplatz. Dr. K., der dich ja kannte, hat mir gesagt: ›Wenn Ihr Mann nicht aufhört mit Trinken, hat alles keinen Zweck. Ihr Mann müßte mindestens ein Jahr in eine Klinik.‹ Ich sagte ihm, das würdest du niemals freiwillig tun, außerdem wäre das ein teurer Spaß. ›Gibt's denn kein Medikament?‹ fragte ich. ›Es gibt ein Medikament, es gibt Tabletten, die in den Trinkerheilanstalten gegeben werden. Sie dürfen aber nur unter Aufsicht verabreicht werden‹, sagte er. ›Dann verschreiben Sie mir die doch‹, sagte ich. Er wollte dich vorher sehen, um deinen Blutkreislauf und die Herztätigkeit zu untersuchen. ›Ich komme morgen mit meinem Mann vorbei, aber bitte verschreiben Sie mir das Medikament‹, beschwor ich Dr. K. Er tat es, weil er uns beide kannte, sagte aber: ›Wenn Sie die Tabletten Ihrem Mann geben, ohne daß er etwas davon weiß, und wenn er dann trinkt, kann er innerhalb von zwei Stunden sterben.‹ Er schrieb mir das Rezept aus, ich rannte in die Nikolaiapotheke und hatte kurz darauf die erste große Pakkung. Dafür hätte ich ein Jahr im Büro gearbeitet.

Du kamst abends zurück. Ich habe dir die erste Tablette ins Essen getan, ohne etwas davon zu sagen. Du kamst später aus dem Café am Siegestor und sagtest: ›Komisch, im Siegestor kann man auch schon kein Bier mehr trinken, das Bier schmeckt faul.‹ ›So‹, sagte ich. Ich habe dir sofort eine neue Tablette ins Abendessen gegeben. ›Wenn er einen hochprozentigen Schnaps jetzt trinkt, stirbt er, das schafft der Kreislauf nicht‹, dachte ich, aber ich war so weit, daß ich es darauf ankommen ließ. Ich bin aber bei den Bänken vor dem Café Siegestor herumgeschlichen, um dich von weitem zu beobachten. Als ich sah, daß du am Siegestor vorbeigingst, bin ich nach Hause gegangen.

Du warst zu Hause, ich sagte: ›Bleib doch heute abend hier.‹ Aber ich konnte dich nicht zurückhalten. ›Ich gehe zum Wedekindbrunnen und trink ein Bier‹, sagtest du. ›Jetzt bringt er sich um‹, dachte ich. Es war mir in dem Moment egal. ›Also gut, er bringt sich um, so ist das kein Leben‹, habe ich gedacht, ›wenn er von dreihundertfünfundsechzig Tagen im Jahr dreihundertsechzig Tage betrunken ist und in so ekelhaften Zuständen betrunken ist, dann soll er sich umbringen, ich krieg' mildernde Umstände‹, hab ich da gedacht. Ich habe dich nicht gewarnt, sondern habe dich ziehen lassen. Ich habe nicht hundertprozentig geglaubt, daß du jetzt stirbst, aber ich habe geglaubt: ›Fifty-fifty.‹ Ich hatte sechs Jahre einen Mann gehabt, dauernd betrunken in der ekelhaftesten Weise, mir war das an diesem Tag wirklich egal, ob du draufgingst dabei, nicht ganz egal, aber ich wollts nicht ändern, ich wollte eine Lösung, so oder so.

Du kamst überraschend schnell heim vom Wedekindbrunnen. ›Ich gehe ins Bett, mir ist nicht gut‹, sagtest du. Du gingst ins Bad. Dann riefst du. Du standest ausgezogen vor dem Spiegel und warst bis zum Hals mit roten Flecken übersät. Und du kriegtest keine Luft mehr. Ich wußte, daß im Haus zwei Ärzte waren, wenn es wirklich schlimm wurde, würde einer der beiden Ärzte schon kommen. Du gingst ins Bett, ich ging ins andere Bett und stand immer wieder auf, um zu sehen, ob du noch atmetest. Schließlich schliefst du, am Morgen war alles in Ordnung. Mittags habe ich dir wieder die Tablette ins Essen gegeben, habe dir immer noch nichts gesagt, aber du hast vorübergehend aufgehört zu trinken. Irgendwo hast du dann einen Enzian gekippt, da muß es dir sterbenselend geworden sein. Schließlich habe ich dir von den Tabletten erzählt, und du bist mit zu Dr. K. gekommen. Du hast die Tabletten selber genommen, gingst abends fort, trankst Wasser, Cola, Kaffee in den Schwabinger Lokalen und konntest plötzlich das dumme Gerede dieser Leute dort nicht mehr ertragen. Du standest abends am Fenster, gucktest hinunter auf das Treiben der Leopoldstraße und sagtest: ›Ich kann dieses Geschwätz dieser Leute nicht mehr ertragen . . .‹ Du wußtest nicht mehr, was anfangen mit der Zeit. Du wolltest Leute besuchen, aber du hattest nur einen Bekanntenkreis von Säufern. Wir kannten nur das allerunterste Säuferpack, und wir sind von anderen auch so behandelt worden, wie Hunde. Und jetzt trankst du nicht mehr und hattest plötzlich niemanden mehr außer mir. Auf mich warst du wütend, und die Kumpane von früher konntest du nicht mehr ertragen. Nach sechs Jahren Ehe hatte ich zum erstenmal einen Mann, der einen Monat hindurch nüchtern war, irrsinnig, einen nüchternen Mann für dreißig Tage.«

Aber ein Trinker ist schlau: Ich nahm die Tabletten ein, wartete ab, bis die Wirkung im Körper verging, dann nahm ich neue Tabletten, schluckte sie nicht, sondern stieß sie mit der Zunge vor die Vorderzähne und spie den aufgelösten Tablettenbrei in die Toilette. Wie ein Verdurstender trank ich zwei Tage und zwei Nächte in den heruntergekommenen Schuppen Schwabings, dann kam ich in unsere Wohnung und sagte mir: Entweder hängst du dich jetzt auf, oder du machst Schluß mit dem Alkohol. Ich tendierte zum Aufhängen.

Ich gehorche dem Engel

In den dreißig Tagen, in denen ich nicht trank, entstand Bindung an Eleonora. Sie hatte ihr Leben riskiert, das fühlte ich. Sie hatte ihr Leben riskiert, um mir zu helfen. Ich erfaßte auch die Verzweiflung, in die ich sie hineingetrieben hatte. Wohin hatte ich sie gebracht, bis sie mir Tabletten ins Essen mischte? Ich band mich nun an Eleonora. Wegen ihrer Tugenden, nicht wegen meiner Kaputtheit; ich band mich an Eleonora wegen ihrer Tugenden und trotz meiner Kaputtheit. Ohne zu wissen, daß ich später, in einer rapiden Tablettensucht, furchtbare

Schneehalluzinationen haben würde, nannte ich Lor wegen ihres Antabus-Heldenstücks bereits in München Schneeflocke. Als hätte ich das Grauen schon im voraus gespürt.

Nach dreißig Tagen baute ich den Rückfall. Er war so schmutzig, daß ich unsere Wohnung kurz- und kleinschlug, mir alle Kleider vom Leib riß und dann feststellte, daß ich keine Rothändle mehr hatte. Nackt und betrunken und im Zorn ging ich in den Aufzug und fuhr hinunter und betrat das Caféhaus im Erdgeschoß unseres Hauses, ging zum Inhaber und ließ mir zwei Mark geben, ging zum Automaten und ließ mir Zigaretten raus. Dann merkte ich, daß ich nackt war. Ein Mann aus dem Bayrischen Innenministerium, den ich vage erkannte, ein Kunstgutachter dümmster Sorte, empörte sich. Ich ging zu ihm an den Tisch und sah ihn kühl an. Er rief angewidert: »Sie obszöner Geselle!« Ich besah mir diese zwei Zentner Kuchenmoral und sagte ruhig: »Sie wissen nicht, mit wem Sie reden. In zwanzig Jahren bin ich der beste deutsche Erzähler nach Thomas Mann.« – »Ein Größenwahn!« rief der Mann. »Irrtum, nicht aus Größenwahn sage ich Ihnen das, Sie Privatmann, sondern aus Liebe zu denen, die dann wieder lesen«, sagte ich und ging.

Ich war bereits im Absturz und mein Gedächtnis speicherte jede Einzelheit. Schneeflocke war aus der Wohnung geflüchtet. Allein und nackt inmitten der Wohnungstrümmer überkam mich Furcht. Bleierne Furcht. In dieser Furcht überwältigte mich der Ekel vor mir selber und ich nahm mir vor, mich umzubringen. Ich nahm Antabus und wartete ein paar Stunden, dann ging ich in ein Beisl in der Fendstraße und trank Schnaps und Bier. Sofort die Kaninchenaugen, die Atemnot. Ich trank weiter, dachte: ›Ziehs durch, mache ganze Sache, wenn du hier umfällst und tot bist, störts weiter keinen.‹ Ich trank nicht, ich kippte Schnaps und schüttete Bier. Das Gegenteil von dem, was ich erwartet hatte, trat ein: Der Alkohol schwemmte die Wirkung des Medikaments schließlich fort. Da wußte ich, daß ich nie mehr von der Sucht loskommen würde, und verließ das Beisl, um mich aufzuhängen.

Ich kannte ein Ruinengrundstück in der Belgradstraße. Es war Nacht. Unterwegs dachte ich: ›An einer bestimmten Stelle dort wirst du einen Strick finden, dort liegt ein Strick.‹ Ich kam auf das Ruinengrundstück und im Schein der Straßenlampen ging ich zu jener Stelle und dort lag er, der Strick. Ich sah mich um auf dem Grundstück. Das Halblicht aus Nacht und Bogenlampen tat meinen kranken Augen weh. Ich nahm die Sonnenbrille ab und zertrat sie. Baumeln, ja, aber ohne Sonnenbrille. Dann sah ich den eisernen T-Träger, der aus einem Mauerrest ragte. Ich hob den Strick auf und trat an den Träger. Schon beim ersten Wurf hing der Strick, ich zog die Enden zusammen, hing mich mit beiden Fäusten daran, um die Festigkeit des Eisens im Gemäuer zu prüfen. Sie reichte für mich.

Ich suchte etwas, um mich daraufzustellen. Da sagte eine Stimme in mir, und zwar meine eigene Stimme: »Dein Selbstmord ist keine Lösung, er ist ein Mordversuch an einem Anderen und verlängert deine Qual nur ins Unendliche hinein.« Schon mitten im Tötungsgeschäft hielt ich ein. Mir wurden meine Schande, meine Armut und meine Mitschuld an meinem Zustand, mein sinnloser Stoizismus gegenüber der Stärke des eigenen Unrechts noch einmal bewußt. Mißtrauisch blickte ich auf den Erdboden, ein Schiefkopf und lehmiger Hund. Ich baute seelisch ab und fragte in das Nichts dieses Morgens, das fühlbar anders als meine innere Leere war: »Was ist meine Qual?« Ich fragte das laut, denn ich war plötzlich in der zagenden Hoffnung, daß einer neben mir stünde. Ich hörte nichts, aber ich fühlte in meinem Inneren eine Antwort und fühlte, daß dies nicht meine eigene Stimme war, denn die Antwort lautete: »Ich stehe bei dir und bin dein Todesengel. Ich stehe bei dir, um dich mit der Notwendigkeit eines viel ernsteren Sterbens vertraut zu machen, mit der Unvermeidbarkeit unendlichen ernsteren Sterbens. Wenn du es willst.« Das war nicht meine Sprache, nicht meine geisterhafte Taktik furchterfüllten Notierens in den Sielen. In meinen Sielen lernte ich nämlich, was meine eigene Sprache ist und was nicht meine Sprache ist. »Was ist meine Qual?« fragte ich noch einmal, hörte dabei wiederum meine eigene deutliche kranke Stimme, und die richtete sich dieses Mal nicht an das Nichts im Morgen, sondern an jenen Engel. Wiederum hörte ich nicht seine Stimme, sondern fühlte ihren Wortlaut, auf den ich nie gekommen wäre, weil mein vom Weitertrinken und vom Leugnen deformiertes Leben mir die Einheit von Fühlen, Sprache und Verhalten unmöglich machte: »Deine Qual ist das von dir verursachte und vermeidbare Leid vieler anderer.« So fühlte ich fremden engelhaften Geist, fremde unzerstörbare Sprache, engelhafte Sprache. Ich habe den Strick vom T-Träger gezogen und habe ihn dorthin zurückgebracht, wo er gelegen hatte.

Ich verließ das Ruinengrundstück. Unterwegs vergaß ich, warum der Todesengel bei mir gestanden hatte. Ich vergaß es nicht aus Vergeßlichkeit, ich sollte es anhören und dann vergessen, denn ich wäre einem Bewußtsein von der Ankündigung eines viel qualvolleren und unvermeidbar ernsteren Sterbens nicht gewachsen gewesen. Die Antwort des Todesengels auf meine Frage behielt ich auf dem Rückweg in meine Wohnung, denn diese Antwort hat mich momenthaft ernüchtert. Dann vergaß ich die Antwort auch.

Askese

1964–1967

Im April war ich mit Eleonora in Frankfurt wieder aufgetaucht, aufgetaucht aus sieben Jahren nasser Hölle. Als wir in Frankfurt eintrafen, weil ich hier einen Job gefunden hatte, hatte ich keinen Schimmer mehr von jenem Wort an Max, dann und dann käme ich wieder. Von sieben Jahren hatte ich damals wohl nur gesprochen, weil die Sieben meine Schmerz- und Glückszahl ist. Eleonora nahm eine kleine Wohnung in einem Neubau in der Hansaallee. Es war eine winzige Wabe in Beton, die Eleonora zu einer Hütte machte, zur Hütte meiner Angst und meiner allabendlichen Produktivität. Angst hatte ich vor dem Rückfall, denn ich hatte in München meinen Tiefpunkt überlebt und trank nicht mehr, seit dem Winter 1964 hatte ich kein einziges Glas mehr getrunken und keine Tablette mehr geschluckt. Es ging, einmal so und einmal so, aber ich hielt nun schon fast ein Jahr lang trocken durch, ein Ahnungsloser im Alleingang. Eleonora sagte damals zu mir: »Es ist verrückt, aber du schaffst es, du bist eben vollkommen unberechenbar. Ich bin sicher, du wirst nie mehr trinken.« Mich überlief es dann jedesmal kalt, aber ich sagte nichts dazu.

Max war ein Halbgott in Frankfurt. Das erfuhr ich von allen Seiten. Es wunderte mich nicht und es wäre mir lieber gewesen, im Interesse einiger Leute, wenn es mich hätte wundern können. Ohne Alkohol im Leib erinnerte ich mich nur mit Sorge daran, wie ich damals auf ihn zugegangen war. Ohne Alkohol schaffte ich das nicht. War ich besoffen nüchterner als wenn ich nicht soff? Das fragte ich mich damals oft, weil ich Max bewußt aus dem Weg ging, in tiefer Furcht und Sorge.

Am Tag nach unserer Ankunft war ich in mein Büro gegangen. Es lag in der Feldbergstraße. Ich sollte dort eine Abteilung in einem Verlag leiten, hatte so etwas noch nie gemacht. Alles Gestrige, was in einem Büro aufgehäuft werden kann, lag auf dem Schreibtisch. Ich besah mir alles. Ein massives Mädchen kam, lächelte mich zuversichtlich an, murmelte einen Familiennamen und erklärte: »Ich bin Ihre Sekretärin, wann diktieren Sie mir?« Ich sollte jemand diktieren? Ich wurde hellwach und sagte: »Mädchen, das kommt alles anders«, dann schob ich alles, was an Papierstößen auf meinem Schreibtisch lag, in den Papierkorb. Das Mädchen schluckte und sagte: »So geht das aber nicht.« Ich ließ mir einen Lappen geben und machte meine Schreibplatte sauber und meine Stimmung wurde passabel und ich sagte zu dem Mädchen: »Glauben Sie mir, nur so geht es, wenn überhaupt und, übrigens, wie heißen Sie mit Vornamen?« Das Mädchen sagte, sie möchte mit Fräulein Sowieso angesprochen werden, mit dem Familiennamen. Ich starrte dieses Mädchen erschrocken an, nickte aber. Leider konnte ich mir ihren Familiennamen nicht merken. »Machen Sie zuerst mal Kaffee«, sagte ich. Als das Mädchen mir den Kaffee brachte, ließ ich mir berichten, was hier bis jetzt gelaufen war. Beim Zuhören wurde mir klar, daß die Abteilung nur verwaltet worden war. Jemand hatte hier Abteilungsleiter gespielt und sich gegen das, was von draußen an Vorschlägen, Angeboten und fremdem Interesse immer über ihn hereingebrochen war, mühsam gewehrt. Er hatte in Selbstverteidigung so lange ausgeharrt, bis ihm alles über den Kopf gewachsen war. Am selben Tag machte ich eine Liste aller Interessen, die wir selber hatten, und ferner der Methoden, mit denen diese Interessen ab sofort einigen Leuten draußen verstehbar und akzeptabel gemacht werden konnten. Dann verteilte ich die Arbeit. Meine Sekretärin war sehr unzufrieden, sie wollte alles so machen, wie der frühere Verwalter es gemacht hatte. Ich hätte ihr nun lange und breite Erklärungen geben können, aber dazu hatte ich keine Lust. Gegen ihren Familiensinn und ihre Chefgedanken war ich machtlos. Eine Woche später hatte ich eine andere Sekretärin, ein verrücktes Girl mit hohen Absätzen, das sportliches Vergnügen an dem zeigte, was ich ihm als Aufgabe skizzierte und erläuterte. Damit hatte ich, ein für alle Mal, Ruhe in diesem Job und konnte an die Arbeit gehen und fortan wurde die Abteilung offensiv und mit Phantasie und mit einigermaßen erstklassigen Bürokratiemethoden geführt und Leute, auf die es draußen ankam, reagierten mit Erleichterung, denn nun entdeckten sie ungenutzte Reserven ihrer eigenen Kapazität, und es begann eine mühelose und ergebnisreiche Zusammenarbeit, die es mir möglich machte, die internen Arbeiten weiter zu vereinfachen.

Bei diesem Stand der Dinge passierte eines Abends etwas völlig Unerwartetes: Ich stand an der Bushaltestelle in der Feldbergstraße, um heimzufahren. Es regnete in Strömen und ich stand in diesem strömenden Regen und wartete und mir fiel auf, daß ich in diesem vom Himmel herabfallenden Wasser dastand und ganz woanders war und phantasierte. Da kam mir, von sehr weit draußen, eine Anmutung ins Bewußtsein und sie formte sich zu einer eigenartig hellen und warmen und schmerzdunklen Chiffre aus einem Artikel, einer Ländlichkeit und einem Abenteuer und hieß ›Die homburgische Hochzeit‹. Ich stand da im nun noch mächtiger herabströmenden Regen und dachte: ›Die homburgische Hochzeit‹. Ich dachte das wieder und immer wieder und es gefiel mir, denn ich merkte immer deutlicher, daß ich durchaus keine Vorstellung von dem hatte, was das sein mochte, eine solche homburgische Hochzeit. Was nur mochte das sein? Im nie betretenen Reich dieser Frage kam ich in der Wohnung an und bot Eleonora an jenem Abend den Anblick eines langsam in sich hinein Verblödenden. Eleonora hat sich, nach und nach, wirklich erschrocken, denn ich saß am Tisch, eine Stunde und dann länger und immer länger, einsinkend und absinkend und dann versinkend in eine meine Angst und alle Sorge verschluckende und meinen zerspannten Geist entspannende Verblödung, in eine ruhende Hinnahme meiner bilderlosen phantasierenden Entgeisterung. Dabei, das fühlte ich noch, kam ein Zug chinesischer Bonzengeduld in mein Gesicht: ein unsichtbar bleibendes Lächeln aus Dankbarkeit für viele fremde Ermutigungen in den Jahren meiner anonymen Verschollenheit, die Lust an meiner noch so armseligen, dafür aber abenteuerlichen und selbstbestimmten Bildung niemals zu leugnen. Ich saß da bis in die Frühe des Morgens. Im Hellwerden kam ich zu mir und schrieb auf ein Blatt ›Die homburgische Hochzeit‹. Da wußte ich endlich, was ich bis dahin nur vermutet hatte, daß ich das Glück geistigen Unglücks erfassen und bejahen lernte. Ich dachte: ›Du verstehst nicht, was eine homburgische Hochzeit ist, und vielleicht wirst du es auch später nie verstehen, nimm das jetzt hin und schreibe ein Buch und nenne den Burschen, dem es in diesem Buch so ähnlich ergeht, Erich Hals.‹ Dann geschah etwas, was mich produktiv gemacht hat. Es geschah und es versank sofort in mir und ich habe nie mehr verstanden, was damals geschehen ist; wie sehr ich meine seelenverkäuferische Phantasie auch entspannte, jener Vorgang blieb verborgen. Nach diesem Vorgang fragend habe ich an dem Morgen nach meiner langen Einblödung das erste Kapitel meines ersten Buches begonnen.

Von diesem Morgen an verlief mein Leben nach einer asketischen Regel, die sich aus den Umständen von selber ergab, die ich erfaßte und von da an praktizierte: Morgens um sieben Uhr stand ich auf und nahm ein Bad, wobei ich, im Wasser bis zum Hals, die Reste meiner Träume gewaltlos aufgab. Dann zog ich mich sehr nachdenklich an und legte viel Wert auf konservative und erstklassige Kleidung. Von halb acht bis halb neun frühstückten Eleonora und ich, wobei ich, meine Mundfaulheit genießend, Eleonoras Frühgeschichten zuhörte. Um halb neun verließ ich die Wohnung, die wir inzwischen an der Schönen Aussicht genommen hatten, ging dann zur Bushaltestelle am Dominikanerplatz. Dort wartete ich auf den Bus zur Feldbergstraße. Jeden Morgen stand ich dort und betrachtete, gegenüber, das Dominikanerkloster.

Wie ein eilends aus einer Klosterzelle aufgeschreckter Niemand in seine unauffälligere Ordnung einfährt, so fuhr ich in das Büro. Dort arbeitete ich intensiv und mühelos bis fünf Uhr nachmittags. Dann nahm ich wieder den Bus und fuhr in die Wohnung und verbrachte drei Stunden mit Eleonora. Nach dem Essen schaute ich eine Stunde ins Fernsehen, entleerte dabei mein Inneres von allen Gedanken und blödete in mich hinein, egal, was im Fernsehen lief. Pünktlich um 21 Uhr betrat ich mein kleines Schreibzimmer und arbeitete bis Mitternacht an meinem ersten Buch. Dann ging ich schlafen. In dieser strengen und sehr freien Ordnung verlief nun mein Leben. Es war schöne Askese: Enthaltsamkeit von allen Ablenkungen bei wachsender Vitalität und mit täglicher produktiver Übung im jeweils Möglichen.

Schehrijar

Mein Buch war im Druck. Es sollte nun bald erscheinen. Ich wunderte mich darüber, denn ich war sicher, etwas Unverständliches geschrieben zu haben. Das mochte sogar zutreffen. Was ich damals noch nicht wußte: daß ich erzählerisch geschrieben hatte. Ein Lektor hatte es mir zwar versichert, aber ich glaubte ihm nicht unbedingt. Und bedingter Glaube hieß bei mir seit jeher tiefe Skepsis, steifer Zweifel, schlimmer als Unglauben. Ich wußte damals nicht, daß Erzählen Unverständliches mühelos meistert, weil der Fortgang des Erzählens das Unverständliche freilegt und nichtirdische Wirklichkeit inmitten iridischer Wirklichkeit, Sprache ihr Dank, selbstverständlicher macht. Ich lebte während der Drucklegung jenes Werkchens in der festen Sicherheit, etwas geschrieben zu haben, das bestimmt keinem schaden könnte, weil es ohnehin nie wirklich gelesen würde. Die zweitausend Leser in diesem Land, die überhaupt in Betracht kamen, so meinte ich, die waren derart abgebrüht von Literatur, daß sie unmöglich gefährdet waren. Mit sorgsam geheimgehaltenem Vergnügen malte ich mir aber aus, daß der eine oder andere Schwierige, der penetrant beim Lesen würde, durchaus angemutet werden könnte von meinem stillsten Motiv, denen zu gefallen, die sich selber nicht so unbedingt gefallen. Das genügte mir als Aussicht. Ach, genügen? Das befriedigte mich. Ich verkappte es unter meiner Maske von Fischigkeit, zu der mir die nassen Jahre in der Saufhölle die erforderliche Friedhofsmiene gegeben hatten.

Es versammelten sich damals in Frankfurt einige unbekannte Autoren mit bekannten Kritikern. Es sollte gelesen werden.

Ich wurde eingeladen, dort auch zu lesen. Ich hatte so etwas noch nie gemacht und hatte auch keine Traute. Schlagartige Sorge. Dann redete ich mich heraus mit meinem Phlegma. Aber das nahmen sie mir bereits damals nicht mehr ab, ich erntete nur Gelächter ohne Worte. ›Du kannst da ruhig hingehen, das ist sowieso nur kunstgewerbliches Gefühlsvolk, das bei der Gruppe 47 nicht zugelassen wird, das ist bestenfalls 4711 mit Frankfurter Kummer, da rutschst du einfach so mit durch‹, dachte ich und ging hin. Ich las ein kleines Kapitel und ein paar Leute wiegten die Köpfe. – ›Du bist bereits gestorben, bevor du angefangen hast, dein Schreibjahr, das wars, dein Leben vor dem Tode‹, dachte ich und versuchte mit steifer Miene einen höflichen Abgang. Dann kamen Leute vom Fernsehen und drehten einen Film mit mir, einige Tage. Mir hat das sehr gefallen. Ich wußte nicht, was die filmten. Ich lebte wie sonst auch, brummte und kuckte hierhin und dorthin, wurde von Leuten befragt, antwortete langsam, tonlos und präzise und winkte ab, als man mir anbot, beim Filmschnitt ein Wort mitzureden. »Ihr seid die Profis, macht draus, was ihr gesehen habt, ich lasse mir beim Schreiben auch nicht dreinreden«, sagte ich.

Ich bekam diesen Film vor der Sendung zu sehen. Es waren erstaunliche 45 Minuten. »Du bist telegen«, sagte Eleonora. »Ich bin bloß ruhig«, sagte ich. Was sollte ich mich aufregen? Ich könnte doch meine eigene Mutter im Fernsehen live abschlachten, die Leute würden hinterher bloß sagen: »Habt ihr es auch gesehen? Der da, der war wieder im Fernsehen.« Ich bin auch heute noch gespannt, wie lange der Schutz des Fernsehens vor der Öffentlichkeit noch auf sich warten läßt. Dann könnte man nämlich endlich mal anfangen, dieses 1001-Nacht-Medium mit seinen die Phantasie belebenden Möglichkeiten zu entdecken, nicht zum Schaden der Öffentlichkeit. Dann könnten ein paar komplizierte Hunde etwas wirklich Abenteuerliches tun: im Fernsehen ganz einfach erzählen. Ohne Blatt und ohne Pumphosen. Von mir aus auch mit Pumphosen. Aber ohne Blatt. Wer das nicht kann, der kann nicht erzählen. Die würden sich noch wundern, wenn Hunde, die da jahrelang abgerichtet worden waren, plötzlich anfingen, wie die Scheherazados der Jetztzeit zu erzählen, wenn man denen bloß mal die Blätter wegnähme. Denn immerhin, bescheuert sind sie nicht, die gegängelten Hunde mit den Blättern. Sonst kuckte ich Kucknicht sie mir bestimmt nicht immer wieder an. Denn ich brauche sie. Zum Phantasieren, beim Zuhören und beim Studieren ihrer Mienen, wenn ich phantasiere, was die an Aufrichtigkeit und Freimut und Erzählkraft in sich entdeckten, wenn bloß einer mal anfinge. Ihr ganzes nur scheinbar nie gelebtes Leben würden sie, frei im Fernsehen von sich erzählend, zum erstenmal überhaupt entdecken, denn nur öffentlich ist das wirklich gelebte Leben, wenn überhaupt, zu entdecken, denn Öffentlichkeit ist das einzige Mittel einer wenigstens ersehnten Ehrlichkeit zu sich selber. So, in etwa, phantasierte ich mit dem Redakteur des Films. Er sagte: »Undenkbar heute, in zehn Jahren, dann vielleicht, aber derzeit ganz undenkbar.« Undenkbar war es nicht, ich hatte es ja gedacht. Hans Georg meinte unmachbar. Ich tadelte mich wegen meiner penetranten Art und sagte: »Ich melde mich, vielleicht, in zehn Jahren noch mal in dieser Angelegenheit.«

Der Film wurde gesendet. Wilm, Schneeflocke und Doris gefiel er. Nachts ging mein Telefon. Eleonora verpaßte mir gerade einen hochzeitsfähigen Zungenkuß. Ich nahm den Hörer ab und meldete mich, hörte diese unvergessene Stimme, sehr leise und fest und sehr nahe: »Hier spricht Horkheimer. Ernst, du bist also in Frankfurt. Du hattest es gesagt. Ich habe den Film gesehen. Wie geht es dir?« Ich fühlte, wie ich weiß wurde im Gesicht. »Danke, es geht gut, ich trinke nicht, im Moment nicht – wie geht es Ihnen?« Ich spürte das Stutzen, dann diese leise Stimme, die gewöhnt ist, daß man hinhört: »Können wir uns sehen? Heute? Kommst du ins Hotel? Ich würde mich freuen.« Ich sagte: »Natürlich komme ich. Kann ich Eleonora mitbringen, sie ist meine Frau.« Die Stimme: »Aber das ist ja wunderbar! Du bist verheiratet? Also, deine Frau, die möchte ich selbstverständlich kennenlernen.« – »In welchem Hotel wohnen Sie?« fragte ich und fühlte, wie weiß ich im Gesicht war. »Im Interconti, natürlich«, hörte ich. »Nicht im Frankfurter Hof?« fragte ich erstaunt. »Ach, du weißt es nicht, aber ich fühle mich Amerika und den Amerikanern sehr verbunden, weil die mir Gastfreundschaft erwiesen haben, in der Zeit Hitlers. So wohne ich inzwischen also im Interconti. Es ist ein Hotel, welches wenigstens funktioniert – und die Deutschen, die haben ja Angst vor allem, was wirklich funktioniert, nicht wahr.« Horkheimer sagte es lachend. »Ich rufe ein Taxi, wir kommen dann«, sagte ich, nun wirklich bestürzt.

»Wie siehst du denn aus?« fragte Eleonora. Dann verfärbte sie sich auch und sagte: »Gott, ich habe vorhin ein Export getrunken. Wie kann ich dir da bloß einen Kuß geben?« Sie sagte: »Schneeweiß siehst du aus. Hast du Alkoholgeschmack bekommen?« Vollkommen abwesend sagte ich: »Von einem Zungenkuß ist bis jetzt noch kein Alkoholiker rückfällig geworden, meines Wissens davon noch nicht.« Eleonora lachte sehr, aber mir war nicht zum Lachen. »Wer war denn da am Telefon?« fragte sie. »Max Horkheimer«, sagte ich. Ich fühlte mich wie ein Gespenst. »Horkheimer? Woher kennst du ihn denn?« fragte Eleonora. »Das hat eine längere Vorgeschichte«, sagte ich schuldbewußt. »Gut, daß keiner weiß, was du alles getrieben hast«, sagte sie. »Laß uns fahren«, sagte ich. »Wohin denn?« fragte Eleonora erstaunt. »Ja, Schneeflocke, ins Hotel, zu ihm«, sagte ich. »Was denn, jetzt? Um Mitternacht?« fragte sie. »Hm«, sagte ich voller Furcht und Sorge. Eleonora sagte mit einer Stimme, als spräche sie zu einem künstlichen Menschen: »Mitten in der Nacht, was für Sitten, im Fall.« – »Mitten in der Nacht bricht der Tag an«, sagte der künstliche Mensch und rief ein Taxi. »Ihr beiden werdet gut zusammen passen. Du hast mir ja auch bereits angedroht, deine letzten Lebensjahre in einem Hotel zu verbringen«, sagte Eleonora streng. »Das ist keine Drohung, nur eine Feststellung«, sagte ich.

Max kam durch die Halle, er kam auf uns zu. Während er mit Würde und aufrechter Zerbrochenheit auf uns zuschritt und beide Arme bis in halbe Körperhöhe und mit den Handflächen nach außen öffnete, sah ich den Lichtfunken aus seinem Auge hervorbrechen. Langsam sank alle meine mitgeschleppte Furcht und Schuld und Sorge in sich zusammen. Wir umarmten uns, fest, innig, lange. »Max, oh, Gott – wer hätte es glauben dürfen?« sagte ich ergriffen und Max sagte zu Eleonora: »Nun, wenn Sie seine Frau sind und da Sie es, wie ich fühle, freiwillig sind, da werden Sie sich über solche Abenteuer wohl nicht mehr wundern.« Er küßte Eleonora die Hand mit königlicher Ruhe, um in dem Wunschreich unter seiner unsichtbaren Zeitmütze einen Wunsch für Eleonora zu wählen, mit leicht gebeugter Stirn, damit keiner es sähe. Ich habe es auch nicht gesehen. Dann sagte er zu mir: »Ernst – keiner von uns beiden hätte es glauben dürfen. Was nun mich betrifft, so habe ich in den vergangenen Jahren oft an jenen Nachmittag in der Universität gedacht und habe jedesmal neu beschlossen, daß alles so kommen wird, wie wir es uns damals gewünscht haben. Nun wollen wir essen.«

Wir gingen durch die Halle zum Restaurant, Max in der Mitte. Er war nachdenklich und hatte uns untergefaßt. Als wir zwei Stufen hinaufgingen, fragte ich ihn: »Lieber Max, was für einen Unterschied machst du zwischen Glauben und Wünschen?« Er blieb stehen, überlegte lange, schaute mich dann an und schaute dann wieder geradeaus und sagte: »Schwer zu sagen.« Wir betraten das Restaurant und während wir Platz nahmen, sagte er: »Der Unterschied bleibt Ansichtssache, aber die sowohl allem demütigen Glauben als auch jedem aufrichtigen Wunsch innewohnende Kraft ist erheblich. Beides sind unerschöpfliche Quellen der Freiheit, denn beides darf der Mensch beschließen. Das Wunderbare ist – jeder Mensch darf beides.« Während wir aßen, schaute er mich an und sagte: »Du bist wirklich mein Freund, Ernst, denn du regst mich an, etwas, was ich schon so lange fühle, endlich auszusprechen. Du tust mir wohl. Glaube es mir und wünsche es dir selber.« Ich glaubte es ihm und wünschte es mir. Zum erstenmal erlebte ich, wie bei ihm frisches Denken in Sprache und wie Sprache in Erheiterung überging, denn mit geistigem Vergnügen, Impuls aller persönlichen Sprache, sagte er zu Eleonora: »Ernst kann wirklich fragen. Er fragt einen so, daß man merkt, man ist wirklich gemeint.« Dann erzählten wir uns. Max erzählte ein Erlebnis aus Kalifornien, ein Erlebnis mit Maidon. Diesen Namen hatte er einer Frau vor fünfzig Jahren gegeben. »Und stellt euch vor, es gefällt ihr dieser Name immer noch«, sagte er am Ende seiner Erzählung. Eleonora erzählte aus ihrer Kindheit in der Schweiz, wie sie vor ihrer ersten heiligen Kommunion vom katholischen Priester in ihrem Heimatort als Aussätzige behandelt worden war, weil ihre Eltern in »Sünden« lebten, Martha katholisch und der Jakob protestantisch. »Im Kommunionsunterricht mußte ich vortreten und der Priester schlug mich auf die Hände und stellte mich vor das Kreuz und da mußte ich abseits stehen als Frucht von Sünden und Schande«, erzählte Schneeflocke. Wir hatten zugehört und Max sagte: »Es ist ein Wunder, daß diese Firma mit solchen unfähigen Buchhaltern der Liebe Gottes immer noch existiert.« Daraufhin sagte Schneeflocke: »Bei mir hat diese Firma ausgespielt. Denn ich habe ja, als Katholikin, wieder einen Protestanten geheiratet, den da . . .«, wobei sie auf mich zeigte. »Wir kamen in Frankfurt an und es besuchte uns ein Priester, der Ernst und mir erklärte, wir lebten im Stande der Todsünde. Woraufhin es mir dann gereicht hat und Ernst den Mann vor die Tür gesetzt hat, mit schrecklicher Höflichkeit, wie er das ja kann. Ernst hat das Gespräch sofort beendet und ist aufgestanden und hat zu dem Priester gesagt: ›Sie haben Glück, daß ich einen katholischen Priester in meiner Kindheit kannte, der mir half in meiner seelischen Not. Sonst würde ich Ihnen jetzt wegen Ihrer unverschämten Belehrung, um die ich Sie keineswegs gebeten habe, Ihr römisches Dirndl ausziehen und Sie in der Unterhose zur Straßenbahn begleiten. Und nun gehen sie, bevor ichs mir anders überlege. Guten Tag.‹ Dieser Frechdachs ist dann blaß geworden und gegangen. Und Ernst und ich sind am folgenden Tag zum Amtsgericht gegangen und wir sind beide aus unseren Kirchen ausgetreten, ich aus der katholischen Kirche und Ernst aus der evangelischen Kirche. Kommentarlos, wie das ja typisch für Austritte geworden ist, denn inzwischen wollen diese Institutionen die Gründe ja nicht mehr wissen. Es wäre auch zu peinlich. Für mich war der Schritt seit meiner Kindheit fällig und Ernst sagte, als wir das Amtsgericht verließen: ›Ich bin ausgetreten, um Gott zu ehren, aber das ist nur meine persönliche Angelegenheit und ich würde da niemand in seine Dinge hineinreden.‹« Max sagte: »Fest steht jedenfalls, daß ihr nicht ausgetreten seid, um Steuern zu sparen.« Den Eindruck hatten Schneeflocke und ich allerdings auch.

Bei der Vorstellung, wie Eleonora als Kind auf die Finger geschlagen wurde und abseits vor dem Kreuz stehen mußte, erinnerte ich mich an meinen Freund Eberhard in München. Da erzählte ich Max von Eberhard, dem Alkoholiker und Frauenfänger, der immer noch trank. Ich war kürzlich in München gewesen und hatte Eberhard auf der Straße getroffen. Im Europa-Espresso an der Leopoldstraße hatten wir Kaffee getrunken und Eberhard hatte mir von einem Buch erzählt, an dem er schrieb. Es hieß ›Die Höhle‹. In einer Höhle liegt ein Mann, der in Verwesung übergeht. Ihn braucht man nicht ans Kreuz zu nageln, er kriecht selber aufs Kreuz. Zuletzt kommt einer, der ihn vor dem Tod erretten will. Woraufhin der Sterbende den Samariter erschlägt. »Dieses Buch interessiert mich. Wird es gedruckt?« fragte Max. »Nein, denn es wird nicht zu Ende geschrieben. Eberhard trinkt weiter. Es gibt Alkoholiker, die trinken und schreiben können. Eberhard, den ich seit Jahren kenne, und ich, wir gehören zu den Alkoholikern, die nur schreiben können, wenn sie nicht trinken«, sagte ich.

Wasser vom Himmel

Einige Tage später stand ich morgens an der Haltestelle, um ins Büro zu fahren. Es regnete in Strömen. Ich hatte ein Magazin gekauft und blätterte darin. Der Regen durchnäßte es, was mich nicht störte, denn Regen ist gut für die Haare, den Nakken und für gedruckte Sprache. Ahnungslos blätterte ich in dem Magazin und las eine Überschrift: ›Gelächter in der Hochzeitsnacht. Von Peter Hamm.‹ Ich fand die Überschrift ziemlich passabel und las – und las die erste Kritik meines ersten Buches. Ich schloß, während mich das im Lesen und im Regen überkam, vor Schreck langsam die Augen, dachte: ›Was auch immer dieser Mensch da nun über dein Buch schreiben mag – es ist ein Omen. Die erste Kritik über das erste Buch eines Schriftstellers ist ein Omen – o weh, o weh, wie mag das bei dir jetzt ausfallen?‹ Der Regen strömte jetzt anders vom Himmel. Ich öffnete langsam wieder die Augen und las weiter. Dieser Mensch war fasziniert. Ich dachte: ›Mann Gottes, behalte die Nerven – das ist alles nur kühle Ironie, lies weiter, das dicke Ende kommt gleich . . .‹ Ich las weiter und las bis zum Schluß und mußte zugeben, mußte es fassen, daß jener erste Kritiker von meinem Buch durchheitert worden war. Da machte ich die Augen im Regen wieder zu und das Herz schlegelte mir bis zum Hals vor Erregung, denn nun war es klar, daß mein Stoßgebet am Feldrand, damals auf dem Dorf, in Erfüllung gegangen war, denn es war mir wirklich vergönnt worden, in allem Geistigen als vollkommen humorloser Mensch dazustehen, und nun war dieser Schwierige, jener Kritiker, davon seltsam machtlos durchheitert worden? Ich las die Rezension noch einmal und stellte fest, daß es wohl so gekommen war.

Ich hielt das durchweichte Papierzeug fest an mich gedrückt und stand im Bus und dachte, als ich ins Büro fuhr: ›Stromnaß diese erste Kritik – aber gedruckt.‹ Im Büro wurde ich auch nicht ruhiger. Glaube war alles gewesen: Freude, nicht trinken zu müssen, keine Tabletten zu brauchen und frei von Sorgen durch den Job zu sein, das war es gewesen. Schmerz in wehmütiger Aufmerksamkeit und im ruhigen Schreiben und Weiterschreiben von schwieriger Liebe im Fastnichtsverstehen war es gewesen; Glauben als Zutrauen in schwierige Leser, meine ländlich-großstädtischen Gottes-, Angst- und Herzenskrappiaden zu verstehen, war es gewesen. Aus der Freudenaskese war Heiterkeit in Sprache geworden; aus der Schmerzensaskese war Liebe in Sprache geworden und das war, beim Arbeiten, immer in beiden Richtungen hin und hergeflossen. Aber aus der Glaubensaskese war Humor geworden und der war immer nur aus einer einzigen Richtung her zu mir gekommen, denn Humor hatte ich nie aus meiner von Angst gepfählten Brust aussenden können. So murmelte ich in meinem Büro nun endlich doch den fernen und geheimnisvollen Namen. Als ich den fernen Namen in der Dorfzeit bat, in allem als der humorloseste Mensch dazustehen, fühlte ich da schon eine große und wilde Zeit heraufziehen, in der Humor wieder in seiner kompliziertesten Tatsächlichkeit, als ein unverdientes Geschenk Gottes an uns gottleere Zeitgenossenschaft, unschuldig-mitschuldig wie kranke blinde Hunde, hell und wasserweit verstehbar sein würde? Sollte das begonnen haben? War ich ein Realist, träumte ich? Erwachte ich?

Abends zeigte ich Eleonora die erste Kritik. Sie las sie und sagte: »Verwahre sie gut. Das ist alles nur so gekommen, weil du nicht mehr getrunken hast. Das müßte man dem Kritiker eigentlich schreiben, ich meine, Ernst, es gehörte sich, weil dann kluge Leute einen viel realistischeren Begriff von dem, was man Schreiben nennt, bekämen. Verwahre diese Kritik gut.« Ich nickte und fühlte mich wieder bedrückt.

Wir machten am darauffolgenden Sonntag einen Spaziergang durch die Stadt, wie immer am Sonntag. Plötzlich blieb Eleonora vor dem Schaufenster einer Buchhandlung hinter der Katharinenkirche stehen, nahm mich am Ärmel, zeigte ins Schaufenster und sagte: »Schau mal, Ernst, da ist es ja, dein Buch!« Ich schaute in das Fenster und sah, zum erstenmal, mein erstes Buch. Da lagen mehrere Exemplare nebeneinander. Ich vergewisserte mich. Ja – mein Name, der war richtig gedruckt. Ach, hat mich das erleichtert! Dann vergewisserte ich mich, daß der Titel des Buchs richtig gedruckt war. Das hat mich noch mehr erleichtert. Dann zählte ich die Stücke: Sieben Exemplare. Die Glückszahl. »Schneeflocke, es ist alles in Ordnung«, sagte ich. Ich starrte weiter in das Fenster. Was für ein Erfolg: Sprache aus vom Himmel herabfallenden Wasser – da lag sie, die schöne Wassersprache, gedruckt in einem Schaufenster. Diese gewaltlose Umwandlung des Persönlichsten ins Öffentliche durch Erzählen bewegte mich, denn Erzählen kam bei mir vom Schreiben. »Freust du dich denn nun auch?« fragte Eleonora. Ich nickte. Aus welcher ausweglosen langen Hölle war dieses Mädchen mit mir hervorspaziert. Ich mußte den Gedanken aufgeben. Das konnte selbst ich mir nicht vergegenwärtigen, das war nur durch Schreiben zu klären, vielleicht, eines Tages.

Max gratulierte mir und sagte: »Über deine Begabung braucht man, ein Glück, nicht mehr zu sprechen. Über das praktische Leben kann man leicht zu viel sprechen, das Leben muß man riskieren.« Einige Tage später schrieb er mir: »Im Interesse der Literatur: In allen praktischen Dingen deines Lebens solltest du stets auf Eleonora hören, denn sie ist gescheit.«

Niedergang

1967–1972

Die Buchmesse überstand ich trocken. Im Oktober trank ich das erste Glas. In einem fürchterlichen Zustand kam ich zu Hause an, gewürgt von Angst und von Schuldgefühlen, vor allem Eleonora gegenüber. Sie war entsetzt. Sie hatte alles erwartet, aber nicht, daß ich jemals wieder rückfällig hätte werden können. Ich konnte das auch nicht begreifen, denn meine Absicht, nie mehr zu trinken, war ernst gemeint gewesen. Abstinent, ohne Ahnung, daß Alkoholismus eine Krankheit ist, und im Alleingang, ohne Leute mit Krankheitserfahrung und mit Erfahrung im Nüchternbleiben, hatte ich meinen Rückfall schon vorprogrammiert, ohne es damals zu wissen. Es war nur eine Frage der Zeit geworden und nun war es eingetreten, was ich in der langen Zeit des täglichen gewaltsamen Trinkverzichts heimlich stets befürchtet hatte, daß es, irgendwann, wieder schiefgehen würde mit mir.

In einer Buchhandlung hatte ich eine Lesung aus meinem Buch gemacht. Unter den Zuhörern hatte ein Mann die ganze Zeit eine halbvolle Flasche mit Dujardin in der baumelnden Hand geschwenkt und gesoffen und dazwischen geknurrt. Ich hatte ruhig weitergelesen, aber nach der Lesung gingen der Buchhändler und jener Trinker und ich in ein kleines Nachtcafé, und dort trank ich mit den beiden das erste neue Glas. In mir waren Wut und Ekel vor dem anderen Trinker, der mich beim Lesen gestört hatte, hochgekommen. Weil ich aber in dem jahrelangen Trinkverzicht ohne erfahrene nüchterne andere Alkoholiker lediglich trocken geblieben war und an meinem Leben sonst nichts hatte ändern können und verschroben geblieben war, getraute ich mich nicht, die Störung abzustellen. Heute könnte ich sie leicht abstellen. Damals aber schluckte ich das und in jenem kleinen Nachtcafé dachte ich angewidert: ›Dieser besoffene Typ und du, ihr habt nichts miteinander gemeinsam, er ist ein Alkoholiker, abhängig vom Stoff . . . du aber bist bestimmt kein Alkoholiker, du bist ja verrückt. Wenn du wirklich abhängig wärest, Mann, dann hättest du es keine drei Jahre ohne Glas und ohne Tabletten ausgehalten.‹ Diese von meiner heruntergeschluckten Wut erzeugte Gefühllosigkeit für das Drama des anderen brachte mich dazu, mich selber zu belügen. Ich bestellte großmännisch das erste Glas und trank es. Irgendwann später kam ich nach Hause, ein wankender Sack schwer atmender Scheiße. Ich trank am Abend dieses Tages weiter.

Versenkt

Dieses erste neue Glas hat mich sofort versenkt; es war ein Volltreffer unterhalb der Wasserlinie. Ich ging unter. Ich habe nicht mehr den Versuch gemacht, mir vorzumachen, ich könnte inzwischen wieder kontrolliert trinken; es ging nicht und ich habe durchgezogen. Ich konnte das erste Glas im Leib nicht ertragen und wollte weg, weg aus mir. Keine Planke auf dem Wasser zeigte an, daß hier mal ein Schiff gefahren war. Ich war kein Ozeanriese gewesen, aber ich hatte, als gut gefugter Seelenverkäufer, als Kahn mit grüner Takelage, den großen Teich meiner Angst befahren und ich war gut angekommen nach einer langen und stürmischen Reise, außen ziemlich ramponiert, aber seeklar. Ich bin sofort gesunken, bin nicht auf offenem Meer bei hohem Seegang und Orkanstärke auseinandergebrochen, ich bin im Hafen gesunken und zu den Fischen gegangen, mit dem Kopf in den Schlamm, in den Mutt. Sieben Jahre bin ich da unten geblieben. Ich habe das langsame Auseinandergehen, meine Entholzung und die Erstickung da unten im Mutt miterlebt, ohne Kiemen sieben Jahre unter Wasserbergen, am Grund des Hafens. Ich machte manchmal versuchsweise mein Maul auseinander, der Gestank aus mir selber, der dabei auf mich zufloß, ließ mich zurückweichen.

Rückfall fortan als zweigeteilte Mumie. Der eine dieser beiden Teile geisterte durch Frankfurt und erstickte in dem Luftreich der Stadt. Der andere saß unter Wasser am Grund des Hafens und fror von allen Seiten langsam zu, denn das Wasserreich um ihn herum und über ihm gefror zu hellblauem Packeis und es war ein Eis aus zu Wasser gewordener Zeit, aus gespaltener Zeit und anderer Zeit. Die Empfindung der Angst als Empfindung der Notwendigkeit der Erstickung und der Einfrierung war schrecklich: Mein Bewußtsein war, in einer langsamen Schlitterung, beständig zwischen dem einen und dem anderen unterwegs. Entseelt und geistlos, entleibt und ohne Gesellschaft schlitterte mein Bewußtsein zu dem Hockenden am Grund des Hafens und es erreichte ihn nie; dann geisterte es zurück zu mir, der ich betrunken durch Frankfurt wankte, und es erreichte auch mich nicht. Da packte mich ein Gefühl aus der Ferne. Es war Gemurmel und ich hörte das Gemurmel, verstand es aber nicht und wollte es vergessen. Da legte sich eine große flache Hand quer über meinen ganzen Rücken und ich behielt das Gemurmel, auch wenn ich es nicht verstand. Von nun an war ich sicher, derjenige dort unten, im hellblauen Packeis am Grund des Hafens, sei mein Bruder Klemens. So bewahrte mich Gemurmel noch einmal davor, für immer schizophren zu werden.

Ich trank weiter und nahm wieder Antabus. In den gewaltsamen Trinkpausen versuchte ich, weiterzuschreiben. Sobald ich Alkohol trank, konnte ich nicht mehr schreiben. In den Pausen, in denen ich Tabletten nahm, begann ich bald, mich mit anderen Tabletten zu füttern.

Holunder

Jemand rief an und lud Eleonora und mich zu einem Frühstück nach Schlangenbad ein. Ich war ziemlich reserviert am Telefon. Dann sagte derjenige: »Meine Frau war sehr krank. Nun ist sie genesen. Aus Freude darüber wollten wir einige Leute einladen, Bekannte und Unbekannte.« Das konnte ich verstehen und sagte zu.

Am Vormittag des 2. Januar 1968 wurden Eleonora und ich von jemand im Wagen abgeholt, der auch dort eingeladen war. Ich hatte in den Tagen davor nicht getrunken und hatte wieder Tabletten genommen.

Wir kamen an und hielten vor einem Bungalow. Eleonora und der Fremde gingen voran. Ich blieb noch stehen, stand in einem kleinen Garten. Es war kalt. Schnee war gefallen. Mit der Pharmafaust in meiner Brust betrachtete ich den beschneiten Garten, den beschneiten Rhododendron, den beschneiten Weg zum Haus. Von der Anhöhe herab ging mein gelähmter Blick in die sanft abfallende Schneelandschaft. Ich sah wohl an die hundert Kilometer weit hinab in die sanft abfallende weiße Wintergegend. Das Wort Schlangenbad bewegte etwas in meiner Tablettenbrust. Da wehte mich wieder etwas an. Diese abermalige Anwehung kam aus tieferer Ferne. Sie kam als Anwehung mit einem hellen und sehr notwendigen Schmerz aus tieferer Ferne und aus früherer Zeit als der Geburt. Ich stand dort in dem beschneiten Garten und in dieser abermaligen Anwehung und im Anblick der weiten sanft abfallenden Winterlandschaft. Mein gelähmter Blick schaute nieder auf meine steife Gestalt und in mein Blechkönigtum und meine Lippen wollten beten, aber etwas verhinderte es. In tiefer Scham ging ich in das Haus.

Ich sah Menschen, die vorgaben, mich zu kennen. Ich sagte dies und jenes und stand, mit dem Rücken zu einem breiten Fenster, in einem Zimmer mit einem Balkon und trank ein Glas Wasser. Dann sah ich das Mädchen.

Ich sah Liebreich. Das Mädchen kam langsam durch einen dunklen breiten Gang in das Zimmer und kommt auf mich zu, erreicht die Helle im Zimmer, wunderbare Anmut kommt auf mich zu und ich sehe Liebreich, meinen äsenden Tod. Der Blick des Mädchens ist aufmerksam und ruhig auf mich gerichtet. Woher, woher nur kannte ich diesen Blick? Es war ein geheimnisvoller und zugleich auch rätselhafter Blick. Es war ein so vertrauter Blick. Sein Geheimnis erwärmte mich, sein Rätsel ließ mein Herz stocken vor Todesangst. Der anwehende

Schmerz aus dem Garten ernüchterte mich für einen Augenblick vollkommen, Zeit spaltete sich und wogte zueinander und ich sah Liebreich in der Gestalt dieses Mädchens und ich sah diese Anmutige nun lächeln und mit diesem Lächeln weckte die Unbekannte mich auf, mit einem Blick aus geheimnisvoller Wärme und rätselhafter Macht. Anmut und Wärme hatten Macht über mich Gelähmten. Im Lichtschlag dieses Blicks und dieses Lächelns sah ich mein früheres und mein jetziges Leben als nie mehr endende Atemstockung, sah ich mein Blechkönigtum aus Angst, Unterwürfigkeit und Selbstüberschätzung, sah ich mich Froschkönig plötzlich klarer, einen Alkoholiker im Rückfall, die Brust umschmiedet mit den drei eisernen Reifen dieser deutlich empfundenen inneren Verstümmelungen und meiner Mitschuld an ihnen. Ich schaute der Unbekannten in die Augen, starr vor jähem Schmerz über meine Schande, und sehnte mich nach einem Funken künftiger Freude in dieser Schande und gab der Anmutigen heimlich den Namen Holunder und schickte ein stummes Stoßgebet, an Schlangenbad in Idas Kornmaul mich voller Entsetzen nun erinnernd, aus meiner Umschmiedung: »Gott, sendest du mir Holunder? Mein Gott, halte noch einmal auf den Ausbruch des Wahnsinns in mir!« Da gab das Mädchen mir die Hand und nannte mir seinen Vornamen.

In den späteren Jahren sprach ich diesen Namen nie ohne ernste Freude aus, denn ich hatte ihn vor meiner Niedrigkeit sofort beschützt mit dem Namen Holunder. Im Ginster, grün auch zur Winterzeit, fand ich meine Zuversicht auf eigene Sprache. Weiß war der Schnee meiner Geistesangst und schwarz wie die Frucht des Holunders wurde meine Freude. Mit ihrem Lächeln weckte Holunder in Schlangenbad das Bewußtsein meiner Schande in mir auf. Mit ihrem Blick befreite sie mein Stoßgebet in meiner umschmiedeten Brust. Mit ihrer ersten Sprache, dem Sagen ihres Vornamens, und mit dem holden Klang ihrer stolzen und innigen Stimme weckte sie den Funken geistiger Freude in mir auf, furchtbarer ernster Freude, die mir die letzte Hoffnung zerriß.

Ich trank oder ich nahm Tabletten. Von Antabus stieg ich, von jetzt an immer heftiger, auf andere Tabletten um. Ich schluckte, was weiß und rund war, in steigenden Dosen. Ich log mir in die Tasche: ›Du trinkst ja nicht.‹ Die Tablettenfresserei machte aus mir einen Frosch, der mit einer bürokratischen Perfektion seinen Lügenhaushalt organisierte und verwaltete. Ich legte die Zeiten, in denen ich soff und nicht soff, schrieb und nicht schrieb, fremdging und nicht fremdging, auf Monate im voraus fest. Und hielt mich daran.

In diese Zeit fiel auch, automatisch, die Begebenheit, mit der ich meinen Niedergang als Schriftsteller einleitete. Willenlos zwischen Unterwürfigkeit und Selbstüberschätzung hin und her schwankend, dachte ich: ›Schreibe jetzt schnell dein zweites Buch. Die Leute sind ja blöde. Sie fressen alles. Mache schnell das neue Buch. Du mußt jetzt, nach diesem Erfolg, am Ball bleiben – gib den Idioten das bißchen Fressen . . .‹ Ich dachte das nicht nur, ich fing prompt an, mein zweites Buch herunterzusudeln. Ich wollte schnell und mühelos mehr Erfolg, vor allem Geld, viel Geld. Meine Stärke, fremden Menschen integres Gefühl zu sich selber und zu anderen, Urteilsfähigkeit und Interesse an geistig Schwierigem, heller Eventualität, unbefangen zuzutrauen, diese größte Stärke meines Lebens, die mir allein die Freude am Schreiben und an einer so leisen handwerksehrlichen Alltagsarbeit gesichert hatte, sie verleugnete ich jetzt – und kam mir überlegen dabei vor. Den schönen strahlenden Funken, da handwerksehrliche Arbeit machtlos umschlägt in sprachlichen Klang, diese wunderbare aufscheinende tägliche Sekunde der ruhigen Erfahrung des erzählenden Gelingens, wo du es nicht begreifst, daß du das hingeschrieben haben sollst – diesen Funken gab es nicht mehr. Das Entwürdigende war, daß ich es fühlte. Ich schüttete Alkohol drauf, um es wegzudrängen.

Das zweite Buch erschien. Es enttäuschte jedermann. Ich hatte es vorhergewußt. Jetzt ging ich auf die Suche nach dem fremden Schuldigen. Jetzt war der Beweis da, daß ich ein Mann mit Durchblick war, als ich die Leute in meinem Inneren für blöde erklärt hatte. Ich hatte als Schreiber Harakiri gemacht, denn ich hatte in mir die Achtung vor dem schwierigen Leser ausgelöscht. Wer das als Autor tut, ist erledigt. Auch das begriff ich und leugnete es, nach außen hin, bei jeder Gelegenheit eisig ab. Maskierte meinen Ekel vor mir selber als Kritik an den Zuständen in der Kultur. Bevor auch nur ein einziger Leser mir sein Interesse entzog, hatte ich sie alle längst verraten. Vor dem Rückfall hatte ich die Bereitschaft, sieben Jahre täglicher Arbeit an ein Buch über meine Angst zu wenden. Nicht mehr von Erich Hals, von mir wollte ich erzählen. Um mir die Unabhängigkeit zu erhalten, wollte ich ruhig meinen Job weiterhin tun und der Nebenbeischriftsteller bleiben. Nach dem ersten Glas warf ich den Job hin und machte mich zum Nurschriftsteller. Schmutziger Wahnsinn. Für mich. Für andere Autoren mochte es der richtigere Weg sein, für mich war es der Untergang, und das war mir bewußt. Der Verlust meiner geistigen Gesundheit durch das neue erste Glas war so gravierend, weil ich fühlte, wie sich alles nur noch im Kopf abspielte und dort folgenlos rotierte. Krankheit packte mich, die mir die Einsicht in meine Krankheit versperrte. Nach und nach erlebte ich, daß Empfindungen meine Gedanken nicht mehr klärten und daß mein Wille aus Empfindungen und geklärten Gedanken nicht mehr mein Alltagsverhalten bestimmte. Ich war nur noch eine Marionette von meinem Wahnsystem der richtigen Beschaffung, Aufteilung und Zuführung von Alkohol und Tabletten. Diesen Punkt begriff ich längst nicht mehr. Er war entscheidend. Ich begriff alles andere, jede Lüge, jeden Selbstbetrug, jeden Fremdbetrug. Der entscheidende Punkt löste sich langsam auf in meinem Leben. Das bißchen Fressen, mit dem ich die anderen abspeisen wollte, wurde mir nun zuteil. Unbarmherzig, genau, fortschreitend.

Es lebte in Frankfurt am Main, in einem schönen und ruhigen Bürgerhaus an einer Allee mit Kastanien, ein anderes Männlein. Es lebte dort, in einer weiträumigen Wohnung im ersten Stockwerk, mit einer Frau, die, jenseits von Hoffnung und Resignation, gut aussah. Das Männlein hockt alltäglich und allnächtlich an einem Holztisch und notiert. Manchmal verläßt es sein Schreibzimmer und geht hinüber in einen hellen Salon, trinkt dort mit der Frau eine Tasse Kaffee, bitter und schweigend. Dann verschwindet das Männlein wieder in seinem Zimmer. Es ist sehr umständlich, dieses Kerlchen, nicht eigentlich klein von Figur, eher stumm und kompakt. Es trägt Nadelstreifenanzüge mit Weste, britisches Schuhwerk, ruhige Krawatten. Es duscht vor dem Baden, rasiert sich, nimmt täglich frische und teure Unterwäsche, Mum für die Achselhöhlen, After shave von Paul Pierre, es frühstückt steinern mit großen Damastservietten, die es um seinen Hals legt. Wenn das Männlein trinkt, trinkt es sich zu Boden; wenn das Männlein wieder aufsteht, schaufelt es heimlich Tabletten. Wenn das Männlein notiert, notiert es nie unter zehn Stunden, ohne Pause. Es schaut manchmal verlangend auf einzelne Bücher in seiner kleinen Bibliothek aus kostbaren Ausgaben, gesammelt in vielen Jahren mondänen Desinteresses am laufenden Geschehen. Hin und wieder nimmt es eine Schallplatte aus einer kleinen Sammlung. Hört der Musik zu. Kein Muskel bewegt sich dabei im Gesicht des Männleins, nichts verrät Bewegung in seiner Schneemiene. Das Männlein trinkt oder arbeitet, in schweigsamer Gepreßtheit, mit seelenloser Ruhe. Wenn es, was selten vorkommt, das Haus verläßt, braucht es für kleinste Entfernungen ein Taxi. Dieses Männlein bin ich.

Ich haßte mich und haßte Eleonora. Mich haßte ich, weil ich immer panischer Tabletten schluckte und mir vormachte, ich hätte nun kein Problem mit dem Trinken mehr. Lor haßte ich aus Unehrlichkeit. Ich gab mir den Anschein, weltfremd zu sein; ich war es nicht, ich war vollkommen angewidert von meiner Fähigkeit, in allen miesen Lagen doch noch zurechtzukommen. Ich war ein Häuflein Apathie. Um aber dieses Häuflein Apathie nicht als Häuflein zu identifizieren, machte ich mich an ein Notizenwerk und füllte in diesen Jahren meiner Selbsteinkerkerung in die Politoxomanie mehrere Bände mit Notizen, in denen ich die Menschheit in Apathie versinken sah, ja das Universum. Drunter tuts ja ein Häuflein nicht. Ich empfand ein seelenloses Behagen, mich von Eleonora beherrschen zu lassen. So konnte ich sie gleichgültiger hassen. Ich brauchte einen fremden Alleinschuldigen in meiner Nähe, um alle anderen mitschuldig machen zu können. Ich hörte die Gerüchte, ich sei längst nicht mehr richtig im Kopf. Ich halluzinierte vom Schnee. Überall Schnee, im Hochsommer, in der Wohnung, im Bett. Das Haus war eine Schneeburg geworden. Das Schneegesicht aus München hatte ich längst vergessen. Der Andere und sein Double – welche Euphorie. Ich wußte nichts mehr, schluckte automatisch die Hostien meiner weißen Umnachtung. Ich dachte an Holunder. Sie trat manchmal, von ferne und dann oft in grauenerregender Nähe, ein in meinen höflichen und eisigen Selbstmord auf Raten.

Ein Gespenst auf der Flucht

Seit Schlangenbad flüchtete ich ununterbrochen vor Holunder. Ich belog sie und belog Eleonora, intrigierte gegen beide. Eleonora hoffte nun nicht mehr, daß ich es noch einmal packen würde, ein ruhigeres und tätiges Leben. In Köln sah ich Holunder auf einem Fest und betrank mich so, daß ich erst zwei Tage später wieder zu mir kam.

Zu mir kam ich in einer fremden Wohnung in einem Hochhaus und hatte mit einer Frau geschlafen, die nun drei Dinge machte, während ich mir den Kopf hielt: Erstens beschimpfte sie ihren Mann, der Frühstück eingekauft hatte, in der unverschämtesten Weise als einen Idioten und Versager und Weiberknecht, was mir entsetzlich war, denn der Mann machte, gemessen an dieser wirklich nicht erkenntnisfreundlichen Situation von eindeutigem Gossencharakter, einen um Ruhe und Würde bemühten und so gefaßten Eindruck, daß ich mich fragte, ob ich an diesem Desaster hier wohl der Alleinschuldige sei? Zweitens fiel mir diese Frau dauernd um den Hals und keuchte mir ins Gesicht, ich sei ein sagenhafter Mensch, jawohl, Mensch sagte sie. Und erklärte dem Ehemann mit kalter Patzigkeit, ich sei auch im Bett ein Mensch und er höchstens ein impotenter Kaffer. Das war nicht nur entsetzlich, das war nicht zum Aushalten. Und wenn ich nicht alle Hände voll zu tun gehabt hätte, um mir meinen kranken Schädel zu halten, dann hätte ich es auch nicht ausgehalten, sondern wäre spornstreichs gegangen. So aber erkühnte ich mich, höflich zu diesem Mann zu sagen: »Hören Sie, was immer auch für eine Gestalt ich sein mag, ein Mann fürs Bett bin ich nun sicher nicht, oder kaum – und mir ist auch unklar, wieso ich erwache und zwar inmitten einer solchen Leidenschaft. Es tut mir leid, das möchte ich Ihnen sagen.« Jedes Wort riß mir den Schädelinhalt ziehend auseinander, aber ich mußte das sagen. Es war schlimmer, als hätte ich die beiden beschimpft. Jetzt überboten sich nämlich beide in Versicherungen des Inhalts, daß ich wirklich ein ganz ungewöhnlicher Mensch sei und zweitens hervorragend fürs Bett und außerdem vollkommen unschuldig an allem, ab-so-lut unschuldig! Das wurde fast hektisch geschrien. »Ja, Moment mal?« fragte ich den Mann, »habe ich denn Ihnen vielleicht auch noch beigewohnt?« Jetzt fiel mir die Frau wieder um den Hals und keuchte: »Nein! Nein! Ach, du Unschuldsmensch, nein!« »Es wird jetzt gespenstisch«, sagte der Mann verzweifelt und dann kam das dritte, denn die Frau sprang bereits, halbnackt, in der Wohnung umher und füllte irgend so eine exotische pseudovitalistische Schleudertasche mit Reizwäsche – diesem Strapszeug, mit hohen Schühchen und dünnen Aufreißerfähnchen und erklärte mir, sie würde ihren Mann noch in dieser Stunde verlassen und mit mir nach Frankfurt kommen. »Ich komme mit in dein Leben, du brauchst mich, du brauchst mich!« erregte sie sich und ihre andere Frechheit, ihrem Mann gegenüber, die gehört noch dazugewußt, damit einer sich das Bild meines Elends vergegenwärtige. Das erste entsetzlich, das zweite nicht zum Aushalten, das dritte nun wurde wirklich gefährlich. »Hören Sie mir eine Minute zu?« fragte ich die Frau. »Bitte, ich höre eine Stunde zu, bitte!« keuchte sie. Ich sagte: »Was Sie vorhaben, in Ordnung, das ist Ihre Sache. Aber mit mir können Sie unmöglich reisen. Warum? Weil ich, sobald ich trinke, keinen Widerspruch ertrage. Und ich werde, spätestens am Hauptbahnhof, für Vorratshaltung am Körper sorgen, sonst betrete ich keinen Zug nach Frankfurt.« Ich fuhr ruhig und vollkommen neutral fort: »Und wenn ich saufe unterwegs und Sie wären so normal, mir zu widersprechen, kann es ohne weiteres sein, daß ich Sie ohne Kommentar durch die geschlossene D-Zugscheibe donnere, das ist bei mir jederzeit drin. Und deshalb verlassen Sie Ihren Mann oder tun Sie es nicht, verreisen Sie, mit wem und wohin Sie wollen, nur nicht mit mir. Nach allem, was Sie hier an Sprache und Temperament aufführen, worüber ich mir auch nicht den Schatten eines Urteils erlaube, garantiere ich, sobald ich saufe, keine Stunde für Ihr Überleben.« Die Frau und der Mann hingen wie Verdurstende an meinen Lippen. Als ich meine wirklich ernste Erklärung beendet hatte, nickten sich die beiden in einer Einträchtigkeit, die mich betreten machte, zu und die Frau sagte: »So, Karl, jetzt ist dir wohl klar, daß ich mit ihm und mit keinem sonst fahren werde.« Und der Mann nickte und sagte zu mir: »Ich fürchte, dieses Mal macht sie nicht nur Sprüche.« Dann setzte er sich in einen Sessel und fing an, furchtbar zu weinen, ungerührt und vollkommen hoffnungslos zu weinen. Ich saß da und hielt mir den Schädel. Die Frau riß noch einen teuren Schminkkoffer aus irgend so einem Märchengeschäft an sich, und dann hörte der Mann mit Weinen auf und sagte, vollkommen sachlich: »Isabellchen, die Banknummer hast du ja, hast ja Vollmacht, vergiß nicht die Euroschecks.« Gestiefelt und gespornt saß Isabellchen da und ich bat den Mann, ein Taxi zu bestellen. Er machte das. Dann sagte ich zu der Frau: »Isabell, so heißen Sie ja wohl, ich bin verheiratet und diese Frau in Frankfurt, diese Frau also ist nicht sehr leicht zu erschrecken, was mich betrifft. Sie macht nämlich diese Tragikomödie schon zehn Jahre erfolgreich mit. Sie wird bestimmt nicht über Sachen, die ihr geläufig sind, diskutieren.« – »Deine Frau? Mit der werde ich mich sofort verstehen, du brauchst einfach zwei Frauen«, stellte Isabellchen fest. Ich hatte Holunder in mir verloren, das fühlte ich. Dieses Faktum machte alles andere für mich uninteressant.

Als das Taxi unten wartete, sagte ich zu dem Mann: »Sie kommt wieder« und ging hinaus und Isabell folgte mir ins Taxi. Im Taxi Gemenschel. Im Hauptbahnhof kaufte ich Vorrat. Isabell war jetzt ganz ruhig. Sie stieg mit mir in den D-Zug. Ich habe es geschafft, bis Frankfurt keinen Tropfen zu trinken, ich habe das fertig gebracht. Ich wollte allein sein, aber ich wollte nicht für zehn Jahre in einer Zelle allein sein.

In Frankfurt folgte Isabell mir in meine Wohnung, hochgemut und wortkarg, nervös die Zunge hütend. »Ich habe einen wahnsinnigen Respekt, glaube dir jedes Wort«, seufzte sie im Taxi.

Wir kamen an. Eleonora übersah die Lage mit einem Blick und sagte zu der Frau: »Fräulein, gehen Sie, gehen Sie gleich, kommen Sie . . .« Isabell wollte nun loslegen, aber Schneeflocke machte kurzen Prozeß und schob Isabell durch die Diele und sagte dabei freundlich: »Fräulein, Sie sind nicht das erste tüchtige Mädchen, das diesem Alkoholiker bis ins Haus folgt. Ich mache jede Wette, er hat Sie nicht gebeten, mit ihm zu kommen, und nun gehn Sie ganz schnell, oder!« Isabellchen sagte noch erschüttert: »Taxi . . .« Aber Schneeflocke nahm ihr die Schleudertasche aus der Hand, führte sie die Treppe hinunter und sagte: »Nein, kein Taxi, suchen Sie sich draußen eins, im Fall.«

Ich ging in mein Schreibzimmer, nahm die Vorräte aus den Kleidern, stellte sie fort und nahm Tabletten. Schneeflocke kam herein und sagte: »Nichts gegen dieses Mädchen. Schließlich habe ich vor zehn Jahren genau so auf dich reagiert – nur, Pech für die Dame, ich habe damals bereits reagiert.«

Holunder schrieb mir, sie habe mein zweites Buch gelesen. Gelassen und nüchtern nannte sie es eine elende Schlamperei, meiner nicht würdig. Ich war so weit, nach Paris zu fahren und mich dort umzubringen. Warum in Paris? Ich fragte mich das und fragte mich das und fragte mich weiter und fand keine Antwort. Ich fuhr einige Tage nach Hamburg und betrank mich dort und brachte mich auf einen solchen Tiefpunkt, daß ich endlich wieder Körperqual erlebte. Lähmung, Angst und Sterben wurden endlich wieder zu Wörtern aus selbsterlebter Leidenswirklichkeit, diese Wörter wurden wieder Sprache.

Ich fuhr zurück nach Frankfurt und nahm aus meinen übriggebliebenen Resten die Fassung, drei Dinge anzustreben: nicht mehr zu trinken und, außer Antabus, keine Tabletten mehr zu nehmen, mein Gedächtnis noch einmal zu erforschen und mich nicht umzubringen. Ich hatte mir geschworen, mich umzubringen, diesen Kerl, der mit geschenkter Sprache aus Gründen des Raffenwollens diesen Schindluder getrieben hatte, dafür umzubringen. Ich war wie schizophren, denn ich verurteilte diesen Kerl zum Weiterleben, aber mit ruhiger Tücke suchte ich von nun an seinen Tod. Vierzehn Monate kapselte ich mich in meinem Schreibzimmer ein und schrieb das Buch ›Die Eiszeit‹.

Um mich an Gott festzuklammern, eröffnete ich dieses Antabusbuch, diese Schneeprosa, mit einer Frage: »Ich frage mich, Gott, warum hast du mir ungläubigem, unwissendem Bürger ein solches Übermaß an Sehnsucht nach Phantasien gegeben?« Als diese Frage als Motto unter dem Titelblatt in meinem Typoskript stand, fühlte ich mich geschützt und fing mit dem Schreiben an.

Jeder Tag mit Eleonora erdolchte mich mit meiner schweigenden Unehrlichkeit, jeder Tag ohne Holunder erwürgte mich mit meiner schweigenden Unterwürfigkeit. Ich war beim Schreiben abwesend und in meiner Tablettensucht gelähmt, aber ich war froh, daß ich meine Frage nach der Herkunft meiner Phantasien öffentlich an das Geheimnis meines Überlebens, Gott, zu richten wagte. Mit dem Motto nahm ich mein Motiv aus dem ersten Buch wieder auf, mein Motiv war ich selber, der gemütskranke und umherwandernde und zweigeteilte Mensch in der gottleeren und gewaltverseuchten Welt. Es waren nicht mehr die vaterlosen und stoischen Vätergestalten des Moses Zuckerkron, des John Kerr und des Pfarrers Engelbrecher, die umherwanderten. Im Buch meiner Selbsteineisung mittels Pharmaka waren es nun die kranken Söhne, Clodomir und sein Bruder, die in der leeren Welt nach Signalen Höherer Macht und nach einer Sprache suchten, die nicht nur zum untätigen Denken taugte. Hätte ich das Motto nicht an den Anfang gesetzt, ich wäre nicht mehr am Leben, denn mich zu töten, darauf hatte ich es abgesehen. Meine Anrufung aus der Tiefe meiner Angst und aus der Umschmiedung, mit meiner Gier nach anderen Tabletten und mein Schreiben wurden das letzte Mittel, dem Gieren meines Hasses nach Totschlag und meiner dreisten Unterstellung, die Menschen begriffen nichts, stündlich zu widerstehen. Das Buch wird von einem Mann erzählt, der in einem Verschlag hockt und gelähmt ist. Er erzählt sich aus dem Verschlag heraus. Am Ende der Eiszeit bewegt er sich minimal.

Um arbeiten zu können, mußte ich gelähmt von Furcht, zerrissen zwischen den Frauen und gerädert von Beschämung sein; um mich nicht totschlagen zu müssen, mußte ich ein Pharmakadaver bleiben; um Genesung zu ersehnen, mußte ich mich täglich an den Anblick meines Mottos klammern und, das Grauen von München kennend, noch einmal und dieses Mal schmutziger untergehen, mit dem Gedächtnis der wachsenden Schuldlosigkeit Eleonoras und Holunders – dem Bewußtsein meiner eigenen wachsenden Schuld.

Ich wagte es kaum, durch die Wohnung zu gehen, um mir Kaffee zu machen. Hinlegen konnte ich mich nur, wenn es draußen taghell geworden war. So verbrachte ich die vierzehn Monate in gewaltsam unterdrücktem Gieren nach Schnaps und in der Schneeburg meiner Antabusabhängigkeit und im endlosen Schreiben. Das Erzählen im Schreiben vollzog sich im Bann einer Halluzination: der einst mit dem ersten neuen Glas sich selber versenkt hatte und der nun unter den Wasserbergen am Grund des Hafens hockte, war Klemens. Er fror ein am Grund des Hafens. Hellblaue Schichten Eis senkten sich, von der Wasseroberfläche her, langsam immer tiefer über ihn. Klemens im hellblauen Packeis schrie ununterbrochen. Seine Schreie im Eis drangen zu mir und ich vernahm, wie des Klemens' furchtbares Schreien mir diktierte, was ich erzählen sollte. Ich schrieb und schrieb und war der Notar meines unglücklichen Bruders.

Mein Kopf war zerstört in der Zeit, in der ich ›Die Eiszeit‹ notierte, das ist gewiß. Ich habe dieses Buch nicht als ein Mensch mit autonomen Fähigkeiten geschrieben und meine oft erwähnte sogenannte Gedächtniskraft war fundiert in allen jenen Voraussetzungen und fremden Hilfen, die ich hier mitgeteilt habe. Ich hörte die Schreie meines Bruders und notierte sie in die damalige Frankfurter Studentenrevolte hinein, entsetzt von der um sich greifenden Verachtung fragender und erzählender Sprache, um sich greifender Sucht nach wütendem Behauptungsterror und einem willenlosen Kriechen in die damit inaugurierte Belehrungs- und Ausbildungsindustrie.

Mit der Niederschrift des letzten Satzes unter dem Titel ›Bewegungen‹ schloß ich das Buch ab und ließ endlich ab von meinem Mordplan und sagte, erschöpft am Tisch einhaltend: »Lieber Gott, ich will nicht mehr totschlagen, im Namen Wilhelminas, nein.« Da hörte das Schreien meines Bruders im Eis am Grund des Hafens endlich auf, sein gellendes und unaufhörliches Schreien hörte endlich auf.

Vor dem Delir

Ich trank jetzt morgens eine halbe Flasche Schnaps, um das Zittern wegzukriegen. Dann erst konnte ich mir Kaffee machen. Ich arbeitete in einem amerikanischen Büro, vermietete meine

Reste gegen ein hohes Tageshonorar, das ich zur Finanzierung meiner Krankheit brauchte. Das wenigste Geld ging für Alkohol drauf, neun Zehntel gab ich aus, um mir Gesellschaft zu kaufen, ich mußte Leute um mich haben, die Angst fraß mich auf. Schneeflocke sagte: »Woher kommst du jetzt wieder? Gestern warst du mit Max im Hotel verabredet. Er ist deshalb in Frankfurt geblieben. Rufe ihn wenigstens jetzt an, denn wenn du es dir vielleicht auch nicht mehr vorstellen kannst: er ist dein Freund und er hat auf dich gewartet.« Geschlagen ging ich zum Telefon.

»Dich versetzen, das mußte wohl auch noch sein, um das Maß vollzumachen«, sagte ich zu ihm. Er sagte: »Komm ins Hotel. Ich bin froh, daß du da bist. Wir wollen den Abend in Ruhe miteinander verbringen.« Das war schlimmer als Prügel. »Ich komme direkt aus der Gosse, will dir meinen Anblick nicht zumuten«, sagte ich. »Komme, wie du bist«, sagte er ruhig. Ich versuchte, mich einigermaßen herzurichten, kam mir vor wie ein aufgewärmter Leichnam, fuhr ins Hotel. Dort gestand ich Max alle meine Verfehlungen ein. Er hörte zu. So kam es, daß ich meine Verfehlungen und meine Gier im Kriechen durch das alles endlich aussprach. Später sagte er: »Ernst, was unsere Rollenkrankheit, diese Krankheit von uns allen, Frauen, Kindern und Männern, so bedrohlich und aussichtslos macht, ist unsere Unfähigkeit, unsere Verfehlungen ehrlich zuzugeben. Du bist mit dem, was du mir heute geschenkt hast, dieser gegenwärtigen Belehrungskatastrophe, von der das Geschäft mit Psychoanalyse das inhumanste ist, weil es ja Mitschuld ausradiert, also dieser zum System gemachten Wirklichkeitsverkennung bist du seelisch Jahrzehnte schon voraus. Du leidest unter deinen Verfehlungen, aber du sprichst sie aus. So hilfst du mir, deinem Freund. Und was du da tust, das ist der einzige Weg aus dem Desaster heraus, den ich mir vorzustellen vermag. Wir leben in schrecklich gestörten Vorstellungen. Und was nun jenes Mädchen angeht, welches du nun in dir verloren hast, so fühle ich, daß jenes Mädchen dieser Belehrung auch seelisch unendlich überlegen ist. Sie hätte sich sonst nicht so verhalten, daß du sie liebst. Das wird mir zunehmend faßbar. Sie ist sehr schmerzhaft, eure unglückliche Liebe, denn sie ist wunderbar. Daß du Eleonora liebst, wer könnte das besser verstehen als ich – und daß du jene andere liebst, wer könnte es besser verstehen als du selber. Du liebst Menschen um ihrer Tugenden willen, die sie ihren Mängeln entgegensetzen. Ich kenne dich. Es wird alles gut werden, und zwar gut mit euch allen dreien, das fühle ich.« Ich sagte in meiner furchtbaren Umtrübung: »Ich bin meiner Zeit in keinem Punkt voraus, ich bin ein Nachzügler und hinke hinter großen Überlieferungen dieses Geschicks, absoluter und unbesudelbarer Liebe, entsetzt und bedrückt und betrunken hinterher.« Max sagte daraufhin: »Vor allem dasjenige, was mit leidendem Genie erschaffen wurde, bedarf einer nie endenden und immer neuen und immer ähnlichen Bemühung. Es muß wiederholt werden und umso deutlicher wiederholt werden, je mehr es in Mißkredit gerät. Dein Bestehen auf diesem Überlieferten und dem nicht gebesserten furchtbaren Punkt, Liebe, sowie deine Bereitschaft, von Gott zu sprechen, nach ihm zu fragen ohne Glaubens- oder Heilsgewißheit, dein Bestehen mithin auf der Herkunft aller Liebe, das sagt mir seit langem alles über dich. Denn mit Gott, eben, hängt das natürlich zusammen.« Er geriet etwas aus der Zeit. Dann sagte er: »Mit Gott hängt es zusammen, daß es Leute gibt, die Kunst machen anstatt Bürokratie.«

Nach dem Delir

Ein Delir erlebst du nicht mit, weil du nicht da bist; das Delir ist das Ende deiner geistigen Gesundheit. Nach dem Delir, falls du es überstehst, lebst du mit deinen Resten. Gesund wirst du nie mehr sein, einige werden nüchtern. Nüchtern ist, wer es dann bleibt. Wenn du dich verwandelst in ein Wesen, das zittert wie ein Rohr im Wind, während das Saufen ins Schütten übergeht, dann gehst du ins Delir.

Übrigens spürte ich, kurz bevor ich reinging, daß ich jetzt einfuhr in diese Welt ohne Wiederkehr. Denn mir erschien Klemens. Warum das alles so war, begriff ich längst nicht mehr. Aber ich fühlte, daß das Bild von Klemens der letzte Querverweis Gottes war. Dann stand ich auf der Falltür. Ich wollte weg von der Falltür. Ich unterhielt mich noch mit Leuten, dann, auf einen Schlag, ging es los. Ich machte mich los von der Leine des Bewußtseins, rannte draußen herum, gestikulierend und stotternd, schreiend, Tierlaute imitierend, mit Laternenmasten redend. Ich stieg nachts in fremde Wohnungen, telefonierte stundenlang mit halb Europa, einschließlich Comeconstaaten. Telefonierte mit der Mutter Holunders, entsetzte diese Frau mit nächtlichen schluchzenden Beschwörungen. Dann ahnte ich, daß es Zeit wurde.

Es gibt keinen Zustand, der dich unfähig machen könnte, notfalls bewußtlos zu beten. Bete, wenn du auf der Falltür stehst. Bete, bis du fühlst, daß du bei einem Wesen stehst, welches Liebreich fortschiebt aus deiner Nähe. Bete, bis die Falltür unter deinen Füßen sich öffnet und du einfährst ins Delir, mit einem sausenden Schlag, der dir alle Knochen entleert.

Ich weiß nicht, wo ich gewesen bin. Später lag ich auf dem Bett, von den Hüften abwärts gelähmt. Ein Doktor kam täglich und spritzte mir Penizillin. »Eine Polyneuritis«, sagte er. Vier Wochen lag ich unbeweglich da. Dann stand ich auf. »Nie mehr einen Tropfen«, sagte ich zu Schneeflocke. Ich nahm wieder Tabletten. Auf dem Bett hatte ich die Fliegen gesehen, hatte ihre Bahnen verfolgt. An irgend etwas hatten die Bahnen der Fliegen mich erinnert, an was nur? Ich bekam es in meinem Kopf nicht mehr zusammen. Ich bin, mühsam und noch hinkend, aus dem Haus gehumpelt, habe mir die erste Flasche besorgt. Als ich sie ausgetrunken hatte, hinkte ich nicht mehr. Es kam mir jedenfalls so vor. Ich dachte: ›Du bist wieder normal, die Flasche, die bleibt für dich das letzte Mittel, ein brauchbarer Bürger zu sein, besoffen und begraben zu Lebzeiten, medizinisch behandelt.‹

Ich fuhr im D-Zug nach München. Wollte mich dort totsaufen. Ich hielt das ganz simpel für Individualismus, keineswegs für den inzwischen fälligen Automatismus von Flucht. Ich kaufte am Hauptbahnhof eine Flasche Calvados und einige Flachmänner. Hätte damals einer neben mir gestanden und hätte zu mir gesagt: »Junge, ich bin Alkoholiker und du bist gerade in Phase 33, gute Reise . . .« – ich hätte ihn für einen geistreichen Menschen gehalten und hätte anerkennend genickt. Im Zug suchte ich mir ein Abteil. Ließ bereits den Calvados einrinnen. Er ist hervorragend, aber ich kann ihn nicht trinken, ich kann ihn nur reinziehen in mich. Ich wollte so nicht mehr weiterleben, denn ich hatte diesem Schmutz, meiner Leere, meinem Kriechen nichts mehr entgegenzusetzen. Der Zug fuhr an. Da kam ein Mädchen ins Abteil.

Ich stellte meine Flasche fort, ja schraubte sie zu. Das Mädchen wirkte freudig. Ich reichte ihm zögernd die Hand hinüber. Das Mädchen nahm sie und ich sagte: »Ich heiße Ernst.« – »Dragana«, sagte das Mädchen. Ich zog meine Hand zurück. Ich brauchte jetzt einen Schnaps. Ich sagte leise: »Dragana, denke dir nichts dabei . . .« und nahm die Flasche, öffnete sie und setzte sie an und ließ einrinnen, um meinen Selbstmord weiter einzuleiten. Dabei stieg mir eine Frage hoch. Ich setzte die Flasche auf das Mantelstück über meinem rechten Knie. Der teure Stoff in seiner gewirkten soliden Absolutheit über meinem Knie wärmte meine vereiste Seele. Ich dachte an meine Frage. Dann fragte ich Dragana: »Dragana, wenn du jetzt einen Wunsch frei hättest, was würdest du dann tun?« Dragana schaute mich erstaunt an und fragte: »Können Sie in mir lesen?« Ich war verblüfft. Dragana sagte: »Wenn ich jetzt einen Wunsch frei hätte, dann würde ich das tun, was ich jetzt tue. Ich habe gestern mein Abitur gemacht und fahre, es ist eine Belohnung, nun nach Belgrad und treffe dort meinen Freund. Ich habe das Abitur mit der bestmöglichen Note gemacht und dafür galt diese versprochene Belohnung. Nun fahre ich.« Mich spaltete etwas. Ein Schwert aus ganzer Zeit und ganz anderer Zeit, Zeitspaltung mit Namen, spaltete mir meinen Kopf unter meiner Zeitmütze und dann den ganzen Leib und in die Klaffung trat die Erfahrung von der Wahrheit und Wirklichkeit des vollkommen richtigen Menschen. Es war so überwältigend, daß ich meine Leibesspaltung nicht nur hinnahm, sondern die ganze Flasche ausleerte, um meine Erschütterung zu schützen.

Ich stand umständlich auf, öffnete das D-Zugfenster einen Spalt und ließ die leere Flasche hinausfallen. Dann setzte ich mich und legte den ersten Flachmann neben mich und sagte zu Dragana: »Du bist neunzehn, vermute ich.« – »Stimmt, ja, neunzehn«, sagte Dragana. Sie fragte: »Was würden Sie denn tun, wenn Sie jetzt einen Wunsch frei hätten?« Im sich vollziehenden Dimitrij, in dem mein Hirn unter der Schädeldecke zu Eis aus Meerwasser wurde, brach aus meinen Zwangsträumen, der Vernichtung allen Schlafs, ein Wunsch sich Bahn und ich sagte zu Dragana: »Dann würde ich jetzt nicht nach München fahren, sondern in diesem Zug bis Belgrad fahren, mit dir, Dragana. Von Belgrad mich dann nach Peking durchschlagen. Aber, in Peking angekommen, würde ich zuerst noch nach Hunan gehen, zu Fuß und dann dort mich besinnen und dann erst wieder nach Peking gehen.« – »Kommt Mao Tse-tung nicht aus Hunan?« fragte Dragana. »Doch, er stammt aus Hunan, dieser ewig rebellischen Provinz«, sagte ich. Dragana fragte: »Und dann? In Peking?« – »Dann würde ich dort meinen Wunsch äußern, Mao zu treffen.« Dragana nickte. »Hast du das schon gewußt?« fragte ich. Sie nickte, sagte dann: »Als Sie Hunan sagten, habe ich es gespürt, in der unbetonten klaren Art, wie Sie das Wort Hunan sagten, habe ich es gelesen.« Sie überlegte. Dann fragte sie: »Halten Sie es denn tatsächlich für denkbar, von Mao empfangen zu werden?« Ich sagte: »Ich halte es, unter gewissen Umständen, für möglich.« – »Unter welchen Umständen?« fragte Dragana. Ich sagte: »Unter den Umständen von Wahrheit.« Jetzt wurde Dragana anders. In ihr Antlitz traten Freude und Stolz, inniger Liebreiz. Es war jene Anmut, die Neigung einflößt.

Ich sagte: »In Peking würde ich jemand bitten, Mao Tse-tung eine Botschaft von mir zu überbringen.« – »Was enthielte die Botschaft?« fragte Dragana. Ich sagte: »Die Botschaft würde so lauten: Ein Bettler aus Deutschland, angekommen in Peking, bittet Mao Tse-tung, ihn zu empfangen. Das ist die erste Bitte des Bettlers. Der Bettler wird Mao Tse-tung dann bitten, ihm, dem Bettler, seine beste Liebesgeschichte zu erzählen. Das ist die zweite Bitte des Bettlers. Er wird Mao zuhören. Dann wird er ihn bitten, die beste Liebesgeschichte des Bettlers zu hören. Das ist die dritte Bitte des Bettlers.« Dragana sagte: »Mao würde Sie sofort rufen lassen.« Dann wurde sie unsicher und fragte: »Aber wie würde es Ihnen gelingen, die Botschaft des Bettlers überhaupt an Mao gelangen zu lassen? Er wird doch abgeschirmt. Was Sie da phantasieren, das ist doch ganz unmöglich!« Ich sagte nichts, leerte einen Flachmann und dachte dabei keineswegs über Draganas Sorge nach, sondern sah mich in Hunan unter einer Türschwelle sitzen. Als der Fusel in meinem Inneren seine Verwüstung tat, diese grauenvolle fortschreitende Persönlichkeitsveränderung, dachte ich, daß nur Weitersprechen mich retten konnte. Ich legte den Flachmann neben mich und sagte: »Dragana, ich kann mich nicht nur in Mao hineinversetzen, ich kann mich auch in die Gemüter, die ihn abschirmen, hineinversetzen. Mao und ich, wir haben keine Angst vor Kindern, denn da ist die Phantasie – aber fast alle Machtnaturen, die ich kenne, die haben tiefe Angst vor Kindern, vor einem Kind werden sie machtlos. Ich würde deshalb in Peking ein Kind finden, ein Mädchen oder einen Jungen. Diesem Kind würde ich meine Botschaft für Mao übergeben und würde das Kind bitten, die Botschaft zu Mao zu bringen. Du hast vollkommen recht, Dragana, keiner würde an den Aufpassern vorbeikommen, ein Kind würde durchkommen.« Dragana fing an, das zu fassen. Dann fragte sie: »Welches wäre wohl Maos beste Liebesgeschichte?« Ich wußte es nicht und sagte: »Ich weiß es nicht. Das ist ja das Schöne. Das regt sie an, die Phantasie. – Nur eines scheint mir sicher: Mao würde uns alle noch tüchtig überraschen.« Da fragte Dragana: »Und was ist Ihre beste Liebesgeschichte – was wäre die beste Liebesgeschichte des Bettlers?« Erheitert sagte ich: »Auch das weiß ich nicht, denn ich bin ein Schnapsbein und kein Bettler in Peking. Aber sei sicher, Dragana, der Bettler würde uns alle ebenso überraschen.« Dragana wurde auch heiter und in ihre Heiterkeit hinein sagte ich mit plötzlicher Liebe: »Dragana, ich bin nicht der Bettler, ich bin bloß kurz vor dem Kierkegaardschen Entweder-Oder angekommen, vor dem Tor der letzten Niederlage; meine beste Liebesgeschichte ist eine Empfehlung: Wende sie an, die Botschaft des Bettlers.« Draganas Gesicht bemalte sich mit Staunen. Sie fragte: »Ach – Sie meinen, mit jemand heute?« Ich nickte. »Und wenn ich nun überhaupt noch keine Liebesgeschichte erlebt habe – was kann ich dann tun?« fragte sie. »Dann erzähle einem anderen eben das, erzähle davon, wie es ist, wenn man noch keine Liebesgeschichte erlebt hat«, sagte ich. »Und – wenn ich Angst vor der Liebe habe?« fragte Dragana. »Dann erzähle demjenigen furchtlos davon, den du dafür selbständig auswählst, denn wenn du deine Angst zugibst, kannst du furchtlos erzählen«, sagte ich und dachte: ›Oh, Gott, könnte ich es doch selber tun . . .!‹ Da sagte Dragana: »Ich werde es tun. In Belgrad werde ich es tun.« Ich verlor das Bewußtsein und merkte, wie das geschah und daß der Zug weiterfuhr.

Ich kam zu mir. Der Zug lief im Münchner Hauptbahnhof ein. Ich stand auf, Dragana war jetzt eine Fremde. Ich nickte ihr zu und verließ das Abteil, ging durch den Gang, trat auf den Bahnsteig, stand da und probierte die ersten holzsteifen Schritte. Ich drehte mich noch einmal um. Warum nur? Da riß Dragana das Fenster auf dem Gang auf und rief aus dem Fenster über den Bahnsteig: »Hallo, Herr Bettler! Eine schönere Überraschung wäre selbst Mao Tse-tung nicht gelungen! Hoch lebe das chinesische Kind! Ein Mädchen oder ein Junge!« Die Leute waren wie vom Donner gerührt. Sie starrten auf die Ruferin. Ich winkte Dragana zu, unerkannt als Bettler, aber Dragana war schon hinter der hochgehenden Fensterscheibe verschwunden.

Drittes Buch
Unterwegs ins Heute

Ablösungen

1973

Nach der verdienten Ablehnung meines zweiten Buchs log ich mir und anderen Leuten vor, ich läse keine Kritiken. Ich las alle Kritiken. Mich packte ein nie erlebter Haß gegen alles, was Kultur in dieser Zeit hieß. Kalt und eingebildet auf mein gutes Gedächtnis kapselte ich diesen Haß in mir ab. Die Stunde der Rache kam vier Jahre später. Inzwischen war ich durch die Hölle der Polytoxomanie gegangen, hatte Alkohol und Tabletten gekoppelt und lebte nun, ein mißtrauischer, von sich selbst enttäuschter und rachedurstiger kranker Notar meiner Wahnsysteme und Haßnotizen, isoliert von fast allen anderen. Ich war nicht mehr gefragt. Nach außen eisig und mit steifen Manieren, deren Unechtheit die letzten von mir abstieß.

Im Frühjahr 1972 besuchte mich Jörg Schröder und machte mir einen Vorschlag: »Ich erzähle dir mal mein Leben in diesem Scheißhaufen, den man hier Kultur nennt, ich erzähle auf Band und du schreibst. Du kannst aus dem Material machen, was du willst. Ich will auch nicht als Autor miterscheinen. Du kriegst den Stoff und dafür keinen Vorschuß und ich drucke das Buch als letztes Buch des März Verlages, denn ich bin pleite.« Ich sagte zu Jörg: »Das machen wir.«

Jörg erzählte, ein Bandgerät lief, ich hörte zu. Ich kann zuhören, wenn ich es will. Ich hörte zu und das ermunterte Jörg zum Weitererzählen. Bis weit über seine Kindheitsgeschichte hörte ich unbefangen zu. Dann kam eine Stelle, an der alles sich änderte, die Sandmädchengeschichte. Von dieser Stelle an wählte Jörg eine langsam sich ändernde Form des Erzählens: Erlittener Schmerz durch die ersten Prügel für Liebe brachten ihn dazu, noch dreißig Jahre später, die Basis des Schmerzes als alleiniger Begabung zum Erzählen zu verlassen und auf die Suche nach den Schuldigen zu gehen. Sofort erkannte ich es.

Ich wollte Jörg aufmerksam machen und schwieg, denn ich gab meinem Haß nach und dachte: ›So – jetzt zahlst du mal bar, cash down . . . hinter Schröders Geschichte und hinter der Deckung durch diese Geschichte zahlst du zurück.‹

Ich habe das Buch dann geschrieben. Geistig gutmütig habe ich geschrieben, flach authentisch. Ich hatte für meinen Verzicht auf unverstümmelte innere Authentizität sogleich einen Vorwand, notierte mir: »Schröders Sprache, bis in fahle Tonfärbungen exakt, erzählerisch aufs Papier zu bringen, das reizt mich.« Mit dieser Nacht- und Nebelbeschwichtigung beruhigte ich mich, eine solche Gesinnungspatrone von Slogan reichte mir in meinem Journal ›Apathie‹.

Als Jörg sah, daß die Tonbänder sich in Prosa verwandelten, wollte er Mitautor werden. Ich sagte zu ihm: »Gratuliere. Wahrscheinlich ist dein nächster Schritt, daß du selber schreibst.« Das war ehrlich gemeint von mir. Ich wollte abbüßen, schon damals. Da sagte Jörg: »Es ist auch besser, wenn ich Mitautor bin, weil da bestimmt Prozesse kommen und denen bist du allein nicht gewachsen.« Ich sagte damals: »Schon möglich, schon in Ordnung.« Aber ich dachte: ›Junge, das war jetzt faul, das hättest du, nach allem hin, nicht nötig . . .‹ Nein, Jörg hätte das nicht nötig gehabt. Er hatte mir drei Mal geholfen in früheren Jahren, jedesmal sofort und ohne Feilschen. Als ich niederging, hatte er mir Vorschuß gegeben, den ich für Saufschulden brauchte. Er gab mir das Geld sofort. Er hatte keine Veranlassung dazu, er sah eine Möglichkeit. Als es mir später noch übler ging, gab er mir einen Scheinjob mit einem hohen Gehalt, sagte: »Wir nennen den Laden einfach ›Bismarc Media‹, da ziehst du ein. Die Kosten setze ich von der Steuer ab, durch dich spare ich Steuern.« Steuern spart einer aber nur bei gemachten Gewinnen, aber kaum, indem er sich weiterverschuldet. Zum dritten Mal half er mir, als er sich bereit erklärte, meine ›Notizen‹ zu drucken. Er brachte einen Band dann auch unzensiert heraus, eine Bemühung, die ihm nicht einmal die Druckkosten einbrachte. Das hatte Jörg für mich getan. Ich aber habe nichts getan, um ihn beim Erzählen aufmerksam zu machen auf seine Chance, etwas noch weitaus Besseres zu machen: seinen Schmerz auszusprechen und sodann sein Buch als Autor ganz allein zu schreiben und es zu veröffentlichen.

Ich habe ihn nicht aufmerksam gemacht auf diese Chance, denn nun kam noch etwas hinzu zu meinem ersten schlechten Motiv: Nicht nur wollte ich meinen Haß, versteckt hinter Schröder, unterschiedslos von der Kette lassen – ich wollte auch als Autor noch einmal mit dabeisein. Schneeflocke hatte früher gesagt: »Du bist kein Neider, du gönnst anderen Schriftstellern Erfolg, du bist ein wirklicher Künstler.« So war es immer gewesen. Nun war auch das beendet.

Was ich hier mitteile, kann keinen Gekränkten entkränken. Es gibt keine radikalen Bekenntnisse. Es gibt Verzweiflung und Krankheit und Krankheitseinsicht und bewußte Ableugnung dieser Einsicht und bewußtes Weitermachen im längst als Unrecht erkannten Weitermachen. Ich habe drei Jahre ohne Glas gebraucht, bis ich meine Scham zugeben konnte, die mich seither im Block hält. Ich bin auch jetzt im Block, denn nun habe ich Angst vor Spott, ich wolle einlenken vor der Übermacht des Falschen. Aber diese Gutmütigkeit habe ich nicht, die Übermacht des Falschen in mir selber giert nach Beschweigen. Karl von Clausewitz notierte 1830 in seinem Werk ›Vom Kriege‹: »Die Irrtümer, welche aus Gutmütigkeit entstehen, sind gerade die schlimmsten.«

Abschied von Max

Max rief an. Ob wir miteinander essen könnten? Ob Eleonora mitkäme? Wir fuhren ins Hotel und aßen miteinander. Nach dem Essen fuhren wir in den 20. Stock, verbrachten die Nacht bis zur Frühdämmerung in seinem Apartment. In der Frühe zwischen eins und vier lebt Max am liebsten. Er und Schneeflocke tranken Gin, ich nahm Kaffee und Soda. Ich hatte an jenem Tag nicht getrunken und da ich in den Tagen vorher getrunken hatte, zog ich wieder Tabletten in Betracht, hatte aber noch nichts genommen. Die beiden saßen auf einer Chaiselongue und unterhielten sich. Ich saß am Fenster und las.

Auf der Heimfahrt sagte Eleonora: »Ich bin sicher, daß ich ihn heute zum letztenmal als Lebenden gesehen habe.« Das ging mir durch und durch. Dann sagte Eleonora: »Er hat mir etwas über dich gesagt, während du gelesen hast.« – »Was hat er gesagt?« fragte ich. »Später einmal, wenn du das mit dem Alkohol hinter dich gebracht hast, dann werde ich es dir mitteilen«, sagte Schneeflocke. Was sagte sie? Ich wurde hellwach. »Was sagst du da? Wenn ich das mit dem Alkohol geschafft habe? Ja – glaubst du denn daran?« Ich war wirklich außer mir. Was war da geschehen? Schneeflocke fuhr den Wagen an die Straßenseite und hielt an. Wir rauchten eine. Dann sagte Schneeflocke: »Ich habe immer fest gehofft, Ernst, daß du eines Tages für ganz aus dieser Hölle herauskommst – jetzt glaube ich es nicht mehr, jetzt bin ich sicher.« – »Wieso bist du jetzt sicher?« fragte ich und Schneeflocke fühlte genau wie ich, daß nun ein Ausweichen nicht mehr möglich war. Sie sagte: »Dein Freund hat mir gesagt, du wirst es schaffen, weil du es ohne fremde Hilfe, ohne fremde finanzielle Förderung, ohne fremde Dreinrede schaffst. Das sei nun mal dein Stil. Und nur deshalb würdest du es überhaupt schaffen.« – »Das hat Max gesagt?« fragte ich. »Ja«, sagte Schneeflocke.

Am kommenden Mittag rief Max an und sagte: »Wenn wir uns heute abend noch einmal sehen, verschiebe ich meine Abreise. Aber, Ernst, heute abend nur wir beide – ist das möglich?« Ich war seit einer Stunde auf den Füßen und hatte schon getrunken, um das Zittern wegzukriegen, sagte zu ihm: »Max, ich habe schon getrunken. Ich halte es ohne Alkohol heute nicht aus, renne hier durch die Wohnung wie ein Tier durch den Käfig.« Er sagte: »Das macht nichts, komme, wie du bist.« Ich sagte: »Hättest du mich jemals verurteilt, so wäre mir das alles egal, so aber komme ich mir vor wie ein schmutziges Vieh.« Er sagte: »Ein Vieh bist du, das ist wahr, indessen kein schmutziges.« Abends ging ich ins Hotel. Er erwartete mich in der Halle. Wir gingen ins Restaurant. Dann fuhren wir hinauf. Er begann zu erzählen. Er erzählte mir drei Dinge aus seinem Leben. Dann sagte er: »Das war nur für dich bestimmt. Du begreifst die Umstände. Wollte ich es öffentlich sagen, müßte ich es mit einschneidenden Einschränkungen sagen, um denen, die die Umstände nicht kennen, keinen Schaden zuzufügen. Ihnen würde nur das Herz bluten. Wer keine Kenntnis hat, hat Anspruch auf Schonung.« Ich sagte: »Was du mir von dir erzählt hast jetzt, das habe ich verstanden.« – »Eben«, sagte Max. »Aber was du über die Notwendigkeit einschneidender Selbsteinschränkung, denn das ist es doch letztlich, gesagt hast, das darf ich selber anwenden und davon darf ich auch später sprechen? Daß du es mir gesagt hast?« fragte ich und Max schaute mich an und ich sah den Lichtfunken aus seinem Auge brechen und er sagte: »Selbstverständlich, denn das würde ich ja selber auch in aller Öffentlichkeit sagen.« Ich merkte mir das. Ich hatte den Tag über, Gott sei es gedankt, und später wird man sehen, warum dieser Stoßsatz keine Floskel ist, nicht weitergetrunken und das Essen mit Max sowie das Mineralwasser und das andere Wasser, die Wassersprache von Maxens Erzählung und mein Zuhören hatten meine anormale Betrunkenheit abklingen lassen. Max fügte hinzu: »Was ich dir nun noch sage, braucht ebenfalls nicht verschwiegen zu werden. Ich meine das sogenannte Subjektive. Es ist, unter bestimmten Umständen, ja stets die höchste und allein bleibende Erscheinungsweise der gesellschaftlichen Objektivität, eine selbstbestimmte und exakte Subjektivität. Subjektiv vermag sich öffentlich nämlich nur derjenige Mensch mit Gewinn für seine Zeitgenossen und für die Kommenden zu äußern, der den Mut hat, sich komplex zur eigenen Erfahrung zu äußern – und nicht etwa nur in privaten Andeutungen, vermischt mit sogenannter Theorie. Und das, was ich komplex nenne, ist von mir gefühlt worden als Versuch, ethisch zu wirken, und das umso unerschrockener, je mehr das in Mißkredit gerät. Also: sich mit einschneidender Selbsteinschränkung zu äußern, damit Menschen ohne Kenntnis der Umstände kein Schade geschieht, damit die sich also nicht minderwertig vorkommen müssen. Im eigenen Versagen sich aber nicht herunterzumachen, sondern die bittere Tatsächlichkeit geben, dabei dann aber auch zu zeigen, was auch gut und erstrebenswert ist in dieser ganzen Bitternis – warum es sich lohnt, das durchzustehen. Alles sonst bleibt geistig feige. Ich kann es beurteilen, denn ich war viel weniger radikal als feige. Mein Herz wollte geistige Vorsicht. Ich bin dem, grollend und hochfahrend und am Willen meines Herzens geistig dann zerbrechend, schließlich gefolgt, immerzu schrecklich zögernd. Deshalb bin ich fähig, dir nun mitzuteilen, was ich meine: Wer subjektiv sich äußern will, der muß, früher oder später und hoffentlich später, will er mit Würde sich äußern, vor allem die Dinge mitteilen, die meistens aus Prüderie verschwiegen werden. Was dann ein geistig nicht exaktes Bild ergibt und, schlimmer, einen Harmonieschwindel, der die Menschen nur entmutigt. Das in einem selber Anstößige ist es, was mitzuteilen einen Wert hat. Es enthält die gesellschaftliche Objektivität, die objektive Widersprüchlichkeit der ganzen Gesellschaft, wie sie jeweils ist – falls das furchtlos Subjektive sprachlich eingebunden wird in das darin auch Gelingende und in das Sehnen nach Gelingen für mehr als einen anderen Menschen. Das allein bleibt die Grundlage für die Gewißheit, daß etwas sich bessert. Alles sonst ist herzensleere und gedankenfeige Ansichtshuberei. Das Wunderbare nun aber ist: Solche Ansichtshuberei hat keinen Erfolg, sie bleibt immer nur stecken im Sumpf eingebildeten Bescheidwissens. Sie kann ja überhaupt niemals Erfolg haben, denn sie hat ja bereits im Bescheidwisser selber überhaupt keinen Erfolg. Das ist ein Gesetz, bei dessen befreiender Strenge auch der unzuversichtlichste Mensch an Gott denken darf. Und darin sehe ich den Willen Gottes, von dem ich sonst kein Bild habe, weil ich mich selber ja kaum verstehe.« Herr Becker kam und begann zu packen. Max und ich haben uns verabschiedet, ruhig und froh, wie immer. Max nahm den Nachtzug nach Lugano.

Ich hatte eine Radioarbeit über mein Trinken geschrieben. Eleonora hatte mir geholfen. Allein brachte ich es nicht zustande. Ich gab die Arbeit ab, sie wurde angenommen. Ich sagte zu

Schneeflocke: »Laß uns ein paar Tage zu Rosi in den Chiemgau fahren. Ich muß mich entscheiden. Entweder die Tabletten und den Alkohol abschaffen – oder der Friedhof. Aber werde ich es schaffen?« Wir packten ein paar Sachen, noch in der Nacht. Da rief Max an: »Ich bin in Nürnberg, in der Klinik.« Ich: »Was ist los?« Max: »Ach, nur eine Routineuntersuchung.« Ich: »Keine Schmerzen?« Max: »Nein, keine Schmerzen. – Ich weiß überhaupt nicht, warum ich diese schrecklich langweiligen Sachen über mich ergehen lasse. Ich glaube, es ist die reine Gewohnheit. Je unwichtiger ich werde, desto wichtiger nehme ich mich. Ist das nicht ärgerlich?« – »Du bist nicht unwichtig«, sagte ich. »Doch«, sagte Max, richtig stockig, kratzfrech. »Und eben das, dieses sich immer wichtiger nehmen, während man doch immer unwichtiger wird, das ist der wirkliche geistige Verfall«, sagte er. Seine Verkennung der Wirklichkeit tat mir weh. Ruhig sagte ich: »Max, im Namen der Liebe, für mich bist du heute, an diesem Tag, unendlich wichtig, bitte, bedenke das.« Da hörte ich sie wieder, seine ganz andere Stimme: »Ja, ich will es bedenken. Danke, Ernst.« Ich sagte: »Eleonora und ich fahren ein paar Tage in den Chiemgau. Ich suche eine Entscheidung für mich, nicht gegen mich. Wir fahren gleich ab. Sollen wir in Nürnberg vorbeikommen?« Er sagte: »Nein. Es wird diesen Klinikdummheiten damit zu große Bedeutung beigemessen. Damals, an der Jahreswende, als du mich nachts in der Uniklinik in Frankfurt plötzlich besuchtest, als du da kamst, nachts gegen zwei Uhr, um die Nacht mit mir zu wachen, da hatte ich Schmerz auszuhalten. Und Todesfurcht. Ich werde es dir nicht vergessen, daß du damals, trotz deines furchtbaren Zustandes, von ganz allein gekommen bist, um mit mir zu wachen. Denn, das ist uns beiden ja wohl hinreichend klar, diese Todesfurcht hat mich nur darum nicht erdrosseln können, weil wir von meinen Schmerzen gesprochen haben. So konnte ich sie bereitwilliger ertragen. Wer keinen Schmerz annehmen will, kann nicht leben. Damals hast du mir geholfen.« Ich sagte: »Ja, das stimmt. Und damit habe ich mir damals auch geholfen, das Delir, welches dann kam, zu überleben.« Max sagte erstaunt: »Davon habe ich nichts gewußt.« Ich sagte: »Damals, vor dem Delir, bevor ich auf die Falltür trat, fühlte ich plötzlich, daß du in der Uniklinik bist. Offiziell wußte ich ja nichts und ich hätte auch ohnehin nichts mehr aufgenommen. Ich war schon weg. Dann fühlte ich, daß du in der Klinik bist und fuhr sofort hin, nachts gegen zwei Uhr, um es zu überprüfen.« – »Ach, so war das also . . .«, sagte Max. Er schwieg einige Zeit. Dann sagte er: »Umso mehr wollen wir jetzt diesem Aufenthalt in Nürnberg kein Gewicht beimessen. Ich denke, in diesen Tagen, immerzu an dich und an drei Frauen, an Maidon, an Yvonne und an Eleonora. Eleonora ist in den letzten Jahren immer lebendiger geworden. Wann kommt ihr zurück nach Frankfurt?« – »Mitte Juli – wenn ich zu meiner richtigen Entscheidung komme«, sagte ich. Er antwortete, mit plötzlich aufhellender Stimme: »Wenn du meinst, daß mein Leben, im Geistigen, noch etwas taugt, dann sage ich dir hiermit, daß ich sicher bin, daß du zu der für dich und für Eleonora richtigen Entscheidung kommst. Alles Gute, euch beiden.« Ich sagte: »Max, ich liebe dich, von ganzem Herzen und mit Freude. Dann, bis Frankfurt.« – »Ja, bis Frankfurt«, sagte er.

Es war Mittag. Ich saß in dem Speisezimmer der Pension Griessee in Großbergham und wartete auf Eleonora. Wir wollten essen. Eleonora kam und brachte eine Zeitung mit. Sie hatte eine Seite aufgeschlagen und gab sie mir. Max war in der Klinik in Nürnberg verstorben.

Tropfensuff

Schneeflocke hatte eine Arbeit im Büro angenommen. Sie ernährte mich mit. Wenn sie morgens ging, schlich ich geduckt zu meinen Verstecken. Sie waren immer leer. Ich schnürte dann aus dem Haus, hinüber zum Wasserhäuschen, hatte nie mehr Geld, sagte unterwürfig zu dem Mann hinter der Glasscheibe: »Nur ein Bier . . . nur eine Flasche, bitte . . . ich bring das

Geld dann vorbei.« Der Mann gab mir die Flasche. Zitternd nahm ich sie, stehe etwas zur Seite, wie ein geprügelter Hund. Ich schniefe, nestle am Verschluß der Flasche, bekomme sie nie auf, halte dem Mann hinter der Scheibe jeden Morgen die Flasche wieder hin und bitte ihn, sie für mich zu öffnen, in schauriger Sorge, er könnte sich weigern. Der Mann öffnet mir die Flasche jedesmal, ich nehme sie, stehe wieder zur Seite und ziehe das Bier tropfenweise in mich hinein. Es ist saukalt in der Sonne. ›Atomwetter ... Laxnesswetter ... Hunderttausendkneifzangenkälte‹, denke ich jeden Morgen bei diesem Tropfensuff und brabbel dem Mann hinter der Glasscheibe etwas entgegen, Schläge befürchtend. Eine Flasche Bier reichte inzwischen, um mich für den Rest des Tages in mein Verdämmern zu bringen.

Die Alkoholikerverlobung

Es wurde Frühjahr, ich trank nicht mehr und nahm seit Monaten nur noch Tabletten. Ich war ein Pharmakadaver geworden und Schneeflocke und ich lebten schweigsam nebeneinander her. Ich fühlte meinen Nachtodzustand. Meine Unaufrichtigkeit gegen Schneeflocke und gegen Holunder quälte mich, das Schweigen Holunders würgte mich, die Kenntnis meiner Mitschuld lähmte mich. Aber meine Selbsthilfen, Ablösungen im mir damals Möglichen, hielten mich Sack schwer atmender Krankheit immer noch am Atmen. Ich wollte ausbrechen. Zuerst aus der Tablettenfron, dann aus der Alkoholsucht. Schneeflocke, das hieß für mich jetzt ewiges Weiterdämmern in Tablettenkrankheit. Holunder, das hieß für mich jetzt ewiges Weiterdämmern in Schweigekrankheit. Darum machte ich mich noch einmal auf, um überall zu forschen, ob diese beiden Frauen nicht Geschwister hätten. Ich strich, ein Zerbrochener, durch die Stadt, um eine dritte Frau zu suchen. Wärme in den Armen einer dritten Frau suchte ich, Wärme für das Grönland der Pharmakälte in mir. In den Armen der Unbekannten erwärmt, wollte ich, auf einen Schlag, alle Tabletten abschaffen und mich dann, keine zwei Flaschen Bier mehr ertragend, mit Harttrinken in den Absturz saufen, entweder in den Exitus oder in Sattwerden für immer.

Ich strich durch die Stadt, aber ich fand keine Frau. Geduckt mich umblickend, sah ich niemand, denn ich sah nur mich, nie einen anderen. Ich hatte keine Chance. Nichts stößt so ab wie einer, der nur geben will, aber nicht nehmen kann. Seine Sucht, nur zu geben, Angst vor fremder Liebe, erscheint als Anmaßung und wird zurückgewiesen. Ich gab es auf. Halb wahr sein und eine Frau zum Kaffee einladen, um die Lage schnüffelnd zu klären, war nicht mein Stil, lieber blieb ich allein. ›Dafür ist dein Verrecken noch gut, mein Lieber, daß du das in deinem Leben nicht getan hast‹, sagte ich mir. Da sah ich ein Mädchen. Eine sehr Schöne, halb abwesend, die aufregendste Hypochondra, die ich bis dahin sah. Ich sah Beatrice Cenci als Dreizehnjährige auf einem Balkon in Florenz. Da nannte ich die Unbekannte in Frankfurt heimlich Beatrietsche. Mein Alphabet war mir auseinandergeraten, aber es war mir wenigstens in Fastdeutsch auseinandergeraten.

Beatrietsche war doppelt so alt wie Beatrice, aber nicht weniger belebend. Angst gab ihren Blicken zögerndes Verlangen und ihrem Lächeln eine Wärme, die mich aus allem Gegreine und Selbstmitleid herausholte. Aber Beatrietsche schwärmte vom Panther, von meinem Kumpan, der sie mir, hirnrissig besoffen wie ich, vorgestellt hatte. Der Panther war aggressiv geworden bei jenem Kennenlernen in Beatrietschens Dachkammer, ich war in meiner Kränke nachdenklich geworden und Beatrietsche war noch verträumter geworden. Der Panther soff, mich und Beatrietsche gebrochen beäugend, ganze Pfützen schwappenden Amselfelders, ich sagte ruhig zu Beatrietsche: »Ich bin der Siebenschläfer und du, du bist eine Siebenschläferin, wir werden bald siebenschlafen.« Beatrietsche erwiderte einstweilen nichts, was mich heiter stimmte, weil ich es geahnt hatte, während der Panther nun Lärm schlug. Als er wegsackte vom Amselfelder, sagte Beatrietsche: »Du bist ein Friedhof – oh, Gott, du fehlst mir noch.«

Einige Tage später rief ich sie an. Wir verabredeten uns, trafen uns in der Stadt. Der Panther bedeutete ihr nach wie vor alles, aber der Panther war nun ein Problem. Sie sagte: »Wahrscheinlich habe ich mich bei ihm derart engagiert, weil er so sehr dem entspricht, was ich mir unter einem Mann vorstelle: Verlorenheit. Und Kampf dagegen, Kampf, zuletzt mit allen Mitteln, in der Ahnung, daß er nie gewonnen werden kann, weil die Verlorenheit unentrinnbar ist.« Ich machte eine trübe erschütterte Miene. Wenn sie das im Panther sah, bitteschön. Mein Männerleben war banaler, aber ich konnte schließlich nicht einmal kontrolliert saufen. Dann sagte Beatrietsche: »Aber bei allem, was wir uns gegenseitig bereits angetan haben, erlebe ich es doch, daß ich dem Panther habe helfen können, vor allem in Bereichen, in denen der Panther das nicht ahnt.« Dieser Satz berührte mich stark. Mit einemmal wankte meine Mystifizierung Holunders. Sie wankte nur leicht, aber das leichte Wanken ist das wirkliche Wanken. Ich sagte daraufhin zu Beatrietsche: »Höre, wir beide werden bald siebenschlafen, du und ich.« Aber diese Hypochondra sagte: »Das habe ich vermutet, aber es kann dir nicht gelingen, denn ich bin dem Panther vollkommen ausgeliefert.« Ich nahm es zur Kenntnis und fragte: »Willst mit mir ins Bett gehen, ja oder nein?« Beatrietsche erging sich in einem langen Gespinst, und ich hörte zu und dachte: ›Deine Unfähigkeit, klar Ja oder klar Nein zu sagen, bringt mir kein Nachgeben und dir komplizierten Verdruß.‹ Ich ging und fuhr mit Eleonora in den Chiemgau.

In Rosis Haus in Großbergham trank ich nicht und nahm auch keine Tabletten mehr. Ich bekam qualvolle Entzugserscheinungen, aber in dieser Qual, in der meine Krankheit überhaupt erst voll zum Ausbruch kam, brachte mein Widerstand gegen die Fluchtmittel mir eine Pause der Besinnung. Hätte Beatrietsche mir nicht das gesagt, was sie unter einem Mann verstand, ich hätte sie sofort vergessen, obschon ich fühlte, daß ich sie und keine andere jetzt brauchte. Sie betete meinen Kumpan an. Ich war für Beatrietsche höchstens eine Fliege. Ich konstatierte das und dachte: ›Gut, wenn es so ist, dann pole sie langsam um, vom Panther auf die Fliege.‹ Der Gedanke war ein Kunstwerk. Auf den ersten Blick unmöglich, auf den zweiten Blick faszinierend, auf den dritten Blick praktikabel.

Am Tag unserer Rückkehr aus Großbergham besuchte mich der Panther. Er hatte schweren Ärger. »Mit Beatrietsche?« fragte ich scheinheilig. Dieser Buschmann in der Stadt war wütend. »Stelle dir vor, die schreibt mir jetzt Briefe, in denen sie Fragen stellt!« sagte er fassungslos. »Was für Fragen denn?« fragte ich. Aber der Panther sagte: »Ach, die üblichen Verhörfragen. Ich werde ihr mal zeigen, wo's lang geht!« Fragen sind immer gleich Verhöre. »Bist du sicher, daß die Frau noch lange Lust hat, sich das zeigen zu lassen?« fragte ich. Da lachte der Panther nur. In der Straße draußen war es sehr still. »Schreibst du wieder?« fragte er mich. »Seit ich unterwegs die Tabletten abgesetzt habe, notiere ich wieder«, sagte ich.

Der Panther erinnerte mich in zwei Punkten immerzu an mich: Im Trinken und Weitertrinken, sobald er getrunken hatte und im Erzählen aus einer Energie der Angst heraus, und das immer am faszinierendsten, wenn er nicht trank. Er schrieb in Schüben und machte eines Tages, im Vollrausch, ein einziges dickes Geldgeschäft und geriet nun in den Wahn, ein Geschäftsmann zu sein, trank noch heftiger und machte von jetzt an Ungeschäfte, die seinen Gewinn langsam wegfraßen. Zu mir sagte er: »Ich werde noch zwei oder drei große Geschäfte landen, dann schreibe ich nur noch.«

Eines Tages gab er mir das Geld für eine Monatsmiete. Ich gab ihm meine Rolex. Er legte sie um sein Handgelenk, betrachtete die teure Uhr, nahm sie wieder ab, gab sie mir zurück und sagte: »Nimm die Uhr wieder, ich mache so was nicht, verdammt noch mal, ich schenke dir das Geld. Du schreibst ungerührt weiter, obschon du erledigt bist.« – »Obschon?« Das erlaubte ich mir denn doch zu fragen. Er sagte wütend:

»Ich mache miese Geschäfte und schreibe nicht und du machst nie ein Geschäft und schreibst täglich. Das Schlechteste, was du zu Papier bringst, ist besser als jedes meiner neuerlichen Geschäfte. Du weißt das und nimmst dennoch Geld von mir, du bist eiskalt!« Ich nickte ihm zu, denn es stimmte, was er sagte, ich nahm das Geld und steckte es in meine Silberdose, wenigstens für eine Stunde. Der Panther fauchte: »Du sagst keinen Ton zu meinen Anwürfen! Wenigstens könntest du mit mir über meinen verdammten Ärger diskutieren!« Ich sah ihn bloß an. »Verflucht, sag etwas zu meinem Anwurf!« brüllte er mich an. »Nein«, sagte ich. »Wieso nicht?« brüllte er und geriet außer sich. »Weil ich es nicht will«, sagte ich ruhig zu ihm. Er gab mir etwas, was für mich wichtiger war als Geld, er glaubte an den Schriftsteller in mir, an denjenigen, der täglich schreibt. Das Geld, das er mir gab, war der harte Indikator seiner Aufrichtigkeit, denn es schmerzte ihn mehr, als wenn er sich einen Fetzen Fleisch aus dem Bein gerissen hätte.

»Übrigens, ich beabsichtige, dir die Schöngebaute wegzunehmen.« Er starrte mich an, dann lachte er und lachte und prustete: »Das ist der Horror! Du mir die? Es ist Horror, eiskalt! *Die* Frau mir ausspannen?« Er hörte auf mit Lachen und sagte: »Einen sicheren Blick hast du, das gebe ich zu. Die Dame ist nicht nur schön gebaut, sie ist auch zwischen ihren hellen Lippen vollkommen gebaut, ein Meisterwerk von Mädchen.« Er fing wieder an zu lachen. Ich sagte: »Du scheinst das ja noch spaßig zu finden, schön. Ich sage dir aber, es ist kein Spaß. Ich sage es dir, damit du alles tun kannst, um es zu verhindern, falls du es verhindern willst.« Breit lachend ging der Buschmann fort aus meiner Wohnung.

Ich fühlte mich nicht sehr gut, als er gegangen war. Ich handelte wohl wirklich im Horror. Eine Stunde später trank ich in einem Biershop in der B-Ebene der Hauptwache das erste Pils. Dann kaufte ich mir im Laden gegenüber eine Flasche Calvados, für die Kopfbehandlung (Angstspaltung). Ich saß mit der Flasche auf der Steintreppe in dem Betonland und ließ den Schnaps einrinnen und dachte: ›Beatrietsche steht auf Unentrinnbarkeit, also lasse einrinnen, das genügt für die erste Ginstervorstellung.‹ Beim ersten Mal war ich ziemlich auf den Füßen gewesen. Jetzt würde sie einen erleben, der nicht mehr auf den Füßen blieb. Ohne Übergang. Aber ich hatte nicht die Traute, bei ihr anzurufen, während ich die Flasche betrachtete, die kaum angetrunken war. Mir wurde grau im Magen vor Elend. Ich vertrug fast nichts mehr. Dann hob ich die Flasche noch einmal und später lag ich auf dem Bett von Beatrietsche und sie las mir vor, aus irgendeinem ihrer Bücher. Dann fing sie an zu erzählen.

Ich tat meine Hand in die Kitteltasche und hörte Beatrietsche zu: »Was ich für ein Mädchen wäre, hast du mich beim ersten Kennenlernen gefragt. Ich hatte schon viel von dir gehört und hatte auch dein erstes Buch gelesen. Später las ich in der ›Rundschau‹ eine ganze Seite über dein angebliches baldiges Ende. Dann kamst du plötzlich mit dem Panther. Du hast mir eine Geschichte erzählt, von früher. Es war, als spielte sie gerade jetzt. Wie die Geschichte in deinem Mund entstand, das war wunderbar. Ich erlebte den, der dieses fremdartige Buch geschrieben hatte, das mich so verzaubert hatte. Ja, jetzt lächelst du, wo du das hörst, aber ich hatte mich vor zwei Jahren von der ›Homburgischen Hochzeit‹ verzaubern lassen. Und nun saß der, der dieses Buch geschrieben hatte, hier in Person und erzählte und blieb als persönlicher Erzähler eben nicht hinter seinem Buch zurück, im Gegenteil. Und ich dachte an deine Alkoholexzesse, von denen ich gehört hatte. Leute redeten davon wie von einer teuflischen Sache. So wohl stellen sich die Menschen heute das Teuflische vor, im Alkoholismus. Nun saßest du hier und fandest mich schön und Horst tobte und auch das hat dir gefallen und du hast zu mir gesagt, Horsts böse Laune irgendwie menschlich nehmend: ›Jetzt möchte ich Ihnen zeigen, wie ein toter Mann mit einer lebendigen Frau ernst flirtet.‹ Dann hast du mir eine Geschichte erzählt. Ich war ganz woanders, während du erzähltest. Dann fragte ich: ›Sie wollten doch mit mir flirten.‹ Du hast in den Augenwinkeln gelächelt und hast gesagt: ›Es wurde bereits ernst geflirtet‹. Und ich dachte: ›Oh, Gott, das ist kein Alkoholiker, sondern ein Speckjäger.‹ Du bist mir ungeheuer vital erschienen, denn du kannst erzählen. Und beim Erzählen warst du sehr gesammelt, durch dich liefen starke Gefühle und mit der Sprache erfaßtest und verarbeitetest und vermitteltest du starke Gefühle und das war für mich faszinierend. Ich stellte mir vor, daß du tausend Fehler hast, rücksichtslos bist, auch schäbig, unberechenbar vor allem. Aber mein stärkster Eindruck war, daß du menschlich bist, unzerstört im Guten wie im Bösen. Während du erzähltest, dachte ich: ›Das ist doch eigentümlich. Jetzt hast du immerzu, von allen Seiten, immerzu dieses Lamento über diesen Mann gehört, da sitzt der hier und ist ganz anders und ergötzt sich wie ein ernster dicker König. Der ist nicht erledigt und der hat auch noch mehr als anderthalb Jahre zu leben. Was dieser Kollege von dem da über eine ganze Seite der ›Rundschau‹ geschmiert hat, war wohl reines Wunschdenken dieses Kollegen. Der hier sitzt – am ehesten könnte es noch so kommen, daß der eines Tages ein paar angeblich superkluge Leute ganz unglaublich auf den Arm nimmt.‹ Vorhin nun hörte ich das dritte Mal von dir. Telefon. Ich nahm ab, hörte eine Stimme und im Hintergrund einen saugenden Lärm. Ich denke: ›Welcher Irre ruft denn da an?‹ Da nennt die fremde Stimme deinen Namen und sagt, du stündest neben der Zelle, schwer betrunken. Du hättest gebeten, mich anzurufen und mir zu sagen, daß die Liebe jetzt bald anfängt. Der Anrufer sagte: ›Ich bin Araber. Der betrunkene Mann vor der Zelle hat sehr bestimmt erklärt, ich solle wörtlich sagen, daß die Liebe jetzt bald anfängt und ob du jetzt vorbeikommen dürfest, es würde jetzt, Moment, warten Sie, es würde jetzt – grablustig. Er hat es aufgeschrieben.‹ Ich sagte zu dem Araber: ›Bringen Sie ihn zu einem Taxi‹ und gab ihm meine Adresse. Ich hing auf und rief sofort Eleonora an. Das weißt du noch nicht, aber wir haben uns kennengelernt inzwischen. Ich dachte: ›Der wird jetzt hier heraufkommen und mir einen Quatsch erzählen, der wirklich gefährlich für uns werden kann. Oder er schlägt mich. Oder er haut die Kammer hier kurz und klein.‹ Ich bekam wirklich Angst und habe deshalb nachts Eleonora angerufen. Sie sagte, ich solle alles, was Alkohol sei oder auch nur entfernt an Alkohol denken lasse, sofort wegschaffen, sonst könne man für nichts mehr garantieren und vor allem, ich solle dir, auf gar keinen Fall, in irgendeiner deiner Ansichten jetzt widersprechen. Im übrigen wirkte Eleonora am Telefon gleichgültig, um nicht zu sagen sarkastisch. Darüber dachte ich noch nach, als du friedlich die Treppe hochkamst. Dann standest du in der Tür. Mir kam das sehr lange vor. Du standest da, hast meine Hand genommen und hast sie stier betrachtet und ich überlegte hastig: ›Dem seine Friedlichkeit ist nicht normal, der führt was im Schilde, da kommt noch ein harter Schlag.‹ Aber du hast meine Hand gehalten und dann hast du angefangen zu zittern dabei. Du hast gezittert wie einer, der gierig ist. Und hast mir in die Augen geblickt auf einmal und dein Blick wurde hündisch. Dann redetest du, immer noch in der Tür stehend, meine Hand haltend und mit diesem hündischen Blick mich anschauend, auf mich ein, mit einer Eindringlichkeit, die mich entsetzte, denn diese redende Eindringlichkeit war unterwürfig. Dieser hündische Blick und die eindringliche Unterwürfigkeit in deinen Worten, das war so grauenvoll, das war ein ganz anderer als der, der sich hier vor kurzem, auf dem Bett neben mir, erzählend so souverän ergötzt hatte. Begreifst du, was ich sagen will? Ich lerne einen Mann kennen, der mich nicht nur beeindruckt, der mich mühelos mehr als beeindruckt, und da steht der einige Tage später da, er als ein völlig anderer, hündisch und eindringlich und unterwürfig. Das hat mir weh getan. Erst die Kolportage über dich. Dann kommst du selber und machst das mühelos zum Unsinn und dann kommst du wieder und bist schrecklicher daran, als jede Kolportage es sein könnte. Aber das war ja noch alles zu ertragen. Dann kam der Alptraum. Du kamst nämlich hereingetappt in meine Dachkammer und hocktest dich auf das Bett und dann murmeltest du einen alptraumhaften Irrsinn aus dir heraus. Ich wurde zuerst bloß starr. Aber dann kam es, denn dann kriegte ich plötzlich, nur eine Sekunde, ach, viel weniger als eine Sekunde lang, das beschleichende Gefühl, daß du jetzt eingehst und daß ein Teufel in dir das alles auch noch zusätzlich spielt. Das beschlich mich, aber bestimmt nur für weniger als eine Sekunde und ich glaube, das ist der Moment gewesen in Frankfurt, in dem ich für die Sicherheit meines Verstandes keinen Groschen mehr gegeben habe. Aber dann war dieser Verdacht weg und ich habe miterlebt, wie du mehrere Stunden gebraucht hast, um dich einigermaßen wieder zu erholen. Du hast auf meinem Bett gelegen und hast dir vorlesen lassen von mir, sehr lange Zeit. Dabei hast du dich so erholt, daß du anfingst, allmählich zu sprechen. Du hast etwas Wunderbares vollbracht. ›Ich spreche jetzt für dich eines der Klagelieder des Propheten Jeremias. Lausche der Sprache. In ihr ist aller Schmerz und alle Verstümmelung festgestellt, die es gibt. Es ist ein Wundergesang. Denn in seiner wahrhaftigen Feststellung ist das Absterben ganz und ohne Täuschung erwiesen, aber die Sprache bringt das Grauen zum Stehen. Nichts wird heil bei dem großen Jeremias und da ist keine Darüberhinwegtröstung mehr möglich, aber das Sterben in der eingetretenen Verstümmelung kommt, kraft des sprachlichen Gesangs des Jeremias, zum Stehen. Es kommt zum Stehen durch eine unfaßliche ferne Erbarmung seines Gottes, denn des Jeremias Schreiben, Überlieferung wahrhaftiger Sprache, ermöglicht Gottes Erbarmen. Höre dem einmal zu‹, hast du gesagt und hast dich dabei immer mehr erholt. Dann hast du, in deiner liegenden Lage, ein Klagelied des Propheten Jeremias gesprochen. Für mich wird das wohl die Begegnung mit bleibender Literatur durch einen Literaten der Jetztzeit sein, die , solange ich lebe, nie mehr übertroffen wird. Als du das Lied gesprochen hattest, bist du aufgestanden und hast gesagt: ›Erzähle mir, was gewesen ist.‹ Ich habe verwundert gesagt, du wärest doch dabei gewesen die ganze Zeit. ›Nein, ich komme aus einem Dimitrij, ich komme erst jetzt zu mir. Erzähle alles möglichst genau‹, sagtest du. ›Du hast dich doch schon die ganze Zeit vorhin, beim Vorlesen, schon erholt‹, sagte ich. ›Das ist möglich‹, sagtest du. Was soll ich noch sagen? Zuerst kamst du als Unbekannter, der sich hintergründig ergötzte. Dann kommst du als hündischer Mann, der unterwürfig auf mich eindringt, der dann ein Lied spricht und aufsteht vom Bett.«

Die Schlaflosigkeit erleichterte es mir, den Entschluß zu fassen, nunmehr sofort und durchgreifend zu handeln. Wenn ich es jetzt nicht tat, würde es zu spät sein, noch einmal den Kampf gegen die Medikamente aufzunehmen. In dem toten Nebeneinander mit Eleonora war keine Änderung in der Tablettenfron mehr möglich. Ich mußte aus dieser Fron noch einmal ausbrechen, alle Medikamente auf einen Schlag abschaffen und mich, in einem letzten radikalen Akt den Zubruchsaufens, entweder umbringen oder noch einmal die Hölle eines Entzugs durchstehen. Ich hatte den wahnwitzigen Gedanken: ›Erwärmt von Beatrietschens Angst und durchatmet von ihrer Sexualität und aufgerichtet von ihrer mädchenhaften Sprache kannst du den harten Aufschlag überleben, denn du hast noch ein Motiv: Feststellung deiner wahren Verstümmelung.‹ Ich beschloß, auszuziehen – und zwar sofort.

Ich rief den Panther an. Bat ihn, zu kommen. Er kam und ich war dabei, zwei Koffer zu packen. Ich sagte zu ihm: »Hilf mir packen, ich ziehe aus.« – »Du ziehst aus? Von Eleonora ziehst du aus?« fragte er bestürzt. »So ist es«, sagte ich und packte ein paar Bleistifte in einen der beiden Koffer. Der Panther fragte: »Ist dir klar, daß du mit deinem Leben spielst, wenn du Eleonora verläßt? Ohne sie überlebst du keine zwei Jahre.« Ich nickte ihm zu, er lag richtig mit dem, was er sagte. »Willst du dich denn umbringen?« fragte er. »Nein, und darum will ich lediglich ausziehen«, sagte ich. »Wohin?« fragte er. Er hatte bei dieser Frage etwas gezögert. Ich mußte jetzt das Messer der Sprache nehmen und ihm den schnellen waagerechten Schnitt durch seinen Unterbauch ziehen. »Ich ziehe zu Beatrietsche«, sagte ich. Der Panther baute ab. Er fing sich und fragte: »Weiß sie es?« Ich sagte ruhig: »Deine Frage sagt wohl alles.« Er starrte mich an. Ich mußte ihn jetzt sofort beschäftigen, sonst konnte er gefährlich werden und mich mit einem Faustschlag hinüberbringen, denn ich war wirklich nichts mehr wert.

»Hier, nimm den einen Koffer und mein Maschinchen, ich nehme den anderen Koffer. Vorwärts, verlassen wir das Haus«, sagte ich und wir gingen.

Das Taxi wartete schon. Wir stiegen ein. Unterwegs kam der Panther zu sich und sagte: »Die bekommt einen Ohnmachtsanfall, wenn sie aus dem Büro kommt und sieht, daß du eingezogen bist.« Ich sagte: »Wir werden uns verloben.« Der Panther sackte im Taxi etwas in sich zusammen. Wir kamen an in der Straße, trugen die wenigen Sachen ins Haus, in den Lift, fuhren hinauf. Als wir das letzte Stück Treppe hinaufgingen, fragte er mich: »Wie kommst du denn hinein? Du hast doch wohl keinen Schlüssel. Selbst mir hat sie keinen gegeben.« – »Dieses lächerliche Holztürchen?« fragte ich erstaunt und trat es, eine Handbreit unter dem Schloß, weich ein. Es war Mittag. Wir saßen an Beatrietschens Glastisch. »Du willst dich mit ihr verloben? Du bist doch steif verheiratet mit Eleonora«, sagte er nur. »So ist es«, sagte ich. »Wie willst du dich denn da verloben?« fragte er wild. Ich nahm alle Tablettenpackungen aus dem Koffer, zeigte sie ihm und warf sie in Beatrietschens Mülleimer und sagte: »So mache ich das.« Der Panther verließ fluchtartig die Kammer.

Als Beatrietsche aus dem Büro kam, saß ich am Glastisch und notierte, wie immer um diese Zeit. Sie sah die beiden Koffer und erblaßte. »Versuche nicht, mir einzureden, du hättest das nicht kommen sehen«, sagte ich und legte den Bleistift beiseite und stand vom Bett auf.

Beatrietsche und ich haben uns schließlich verlobt. Als das gelungen war, nahm Beatrietsche endlich wieder einen Job. Ab Mittag, wenn sie fort war, ergab ich mich dem Tropfensuff.

Jörg rief mich an, sagte: »Deine Verlobung macht die Runde. Du bist ja verrückt, du bist entschuldigt. Aber deine Verlobte, die ist bestimmt nicht verrückt, die ist clever. Meint sie. Naja. Sie heißt überall nur die Verlobte des verheirateten Alkoholikers.« Davon wußte ich nichts. Ich sagte: »Am 20. November ist die Scheidung angesetzt.« Jörg lachte und ich sagte, kotzkalt: »Eine Dreiminutensache.« Jörg hörte auf mit diesem Gelächter und sagte: »Eleonora und du, ihr seid das letzte wirklich interessante Ehepaar, das ich kenne. Das, zum Glück, gibt es auch noch. Der Richter, der euch scheidet, der möchte ich nicht sein.« – »Wieso nicht?« fragte ich ihn. »Der arme Mann, was würdest du mit ihm machen, sobald du zu dir kämst. Du hast schon Leuten, die dir weniger Umstände machten, schrecklich heimgezahlt – der arme Richter«, sagte Jörg. »Du bist ein SEK«, sagte ich böse. »Was ist denn das?« fragte Jörg. »Ein Schweinehund Erster Klasse«, sagte ich, »du bist verdammt informiert über mich und ich kann nicht behaupten, daß mir das paßt.« Er fragte sarkastisch: »Was macht die Mutter?« Ich sagte: »Sie hat Nerven.«

Am selben Tag fuhr ich zu Schneeflocke, angeblich, um mit ihr Einzelheiten der Scheidung zu besprechen, in Wirklichkeit aber, um jetzt den Beschluß zu machen. Ich wollte nicht mehr. Krepieren oder aussteigen, das wollte ich. In dem Sommer mit Beatrietsche hatte ich mich vom Schweigen Holunders gelöst, denn es ist wahr, was Beatrietsche mir gesagt hatte, sie hatte mir Glück gebracht. Der Beischlaf in der tiefsten Etage des Friedhofs, das Ende der Turnfeste im Bett und dieser blöden Sexualgymnastik scheint nicht gerade demokratisch zu sein, aber mein Maß war voll. Ich nahm mir vor, meine Schwäche zu nutzen. Wenn mich der Tropfensuff bereits fertigmachte, dann wollte ich noch einmal hart und so hochprozentig einfüllen, bis ich entweder draufging oder ganz unten war.

Ich kam die Treppe hoch, hatte unterwegs schon Schnaps getrunken. Ich nahm Eleonora noch wahr und sagte: »Schneeflocke, mit der Scheidung, das ist natürlich Unsinn. Dich liebe ich, bis Liebreich kommt. Die Verlobung war wichtig, aus Suchtgründen – hast du Alkohol? Ich brauche jetzt hartes Zeug.« Schneeflocke sagte: »Ich mache uns Tee, ich habe noch eine halbe Flasche Stroh-Rum.« Sie brachte den Tee und den Stroh-Rum. Wie seltsam. Kein Geschrei mehr. Sie bringt mir den Alkohol? Das war so neu, daß es sich, durch die Mauer meiner Krankheit, in meinem Gedächtnis einnistete. Dann nahm ich ein Drittel Tee und zwei Drittel Rum, dann nur noch Rum und dann weiß ich nichts mehr.

Kapitulation

In der Frühdämmerung des 17. November 1973 kam ich in einem fremden Apartment zu mir. Gekrümmt lag ich auf dem Boden. Liebreich war da, ich fühlte es. Endlich. Von der Schädeldecke herab und herauf von den Fersen und von meinen Fingerspitzen her wanderte Kälte auf meine Herzgegend zu. Langsam und unaufhaltsam. Ein Schneestamm in mir rollte auf mich zu. Wenn er meine Herzgegend erreichte, würden sie später nur noch meinen Leichnam finden. Liebreich hatte keine Gestalt mehr. Er war jetzt unsichtbar und schweigsam, ganz er selber. Ich wollte um Hilfe rufen. Unterließ es. Ich war sicher, daß der Schneestamm mich sofort überrollte, sollte ich um Hilfe rufen. Ich mußte mich auf den Tod vorbereiten und begann mich zu wundern, daß mein Leben nicht an mir vorüberzog. Es hieß, daß dies geschähe in der Sterbestunde. Ich hatte das immer geglaubt. Aber da war nichts. Ich sah keine Bilder, erfuhr nur meine Leere. Der Schneestamm rollte langsam weiter und kam mir näher. Gewiß nun meines Endes fragte ich mich, was mein Leben gewesen war? Es war Angst gewesen. Ein Stoßgebet in der Kindheit, am Feldrand. Trinken. Erkenntnis, Wegschieben der Erkenntnis. Der Beginn der Vernichtung. Eleonora. Das lange Leid. Nun das Ende. Das war mein Leben gewesen. Da kam ein Funke Freude herbei, es war ein Funke geistiger Freude. Freude im Gedanken, daß Liebe selbst mein martervollstes Unglück momenthaft zum Stehen gebracht hatte. Dann der Gedanke: ›Du liegst jetzt hier und stirbst und nie hat einer von deinem wirklichen Drama jemals etwas erfahren, davon, daß alle deine Verstümmelungen dir bekannt wurden, während du sie durchmachtest – und dennoch wird das alles unfehlbar an das Licht der Wirklichkeit kommen und wie das geschieht, bestimmt allein Gott, diese helle Macht, die du zum erstenmal fühltest, während du als Junge im Dorf die Siebte von Beethoven exakt vorausfühltest und die Musik hörtest.‹ In diesem Augenblick schickte ich ein Stoßgebet aus meiner Atemstockung. Es war kein Denken, es war kein Wille, es war ein stummer Ahnungsschrei: ›Danke, Gott, daß ich das alles durchleben durfte, danke.‹ Ich wurde ruhig? Ich wurde ruhig, denn ich dachte: ›Jetzt kommt er, Liebreich, jetzt holt er dich, der Tod.‹ Ich wurde ruhig und war bereit. Aber da spürte ich, wie der Schneestamm, der meine Herzgegend erreicht hatte, vor seinem den Tod bringenden letzten Millimeter zum Stehen kam. Dann war da kein Schneestamm mehr. Kein Schneestamm mehr? Ich hob etwas den Nacken, aber ich fiel mit dem Hinterkopf zurück auf den Boden. Im Schmerz des Aufschlagens kam ich zu mir. Ich lebte? Unfaßbar, ich lebte. Konnte mich aufrichten und sah die Flasche. Ich sah die volle Flasche auf einem kleinen eisernen Hokker stehen, die volle und geöffnete Flasche. Ich sah mich um. Ich war allein in dem Raum. Eine schreckliche Gier packte mich. Ich stand auf den Füßen. Ein Suchtsturm zwang mich zu der Flasche. Ich umklammerte ihren Hals. Sie war geöffnet. Ich hob sie hoch und zitterte vor Gier. Da erreichte mich eine Anmutung von sehr weit draußen. Ich war sicher, jetzt zu verrekken, wenn ich die Flasche nicht austrank. Da sagte ich laut: »Nein. Gehe drauf, indem du dich wehrst.« Hart setzte ich die Flasche hin. Wich zurück, torkelte durch das Zimmer. Im Suchtdruck torkelte ich, nicht vor Schwäche. Ich erreichte das Bad. Wollte wieder zu der Flasche, aber das Erlebnis, daß ich mich nun im letzten Moment doch noch einmal zu wehren anfing, wie unzählige Male vorher, dieses Erlebnis hatte sich nun in den Trümmern meiner Phantasie festgekrallt: Seit je hatte es sich in den Resten meines Hirns festgekrallt und mit einemmal erfaßte ich das Wunder, daß tausendfaches Sich-Wehren, immer besiegelt von neuer Niederlage, nicht sinnlos gewesen war. Ich sah im Spiegel auf der fremden Toilette meine kranken Augen und konnte also noch sehen. Ließ ein Bad ein. Dabei fiel ich vor Schwäche mit dem Gesicht auf die hintere Emaillerundung der Wanne, als ich mich zu dem Wasserhahn hinüberbückte. Der Schmerz war schmutzig, aber das Wasser lief ein. Ich zog meinen stinkenden Pullover aus, ließ die Bierhose herunter, brachte mir in qualvoller Umständlichkeit die klebrigen Socken von den Füßen. Stieg ins Wasser. Es war eiskalt. Ich rutschte aus in der Wanne und lag in der eiskalten Brühe, hatte mir den Arm aufgeschlagen dabei. Dann drehte ich den anderen Hahn voll auf, verbrannte mich und fluchte laut und dieses laute Fluchen auf mich selber tat mir gut. Bernd kam ins Bad. Bernd? Ich war bei ihm? In seiner Hand baumelte die offene und nun nur noch halbvolle Flasche. Ich spekulierte, ob er mit der Flasche in Griffnähe käme. Blitzschnell hätte ich sie ihm entrissen. Aber das geschah nicht, denn er stellte die Flasche auf den Spülstein. Daß ich nicht aus eigenem Vermögen an diesem Morgen nicht doch wieder getrunken habe, diese Tatsache hat sich seither in meinem Gedächtnis eingegraben. Bernd verließ das Bad und ich verließ die Wanne, stand wieder vor dem Spiegel und sah mein zerschlagenes Gesicht. Meine nassen Haare auf der Schädeldecke taten mir gut. Ich nahm die Zahnspangen heraus, legte sie zitternd auf den Rand des Spülsteins und nahm eine Handvoll Wasser in den Mund, bekam Brechreiz. Ich beugte mich über die Toilettenschüssel. Ein paar nicht entfernte fremde Kotreste näherten sich meinem gebeugten Gesicht. Der Ekelreflex funktionierte immer noch, mir hob sich der Magen und in einem dicken Strahl schoß der Dreck noch einmal aus mir heraus. Ekel hat mir unzählige Male geholfen, wenigstens einen Teil von dem, was mich so krank machte, auszuspucken, wahrscheinlich den entscheidenden Teil. Ich reinigte meine Mundhöhle, reinigte die Zahnspangen mit den Fingern und bugsierte sie wieder an ihren Platz. Ich zog meine alte Bierhose wieder an, aber nicht mehr den Pullover. In der Diele holte ich mir aus einem Wandschrank ein frisches Hemd von Bernd. Es war zu eng für meinen Bauch, ich zog es trotzdem an, wenigstens ein frisches Stück an meinem Friedhofsfell. Ich tappte in das Apartment. Bernd machte ein Frühstück. Er trank bereits. Besser sein Alkoholismus als diese gottverdammte subventionierte

Motzerei. Wir hatten das übliche Frankfurter Nuttenfrühstück, schwarzen Kaffee und Rothändle. Ich schlürfte vorsichtig einige winzige Schlucke. Sie blieben unten. Bernd trank eine neue Flasche Bier an. Dann trank er weiter. Ich betrachtete ihn beim Trinken. Sein Charme war eine Kette hochgezüchteter Angstgrimassen. »Willst du nicht mal deine Verlobte anrufen?« fragte er. Ich sagte: »Nein, ich werde jetzt Schneeflocke anrufen.« Das war die bedingungslose Kapitulation.

Der Ausbruch

1973–1974

Es gibt unterschiedliche Gemeinschaften, in denen Alkoholiker sich helfen. Ich habe davon gewußt, habe es nur abgestritten. Wer so soff wie ich, wurde aufmerksam gemacht. Keine dieser Gemeinschaften hat die Nüchternheit gepachtet. Ich habe mich der Gruppe angeschlossen, die mir persönlich zusagt.

Ich erzähle nur Selbsterlebtes und habe keine alleinseligmachenden Dinge anzubieten. Was ich sage, sage ich nur in meinem eigenen Namen. Ich bin auch kein Experte in Alkoholismus, ich bin ein Anfänger in Selbsthilfe von Alkoholikern für Alkoholiker und bin jetzt frei vom Glas und frei von allen Medikamenten. Und resigniere nicht, denn ich bin machtlos.

Von Bernds Wohnung rief ich Schneeflocke an. Sie meldete sich. »Ich habe die Flasche hingestellt. Ich schaffs bestimmt nicht. Aber ich probiers jetzt.« – »Bleibe da, ich komme«, sagte Eleonora. »Danke, Schneeflocke«, sagte ich und legte den Hörer auf und baute ab. Bernd hielt mich fest auf dem Stuhl. Dann bemühten wir beide uns, mich auf die Erde zu legen. Der Suchtdruck nahm zu.

Eleonora kam, übersah die Lage mit einem Blick. Sie sah, daß ich nicht mehr soff. Wir gingen zum Aufzug. Als wir hinunterfuhren, sagte ich: »Schneeflocke, ich bin fertig.« Sie sagte: »Aber bestimmt nicht erledigt.« Die paar Schritte bis zu ihrem Auto konnte ich allein nicht mehr machen. »Die Vorstellung ist geschlossen. Und wenn ich draufgehe – ich habe seit Wochen keine Tablette mehr drin. Und heute werde ich nicht saufen, ich habe mit dem Entzug vor drei Stunden angefangen«, sagte ich. Eleonora sagte: »Du kannst es, dieses Mal, schaffen. Und dann werden ein paar Leute böse aufwachen demnächst – ein paar Narren.« Mir brach der Schweiß schon aus und ich zitterte schrecklich. War Schneeflocke nicht mehr nüchtern? Von mir war nichts mehr zu erwarten. »Ich schaffs bestimmt nicht. Aber ich probiers«, murmelte ich. Wir fuhren langsam in unsere Wohnung.

Henry stand in der Diele, lief sofort auf mich zu. Ich streichelte ihn. Baiba – in einiger Entfernung – registrierte meine Rückkehr voller Vorbehalte. Eleonora ließ mir ein Bad ein. Meine Angst vor dem Wasser und meine leisen Proteste, ich hätte bereits gebadet, tat sie ab: »Husch! Geh ins Bad! Wasche die Verlobungsschande ab!« In tiefer Besorgnis murmelte ich, so eine Verlobungsschande könne man nicht so einfach abwaschen, das ginge nicht. Eleonora sagte ungerührt: »Doch, du wirst lachen, aber so eine Schande kann man so einfach abwaschen, jawohl.« Ich badete und später gab Eleonora mir ein paar Klamotten, die bei meinem Auszug übriggeblieben waren, Sachen von ärmlicher Enge und irgendwie erschütternder Reinlichkeit. Ich zog sie an und stand da, furchtbar beschämt. Als ich in meinem früheren grünen Sessel saß, sprang Henry auf meine Knie. Ich streichelte ihn schuldbewußt und ängstlich. Sein leises Röcheln zeigte mir, daß er mich noch mochte. Da riskierte ich wieder Anfänge unserer früheren schönen dicken Schmusesprache, nannte ihn Henry Kuchenbäcker und Kuni und Hennerchen und Geisterschatz und dabei bohrte Henry, wie früher, seinen Kopf in meine Achsel. Dann sprang er von mir ab und lief nach nebenan, ins Grüne Kabinett, tanzte dort seinen Katzenwalzer.

Plötzlich stand ich vor dem hohen Fenster und fing an zu brüllen, in schrecklicher Angst und Aggressivität fing ich an zu schreien. Als ich nicht mehr schreien konnte, ging ich mit weichen Knien in mein Zimmer. Der Suchtdruck nahm noch immer zu. Ich holte mir einen Topf mit Wasser und ein Bierglas. Ich saß an meinem Schreibtisch und füllte das Bierglas mit Wasser, schloß die Augen, hob das Bierglas an die Lippen und fühlte das Bierglasige und ließ das Wasser in mich hineinlaufen; ohne zu schlucken, redete mir ein, das sei Calvados, und trank und trank so weiter, Bierglas um Bierglas mit Wasser, und hämmerte mir ein, es sei Calvados und ich sei nun knallvoll mit Calvados. Am Nachmittag um 17 Uhr hatte ich immer noch keinen Alkohol getrunken. Aber mein Widerstand brach jede Minute neu zusammen, ich hielt den Gedanken, nie wieder zu trinken, einfach nicht aus. Ich konnte mich kaum bewegen, aber ich brachte es fertig, zum Wasserhäuschen zu gehen und ich kam mit fünf Flaschen Bier zurück in mein Arbeitszimmer. Ich stellte die Flaschen, nebeneinander, auf das alte Sofa in meinem Rücken. Eleonora verfolgte diese Prozedur. Ich setzte mich an meinen früheren Arbeitsplatz. Die fünf Flaschen Bier in meinem Rücken gaben mir Sicherheit. Ich sagte zu Eleonora: »Ich will versuchen, heute den ersten Schluck nicht zu trinken.« Meine Bauchdecke fing an zu flattern. »Ist es schlimm?«

fragte Eleonora. »Ja, es ist schlimm. Aber es ist gut. Ich will mich jetzt wehren.« – »Soll ich einen Doktor holen?« fragte sie. Sehr leise sagte ich: »Der erste Weißkittel, der mir im Entzug dazwischen kommt, den donnere ich hier durch die geschlossene Tür. Diese ahnungslosen Distraneurin-Idioten haben mir heute noch gefehlt – ich schwöre dir, Lor, dieses Mal gerät diese ganze Geschäftsbranche an den Falschen.« In mir entstand Grönland. Aber ich war kurz davor, die erste Flasche aufzumachen.

Kontakt mit meiner Branche

Schneeflocke sagte: »Da ist eine Frau, Anita. Sie ist Alkoholikerin. Sie hat nun seit zwei Jahren nicht mehr getrunken. Sie würde dich besuchen und sie würde mal mit dir sprechen. Möchtest du das?« Ich sagte nur: »Schon zwei Jahre nicht getrunken? Und Alkoholikerin? Das gibt es nicht.« – »Doch, das gibt es«, sagte Eleonora und dann fügte sie hinzu: »Anita würde mit dir sprechen und ich weiß, daß du Anita sofort akzeptieren würdest.« Das war, aus Eleonoras Mund, eine sehr ernstzunehmende Behauptung. Sie hatte niemals mit so etwas gespaßt. Erstaunt sagte ich: »Ja, wenn du das sagst – und wenn dieses Genie Anita käme . . .« Eleonora sagte: »Rufe sie an, ich habe die Nummer. Rede du mit ihr.« Sie gab mir eine Telefonnummer und ich wählte die Nummer und am anderen Ende meldete sich Anita. »Ich bin der Ernst, der Alkoholiker«, sagte ich. »Ich bin Anita, auch Alkoholiker«, sagte Anita. »Eleonora sagt mir, du hättest schon zwei Jahre keinen Tropfen mehr getrunken«, sagte ich. »Das stimmt«, sagte Anita. Ich wußte sofort, daß sie die Wahrheit sagte. Es war so absolut verrückt für mich, daß es mir einleuchtete. Mir wurde elend. »Anita, ich schaffs nicht«, sagte ich. »Doch, du schaffst es«, sagte Anita. Was sagte sie? Sie glaubte das auch? Schneeflocke schien es zu glauben. Und Anita glaubte es auch. »Die Flasche ist stärker als ich«, sagte ich ins Telefon. »Diese Erkenntnis ist, bei uns allen, der Anfang der Genesung«, sagte Anita ruhig. Der Satz fuhr mir durch die Brust. Oh, Gott im Himmel, was für eine wunderbare Sprache! Was für eine echte Sprache. »Anita . . . ich glaube, ich glaube dir bereits . . . kannst du mich heute besuchen?« fragte ich. »In einer Stunde komme ich«, sagte Anita.

Ich ging in mein Zimmer, stand vor den Flaschen. Eleonora stand neben mir und sagte: »Ernst, wenn du trinken mußt, dann trinke jetzt, trinke soviel du willst. Nur um eines bitte ich dich, für Anita: Wenn sie kommt, dann trinke nicht vor ihren Augen, es würde sie belasten. Meinst du, das ist möglich?« Ich gab mir einen Ruck und sagte: »Daß ich bis jetzt nicht wieder umgekippt bin, begreife ich nicht. Und ich kann nicht sagen, ob ich nicht in drei Minuten wieder saufe. Aber das verspreche ich dir beim Letzten, was mir heilig ist, bei der Sprache, daß ich in Gegenwart Anitas eher verrecke, als auch nur einen Tropfen vor ihren Augen zu trinken. Dafür stehe ich noch gerade.« Da sagte Eleonora: »Wenn du das fertigbringst, was du da gesagt hast, dann kommt für dich, später, etwas Gutes.« Zum erstenmal in meinem Leben streifte mich Hoffnung, die ich nicht für kriminellen Unsinn hielt.

Als Anita kam, hatte ich immer noch nicht getrunken. Es war immer noch der 17. November 1973. Es war 19 Uhr. Ich hatte seit 14 Stunden nicht getrunken. Ich führte Anita zu einem grünen Sofa, sagte: »Oh, du, setze dich auf das grüne Sofa, das Grün ist doch die Farbe meiner Sprache.« Ich sagte es in einer irrwitzigen winzigen Hoffnung. Anita lächelte. Sie setzte sich und ich setzte mich, ihr gegenüber, in meinen grünen Sessel. Wir tranken Wasser. Da begann Anita und erzählte von sich. Sie erzählte mir, wie sie getrunken hatte, wie sie aufhörte und den Entzug überstand, daß es möglich war, wie sie dann andere Alkoholiker erreichte, Leute, deren Wunsch es war, nicht mehr zu trinken, wie sie, gemeinsam mit denen, trocken wurde und trocken blieb – und warum sich das für sie lohnte. Das erzählte mir Anita. Ich habe, bis dahin, niemals eine so freimütige und furchtlose Geschichte eines Menschen über sich selber gehört – und ich habe, bis dahin, auch niemals eine so freimütige dezente Geschichte gehört. Mit dieser Geschichte trat der liebe Gott ein in das Drama dieses Tages. Ich fühlte das. Anitas Weisheit, nur von sich zu erzählen, mich nicht zu beeinflussen durch Ratschläge, sondern durch Selbsterfahrung, mit der ich mich, in einem fort, identifizieren konnte, machte ihre Erzählung zu einem Rettungswerk von makelloser Schönheit. Als sie ihre Geschichte beendete, sagte ich: »Danke, Anita.« Dann sagte ich den ersten ehrlichen Satz über mich selber: »Alles das, was ich mir bis heute als meine Individualität eingebildet habe, muß ich mir als Säuferwahnsinn abschminken.« Dann überkam mich eine ungeheuerliche Entdeckung: Ich hatte in der ganzen Zeit, in der Anita mir erzählte, überhaupt nicht ans Trinken denken müssen, keine Sekunde. Ich saß da und versuchte, diese Entdeckung zu verarbeiten. Aber nie mehr trinken? Das würde ich nie schaffen. Da sagte Anita: »Nie mehr trinken, Ernst, das überfordert jeden von uns. Denn Alkoholismus ist eine Krankheit.« Da stob mir der Sturm der Wirklichkeit frontal ins Gesicht. Ein Vorhang zerriß, ein Vorhang ohne Tempel dahinter. Dann sagte Anita den nächsten Beethovensatz: »Ernst, jeder Alkoholiker, der es fertigbringt, nur ein einziges Mal im Leben vierundzwanzig Stunden nacheinander das erste Glas stehenzulassen, kann für sein ganzes Leben frei werden.« Mir schossen Tränen aus den Augen, ich brach in meinem grünen Sessel in mir selber zusammen, mein ganzes Elend brach mit mir zusammen. »Das wünsche ich mir, von ganzem Herzen«, sagte ich und Anita sagte den nächsten Beethovensatz: »Dein Wunsch ist stärker als jede Fähigkeit.« Alles, was Anita sagte, hatte den Klang der Siebten. Ich sah mich, als den Fünfjährigen, damals im Dorf, in der Stube. Da war dieser Klang: dieser Klang von gesammelter höherer Macht, aus so unbeugsamer Wildheit und so bemeistertem Schmerz, daß mir alles abstarb, was ich, qualvoll unerfahren, an Sprachresten aus früheren Zeiten miteingeschleppt hatte in diesen Abend meiner Kapitulation. Es war eine Umwälzung, was Anita sagte, und in dem Klang der Stimme dieser Freundin bejahte ich, zum dritten Mal in meinem Leben, den Einbruch der Zeitspaltung in mein Leben. Da sagte Anita: »In der Gruppe, in der ich regelmäßig bin, lerne ich seither, immer nur jeweils heute das jeweils erste Glas stehen zu lassen.« Ich hörte das Umwälzende dieser Musik in der Siebten nun wieder, ihre Botschaft von höherer Macht als Menschenmacht – und von höherer Macht in Menschen: von glanzvoller Machtlosigkeit aus erfaßter und täglich geübter und nie mehr zerstörbarer Liebe, geschenkter Nichtenergie aus der Ferne. Da war er, in Anita, schon längst verwirklicht, mein Traum im Mutterleib, mein vorgeburtlicher Traum von Freiheit und von einer Liebe, die mehr als zwei Liebende freier macht und die darum nie endet. Da stürmte, mit Anitas Sätzen, Beethovens Widerstand gegen alle Schwärmerei und alle unmäßige Verzweiflung durch mein Gedächtnis und ich fühlte meinen Wunsch, heute weiter das erste Glas stehenzulassen, mächtig in mir anklopfen und die phantastische Architektur dieses Wunsches hieß geistige Liebe, ernste Liebe: Sehnen ohne Sucht, Lust ohne Tücke, Schmerz ohne Entwürdigung. So befestigte Anita an diesem Abend Beethovens erstes Wort in meiner dörflichen Seele. »Ernst, nie mehr trinken, das hätte ich nicht geschafft. Das ist der Irrsinn, den wohl jeder von uns Kranken sich im Alleingang aufgeladen hat. In der Gruppe mit den anderen Alkoholikern lerne ich immer wieder neu, daß es für jeden von uns vollauf genügt, immer jeweils nur heute das erste Glas nicht zu trinken. So habe ich es jetzt schon zwei Jahre geschafft, trocken zu bleiben. Und das schaffst du auch, das fühle ich. Denn du hast vorhin zugegeben, daß die Flasche stärker ist als du«, sagte Anita. Als sie gegangen war, sagte ich zu Eleonora: »Ich will mich heute nacht in meinem Zimmer einsperren, um ohne den ersten Schluck durchzuhalten. Und ich lege mir ein Messer auf meinen Tisch. Und wenn ich an die Flasche will, Mädchen, dann nehme ich das Messer in die Hand und lege die andere Hand flach auf den Tisch. Und bevor ich an die Flasche gehe, donnere ich mir das Messer durch die flache Hand in meinen Tisch, auf dem ich ›Die Eiszeit‹ geschrieben habe.« Dann sagte ich: »Schneeflocke – und zu den Leuten, zu denen Anita hingeht, zu denen will ich jetzt auch gehen.« Da sagte Schneeflocke: »Wie wunderbar ist das, Messerernst.«

Die erste Nacht im Entzug

Kotze, Blut, Brabbeln, Heulen, Scheißfluß und Pisse durch die Hose, aus Angst. Ich trippelte und geisterte und schoß in meinem Schreibzimmer hin und her und habe nicht getrunken.

Der zweite Tag im Entzug

18. November. Das trockene Schlucken tut so weh, daß mein Kopf bei jedem Aufschlucken elend zur Seite zuckt. Auf einem Tisch liegt ein Notizbuch. Ich lese: »18. November: Sterbetag von Marcel Proust.« Ich lese das in meiner Handschrift. Lese den Tag, den geliebten Namen. Wie kommt das Notizbuch mit dieser Eintragung aus Paris auf meinen Tisch? Ich weiß es nicht. Habe Anita angerufen. »Ich bin noch nicht gekippt«, habe ich ins Telefon gesagt. »Du wirst es schaffen«, sagte Anita. »Ich fange an, dir das zu glauben«, sagte ich.

Am Abend dieses zweiten Tages sagte Eleonora zu mir: »Heute abend findet im Dominikanerkloster ein Treffen von Alkoholikern statt. Ein Treffen zum zehnjährigen Bestehen der Gruppe in Frankfurt. Ich habe hier eine Einladung. Wollen wir hinfahren?« – »Ja«, sagte ich. »Aber es sind bestimmt sehr viele Leute da. Meinst du, daß du das aushalten kannst?« fragte sie. »Ich probiers«, sagte ich.

Ich stand in der Diele. Wir wollten hinuntergehen zum Wagen. Da schiß ich vor Angst in die Hose. Es war meine letzte Hose. So ärmlich rein war sie gewesen, diese letzte Hose. Schneeflocke hatte sie aus meiner Alkoholikerverlobung noch gerettet. Ich stand da, die Scheiße floß mir raus. Da wurde ich stur, gottstur. Ich klemmte die Arschbacken zusammen, ging, unvorstellbar steif, ins Bad. Zog mir die Hose aus, wusch sie aus. Zog sie wieder an. Schneeflocke stand dabei und sah mir zu. »Wunderst du dich, daß ich in diese Hose geschissen habe?« fragte ich. »Nein, darüber wundere ich mich nicht. Nur darüber, daß du sie selber fegst«, sagte Schneeflocke. Ich hatte jetzt einen klatschnassen Hintern in meiner Hose. »Willst du so ins Dominikanerkloster? Trotzdem?« fragte Eleonora. »Ja«, sagte ich. Wir gingen zum Auto. Als wir am Dominikanerplatz über die Straße gingen, mußte Eleonora mich stützen. Mir zitterten die Knie. Als wir in die Halle des Dominikanerklosters kamen, mußte sie mich festhalten. Ich kam mir vor wie ein Drecksack. Da kamen zwei Leute auf mich zu und gaben mir Drecksack die Hand. Dafür gab ich denen später holde Namen: Beilrudi und Kettenernst.

Wir gingen eine Treppe hoch, kamen in einen Saal. Später las dort jemand einige Sätze vor. In diesen Sätzen wiederholte sich, an einigen Stellen, eine Formel: »Gott, wie wir ihn verstehen«. Ich bin aufgesprungen und bin mit Schneeflocke aus dem Saal gerannt, bin schreiend draußen bei Rot durch die Autoschlangen gesprungen. »Haben die sich da einen Saufgott zurechtgezimmert?« Das habe ich, angstvoll, immer wieder gebrüllt, tief entsetzt. Zu Hause mußte Eleonora mir die Treppe hinaufhelfen. Naßgeschwitzt und zitternd sagte ich: »Lor, da gehe ich aber trotzdem wieder hin. Ich will nicht mehr trinken. Die können sich zurechtzimmern, was sie wollen. Ich gehe wieder zu denen.«

Gesicht vom nichterklärten Krieg

Am dritten Tag brachte mir die Gier nach dem ersten Schluck Schläge bei, unter denen ich auf die Knie ging. Ich hockte, wie schon einmal, in meinem Zimmer in der Ecke, in der Nähe der Bücher. Zitternd und trocken kotzend hockte ich auf dem Boden und hatte noch nicht getrunken. Da hatte ich ein Gesicht.

Ich sah einen nichterklärten Krieg, den Dritten Weltkrieg in Europa, Krieg der organisierten Psychoanalyse- und Pharmaindustrie gegen die nichtorganisierten Süchtigen aller Sorten. Dieser Krieg wurde mit einer Vernichtungswaffe geführt, die Sprachzerstörung bewirkte. Die Vernichtungswaffe hieß Geschäft mit der Krankheit Sucht, Geldgeschäft mit einer besonderen Schutzlosigkeit des Menschen, Sucht, noch nicht erfaßter doppelgesichtiger Krankheit. Ich sah einen weiten Friedhof. Es schneite. Die Erde brach auf, es stiegen Gestalten in weißen Pestkleidern aus dem Erdreich. Die Pestkleider fielen ihnen von den Leibern. Dickflüssiges weißes Blut trat aus den Leibern. Vom Himmel fiel immer mehr Schnee. Der Schnee hörte nicht auf. Die Gestalten schneiten ein. Da bewegten sich einige von ihnen unter der weißen Last. Sie bewegten sich und ein paar von ihnen gingen, dick beschneit, langsam und schnurgerade aufeinander zu.

Am vierten Tag ohne Glas

Eleonora gab mir eine Telefonnummer und sagte: »Das ist Rudis Nummer. Er hat sie mir gegeben für dich. Rufe ihn mal an.« Beilrudi, so nannte ich ihn bereits insgeheim, weil er, mit einem Satz, das Beil der Alternative zwischen Trockenbleiben und schmutzigem Verrecken in meinen Entzugshorror gesetzt hatte, Rudi war schon sechs Jahre weg vom letzten Glas. Ein Hüne mit Meeraugen und einem Scheunentormaul. Total verrückt: sechs Jahre nicht mehr besoffen. Ich rief ihn an. »Na, du stures Arschloch? Immer noch nicht gekippt?« schnauzte er. »Noch nicht«, sagte ich. »Vierter Tag?« fragte er. »Ja, vierter Tag«, sagte ich. »Dann hast du das Gröbste erst mal hinter dir, gratuliere. Du kannst stolz auf dich sein, das ist eine Spitzenleistung, die du schon gebracht hast. Jetzt wirds etwas besser heute«, sagte er. In mir kam eine Steinwand ins Wanken. Die Steinwand der Minderwertigkeitsüberzeugung kam ins Wanken. »Ohne Anita und euch da in der Halle hätte ich es nicht geschafft bis jetzt«, sagte ich. »Sieh es anders, sieh die Wirklichkeit. Das Allerschwerste, diesen Entzug, den hast du mutterseelenallein geschafft bis jetzt. Damit hast du ganz allein angefangen und das hast du allein geschafft, denn du hättest keinen gefunden, der das erste Glas für dich hätte stehenlassen. Du bist ein knochensturer Hund, alle Achtung«, sagte Rudi. Mit diesen paar Sätzen habe ich an diesem vierten Tag gewuchert und habe auch an diesem Tag nicht getrunken.

Schneeflocke baut ab

An diesem vierten Tag baute Schneeflocke ab. Ich war entsetzt. Das hatte es, in vierzehn Jahren Krieg und Frieden, gegen den Tolstois Roman reine Selbsthilfe in seinem Inferno mit Marja Alexandrowa war, noch nicht gegeben. »Würdest du einige Zeit in eine Klinik gehen? Damit ich zu mir komme? Könntest du das über dich bringen?« fragte Schneeflocke.

Ich war so entsetzt, weil Eleonora abbaute und weil ich die Schnauze von der bloßen Vorstellung eines Klinikaufenthaltes, dachte ich nur an den Weißkittel im Klingelpütz, bereits gestrichen voll hatte. Ich sagte: »Ich gehe in so einen Persilpuff. Aber es wird Ärger geben. Wenn ich da nicht saufe, wirds Ärger geben.« Eleonora sagte: »Mache es trotzdem, ich kann nicht mehr.«

Ankunft in der Klinik

Eleonora brachte mich im Auto in die Klinik. Es war der 29. November. Ich war den 13. Tag und die 13. Nacht trocken. Ich sah schlimm aus. Rotschweiß in der Trockenfresse, aufgedunsenes Gesicht mit der Flaschenunterlippe, kaputte Augen, Schwappbauch, den nach unten spitz zulaufenden Klemmarsch, Streichholzbeinchen. Eine petrolgrüne amerikanische Windjacke. Zitternd eine Rothändle an der anderen anmachend. Zu schlapp, um mich, diesen Sack schwer atmender

Angst und Aggressivität, auch nur fünfhundert Meter fortzuschleppen.

Es schneite schon den ganzen Tag. Wir sind etwa zweiundeinehalbe Stunde Richtung Süden gefahren. Ich hatte neben Eleonora gesessen, hatte keinen Satz unterwegs gesagt. »Daß du immer noch nicht getrunken hast, das ist fast ein Wunder«, sagte Eleonora. Da sagte ich den ersten und letzten Satz auf dieser Fahrt: »Und wenn ich nicht den ersten Weißkittel in diesem Laden, der mir mit Belehrung kommt, kommentarlos totschlage, dann ist das Fastwunder komplett, Schneeflocke.«

Wir kamen an. Ein ehemaliges Hotel. Ich lege Papiere auf eine Theke. Ein Mädchen sagt: »Ah, unser Ernst.« Das stank mir schon. Das Mädchen sagte: »Ich bin die Erika. Wir nennen uns hier alle du, auch mit den Ärzten.« Das stank mir auch. Verkleisterungen. Erster Gedanke in diesem Haus: ›Du bist freiwillig hier, du bist nicht gezwungen worden, hierhin bist du freiwillig gegangen, denke daran, was auch geschieht . . .‹ Wir gingen ins Anmeldebüro. Renate füllte einen Bogen aus. Rauchverbot auf den Zimmern. Ging das Herumkommandieren schon los? Die waren clever hier, das sah ich ein. Einübung in den Gehorsam, damit das Weitere glatt geht. Traudl, die Aufnahmeschwester, maß mir den Puls und den Blutdruck. Traudl, ein richtiger Rocker, sagte: »Deine Therapeutin heißt Ulla. Die ist prima. Auf die kannste prima übertragen.« Was für ein Jargon, was für eine Scheißigkeit. Traudl zeigte mir das Haus, das Raucherzimmer, die Maltherapie, die Gymnastikhalle, den Fernsehraum, dann Eds Kammer. Traudl sagte: »Hier läuft die Ed-Gruppe, hier kannste mit den anderen tüchtig schreien.« Mir wurde auf einmal anders zumute. Wurde hier geschrien? Traudl bugsierte mich durch einen Gang im Kellergeschoß, sie öffnete eine Tür und schaltete Licht ein. »Das hier ist die Kegelbahn. Hier findet die richtige Schreigruppe statt, Casriel«, sagte sie. Furcht befiel mich. Ich ließ mir den Namen Casriel buchstabieren und Traudl machte das und sagte: »Das ist der Amiprofessor, bei dem unser Chef das Schreien gelernt hat.« Befallen von Furcht assoziierte ich den Namen Casriel mit Kesselring, mit Qualboot, mit Kesselschlacht, mit Knochenkegeln. »Hier wird geschrien, Ernst, hier ist was los, hier wird geschrien, was die Lungen hergeben, geschrien und gewälzt«, sagte Traudl. Sie überlegte, kuckte mich an und sagte: »Du, paß mal auf: Offiziell heißt es hier, du darfst schreien, aber das ist natürlich Blödsinn, denn du mußt hier schreien, sonst machen sie dich hier gnadenlos fertig.« Weswegen? Ich verstand das nicht. Weil ich Alkoholiker war? Oder vielleicht, weil ich Alkoholiker war und nicht mehr soff? Wir fuhren in den ersten Stock, wo Traudl mir mein Zimmer zeigte. Sie hatte sich schon halb umgedreht und wollte weggehen, da drehte sie sich noch einmal um und sagte: »Du, Ernst, wehr dich.« Damit musterte sie mich mit ihrem Rockerblick, entfremdet vom Psychobetrieb. In dem Zimmer, in dem ich nur Eleonora erwartet hatte, stand ein Junge, groß und halbnackt. Mit gebeugtem Genick starrte er auf Eleonora, fragend, verlangend und stumm. Um seinen Mund ein Zug Ekel. Mit nackten Füßen stand er da, in einer Trainingshose, deren Sitz ihm in den Knien hing. »Peter heiße ich, ich habe neurotische Angst«, sagte er und hing mir schlaff eine Hand hin. Ich war ziemlich geschockt und dachte: ›Fahre mit Lor sofort zurück, was sollst du in diesem Zirkus hier?‹ Zu Peter sagte ich: »Zumindest weißt du, wie du heißt, und über die Nomenklatur in diesem Laden weißt du auch schon Bescheid. Hast du gesoffen?« – »Nein, Ekelsucht, ich ekle mich vor Leuten«, sagte Peter. »Ich bin nicht sicher, ob ich mich davon kurieren ließe«, sagte ich fassungslos und ging mit Eleonora ins Raucherzimmer. Peter schlappte hinter uns her. Das Raucherzimmer war ein mieses Loch. Ich ging wieder auf mein Zimmer und rauchte dort eine und Peter war wieder hinter uns hergeschlappt. Er sagte: »Auf dem Zimmer rauchen geht nicht.« – »Doch, es geht, Peter«, sagte ich.

Im Fernsehzimmer unterhielt sich Eleonora mit einem Mädchen. Renate. Sie war auch heute angekommen, auch aus

Frankfurt. »Tablettensüchtig. Ich war schon mal hier. Es ist ein harter Job, gesund zu werden«, sagte Renate. Sie sah müde aus. »Ich will nie mehr gesund werden, ich möchte bloß nüchtern werden und nüchtern bleiben, habe gesoffen«, sagte ich. »Man siehts«, sagte Renate. Dann kam Traudl und sagte: »Komm mal mit, zu Ulla, zu deiner Therapeutin.«

Ulla ist fragil. Wuschelhaar. Bleiches Gesicht mit klugen Augen. Ein Lächeln durchgeistert Ullas Apathiemaske. Brokatjäckchen, schwarze Hose. Grüne Schuhe mit Blockabsätzen. Noch zwei andere Patienten sind im Zimmer. Visiten finden als Gruppenvisite statt. Ulla ist mir sofort sympathisch. Sie hat früher geschossen und ist seit einiger Zeit clean. »Ernst, warum bist du hier?« fragt sie. »Suff, Ulla«, sage ich. »Ihr könnt schon mal gehen«, sagt Ulla zu den beiden anderen. Die gingen froh raus. Ulla sagte: »Sage mal, was du so denkst.« Ich grielache und sage freundlich: »Ulla, verlange nicht so etwas von mir, ich sage nicht, was ich denke, ich sage höchstens, was zu sagen mir wünschenswert erscheint – aber da muß ich schon gut gelaunt sein.« Ulla sagt: »Es stimmt. Ich finde Leute, die behaupten, sie sagen, was sie denken, übrigens auch ziemlich langweilig.« – »Du gefällst mir«, sage ich zu Ulla. Sie lächelt und sagt müde: »Du gefällst mir auch.« Da sagte ich: »Schön, Ulla, dann will ich dir mal sagen, was ich jetzt denke: Der ganze Laden hier, der stinkt mir. Der stinkt mich bereits an, aus allen Knopflöchern.« Ulla sagte: »Trinke heute das erste Glas nicht. Allein darauf kommt es jetzt an.«

Das Kofferpacksyndrom

Ein Schlauberger unter den Patienten hatte mir am ersten Tag bereits das sogenannte Kofferpacksyndrom erklärt: »Wenn du morgen sofort wieder die Koffer packen und weg willst, das ist das Kofferpacksyndrom, das kennen wir hier alle«, hatte er gesagt. Da kommt also ein Alkoholiker in diesen Laden hier und reagiert nüchtern und sagt sich: ›Raus hier, aber schleunigst, denn im Klima dieser belehrenden Gewalt, das hier als Therapie verkauft wird, kannst du entweder nur weitersaufen oder du mußt dich wehren gegen alles, was sie dir hier zumuten‹, der sagt sich das also und kann sich vielleicht nicht wehren, weil er zu kaputt ist, aber die Researchsklaven im Gesundheitsmarkt wissen es und knallen ihm sofort einen griffigen Einschüchterungsslogan vor den Schädel und der neue Kunde wird unsicher und denkt: ›Krank bist du schon genug, nun mache dich also nicht auch noch lächerlich und bleibe mal vorerst hier‹, und dann bleibt er und die Benutze geht weiter.

Psychostern

Eleonora hatte in einem Gasthof übernachtet. Morgens trafen wir uns zum Frühstück im Frühstückssaal der Klinik. »Wie fühlst du dich?« fragte Eleonora. Ich sagte, stocksauer: »Geschlechtsverkehr ist hier verboten. Es steht in der Hausordnung. Aus therapeutischen Gründen verboten. Wie findest du das?« Eleonora sagte nichts. Wir frühstückten. »Ich bin auf den Chef des Hauses gespannt«, sagte ich und machte mir, wie üblich beim ersten Kaffee, eine Rothändle an. Karl, auch Patient, sagte: »Rauchen ist hier im Frühstückssaal verboten. Die hängen dir hier ein Schild um den Hals, mit der Aufschrift ›Ich habe gegen die Hausordnung verstoßen‹, – und das trägst du dann drei Tage.« Ich rauchte ruhig weiter und sagte zu Karl: »Ich mag keine Judensterne. Bevor ich so ein Schild trage, trägt das hier der Aufsichtsrat.« – »Dann fliegst du raus hier«, sagte Karl. Ich sagte, ziemlich kalt: »Karl, wenn sie mich hier rausschmeißen wollen, weil ich mich weigere, einen solchen Psychostern zu tragen, dann wird in diesem Laden etwas passieren, was hier noch nicht passiert ist, dann gibt es nämlich kein Kleinholz mehr, wie früher, als ich soff, dann gibt es auch keine Ohrfeigen mehr, Karl, dann gibt es eine Brechstange, die schlimmer ist als Ohrfeigen und Kleinholz, dann gibt es nämlich, sofort und ohne Vorwarnung, die trockene Version von Goethes ›Mehr Licht‹, nämlich die Brechstange ›Mehr Öffentlichkeit‹.« – »Du bist ganz schön arrogant«, sagte Karl. »Ja, und das wird auch die allerhöchste Zeit, denn ich habe mich zu häuslich eingerichtet in einem verordneten Schwachsinn, in dem bereits für arrogant gilt, wer sich in normaler deutscher Sprache äußert«, sagte ich und rauchte zu Ende.

Einschüchterung

Ich mußte mich der Runde vorstellen, der Versammlung des therapeutischen Teams. Jemand im Hintergrund stand auf und fragte mich, warum ich hier sei? Das war doch schriftlich geklärt. Wollten die hier Sündenbekenntnisse? »Ich bin hier, weil die Kostenübernahme geklärt ist, der Rest steht auf dem Überweisungsschein, ich glaube, da steht ›Vegetative Dystonie‹«, sagte ich. Der im Hintergrund wurde scharf. Ich ließ sofort die Maske fallen und sagte: »Ich bin hier, weil ich mir unter den Füßen weg muß, vorübergehend. Außerdem bin ich Alkoholiker und bin heute trocken. Aber ich bin bestimmt nicht hier, um mir das Rauchen und den Geschlechtsverkehr verbieten zu lassen. Per Dekret funktioniert das nicht bei mir. Und eure Schilder um den Hals, diese zeitgemäßen Judensterne, mit denen hier Kranke eingeschüchtert werden, die solltet ihr euch auch noch mal durch den Kopf gehen lassen. Das wäre vorerst alles.« Sofort schlug der im Hintergrund einen anderen Ton an, einen Ton der honoraradäquaten strengen Güte: »Ernst, daß dein Gehirn noch funktioniert, nützt dir nichts. Dein Gehirn hat dich hierhergebracht. Fahre hier einfach mal acht Wochen mit dem Arsch anstatt mit deinem Gehirn.« Ich konnte wieder nicht einverstanden sein und sagte: »Mein anormales Saufen hat mich hierhergebracht und mein Gehirn reicht hoffentlich noch gerade aus, daß ich heute das erste Glas stehen lasse, obschon ich mich hier in diesem Laden schwerstens belastet fühle.« Hatte der Doktor es nötig, an meinen Arsch zu appellieren? Er hatte es offensichtlich nötig. Mit bewußter Falschheit sagte ich: »Ich akzeptiere das mit dem Arschfahren.« Als ich die Runde verließ, gab ich innerlich zu, daß ich den letzten Satz aus Furcht gesagt hatte, aus Furcht vor meinem Davonlaufen.

Elend

Christiane. Sie ist zwanzig Jahre alt, hat Heroin geschossen und sagt: »Wenn ich hier lebend rauskomme, kriege ich draußen erst mal zwei Strafprozesse und muß in den Knast. Ich habe Angst vor dem Knast.« – »Bist du wenigstens clean?« fragte ich sie. »Momentan ja, aber es ist ein Krampf«, sagte Christiane. Ich fühlte mich wie mit Backsteinen ummauert und konnte Christiane keinen Mut machen. Um anderen Mut machen zu können, muß man selber Mut haben und ich fühlte mich elender als bei der Ankunft. »Ich bin nur hier, weil ich zu Hause vor Schulden und Vollstreckungsbefehlen nicht mehr atmen kann. Ich habe kein Einkommen und kann auch nicht arbeiten«, sagte ich, um etwas zu sagen. »Du hast auch Angst«, stellte Christiane fest. Renate kam an den Tisch, schaute mich an und fragte: »Ist dir nicht gut?« Ich weiß, daß ich nicht gut aussehe, aber sehe ich so schlimm aus? »Sehe ich so schlimm aus?« fragte ich beklommen.

Der stählerne Floh

Die nannten ihn Schlägerpeter. Ich sah ihn und dachte: ›Der Stählerne Floh‹ (Ljesskov), dachte: ›Den hat einer geschmiedet, der hatte keinen weißen Kittel, der kam aber von etwas weiter draußen her, der diesen Burschen geschmiedet hat.‹ Der kam zu mir und sagte: »Peter, Alkoholiker. War schon neun Jahre trocken. Nur durch eine Gruppe. Dann weggeblieben, später gekippt, dann wieder zwei Jahre in die Scheiße. Bin gerade wieder vierzehn Monate raus. Ich habe viel gesehen. Habe hier einen besucht, als du reinkamst in den Laden. So einen Suchthaufen wie dich habe ich selten gesehen, du bist eine gut gebrannte Schnapsratte, gut abgehangen, stimmts?« – »Hm«, sagte ich. Er fragte: »Morgen zum erstenmal in der Casrielgruppe?« Ich nickte und bekam elende Angst. »Unser aller Freund wird dich da unten auf der Kegelbahn schon knacken«, sagte Peter. Ich kriegte wieder meinen Zorn und sagte: »Da muß ihm aber schon etwas Besseres einfallen, als an meinen Arsch zu appellieren.« Peter überlegte, sagte dann: »Ich habe schon von deinen Auftritten hier gehört. Du bist eine ganz schöne steife Nuß. Vielleicht kann unser Freund dich tatsächlich nicht knacken.«

Sprachzerstörung

Kegelbahn. Beim Hinuntergehen hielt ich mich am Treppengeländer fest, denn ich zitterte vor Furcht. Dann stand ich, mit etwa vierzig Kranken, in einem langen Oval von Stühlen. Im Oval lagen drei Lagen Matratzen übereinander. Zwei Plastikkörbe standen da. Große Kleenexpackungen lagen auf den Matratzen. Wir setzten uns. Dann kam unser aller Freund. Setzte sich auf einen Stuhl in der Mitte des Ovals. Schaute um sich, fragte: »Haben alle sich ins Buch eingetragen?« Alle hatten sich eingetragen. »Fehlt einer?« fragte unser aller Freund. Ludwig fehlte. Er wurde geholt. Er hielt beide Hände vors Gesicht und heulte. Warum war Ludwig relativ in Ordnung, wenn er mit uns im Raucherzimmer zusammen war? Warum war er vollkommen fertig, wenn er auf die Kegelbahn gebracht wurde? Das fragte ich noch? Auch Ludwig trug sich ins Buch ein. Ich hätte gern gewußt, wieviel Honorar so eine Casrielsitzung einbrachte in zwei Stunden. Ein sicherlich guter Einzelposten unter vielen Einzelposten, mal vierzig, für zwei Stunden Schreien, mit dem Dauerkundschaft produziert wurde, immer neue Therapie zur Therapierung von Therapieschäden, und immer alles sauber eingetragen und fleißig kassiert, und immer mal vierzig, ritsche-ratsche. Ich hätte auch gern gewußt, wie sich das ausmachte in den Büchern, getrennt nach Kassenhonoraren und Privathonoraren. Unser aller Freund stand federnd auf und sagte: »Wir fassen uns an den Händen und machen den kollektiven Schrei, zur Angstabfuhr.« Wir machten das. Neandertal. Der Neandertaler war ausgestorben, weil er, außer einem sprachfernen Gebrumm, zu keiner Wortbildung fähig war. Kaiser Friedrich II., der Hohenstaufer, hatte Neugeborene isoliert. Sie wurden mit aller erdenklichen Sorgfalt gepflegt, nur durfte niemand zu diesen Säuglingen sprechen. Keines der Kinder überlebte dieses Experiment. »Fangen wir an. Ich fühle mich wohl«, sagte der Schreiführer. Ich glaubte es ihm nicht. Er sah unwohl aus, er lächelte bemüht, er grimassierte nur. Er schaute in die Runde und fragte: »Wer will heute etwas für sich tun?« Keiner wollte etwas für sich tun. Er fragte Frauke: »Frauke, wie gehts dir heute?« Und Frauke quakte, voller Furcht, es ginge ihr gut, es ginge ihr gut, es ginge ihr gut, was das erste kollektive höhnische Gelächter auslöste. Frauke kam von der Nordsee, eine große blonde Friesin. Die Furcht machte aus ihrer Stimme ein solches Gequake, daß mir der Hals trokken wurde vor hilfloser Empörung. Am Vormittag hatten wir uns nämlich gut unterhalten und da war in Fraukes Stimme nicht dieses unterwürfige Gequake.

Zuerst Ludwigs Veränderung. Nun Frauke? Diese Therapie produzierte, was sie vorgab zu heilen. Frauke sah knallgesund aus, aber als die anderen sie jetzt brüllend verhöhnten, bemalte sich ihr Gesicht mit soviel Unglück, daß ich einen Augenblick aus meiner Versteinerung herausfand. Da brüllte unser aller Freund Frauke plötzlich an: »Frauke!« In seinem Zuruf lag soviel Schärfe, soviel lustvolle Diktatur, daß ich dachte: ›Dieser Facharzt stößt sich, auf Kosten von Kranken, dreimal in der Woche zwei Stunden lang emotional gesund und dafür kassiert er ein Gehalt und Privathonorare. Es gibt in diesem Stall aus Belehrung und Verhöhnung nur einen einzigen, dem diese Therapie nicht Schaden zufügt und das ist dieser Herr, der die Therapie repräsentiert und verkauft, und du, Frauke, bist mein

Zeuge . . .‹ Dann ging alles schnell, denn der Doktor gab Frauke zum Abschuß frei und die Gruppe reagierte ungehemmt. Er schrie sie an: »Wenn du sehen könntest, wie du dahockst! Und du willst uns verkaufen, es geht dir gut? Das sollen wir dir abnehmen?« Frauke quakte weiter: »Es geht mir gut! Es geht mir gut! Es geht mir gut!« Hohngelächter, kollektives Wutgebrüll, Nachäffen war die Antwort der Gruppe. Frauke wollte ein Ritual gehorsam vollziehen, eine Gehorsamsleistung wollte sie erbringen, aber das überstieg ihre Fähigkeiten: »Wehr dich doch!« schrie einer sie an. Frauke glotzte nur umher und quakte wie ein Automat weiter. Wie sollte sie sich wehren? Ihre Angst war schon schlimm genug, aber die Verhöhnungen und Nachäffereien und die Therapiebefehle halfen ihr nicht, sie demoralisierten sie nur. Die hier eingeführte Taktik der Kränkung, mit einer dreisten Cleverness als Therapie verkauft, demoralisierte nur. In einem scharfen Ton sagte der Meuteführer: »Los, Frauke, stell dich auf die Matte, na los!« Frauke gehorchte. Er befahl: »Singe uns ein Lied! Singe uns das Lied ›Ein Männlein steht im Walde‹!« Frauke stand auf der Matte, in ihrer Stämmigkeit, sie heulte und lachte und schluchzte durcheinander und dann fing sie tatsächlich an, diesen Befehl auszuführen. Was Frauke an diesem Mittag von einem Akademiker, der den Eid des Hypokrates geschworen hat, und von aufgehetzten kranken Leuten angetan wurde, kann nie mehr von einem Fachjargon kaschiert werden. Dann trieb der Doktor Frauke an, sie solle ihm die Schuhe küssen. Einige von uns protestierten, sie wurden niedergebrüllt, denn die Mehrheit wollte sehen, wie diese kranke Frau dieser Kongreßnachtigall die Schuhe küsse – und das passierte dann: Frauke kroch, auf den Knien, zu den Schuhen. Aber als ihre Lippen die Schuhspitze berühren wollten, wich die Schuhspitze um einen Millimeter weg. Diesen Millimeter habe ich gesehen. In dem aufkreischenden Hohngebrüll der Gruppe erlebte ich, was hier als therapeutische Alltagspraxis getrieben wurde: Belehrung, Demütigung und Verhöhnung von Kranken. Ich sprang auf und brüllte den Doktor an: »Was Sie hier machen, ist ein Geldgeschäft mit den letzten zusammengeklauten und durcheinandergemantschten Resten eures Fitmacherfriedhofs, ein medizinisch aufgemotzter Dreck zur Niederwerfung kranker Leute, die zuerst ausgeplündert und dann weggeworfen werden!« Der Doktor brüllte zurück: »Du Clown! Du trauriger Clown! Du hasts nötig!« Ich schrie nicht mehr, sondern ging zu dem Burschen und sah ihm in die Augen und sagte zu ihm: »Diesen Clown, den bilden Sie sich ein.« Der Doktor schrie mich an: »Du gehst von hier direkt in den Rückfall!« In mir entstand Packeis. Ich sagte, noch ruhiger: »Ich versichere Ihnen hier vor einigen Leuten, daß sich das finden wird, ob ich in den Rückfall gehe. Gehe ich aber nicht in den Rückfall, dann besorge ich Ihrem Geschäftskartell eine Stalinorgel der Nichtenergie frontal in den Laden – Erzählen von dem, was besser funktioniert. Von Selbsthilfe. Und das wird eine Sache ohne Sündenbock, darauf kann sich jeder, den es angeht, schon heute einen Strick kaufen.« Frauke lag immer noch am Boden. Sie schaute hoch und wollte von diesem Doktor wohl wissen, ob ihre Leistung gnädig aufgenommen würde. Wie üblich in dieser Branche bekam sie darüber keinen konkreten Bescheid. Als ich die Kegelbahn verließ, habe ich stoßgebetet. Denn mir war klar: Sollte ich in diesem Laden rückfällig werden, dann befand sich jeder, der mich dann belehrte und beschimpfte, in Lebensgefahr. Ich saß auf meinem Bett und dachte an Wilhelmina. Ich setzte mich verkehrtherum auf einen Stuhl und nahm mir vor, heute das erste Glas stehenzulassen. Ich dachte an den Stählernen Floh. Das half mir.

Ohnmacht und Machtlosigkeit

Ich sah mit an, wie Klaus wieder kippte und soff. Er hatte sich hier angepaßt. In ihm war keine Spur von Widerstandswillen gegen diese Belehrungshölle vorhanden. Er war gehorsamskrank, sagte: »Ich habe mich aus lauter Selbstverachtung, daß ich das hier so geschickt mitspiele, wieder besoffen. Ich bringe mich um.« Ich sagte zu ihm: »Versuche, nur für heute das erste Glas stehenzulassen. Es ist zu machen, du kannst das, denn du hast es bereits gekonnt. Sieh dich vor, denn sonst bringst du dich wirklich um. Das besorgt dir das Glas. Du siehst schon jetzt ganz schön geküßt aus.« Ich erzählte ihm von mir, machte das, was Anita für mich getan hatte. Klaus trank nicht weiter, stieg heimlich um auf Tabletten. Er ging umher, ohnmächtig. Ich war machtlos. Ich gab jeden Tag sieben Mal zu, daß ein einziges Glas Alkohol stärker ist als ich. Dann kippte Gerhard. Er war trocken angekommen. Er ließ sich im Schreikeller ducken. Prompt soff er wieder. Dann baute Christian den Rückfall. Der nächste war Antabus-Erich. Ihm hatten sie eine Halbjahresration Antabus in die Bauchdecke eingepflanzt. Antabus-Erich schnitt sich das Zeug mit dem Rasiermesser aus der Bauchdecke raus und soff auf seinem Zimmer Bier, zuerst eine Flasche, dann einen Kasten. Dann fuhr Christiane weg und besorgte sich neuen Dreck und drückte. Sie wurde auf der Kegelbahn von der aufgehetzten Krankengruppe beschimpft und verhöhnt, sie wurde fertiggemacht. Später, im Raucherzimmer, sagte sie ruhig zu mir: »Sobald ich aus diesem Heilandladen raus bin, schieße ich die Überdosis, mache ich den shot.« Ich sagte: »Christiane, wenn du hier herauskommst, dann komme nach Frankfurt. Schneeflocke und ich werden dir helfen, aus dieser Ohnmacht auszusteigen. Es gibt keinen Ausweg, aber es gibt einen Weg.« Christiane weinte. Als sie mit Weinen aufhörte, fragte sie: »Was ist das für ein Weg?« Ich sagte: »Selbsthilfe.« – »Was ist das?« fragte Christiane. Ich sagte: »Das ist Hilfe für mich selber durch Hilfe für andere Leute im selben Boot. Selbstfinanziert und ohne Geschäft in der Rückhand. Durch Erzählen von sich selber, Mutmachen aus eigener mißlungener und gelingender Erfahrung und durch Verzicht auf Belehrung. Nur dem verdanke ich es, daß ich bis jetzt nicht wieder umgekippt bin. Und wenn ich mich gegen diesen Dreckladen hier nicht wehren würde, dann wäre ich gekippt – und dann hätten mich die Weißkittel fest in den Flossen.« Christiane fragte: »Warum bist du denn hier?« Da dämmerte es mir: »Als ich fertig war, das war vor vier Wochen, als ich meine Machtlosigkeit vor dem neuen Glas endlich zugab, Schneeflocke gegenüber, da bat sie mich, einige Zeit in eine Klinik zu gehen. Ich hatte alles andere vor. Aber sie sagte, sie brauche etwas Zeit, um zu sich zu kommen. Ob ich das nicht für sie tun könne? Nun kann keiner so erledigt sein, daß es ihm unmöglich wäre, einem anderen doch noch einen Gefallen zu tun. Und sei es, daß er ihm unter den Augen weggeht. Schneeflocke hat viel für mich getan. Da nahm ich mir vor, obwohl es mich ankotzte, ihr endlich auch mal einen Gefallen zu tun. So kam ich hier an. Ich stehe seither, ohne einen eigenen Zahn in der Schnauze, dennoch unbesoffen mitten in dieser weißen Schweinerei, in dieser Geschäftsszenerie. Ich bin aus dem Sperrkreis des ersten Glases ausgebrochen, denn ich bin, bereits einige Wochen vorher, aus dem Sperrkreis meiner Tablettensucht ausgebrochen. Seit ich endlich hart aufgeschlagen bin, bin ich frei vom Glas und frei von sämtlichen Medikamenten und das nur deshalb, weil ich einen harten Entzug durchgekotzt, durchgezittert und durchgeschwitzt habe – und weil mir ein paar Leute aus meiner Branche, anstatt mich zu belehren, Mut gemacht haben. Und jetzt dämmert mir, warum ich in diesem Rückfallbunker bin: Um auszubrechen aus der weißen Umklammerung, um für den Rest meines Lebens auszubrechen aus der Gesundheitsindustrie, diesem gigantischen Geschäftsunternehmen mit dem Phantom Gesundheit. Ich bin krank und bleibe krank, basta, Christiane. Aber ich werde mich in Frankfurt einer Gruppe mit anderen Alkoholikern anschließen und will alles tun, um nüchtern zu werden. Nicht bloß trocken, Christiane, sondern nüchtern zu werden.« Christiane fragte: »Was ist denn da der Unterschied?« Ich sagte einfach, was mit Christianes Frage in mir frei wurde: »Trocken ist ein Süchtiger, der feststellt, daß er sein Suchtmittel absetzen kann, indem er kapituliert. Und nüchtern ist, wer nüchtern bleibt.« – »Und du bist machtlos?« fragte Christiane. »Ja, ich bin machtlos, weil ich nicht mehr ohnmächtig bin. Denn ich kenne nun Leute im selben Boot«, sagte ich. »Und wenn ich nun nach Frankfurt käme?« fragte Christiane. »Dann würde ich dich mitnehmen in diese Truppe«, sagte ich. »Das sind doch Alkoholiker«, sagte Christiane. »Alkoholiker und Drücker und Schießer, das geht bestimmt nicht gut«, sagte sie. »Schon möglich, daß es nicht geht. Aber dann kämst du wenigstens in Kontakt mit der Praxis von Selbsthilfe. Du könntest dann, mit anderen Schießern, in Frankfurt eine Selbsthilfegruppe gründen. Dann könntet ihr die Fürsorger und Besserwisser, diese Subventionsdenker vor die Tür setzen und eure Genesung selber finanzieren, denn es gibt keine fremdfinanzierte Freiheit«, sagte ich. Christiane sagte: »Das wird wohl noch lange dauern, bis einige von uns soweit sind.« Ich sagte: »Ja, Christiane, dann werden noch viele von euch ins Gras beißen.« Da spürte ich noch einmal, was der Unterschied zwischen Ohnmacht und Machtlosigkeit ist.

Gesicht von der Osterinsel

Alkoholiker der US-Airforce kamen in die Klinik und machten ein Meeting für uns. Ron erzählte seine Geschichte. Aufgewachsen in den Slums von New York, beginnt er früh zu trinken. Fürsorgeerziehung, Verdacht auf Schizophrenie, Zusammenbruch, später völlige Abstinenz und dabei Entdeckung seiner mathematisch-technischen Begabung. Eintritt in die Army, schnelle soldatische Karriere, Armee-Universität, schließlich Hauptmann und Jagdstaffelkommodore, Rückfall und Niedergang, degradiert bis zum einfachen Soldaten, Armeegefängnis. In Manila wird Ron, festgebunden auf einer Trage, in ein Meeting mit anderen Alkoholikern gebracht. Er kapituliert, schafft den Entzug und schließt sich fest der Alkoholikergruppe an, wird nüchtern und schafft es, in acht Jahren Nüchternheit, noch einmal. Ist jetzt Colonel (Oberst) und Geschwaderkommodore. Ron sagt zum Schluß: »Daß ich lebe und daß ich gern lebe, verdanke ich euch Alkoholikern. Ich kann das nie gutmachen. Ich kann nur fest unter euch bleiben und von mir erzählen, danke.« Ron hatte, während er erzählte, gestanden. Ich hatte sein Gesicht betrachtet, während er sprach. Es war ein Gesicht aus illusionsloser Liebe und aus sinnlicher Nüchternheit. Da hatte ich ein Bild gesehen: Ich sah die steinernen Gesichter, die Felsblöcke mit den in die Ferne und zum Himmel hinan blickenden Gesichtern auf der Osterinsel. Rons erzählerische Sprache war so rein und so hinanblikkend und so unzerstörbar wie diese Steine auf der Osterinsel, deren Herkunft bis heute ihr Geheimnis blieb. Ich phantasierte, während Ron erzählte, daß in jedem der steinernen Gesichter auf der Insel eine schaffende menschliche Seele verschollen sei, verschollen für immer, daß indessen jede Erzählung in der Art Rons in die hoffnungslose Erwartung einer solchen in den Steinen verschollenen Seele machtlos und liebend einträte. Säße ich, Behauer eines solchen fremdartigen Antlitzes, mit den sprachlosen Überresten meiner von Mitschuld vernichteten Existenz in einem solchen Stein, Rons Geschichte wäre bis in meine Krankheit im Fels vorgedrungen. Rons Erzählung hatte meinen Zustand nicht gemildert, aber sie hatte mir gezeigt, daß ich Widerstand dagegen entwickeln konnte, wenn ich bereit würde, andere Kranke besser zu verstehen und mir zu helfen, indem ich ihnen hülfe. Als Ron seine Geschichte beendete, erzählte ich zum erstenmal meine Gefängnisgeschichte und sprach aus, daß ich das Geld zum Saufen gebraucht hatte. Nach dem Meeting gab Ron mir die Hand und sagte: »Ernst, du wirst es schaffen. Eher als du denkst, wirst du Alkoholikern, die noch drinhängen, durch Erzählen helfen. Du wirst ein Hund für die Nassen.« Dann ging Ron aus dem Haus, fort in das Abenteuer der Wirklichkeit, aus dem er gekommen war.

Anfang Januar 1974 verließ ich die Klinik und fuhr zurück nach Frankfurt. Ich verließ die Klinik trocken. Abends ging ich ins Dominikanerkloster. Ich wußte jetzt, wohin ich gehörte.

Bei der Truppe

1974–1977

Weil die Zeit gekommen war, trafen sich in der Mitte der dreißiger Jahre zwei Leute im Tiefpunkt ihrer unentdeckten Krankheit, Bill und Dr. Bob, ein Börsenmakler und ein Chirurg, zwei Alkoholiker im Alleingang und ohne Ahnung von der bahnbrechenden Bedeutung ihrer schmählichen Lage. In Amerika begegneten sie sich, in einem von Widersprüchen und Krisen gepackten und daher lebendigen Kontinent, im Klima einer Kultur, die bis heute das Genie behalten hat, Kultur nicht zu subventionieren. Bill und Dr. Bob begegneten sich in einer Welt, in der Selbsthilfe selbstverständlich geworden und geblieben war. Gott, hast du diese beiden Friedhofsgestalten ausgerechnet dort zusammengeführt?

Hartgesottene und beinfromme Burschen, die von Gott alles, aber von seinem Bodenpersonal nichts wissen wollten, hatten Bill und Dr. Bob, in einem vehementen Feldzug durch unbestimmte Krankheit, sich auf die letzte Sohle gesoffen. Bill hatte mehr Schulden als ein Schnitzlerscher Major und Dr. Bob konnte bald kein Operationsbesteck mehr halten, wenn er nicht zuvor eine halbe Flasche Schnaps eingefüllt hatte. Bill, ein Schrei- und Assoziationsgenie der New Yorker Börse, hatte anfangs viel Erfolg mit dieser säkularisierten Form des Betens, des Schreiens aus der Tiefe. Aber Bill brauchte immer mehr Schnaps, um diese auf den Kopf gestellten Sprachen des Jeremias und des Hiob auf Dauer zu konterkarieren, Bill wurde trunksüchtig, denn Trunksucht ist Geisteshunger, Sprachschmerz und Gottessucht. Dr. Bob, abgefallen von der oberen Mittelschicht und zunächst eher ein Stompin-at-the-Savoy-Trinker, machte seinen Weg durch die Ausbildung zum Chirurgen und bis an die OP-Tische der bald auffällig wechselnden Hospitäler zwar mit amerikanisch-kinohafter Eile – aber nur um den Preis steigender Besoffenheit. Es war Dr. Bob schrecklich, wenn man ihm sagte, er könne operieren; er war jedesmal schockhaft erleichtert, wenn er später in Erfahrung brachte, daß er einen auf dem OP-Tisch festgebundenen Leberblum tatsächlich laparaskopiert – ihm durchaus nicht ›The Life and Opinions of Tristram Shandy Gentleman‹ vorgelesen hatte. Es gab zu tun, um Dr. Bob nach Operationen über diesen Punkt zu beruhigen. Beim Waschen vor der Operation die inwendige Waschung mit der halben Flasche, und zum Zusichkommen nach der Operation die schmachvolle Aushorchung, ob der Operierte noch existierte, und dann, vor Schreck erleichtert, die zweite inwendige Waschung mit dem Rest aus der Flasche sowie heimliche Vorratshaltung am Körper.

Bill hatte, von Anfang an, tüchtig eingefüllt; Dr. Bob hatten, über Jahre hinweg, zunächst geringere Mengen Alkohol fertig gemacht. Ihren Kontrollverlust leugneten sie beide, bis sie ganz unten waren und sich streckten. Der eine Hartsäufer, der andere zunächst nur ein Apéritifnehmer, ruderten beide alsbald durch einen Fluß aus Angst und Scheiße, und zwar ohne Paddel. Beide rutschten sie, langsam und unaufhaltsam, in einen Krankheitsverlauf aus verschiedenen Phasen, von denen damals noch keiner etwas wußte. Als sie einander erzählten, machten sie die Entdeckung, daß ihr Krankheitsverlauf in seinen einzelnen Phasen so übereinstimmte, als hätte eine Maschine ihr Leben gestanzt. In der Endphase erlebten sie beide, mit ihren unterschiedlichen Trinkgewohnheiten, dasselbe: Dutzende von Internierungen in Säuferaufbewahrungsanstalten, wo sie gewaltsam trockengelegt und mit Medikamenten beruhigt und jedesmal, bei jeder Entlassung, prompt rückfällig geworden waren.

Irgendwo im Land, auf einer ihrer von Furcht bestimmten Fluchten, trafen sich diese beiden, erkannten einander sofort als Leute aus derselben Branche. Vorsichtig musterten sie sich, Soldaten des Wahnsinns, einander belauernd. Ich sehe Bill schief auflachen und Luft einschnappen wie ein Fischkopf auf dem Trockenen; ich sehe Dr. Bobs angststeifes Fahren mit dem Mittelfinger über die Haarspur der rechten Braue. Dann brachen sie ihr Schweigen, zerbrachen lebenslange Sorge, deuteten etwas an und erzählten sich schließlich von ihrem nackten nichtnormalen Saufen. Belebt von einer alles umwälzenden

Entdeckung, ihrer Fähigkeit zu einem Funken erstmaliger Ehrlichkeit zu sich selber, erzählte der eine dem anderen. Damit hat alles begonnen.

Die beiden stellten fest, daß sie in der Zeit, in der sie sich gegenseitig erzählten, nicht hatten trinken müssen. Es fiel ihnen auf, aber sie bewerteten es nicht. Aber sie verabredeten und trafen sich ein zweites Mal. Unfaßbar für beide: Beide hatten sie, ihr Wiedersehen erwartend, in der Zwischenzeit nicht weitertrinken müssen. Sie trafen sich, sprachen es aus und jeder sah, daß der andere die Wahrheit sagte – bis dahin jeder ein habitueller Lügner und eisiger Kämpfer gegen das Glas, jeder mit dem Schuß der fortgesetzten Niederlage im Magen.

Gemeinschaft miteinander riskierend, entdeckten sie ihre Chance, mit der wohl vitalsten Tradition ihres Kontinents, Selbsthilfe, sich zu identifizieren und Selbsthilfe, endlich nun auch in ihrem eigenen Fall, zu versuchen. Vorsichtig wie Fliegen, wie siebenfach erschlagene und tief verletzte und immer noch sich bewegende mordruhige Fliegen, fingen sie mit Selbsthilfe an: Sie informierten andere Alkoholiker über das, was ihnen passiert war. 1935 gründeten Bill und Dr. Bob, gemeinsam mit einigen anderen Alkoholikern, eine erste Gruppe aus Leuten, deren Wunsch es war, mit dem Trinken aufzuhören.

Sie nannten sich nur ihre Vornamen, wollten sonst nichts wissen. Familien, Berufe, Ämter und Titel, Beziehungen und Leistungen, Vorstrafen und Niederlagen – alles unwichtig. Die gemeinsame Erfahrung, Krankheit, zählte und sonst nichts. Erzählen von sich selber und Zuhören übten sie. Wie es in der Trinkzeit war, wie es möglich wurde, mit dem Trinken aufzuhören, und warum es sich lohnt; das allein half weiter. Nach fünf Jahren trafen sich die ersten Hundert und tauschten ihre Erfahrung, Kraft und Hoffnung aus. Aber in der Zwischenzeit hatte sich etwas ereignet, was ihre Selbsthilfe auf eine noch solidere Basis des Gelingens brachte:

Dr. Bob hatte, Jahre zuvor, in Zürich bei dem großen C. G. Jung eine Psychoanalyse abgebrochen. An Bobs Trunksucht war Psychoanalyse zuschanden gegangen. Die Psychoanalyse interpretierte Bobs unheilvollen Zustand, Bob aber suchte Genesung. Er bestand auf der Klärung seiner Mitschuld am eigenen Elend und am Leid einiger Leute, die, für Bob durchaus erkennbar, an seiner Sauferei nicht mitschuldig waren. Er reagierte äußerst gereizt auf bloßes Interpretieren und auf Ursachenforschung. Von Verkleisterungen dieser Sorte hatte er die Nase voll, in dieser Hinsicht hatte er sich mehr an Kasuistik geleistet, als ihm bekommen war. Er wußte aus Erfahrung, daß es ihm besser ging, sobald er nicht trank und daß alles Reden fremder Leute und noch so kluge Theorie ihn nicht vom Glas fernhalten konnte. Er warf C. G. Jung den Kram hin, fuhr zurück in die USA. Mit Bill und einigen anderen Zerbrochenen hörte er zunächst einmal auf mit dem Saufen. Aber dem Zürcher dankbar, weil jener ihn damals nicht als Menschen zweiter Klasse abkanzelte (und ihn, zum Beispiel, mit ohrfeigenwürdigen Rückfallprognosen verschonte), kehrte er, nach Jahren ohne Rückfall, zurück nach Zürich und berichtete C. G. Jung, was er und Bill und einige andere Alkoholiker inzwischen in den USA zustandegebracht hatten: nicht mehr zu trinken, durch Miteinander-Erzählen und Einander-Zuhören gemeinsam trocken zu bleiben. C. G. Jung kapitulierte vollständig vor diesem Bericht und gab zu, daß hier Alkoholikern etwas gelang, was die ganze bisherige Wissenschaft nicht fertigbrachte. In diesem Augenblick wurde aus einem bedeutenden Psychoanalytiker ein bahnbrechender Wissenschaftler. C. G. Jung erklärte Dr. Bob unumwunden, daß diese Art von Selbsthilfe wissenschaftlicher sei als sein bisheriger Begriff von Wissenschaftlichkeit. Dieser Arzt war nüchtern. Deshalb fürchtete er sich geistig nicht vor Umdenken. Daraufhin sagte ihm Dr. Bob: »Wir Alkoholiker brauchen einen Rat. Durch Erzählen und Zuhören bleiben wir zwar trocken – aber wir werden nicht nüchtern, wir schmoren im eigenen Saft, finden aus unserer Gemeinschaft mit Süchtigen fast keinen Zugang mehr zu der Welt der Nichtsüchtigen; wir haben Angst. Trockenbleiben ist bereits viel, gemessen an unserer früheren Hölle, aber nüchtern und erfolgreich in der ganzen Wirklichkeit zurechtzukommen, das gelingt uns noch nicht. Was wir bräuchten, das wäre ein absoluter Wert, an dem wir uns gemeinsam orientieren könnten, Höheres, in dessen Wahrheit wir Hundesöhne und Sumpfschwestern uns bereitwillig unterordnen könnten. Und mit Liebe muß das zu tun haben, denn, Jung, wir sind doch sämtlich Liebeskranke. Nun wissen wir zwar, was wir brauchen, aber wir wissen nicht, was es ist.« Dr. Bob sagte verzweifelt: »Jung, es muß doch da etwas geben! Nicht Napoleon war der klügste Mann des Jahrhunderts, Sie sind der klügste Mann heute! Was können wir nehmen?«

Hier halte ich ein, besinne mich auf einen Augenblick, in dem ein großer Wissenschaftler vor ratlosen Alkoholikern, die nicht mehr soffen, kapitulierte und zum Bahnbrecher schwer angefochtener Menschheit wurde. C. G. Jung hatte Dr. Bob zugehört. Er überlegte gründlich. Schließlich sagte er zu Dr. Bob: »Nehmen Sie Gott. Das ist meine Empfehlung.«

Dr. Bob fuhr zurück nach USA. Später trafen sich die ersten hundert Alkoholiker, um nach fünf Jahren ohne Glas ihre Erfahrungen kostenlos miteinander zu teilen. Dr. Bob brachte aus Zürich C. G. Jungs Empfehlung mit; sie löste Staunen aus, brachte die Befreiung.

Die Kapitulation des Arztes C. G. Jung vor der Krankheit Alkoholismus war echt, denn Jung stellte die Psychoanalyse mit Alkoholikern ein und verwies Alkoholiker auf die Notwendigkeit von Selbsthilfe. Zwischen seinen Worten und seinem Verhalten stellte dieser nüchterne Mann Übereinstimmung her. Er war bedeutend, denn er nahm sich nicht zu wichtig. Er wurde nicht nur wichtig, er wurde ein Bahnbrecher für Hunderttausende, ein Bahnbrecher zu einem besseren Leben.

Der Chefweißkittel in jener Klinik redet nur von Kapitulation. Damit sichert er den Nachschub für seinen Rückfallbunker. Er redet von der Notwendigkeit der Wissenschaft, umzudenken, aber er analysiert Alkoholiker weiter. Und wenn sie nicht kuschen, verpaßt er ihnen Rückfallprognosen. Ich suche keinen

Sündenbock. Ich habe erzählt, was ich erlebt habe. Ein Sündenbock lenkt nur ab von dem organisierten fortschreitenden Wahnsinn einer Gesundheitsindustrie, die produziert, was sie zu heilen vorgibt. Deswegen wandert sie auf ihr Stalingrad zu. Die Beresina, Stalingrad, Frankfurt – das kommt. Bis dahin Gute Nacht. Dann Guten Tag.

Mein erstes Jahr ohne Glas

Früher den Flachmann an der Gurgel, nun den Flachmann in der Hose. Ich ging in Frankfurt zur Truppe und blieb trocken. Und blieb impotent. Ich war umfassend trocken, impotent mit geleugneter Dauererektion. Seit dem letzten Glas war das so. Zu Schneeflocke sagte ich: »Die Krankheit kuriert jeden, ob er nun säuft und dann weitersäuft oder ob er nicht mehr säuft.« Ich ging fünfmal in der Woche zur Truppe, anders wäre ich nicht trocken geblieben. Ich lernte, jeweils nur heute das erste Glas stehenzulassen. Zu Anita, Beilrudi, Schneeflocke und Kettenernst sagte ich böse: »Ich mache nicht mehr, was der Alkohol will, ich mache jetzt mal versuchsweise, was ich will, erschreckte Flöte und taube Eier hin oder her. Ich bin satt.« Anita kuckte mich irritiert an aus ihren Immanuel Kant-Augen, Beilrudi sagte: »Du bist zwar das größte Arschloch, was mir in sieben Jahren bei der Truppe untergekommen ist, aber du bist stur, du säufst nicht, meine Hochachtung, mache weiter so.« Schneeflocke hatte schon in meinen Saufjahren meinen Friedhofsjargon nie gemocht, jetzt war sie entsetzt, daß das auch ohne Glas nun so weiterging, und sie sagte zu ihrer Freundin Karola: »Oh, Gott, Karola, die kalte Schnauze von dem Fischkopf, die ist noch eisiger geworden. Friedlicher wird der durch das Nichtsaufen nicht.« Zu mir sagte Schneeflocke: »Herr Fischkopf, es geht Ihnen beständig besser.« Ich murmelte betreten: »Eleonora, im Namen der Liebe, ich wäre gern ein Fischkopf, aber ich bin bloß ein Fliegenkopf und das auch nur grundwunderbarerweise. Ohne die Truppe überstünde ich keine Woche mehr, dieses Mal ist es fertig mit dem halben Lappen, der mir noch übriggeblieben ist.« Kettenernst reagierte auf meinen brutalen sprachlichen Liebreiz mit Heiterkeit. Er lachte oft. Dann sprang die Lust ihm über die Augäpfel. Er hatte sich im Keller, vor zwölf Jahren, angekettet und hatte zu Else gesagt: »Und wenn ich drohe und brülle, du schließt mich nicht eher von der Kette, bis der Entzug ausgestanden ist, egal, Else, was ich hier aufführe.« Mit einem Eimer Wasser, brüllend und kotzend und tobend an der Kette, so hatte dieser karlische Mann damals das Finale seiner Säufervita absolviert und war seither regelmäßig bei der Truppe und ist bis heute trocken geblieben und nüchtern geworden, jetzt zwölf Jahre. Kettenernst sagte zu mir: »Du kannst es packen, du wirst es packen. Denn du kommst hier regelmäßig durch die Tür.«

Ich war so isoliert und fühlte mich so unter dem Teppich, daß ich möglichst jeden Abend in einem anderen Meeting erschien, um trocken zu bleiben. Mir half jedes Meeting. Jedes Meeting war der letzte Strohhalm. Ich kam aus jedem Meeting etwas besser raus, als ich reingedonnert war. Die Truppe im Dominikanerkloster war der dickste Verhau, ein Splittergraben, durch den erst mal alles hindurchging, was reif für das Eingeständnis der vollständigen Niederlage war. In diesem Verhau atmete ich noch am ehesten auf, immer für zwei Stunden. Der Dienstag- und Freitagrhythmus war mein Gesetz. Es kam ein wichtiger Besuch von auswärts. Ich wollte, es war an einem Freitag, schon wieder diese Anerkennung lecken, aber ich sagte: »Tut mir leid, Sie müssen warten.« Der Besuch wartete.

Die Truppe im Dominikanerkloster ist meine Friedhofsoirée: sturmruhige Weiber und gefaßte Burschen und nasse Weiber und nasse Burschen, zertrommelte Wracks, die anfangen, sich zu wehren, saubere Brocken.

Ich bekam schrecklichen Durst, ich Pilshure. Erst ein Glas, dann den halben Eimer? Nein. Die Truppe war jetzt meine Pferdedecke. Gibt es eine Pferdedecke ohne Flöhe? Meine Suchtschübe, das waren meine Flöhe. Aber das erste Glas wäre bei mir, automatisch, das Ende aller Krätze geworden. Ich fühlte, ich war fertig. Ich fühlte, daß das neue erste Glas bei mir Korsakow heißt, Versorgung hinter dem Milchglas, für immer. Ich sagte zu Beilrudi: »Ich altes Arschloch im Winter, ich will meine Krätze aushalten. Ich will wissen, wie diese nur noch mit euch andern auszuhaltende Scheiße weitergeht, Rudi, das will ich wissen.«

Schlafstörungen. Furcht bis unter die Haarspitzen, im Schlaf mit dem Saufen wieder anzufangen. Also: beinruhig wachen. Und arbeiten. Die Arbeit ging nicht. Also üben. Sätze probieren: »Du bist heute nicht besoffen.« – »Heute ist nicht mehr gestern.« – »Schneeflocke ist maulnüchtern.« – »Das Heute ist ein Kalauer, aber ein Kalauer mit Zunder.« Und so weiter. Wochenlang. Zu Kettenernst sagte ich: »Ernst, ich mache dir alles nach. Ich probiere es. Ich will noch einmal ein Buch machen. Und wenn ich Jahre brauche. Notfalls gehe ich mit meinem zerhauenen Kopf durch die Wand. Und wenn die Wand nicht nachgibt, dann haue ich mit der Stirn vier Jahre gegen die Wand. Und wenn die Wand dann immer noch nicht nachgibt, dann gehe ich nicht nur mit dem Kopf durch die Wand, dann gehe ich ganz durch die Wand, dann gehe ich träumend und betend durch die Wand, Ernst – verlaß dich drauf.« – »Hast du mit Gott noch was am Hut?« Ich sagte, mauseruhig: »Gott existiert, denn ich brauche Gott. Sonst wäre ich aus der Truppe längst schreiend rausgerannt, rausgerannt in den Rückfall.«

Ich trage nie einen Hut. Aber ich trug im ersten Jahr einen unsichtbaren Hut, meinen Heutehut. Wenn ich, irgendwie, aus den Bleikammern meiner Scheinschlaferei auf die Füße kam und feststellte, daß ich wieder nicht gesoffen hatte, stellte ich mich in der Diele vor den bayerischen Barockspiegel und kuckte mir zerknittertem Suchtrest kalt in die Augen und lüftete den unsichtbaren Hut ein wenig. Dann zog ich den Heutehut vor mir.

Es ging so einige Zeit. Dann war mein Friedhofshumor schlagartig im Eimer. Ich hatte nun schon einige vierundzwanzig Stunden nicht mehr eingefüllt, und langsam bekroch mich eine Ahnung von dem, was ich mit Leuten angestellt hatte – und was ich mit mir hatte anstellen lassen. Ein Ekel vor mir selber und vor der Menschheit packte mich.

Ich wollte weg von der Truppe. Da nahm ich mir Beilrudi als Sponsor, zog ihn mir an Land. Ich verlangte es von ihm. Hart. Kettenernst war viel zu rein für mich, rein durch seinen Humor. Aber Beilrudi war richtig für mich, ein nackter Mann im Sumpf, der nicht soff, nun sieben Jahre nicht. Den zog ich mir an Land. Machte täglich einen kurzen Rapport bei ihm. Es gab keine telefonischen Zungenküsse, nichts dergleichen. Wir machten keinen Truppenersatz, wir waren verrückt, aber nicht bescheuert. Rudi brachte das Kunststück fertig, mich ruhig wieder in Richtung Truppenmitte zu bringen. Nur Heeresgruppe Mitte, das ging, ohne Manstein. Mein Sponsor traute mir. Ach, Kunststück – es war ein Kunstwerk, diese ruhige Art Beilrudis, mir zuzutrauen, nicht mehr zu kippen und mir zu sagen: »Wasch dir heute den Kopf, zieh ein frisches Hemd an und dann an die Arbeit, Mann, und heute abend hoch den Schnapsarsch und ab zur Truppe.« Das wiederholte Rudi mir bei meinen telefonischen Rapporten zwölf Wochen lang, mit der Eintönigkeit desjenigen, der die Fähigkeit erlernt hat, konsequent nach trivialen Einsichten zu handeln. Nach zwölf Wochen nabelte ich mich ab. Rudi war nie ein Übervater, mein Sponsor wurde das Ende meiner Vaterangst, denn Beilrudi war mein Problemkollege.

Nach diesem ernsten Abenteuer habe ich die Truppe akzeptiert und ging weiterhin regelmäßig dort durch die Tür. So kam ich trocken an den 17. November 1974. Ich war ein Jahr frei vom ersten neuen Glas und frei von jedweden Tabletten. Es war kein leichtes Jahr, es war ein schwarzes Jahr, denn erst nach dem letzten Glas ist meine Krankheit in mir voll zum Ausbruch gekommen. Aber es war auch ein helles Jahr, denn das dunkle

Gesicht meiner Krankheit hat sich in diesem Jahr nicht weiter verdüstert.

Toms Sterben

Ich wurde ein Typ, der auf die Nassen zuging. Ich sagte zu denen: »Es ist möglich, aus dieser Hölle auszusteigen. Wenn ich das, bis jetzt, fertiggebracht habe, mit Hilfe der Truppe, dann schaffst du das auch. Vorwärts, probiers. Du bist nicht mehr allein. Rette einen einzigen, rette dich. Du bist es wert, denn du bist krank.« Die Nassen trauten mir.

Im Februar 1975 rief Kettenernst mich an, fragte, ob ich ins Hotel Frankfurter Hof gehen könne? »Da liegt ein Freund, aus London. Tom heißt er. Er war trocken und hat hier jetzt einen Rückfall erlitten. Er war ein halbes Jahr trocken, war in London in einer Gruppe. Dann ist er nach Frankfurt geflogen, um hier über einen Job zu verhandeln. Es war zu früh. Das ist also schiefgegangen und Tom hat gesoffen. Er hat mich angerufen, aber ich verstehe kaum Englisch. Kannst du mal ins Hotel gehen und ihm helfen?« Ich fuhr hin, fragte nach dem Manager, den ich kenne. Er sagte: »Was ist denn los auf dem Zimmer? Der Arzt war schon da. Uns hat Ihr Freund nicht eingelassen.« Ich sagte nur: »Geben Sie mir einen Boy«, und der Manager rief einen Boy, der mich zu Toms Zimmer brachte. Im Zimmer sah ich Tom auf dem Bett, bedeckt mit Schweiß, daneben Karel. Ich sah den offenen Koffer mit den Großpackungen Tabletten, der Sprengware. Tom übergab sich. Karel und ich halfen ihm, sich anzuziehen. Zu dritt schafften wir es. »Du mußt aus dem Hotel raus, Tom, kannst du noch zahlen?« fragte ich. Tom sagte: »Nur mit Scheck.« Wir brachten ihn in die Halle. Er schrieb zitternd den Scheck. Wir fuhren in meine Wohnung. Karel und Tom und ich waren beim Betreten meiner Wohnung noch der Meinung, es sei möglich, mit Tom ins amerikanische Meeting zu kommen. Tom saß im Sessel. Dann kamen die ersten Leberfetzen aus Toms Mund. Er hatte zwei Tage und zwei Nächte getrunken. Dann konnte er nicht mehr trinken und hatte Tabletten eingeschaufelt, die Lebersprengware. »Hol den Eimer«, sagte Karel. Ich holte den Eimer und fragte mich, wie lange Ärzte Alkoholikern noch Einmachgläser mit Distras und anderen Tabletten verschreiben dürfen, wann das endlich gesetzlich untersagt wird? Ich stellte Tom den Eimer vor die Füße und die Blutbrühe mit größeren Leberstücken kam raus. Ich schwor den Pharmagangstern eine Revanche bis zu meinem letzten Atemzug. Rief sofort den Notarzt. Er kam. Ein Bekannter von mir, ein Arzt, der längst kapituliert hat bei Alkoholikern. Er schrieb die Einweisung in die Uniklinik. Dann kam Eleonora, und es geschah etwas Erschütterndes. Tom stand auf, gab Eleonora die Hand und machte, mit blutverschmiertem Gesicht, die Andeutung einer Verbeugung. Schneeflocke sagte entsetzt: »Ja, sitzen Sie nur wieder ab, bitte.« Es war eine gespenstische Szene. Ich hatte den Doktor festgehalten. Tom wurde abgeholt. Eine halbe Stunde später rief ich in der Liegendaufnahme der Uniklinik an, bekam den Leitenden Arzt. Ich informierte ihn gründlich. Er sagte: »Ich rufe Sie an, sobald sich etwas ergibt.« Er rief mich morgens an und sagte: »Ihr Freund ist vorhin gestorben.« Ich habe Karel informiert, Karel hat in London angerufen. Dann habe ich Kettenernst informiert. Er sagte eine Weile nichts, dann sagte er: »Sei froh, daß du ihm zuletzt noch geholfen hast. Jetzt bist du nicht mehr auf Glauben angewiesen, jetzt hast du den Ausgang unserer Krankheit gesehen.«

Kann ich noch lernen?

Die Geschichte mit Tom stellte mich vor die Alternative, entweder bestimmte Punkte in meinem Leben als Trockenleiche zu ändern – oder mich darauf einzustellen, eine Trockenleiche zu bleiben, die dann zwanzig Jahre in der Truppe die verlogenen Gesänge vom wunderbaren neuen Leben singt. Ich kroch immer noch durch meine Furcht vor Frauen. Früher, als ich trank, gab es da keine Probleme. Seit dem letzten Glas war Sense. Ich fürchtete, abgelehnt zu werden. War sicher, ich hätte die Blattern. Ich wußte auch, daß ich niemals bereit sein würde, eine Frau aus der Truppe aufzugabeln. Das wäre leicht gewesen. Ich sagte mir: »Wenn du es nicht fertigbringst, eine fremde und attraktive Frau zu fragen, ob sie Lust hat, mit dir ins Bett zu gehen, dann gehst du, früher oder später, unweigerlich wieder in den Rückfall.« Ich war so gefesselt in meine Trockenkrankheit, daß es mir nicht möglich war, der inneren Wirklichkeit gelassen ins Gesicht zu sehen. Gelassenheit kommt von Ehrlichkeit zu mir selber. Die hatte ich nicht.

Wende

Von Leilah und Madschnun zu Tristan und Isolde, von Nizami zu Gottfried von Straßburg, von der Familiengefangenen und dem Verrückten bis zum Liebeskranken und der Liebenden, die die Kette der familiären Herrschaft zerbricht. Ein Tristan in Westfalen, war ich ein Madschnun seit Schlangenbad geworden, schmerzhafter Rückschritt nach Hunderten von Flaschen anormal getrunkenen Schnapses, vergifteter Muttermilch. Marielouise sehend, zerbrach ich endlich meine Selbstbeschwörung, der Madschnun Holunders ewig zu bleiben, denn ich sah Scheherazade in der Tür, sah Marielouise und wußte: Scheherazade in Frankfurt – das bedeutete: bald wieder Erzählen.

Ich habe die volle Zeit eines Entzugs (drei Tage und drei Nächte) gebraucht, um zu verkraften, daß Marielouise meine Tortur mit Holunder in mir beendete. Schließlich besuchte sie mich und wir unterhielten uns nicht über Alkoholismus, sondern über Monteverdi. Ich verbrannte. Wir sahen uns wieder, in der Stadt, ich ging umher wie betrunken. Aber ich hatte (noch) nicht getrunken. Ich gab für meinen trockenen Kopf keinen Groschen mehr. Da kam ich zu mir, zog den Schwanz ein. Marielouise sagte: »Noch ein Schritt und wir produzieren einen Rückfall, einer von uns bestimmt, wahrscheinlich saufen wir beide.« Ich sagte: »Ich komme nicht mehr nach Sachsenhausen, beschränke mich auf die Truppe im Dominikanerkloster. Da habe ich angefangen, vor zwei Jahren, das ist mein Urkuhstall, dort mache ich jetzt weiter. Wenn ich dich wiedersehe, garantiere ich für nichts mehr.« Sie sagte: »Ich beschränke mich auf Sachsenhausen.« Ich sagte zu ihr: »Es ist ein Heldenstück, Marielouise: Seit mehr als einem Jahr habe ich meinen Schwanz zum bloßen Pinkelbruder degradiert, aus Angst vor Mädchen, und jetzt ziehe ich ihn vollends ein. Um nicht wieder zu kippen.« Sie sagte: »Es ist klar, der Süchtige in dir fasziniert mich und ich bin nicht kalt. Das bräche uns beiden den Hals.« Am Donnerstag nach dieser Unterredung habe ich in Blickweite der Eingangstür gestanden, aber ich bin nicht hineingegangen. Ich habe eine Woche täglich jeden Tag den Telefonhörer in der Hand gehabt, um sie anzurufen. Vor dieser Unterredung hatte ich sie oft angerufen. Ich habe den Hörer wieder aufgelegt.

Nach vier Wochen freiwilliger Askese brachte ein Freund bei der Truppe das Thema ›Liebe‹ auf den Tisch. Er sagte: »Ich habe ein Liebesproblem.« Dann redete er und redete auch von Franz von Assisi, sagte, er wolle nur geben, nichts kriegen. Der große Italiener muß sich im Grab herumgedreht haben. Selten wohl ist der heilige Realist aus Assisi derart verschroben mißbraucht worden wie an diesem Abend. Als ich im Rundgespräch an der Reihe war, nahm ich allen Mut zusammen und sagte: »Ich habe kein Liebesproblem, ich habe bloß ein Sexproblem. Denn seit dem letzten Glas habe ich die Flucht vor Frauen gemacht, jetzt fünfzehn Monate. So lange hocke ich trocken da, in der Hose die feige Flöte. Es ist eine Impotenz mit Dauererektion. Denn ich habe Schiß, Freunde, ganz einfach Schiß, auf eine fremde Frau, die mir gefällt, zuzugehen und sie zu fragen, ob sie Lust hätte, mit mir ins Bett zu gehen. So siehts aus bei mir. Ich fühle mich beschissen. Aber ich bin nicht gesonnen, deswegen das erste Glas wieder zu trinken. Und ich bin jetzt froh, daß ich hier mal endlich die Wahrheit über meinen Zustand auf den Tisch gelegt habe, danke.« Es war, als hätte ich eine Bombe in das Meeting geschmissen. Die paar

Sätze lösten einen Schock aus. Als ich das registrierte, war ich selber schockiert.

Nach dem Meeting ging ich mit Kettenernst durch das nächtliche Frankfurt, Richtung Theaterplatz. Kettenernst sagte lachend: »Du bist vielleicht eine Type, heilige Fresse. Mann, das Thema Sex ist bei uns tabu!« sagte er und lachte herzlich. Dann wurde er ernst und sagte: »Du wirst wirklich nüchtern, du hast das Zeug zu echter Nüchternheit in dir, denn du bringst deine Sachen ehrlich auf den Tisch. Verlierer schweigen. Du bleibst kein Verlierer, denn du hast ehrlich gesprochen. In kürzester Zeit legst du dir die erste Dame zu, paß mal auf.« Ich war skeptisch. Wie ich bei Marielouise den Schwanz eingezogen hatte, um nicht wieder zu kippen, das reichte mir schon. Kettenernst sagte: »Die ganzen Typen, die in den Meetings von Liebe faseln, die haben fast alle nur ein Sexproblem. Aber das wird totgeschwiegen. Nun, das muß jedem überlassen bleiben. Du hättest die Gesichter sehen müssen!« Wir gingen die Straße hinunter, Kettenernst kregel, ich erleichtert, weil ich endlich mal ausgepackt hatte, aber nun eher noch hoffnungsloser. Ich blieb stehen. Kettenernst blieb auch stehen. Ich sah ihm in die Augen und sagte: »Ich getraue mich einfach nicht, auf ein wirklich attraktives fremdes Weib zuzugehen, komme mir vor, als hätte ich Aussatz.« Da sagte Kettenernst: »Das geht jedem so, der lange genug nicht gesoffen hat. Aber du hast keinen Aussatz. Im Gegenteil. Du mußt jetzt rangehen, du mußt dich ermannen, und zwar jetzt und nicht später. Warte nicht auf Wunder. Die kommen nicht. Das Wunder passiert nur, wenn du rangehst an den schönen Speck. Und bloß fremder Speck ist schöner Speck.« Ich sagte deprimiert: »Ernst, höre auf, ich bring' es nicht fertig.« Wir standen unter einer Bogenlampe in der Nähe der Fahrgasse, ja, am selben Platz, an dem Beilrudi und ich uns verabschiedet hatten, als mein Sponsor mit Eva und Hund Susi und mit Sack und Pack für immer auf die Seychellen gegangen war, als Loner, Meerauge zum Meerwasser. Ich stand da und dachte an meinen Sponsor. Ich konnte das Gesicht von Kettenernst unter dem Licht der Bogenlampe genau studieren. Er fragte mich: »Bist du steif genug, um rotzruhig etwas zu probieren, was ich dir empfehle?« Mir wurde kalt und heiß. Ich sagte: »Was ist es?« Ernst sagte: »Gehe durch die Stadt und mache die Augen auf. Und wenn du eine Frau triffst, die dir wirklich gefällt – aber, bei Gott, Ernst, auch nur dann – dann gehe zu ihr und sage keinen Ton, lege ihr eine Flosse fest auf ihren Arsch und sieh der Frau ruhig in die Augen, ruhig und fest und ohne Kommentar. Wenn die Frau stehenbleibt, dann will sie dich. Wenn sie Geschrei macht, dann sagst du zu ihr: ›Entschuldige, Frau, ich habe nichts gesehen und nichts gehört‹, drehst dich um und gehst. Und probierst das bei der nächsten, die dir wirklich gefällt. Sonst geht das in die Hose. Ich wette, bei dir geht schon die erste mit. Es sei denn, daß du üben mußt. Aber die dritte ist dann reif, in deinem Fall. Denn du bist ein gewendeter Hund jetzt, du hast gesprochen.« Ich sah Kettenernst in die Augen und wußte, daß ich das nun machen würde, sturmruhig und exakt, wie ein Soldat.

Vierzehn Tage später erzählte Jane: »Ich bin nach Frankfurt gekommen, aus Mornaga – ach, entschuldige, ich bin ja überhaupt nicht aus Mornaga gekommen, sondern bin aus Hamburg gekommen. Ich kam an in Frankfurt. Fühlte mich freier. Freier, erheitert, erotisiert. Frankfurt erotisiert. Mich. Ich bin zu Thomas in die Wohnung gefahren. Im Stock drüber habe ich mir den Schlüssel zu seiner Wohnung geholt. Thomas lernte ich voriges Jahr kennen, mußt du wissen. Ich hatte diesen Ärger mit Jürgen und Thomas war so fremd, naja, du kennst das. Ich habe mich auf ein Sofa gesetzt. Habe gelesen. Und habe gehofft. Habe gehofft: ›Wenn Thomas kommt, wird er das Spiel mitspielen, er wird sich neben mich auf das Sofa setzen und keinerlei Überraschung zeigen und auch anfangen zu lesen.‹ Das habe ich mir, beim Lesen, so vorgestellt. Thomas kam. Ich kuckte ihn nicht an. Aber er begriff meine Clownerie nicht. Es ist zu einer kleinen Entfremdung gekommen. Nun, ich ging dann mit Thomas ins Bett.

Dann haben wir im Café Fundus Kaffee getrunken. Dann

saßest du mit uns am Tisch. Es war eine so schöne Szene, wir drei im Fundus, unter Palmenbäumchen. Du in deinem schönen blauen Mantel, mit dem weißen Taschentuch in der Brusttasche deines Mantels, mit dem schiefen Kopf, dem Seidenshawl und mit deinen hellen dünnen Lederhandschuhen. So hast du mit uns da gesessen, unter den Palmenblättern, mitten in Frankfurt. Schwarzes Café Florian. Und Thomas mit seiner futuristischen Mütze. Im stillen habe ich Thomas und dich gegeneinander abgewogen. Ein lebendiger Mann und ein geschlachteter Mann. Wer ist nun wer? Ernst mit seinem kaputten und müden Gesicht auf seinem Hundekopf, ein Kopf, der vom Leben kommt – und Thomas daneben, normal, wenn man überhaupt jemand als normal bezeichnen kann. Und wie ich nun so dachte, habe ich gedacht: ›Nicht den einen oder den anderen, lieber beide.‹ Du hattest eine so ruhige Intensität, die ich nur entwickle, wenn ich manchmal etwas trinke. Wir fuhren zu Thomas in die Wohnung. Thomas war müde und ging ins Bett. Wir saßen im Salon. Ich sagte zu dir: ›Wie fühlst du dich?‹ Du sagtest: ›Ich habe seit fünfzehn Monaten keine Frau mehr gehabt.‹ Mit diesem einen Satz hast du hundert wichtigtuerische Männer, die mir nachlaufen und mir dauernd vormachen, daß sie die Größten sind, einfach zu Nullen gemacht. Der Satz hat mich so umgehauen, daß ich es nun wissen wollte. Ich wollte dich und Thomas provozieren und sagte zu dir: ›Komm, Ernst, wir gehen rüber zu Thomas ins Schlafzimmer, wir ziehen uns aus und legen uns zu Thomas ins Bett.‹ Ich wollte euch provozieren und denjenigen, der dabei die Nerven verlöre, den wollte ich abservieren. Aber ich habe das alles natürlich nicht so kalt gedacht. Nun, du bist aufgestanden und hast gesagt: ›Gut, Jane, vorwärts.‹ Wir gingen zu Thomas ins Zimmer. Thomas lag im Bett. Du zogst dich aus. Da zog ich mich auch aus und legte mich neben Thomas ins Bett. Du warst dann auch nackt und legtest dich wortlos zu mir und zu Thomas ins Bett. Thomas tat, als ob er schliefe und das hat mich etwas geärgert. Aber du nahmst mich in die Arme und das war schon das Ende von meinem Ärger. Du hattest mich im Arm und ich wollte los auf

Thomas, aber du fingst schon an mit unserem schönen Hurenroman und kamst gut zwischen meine Beine. ›Geht raus!‹ sagte Thomas. Noch etwas: Als ich das vorschlug, war es noch halb Spaß, aber als wir rübergingen und du dich ohne eine falsche Miene auszogst, da dachte ich, ich werde jetzt wahnsinnig. Und als du nun zwischen meine Beine kamst, mit Thomas im Bett, daneben, da wurde ich eben nicht wahnsinnig. Ich wurde, eben, alles andere als wahnsinnig. Thomas wollte mich schlagen, aber wir beide liebten uns bereits in großer Seelenruhe und du sagtest dabei zu Thomas, mit deiner gefaßten Höflichkeit: ›Thomas, keine Sorge, nachher greif' ich mir dich . . .‹ Da mußte Thomas furchtbar lachen und wir konnten rausgehen. Im Salon haben wir beide uns dann richtig miteinander eingelassen, wirklich erstklassig. Mir hat es gutgetan, mir hat das unheimlich gutgetan mit dir. Durch diesen einen Satz von dir war ich vollkommen betört. Ich fühlte mich geachtet und inspiriert.« So erzählte mir Jane. Frau Freiheit persönlich.

Jane trauert

Ich fühle mich wohl. Jane hat mich besucht. Sie saß in meinem grünen Abtstuhl. »Jane trauert«, sagte Jane. Sie fährt zurück nach Mornaga. »Ich habe dir ein Trauergeschenk mitgebracht«, sagte sie und gab mir ein Buch. Die letzten Aufzeichnungen von Simone Weil aus dem Winter 1942. Simone Weil? Welche Koinzidenz. Jane sieht meine Bewegtheit. Viktoria springt zu Jane. Jane streichelt Viktoria, sagt: »Hunde sind katholisch, Katzen sind Atheistinnen.« Ich sagte: »Aber Viktoria, ausgesprochen katzig, hat unlängst behauptet, sie sei Agnostikerin.« Jane lacht. Dann sagt sie: »Ernst, ich bin wirklich traurig.« Da sage ich zu ihr jenen Satz, den Scheherazade aus Arabien zu ihrem Vater, dem Wesir, sagte, als jener fürchtete, seine Tochter würde die Liebesnacht mit König Schehrijar nicht überleben: »Wie aber das Glück geht, so auch schwindet dein Trauern.« Das sagte ich zu Jane. Sie lächelte und sagte, sehr getröstet: »Also nach Mornaga, Ernst. Ich will dort düngen und Zypressen pflanzen. Düngen und Zypressenpflanzen ist wichtiger als Liebe. In vierzig Jahren habe ich nichts mehr von eurer Liebe. Aber von den Bäumen.«

Scheherazade kommt zu Besuch

Nach Janes Abreise schrieb ich erzählerischer als vorher. Aber ich ging her und tilgte ein bestimmtes Wort aus meinen Schreibversuchen. Ich hatte Angst vor Verspottung. Dann kam das Schreiben zum Erliegen.

Ich ging nun mit Wut in die Meetings und brüllte plötzlich Leute an. Aber Ick-sare-ja-Elisabeth, acht Jahre raus, witterte mein Problem. Plötzlich sagte sie im Meeting zu mir: »Mein lieba Ernst, nu haste Probleme mit det Jeschreibe, stimmts?« Betroffen nickte ich zu ihr hinüber. Sie sagte: »Ick sare ja, imma einet nachn andern, Ernst. Keene Bange, ohne dir jeht de Kultur nich weita. Det weeßte doch. Det Jeschiß wegen dein Jeschreibe, det is de Jenesungsphase. Nun saufe du zuerst mal nicht, denn wenn de säufst, brauchste dir um det bißchen jekaufte Restkultur keene Jedanken mehr zu machen. Säufst du aba nich, denn schaffste wat Jutet, klar?« Ich war vollkommen perplex, nickte bloß, wäre Elisabeth bald um den Hals gefallen. Nichtsaufen, das war, bei mir, tatsächlich der Anfang vom Schreiben.

Lor und ich fuhren nach Großbergham. Ich immer noch gelähmt. Rosi wiegte ihr Löwinnenhaupt und sagte: »Ja mei, Ernst, du hast selbst geschriem, des dein Algerholismus eine Krankheit bleibt, da schau her, was du für ein Realist bist!« Sie gab mir das Fürstenzimmer und sagte: »Also, du gehst jetzt schloffn und gehst zum Griessee spaziern und denn genießt du des Grün in der Landschaft und speta gibst den Kaffee und die Kuchen von der Gottestheres' – und dann kommst schon zu dir, gell?«

Ich fuhr zurück nach Frankfurt und ging wieder zur Truppe.

Es war nun ganz aus mit dem Schreiben. Versteinert in abgeschlossenen Machtkämpfen und in Ängsten, die längst keinen Sinn mehr hatten, so hockte ich an meinem Tisch. Mein Schreiben hatte mich zwanzig Jahre hindurch aufgerichtet, gebändigt und zerbrochen und nun, endlich, gebeugt. Ja, dieser wilde hochmütige Kopf war endlich gebeugt. So war ich nun geworden, wer ich bin, ein geschlagener Mann, der nahezu sein ganzes Leben in einem Zimmer verbrachte, ohne Aussicht und ohne Hoffnung und ohne Wunsch nach einem erbarmenden Ende mit seiner steifen und rückengeraden Arbeitshaltung, durchruhigt von seiner Angst, ein ganz bestimmtes Buch niemals schreiben zu können, ha – schlimmer: Sollte er es dennoch machen können und sollte einer sich finden, es zu drucken, daß er dann, dieser versteinerte kleine und schrullige Mann, es dann, im letzten Augenblick, aus Feigheit noch verhindern würde: um nicht verspottet zu werden. Denn Spott ertrug er nicht, bereits den Gedanken an Spott ertrug er nicht. Ein bucklichtes Männlein, immer in seinem Zimmer, das steife Gesicht bemalt vom Wissen seines tiefsten Gebrechens, ein Buckel zu sein ohne Buckel, immerzu arbeitend, immer tiefer die fischige Maske seiner inneren Gebrechlichkeit gebeugt auf seine fleißig mitverschuldete Verstümmelung, keinen Glauben, keine Zuversicht, nie Gelöstheit beim täglichen leisen Geratter seines Schreibmaschinchens, nun auch dieses robuste Adlermaschinchen sanft und erbarmungslos zu Schrott schreibend – was für ein Mann ist das andererseits aber auch? Er ist immer auch ein froher Mann, der humorlos ernst bleibt, um das Bessere angstvoll in sich zu beschützen, seine Gabe von sehr weit draußen, diesen endlosen und leisen und viehischen Liebes- und Raufhandel mit der über alles geliebten Auchsprache der Deutschen ausführen zu dürfen. Das übersteigt das Unglück des feigen Kleinen um den haarfeinen Millimeter, der das schwankende Motiv zu seiner eingekesselten Dauerarbeit bleibt. Um zu tun, zu was er doch so ungeeignet wurde: Vom Unerklärlichen mit Ehrfurcht zu berichten, um freilich dann von allem Erklärbaren mit jener freudigen Rationalität, die das Merkmal der Liebe zu allen Mitverstümmelten bleibt, ebenfalls zu berichten. Doch heimlich tilgte der Kleine ein Wort, den Namen aller Namen, das Wort aller Wahrheit, das Feuer aller Sprache, den heiligen Namen aus den Anfangsbuchstaben der Welt, Gott. So hoffte er, die Verspottung von seinem Elend fernzuhalten. Aber hatte ich nicht erlebt, wie mein eigener Spott als Herzensreinigung auf mich gewirkt hatte? Sollten denn andere nicht sich reinigen? Damit ihr Geist sodann auf die von ihrem Spott ganz ungebeugte Sprache des Buckels ohne Buckel zuwandern konnte?

Ich saß an meinem Tisch und kapitulierte endlich vor meiner Feigheit und setzte es wieder ein, dies getilgte Wort, komme nun, was komme. Ich machte mich an diese Arbeit, zitternd vor Scham und Sorge und erbebend unter meiner Zeitmütze. Da bekam ich Besuch.

Scheherazade aus Arabien kam zu Besuch. Sie stand beim Regal mit den Büchern. Sie schaute mich an und sagte: »Mann im Mönchswerk, ich bin gekommen, um dir aus deinem nur scheinbar nicht gelebten Leben zu erzählen.« Staunend betrachtete ich Scheherazade und hörte ihre Worte und fragte leise: »Holde aus Arabien, zu mir feigem Buckel bist du gekommen?« Lächelnd sagte sie: »Ja, zu dir bin ich gern gekommen. Du hast mich angelockt, als du meiner gedachtest nach der Stunde deines Glücks mit jener Leichsinnigen, die dich aus deinem unwürdigen geschlechtslosen Leben befreite.« Siebzig Nächte war Scheherazade in meiner Kammer, dieser Buchstabeneinöde und Gnadenhöll. Siebzig Nächte hat die Ferne aus Arabien mir aus meinem nur scheinbar nicht gelebten Leben erzählt. Hab alles furchtlos für euch mitgeschrieben, und so habe ich mein Mönchshuren nun beendet.

Mehr Öffentlichkeit

Zu Beginn meines dritten Jahres ohne Glas lernte ich einen Arzt kennen, der über Alkoholismus teilweise andere Ansichten hatte als ich. Es war mir möglich, mit jenem Arzt in eine sachliche Auseinandersetzung einzutreten. Ich stellte fest, daß ich dazu fähig war. Die Tatsache, daß er andere Auffassungen hatte als ich, führte nicht dazu, daß ich aus Angst, nicht verstanden zu werden, ihn sogleich als Feind betrachtete. Daraufhin wurden wir Freunde. Wir sahen uns wieder und ich nenne ihn inzwischen Dr. Kurt. Er sagt heute: »Weil du nicht mehr säufst, habe ich als Doktor inzwischen auch vor dem Alkoholismus kapituliert, das heißt, wer als Alkoholiker zu mir in die Klinik kommt, der kriegt die erforderliche medizinische Versorgung, aber dann sage ich ihm, daß ich nichts sonst mehr für ihn tun kann, daß er sich draußen auf Dauer einer Gruppe anschließen – oder verrecken kann. Ob er nun zu den Guttemplern, dem Kreuzbund, dem Blauen Kreuz oder zu den Anonymen Alkoholikern geht, das muß er allein entscheiden, Hauptsache, er lernt, sich sofort zu entscheiden. Ich behandle ihn jedenfalls nicht weiter.« Das ist eine echte Kapitulation und ich nenne meinen Freund Dr. Kurt seither einen Alkoholiker h. c. Er ist Leitender Chefarzt einer Klinik in Westfalen und hat allen Ärzten im Hause schriftliche Order gegeben, wie mit Alkoholikern nun zu verfahren sei. Dr. Kurts Missionieren ist zu Ende.

Ein halbes Jahr später haben wir uns in Frankfurt wiedergesehen. Dr. Kurt erzählte: »Ich bin inzwischen doch recht froh, daß ich als Arzt umdenke. Der Erfolg einiger Alkoholiker, denen ich bis dahin nicht helfen konnte, gibt mir zu denken. Immerhin war ich bereits ein Frontschwein in diesem unsicheren medizinischen Gewerbe und mir ist das nicht leichtgefallen. Aber dir ist das Aufhören mit dem Weitersaufen schließlich auch nicht leichtgefallen. Mit meinem bisherigen Begriff von Krankheit kam ich bei Typen wie dir keinen Schritt weiter, aber jetzt lerne ich hinzu. Seither geht es mir als Doktor viel besser. Eine jahrelange Bedrückung ist von mir gefallen.« Dann sagte Kurt: »Es muß weh tun, bevor es besser wird. Wer Therapie anstrebt, dem wird geholfen, das kann man wohl sagen. Wer Genesung anstrebt, muß bereit werden, Schmerz anzunehmen. Sonst wird keiner ein Mensch. Dieses Umkehren war für mich alten Praxisbock mit allen meinen mir anerzogenen und, übrigens, auch gern geschluckten Eliteillusionen eine verdammt schmerzhafte Kur. Aber es hat sich gelohnt. Die Alkoholiker waren Patienten, wo ich als Arzt mit mir nicht im reinen war. Ich sah nur, daß alles schiefging, begriff aber nicht, daß wir da abdanken und Selbsthilfegruppen empfehlen müssen. Abdanken gehört sich doch nicht, verdammt noch mal, das ist doch Fahnenflucht. Ich habe auch schon des längeren von den Selbsthilfegruppen gehört, redete mir ein: ›Naja, ganz nett, aber doch wohl obskur.‹ Man ist eben der geborene Chefarzt – und dann ist man plötzlich Chefarzt. Durch dich erlebe ich, was echte Genesung ist, durch dich und durch einige andere Alkoholiker, die inzwischen nicht mehr weitertrinken. Die mir das auch sagen. Natürlich laufen die jetzt herum und behaupten, ich wäre der einzige Doktor, ich hätte ihnen vom Glas weggeholfen. Und was habe ich getan? Ich habe Hilfe eingestellt. Ist das nicht wirklich verrückt?« Ich sagte: »Du hast auch bei mir eine wohl bleibende Hilfe bewirkt. Denn dir verdanke ich es, daß ich, schwer verletzt durch Ärzte mit nur scheinkapitulativem Gerede und böse wie Vieh – daß ich meinen Haß gegen meinen Angstgegner Nr. 1, gegen das trockenalkoholische Phantom ›Ärzteschaft‹, nun langsam überwinde. Es fing damit an, daß ich Ärzten ihren Wunsch, zu helfen, nicht mehr rundum abgesprochen habe. Dann habe ich, später, im Umgang mit anderen Alkoholikern und mit Ärzten, endlich zugeben können, daß der größte Aggressor Unwissenheit ist und daß wir, Alkoholiker und Ärzte gemeinsam, eine Chance haben, Unwissenheit in diesem Bereich zu verringern. Damit heute anzufangen. Dann kamst du und wir verstanden uns. Und jetzt sage ich: Wir brauchen keinen Skandal, wir brauchen mehr Licht in dieser Finsternis, mehr Öffentlichkeit. Sonst ist das doppelte Gesicht der Sucht, das dunkle und das hellere Gesicht dieser Krankheit, nicht aufzuklären. Eine furchtlose interdisziplinäre Kommunikation zwischen Betroffenen und Ärzten, Praktikern als Wissenschaftlern, das würde einen gelingenden Schritt in das verminte Gelände ermöglichen.« Dr. Kurt sagte: »Wir

Ärzte müssen unseren Alleingang ebenfalls aufgeben. Ärzte unter sich, das führt nicht mehr weiter.«

Meine Biografie

Die Bemerkung zu Eleonora, ich hätte keine Biografie, wird immer triftiger. Allmählich wird das zum Schock. In der urlangsamen Entdeckung meiner Lebensgeschichte als einer fortschreitenden und nicht heilbaren Krankheit wirkt ein Schock, der anders ist als alles, was ich bis heute als Schock kannte. In der Truppe entdeckte ich, durch die Rundgespräche in Hunderten von Meetings, daß ich keine auch nur annähernd individuelle Biografie habe. Je tiefer ich in die Entdeckung meiner Krankheit einsteige, desto klarer ergibt sich, daß ich von einem phasenhaften und automatisch sich verschlimmernden Krankheitsablauf gelebt worden bin. Und was ich mir, in der Trinkzeit, als Individualität einredete, hat den Krankheitsverlauf in seinem Automatismus noch begünstigt. Und nicht nur mir, auch den Freundinnen und Freunden ist es so ergangen.

Hunderttausende von Kranken verdanken heute Bill und Dr. Bob eine wachsende Genesung, weil diese beiden ehrlich miteinander redeten und weil sie eine Selbsthilfegruppe gründeten und die Gemeinschaft untereinander freiwillig und auf Lebenszeit aufrechterhielten.

C. G. Jung verdanken heute Hunderttausende von Kranken sinnliche Nüchternheit, weil er *sprachlich* und *praktisch* kapitulierte und den Mut hatte, mit dem Resultat solcher jede geistige Unterwürfigkeit beendenden Kapitulation, furchtloser Nüchternheit, höhere Macht Gott zu nennen, Gott, wie du ihn verstehst.

Elvin Morton Jellinek verdanken Hunderttausende von Kranken die Chance, sich mit ähnlich Kranken so zu identifizieren, daß ihnen schließlich ein Weg in Selbsthilfe möglich wurde. Geboren 1890 in New York, Studium der Medizin in

Berlin, Grenoble und Leipzig. 1935 Promotion. Theoretische und praktische Studien und Forschungen im Bereich der Biometrie. Von 1931 bis 1939 Mitarbeiter, dann Forschungsdirektor der Memorial Foundation for Neuro-Endocrine Research am Worcester St. Hospital. Ab 1941 Professur für Physiologie an der Yale University. Ab 1943 Direktor der School of Alcohol Studies, Mitherausgeber des ›Quaterly Journal of Studies on Alcohol‹.

Elvin Morton Jellinek sah Alkoholismus als erster als Krankheit. Gemeinsam mit einigen Mitarbeitern *erforschte* er aus den Lebensgeschichten von mehr als tausend Alkoholikern den automatischen Krankheitsverlauf in Phasen. Er veröffentlichte seine Ergebnisse. Dieser Phasenverlauf der Krankheit ist das, was heute als wissenschaftlich gesichert und belegt von Hunderttausenden von Alkoholikern gilt. In der Auswirkung ist die Krankheit so erforscht, daß Selbsthilfe als einzige Chance auf Dauer praktikabel wird. *Die Krankheit* kann einfach bezeichnet werden: Weitertrinken trotz der deutlichen Erfahrung des Trinkers, daß sein Trinkverhalten nicht normal ist. Die Herkunft der Krankheit ist immer noch unbekannt. Alle Behauptungen darüber sind Theorien und Spekulationen vom grünen Tisch, nicht geeignet, auch nur einen Kranken aus seiner schmutzigen Hölle zu befreien. Jellinek starb 1963 in Palo Alto (California). Er ist der vierte Bahnbrecher unserer Genesung.

Ich nehme alle Phantasie zusammen und gebe die Phasen in der von mir durchlebten Reihenfolge wieder. Es ist eine Demontage meiner Einbildungen. Phantasie, bewirke in mir die Grenzen meiner Phantasie:

1. Gelegentliches Erleichterungstrinken
2. Beginn des regelmäßigen Erleichterungstrinkens
3. Erhöhung der Alkoholtoleranz
4. Gedächtnislücken treten auf
5. Heimliches Trinken setzt ein
6. Zunehmende Abhängigkeit vom Alkohol

7. Das Erleichterungstrinken wird zum Reflex
8. Schuldgefühle wegen des Trinkens
9. Gespräche über Alkohol werden vermieden
10. Die Erinnerungslücken werden zunehmend häufiger
11. Die Fähigkeit, mit dem Trinken aufzuhören, nimmt ab
12. Eine Erklärung des Trinkverhaltens wird nötig
13. Renommistisches und aggressives Imponiergehabe beginnt
14. Laufende Gewissensbisse
15. Rückfälle nach Perioden völliger Abstinenz
16. Gute Vorsätze und Entschuldigungen schlagen fehl
17. Gedankliche Flucht, Ortsflucht, Fluchtreisen beginnen
18. Der Verlust von anderen Interessen setzt ein
19. Freunde und Familie werden fallengelassen
20. Geldsorgen und Sorgen am Arbeitsplatz treten auf
21. Grundloser Unwille bricht sich Bahn
22. Vernachlässigung der Ernährung beginnt
23. Verlust der allgemeinen Willensstärke setzt ein
24. Zittern wird durch morgendliches Trinken beantwortet
25. Abnahme der Alkoholtoleranz
26. Verschlechterung des körperlichen Zustandes
27. Verlängerte Rauschzustände treten auf
28. Ein bemerkbarer ethischer Abbau setzt ein
29. Die Beeinträchtigung des Denkvermögens setzt ein
30. Trinken mit Personen unter dem eigenen Stand nimmt zu
31. Undefinierbare Angstzustände beginnen
32. Die Unfähigkeit, eine Tätigkeit zu beginnen, setzt ein
33. Das Trinken nimmt den Charakter der Besessenheit an
34. Verschwommene religiöse Wünsche treten auf
35. Die Alkohol-Alibis und das Erklärungssystem brechen zusammen
36. Die vollständige Niederlage wird zugegeben

Verehrter Freund Lauch in Zürich, hier ist die Präzision, die ich mir damals für meine Krankheitserzählung wünschte, als wir gemeinsam überprüften, was das Identifikationssystem der Zürcher Fremdenpolizei über mich sagte.

»Viktoria – auch das noch«, sagte ich, ziemlich irritiert, zu ihr. »Gefällt dir mein Name nicht?« wunderte sie sich. »Oh, doch – immerhin habe ich meiner wildesten Katze denselben Namen gegeben«, sagte ich. »Auch das noch«, sagte Viktoria und jetzt lachten wir endlich. Höchste Zeit, denn ich war gerade dabei, aus Feigheit zu resignieren. Viktoria war ziemlich schön und gescheit. Ihre Schönheit zog mich an, aber ich fürchtete das Wissen der Frauen. Ich war wirklich schon dabei, mich unter verlogenen Komplikationen zurückzuziehen, als unser Lachen alles änderte. Denn Viktoria fragte, plötzlich ernst werdend: »Was bist du eigentlich für ein Mann?« Da sagte ich die Wahrheit: »Ich bin ein elender Mann und ich bin auch ein froher Mann.« Dann fragte dieses Mädchen: »Weißt du, daß du einen verdammt guten Kopf hast?« Und ich sagte: »Ja, das weiß ich. Denn ich weiß ziemlich genau, was für ein Haufen Schrott in diesem Kopf ist.« Daraufhin fuhren wir zu ihr.

»Sei ganz faul«, sagte ich zu ihr, als sie sich zu mir legte. Wir veranstalteten kein Turnfest im Bett. Das war der zweite Punkt, der uns guttat. Dann fragte ich sie nach ihren Bettbedürfnissen. Viktoria zögerte nicht und ich genoß ihre freudige Rationalität. Sie sagte: »Unser ruhiges Sprechen im Bett macht mir starke Gefühle.« Ich bat sie, sich nichts vorzumachen. »Mir brauchst du nichts vorzumachen«, fügte ich hinzu. Ich verstehe nichts von Frauen, ich bin ein Mann, aber ich bekam den Eindruck, gegen Morgen, als eigentlich überhaupt nichts mehr passieren konnte, daß es da passierte. Befriedigung ist wirklich befriedigend. Viktoria wirkte sehr nüchtern, als sie mir sagte, sie müsse umdenken. »Über dich oder über mich?« fragte ich sie. »Über mich«, sagte sie. Da nahm ich es ihr ab und nickte ihr zu, und da lachte sie und sagte vergnügt: »Aha, jetzt glaubst du mir, nicht wahr?« – »Hm«, sagte ich. »Du bist ein himmlischer Mann, du elender Mann«, sagte sie und wir rauchten eine. Wir lagen auf dem Bauch und rauchten, und ich phantasierte und Viktoria fragte: »Hast du noch Zeit?« Da ich fast nur arbeite, wenn ich nicht bei der Truppe bin, nehme ich mir Zeit. »Wie fühlst du dich?« fragte ich sie. »Wundervoll, einfach wundervoll«, sagte sie.

Wir hatten etwas geschlafen. Ich stand auf und Viktoria schlief weiter. Schöner Schlummer, innige Komplikatesse. Ich stand in dieser herrlichen Wohnung im Holzhausenviertel und besah einige Schallplatten, nahm aus der de Gruyter-Ausgabe der Werke von Friedrich Nietzsche einen Band heraus und begann zu lesen. Viktoria kam zu sich. »Möchtest du Kaffee?« fragte sie. »Ja«, sagte ich. Sie stand auf und kam später mit dem Kaffee, und ich zog meine Hose, den Pullover und die Schuhe an. Ich schätze teures Leder um meine nackten Füße. Ein Fremder in meinen eigenen Schuhen, weigere ich mich durchaus nicht, gewisse Sachen zu genießen. »Wie ist das eigentlich mit uns plötzlich gekommen?« fragte diese Heutefrau beim Kaffeetrinken. »Tja, Viktoria«, sagte ich gedehnt. »Nun vorwärts, sprich«, sagte sie. Ich brachte kein Wort heraus. »Also schön, dann sprich nicht, dann erzähle«, sagte sie und da erzählte ich ihr, wie es gekommen war. Ich erzähle meistens fast nichts, das erheitert mich in gewisser Weise, vor allem, wenn ich dabei ernst bleibe. Es ist oft ein Kunstwerk, ernst zu bleiben. Als ich mein Fastnichts beendet hatte, sagte Viktoria: »Es ist für mich eine Genugtuung, daß es mir beschieden war, einen Mann dazu zu bringen, sich wie ein Halbwegsmensch aufzuführen und nicht wie ein Rollenmajor.« Ich stand auf und legte meine flachen Hände ruhig auf ihre Schläfen. Wir blieben so eine Weile, dann setzte ich mich wieder. »Was hast du da gemacht? Hast du mich besprochen?« fragte sie. »Nein, ich habe dir etwas gewünscht«, sagte ich. »Was hast du mir gewünscht?« fragte sie. Ich wunderte mich nur. Mein Wunsch ging bereits in Erfüllung, denn weil ich nichts sagte, begann Viktoria zu erzählen:

»Ich komme aus einer Familie, die seit mehreren Generationen Generäle produziert hat. Meine Familie stirbt endlich aus.

Ich bin die einzige Tochter meines Vaters. Und gelohnt hat sich das, was war, nur einmal. Ich spreche von meinem Großvater. Er war ein Soldat. Er hat wirklich gekämpft. Im Osten. Er hat gekämpft, er hat die Sache durchgestanden, denn er hat niemals gekuscht. Schon früher nicht und auch später niemals, auch nicht vor Hitler. Für ihn war Adolf Hitler ein Kranker. Er hat ihn nicht verachtet und hat darum vor diesem Mann auch nie gekuscht. Er hat auch keine Armee verheizt. Er war der einzige Soldat im Osten, der seinem Gegner gewachsen war. Hitlers Wahnsinnsbefehle wurden von ihm nicht ausgeführt, er traf seine Entscheidungen selber und er sagte mir, lange nach dem Zweiten Weltkrieg, eines Tages: ›Hitler hat das nicht nur gewußt, er war auch mehr als einmal erleichtert. Ich fühlte, daß er krank war, und er hatte die genaue Witterung für fremde Fähigkeit oder Unfähigkeit, was ja bekanntlich bestimmte Kranke so ungewöhnlich entscheidungssicher macht.‹ Bei anderer Gelegenheit sagte mir mein Großvater, ich war neun Jahre alt damals: ›Weißt du, ich habe mich niemals an den Spekulationen aller möglichen Militärs über Hitlers Art der Krankheit beteiligt. Diese geborenen und gebliebenen Feldwebel, denen die Generalsmonturen oft ziemlich abenteuerlich am Leib saßen, sie konnten nicht begreifen, daß Hitlers Krankheit kein Fall von Interpretation, sondern eine ernste und wahrscheinlich nie aufzudeckende Tragödie war.‹ Das hat mich von allem, was mein Großvater mir erzählte, weil er mich mochte, am stärksten berührt. Er war ein Mann mit Geist und mit Courage und mit Moral. Mein Vater hingegen ist ein Natogeneral, ein übler Militarist, der nie gekämpft, nie etwas allein durchgestanden, nie ein freies Buch gelesen hat. Er ist ein Bürokrat. Er würde, wäre der Befehl amtlich-korrekt, keine Sekunde zögern und ein Volk verheizen. Ich bin von ihm für Reiten und Segeln und für einen Doktortitel abgerichtet worden. Ihm war es egal, was für einen. Ich habe angefangen Jura zu studieren. Dann wurde mir das zu dumm. Aber nicht wegen meines Papas, sondern wegen Cesare Beccaria. Davon erzähle ich dir gern auch einmal, falls es dich interessieren sollte.«

Meine Betroffenheit von dem, was sie mir vom Soldaten erzählt hatte, hatte mit jedem Satz zugenommen. Als sie aufhörte mit dem Erzählen, war ich vollkommen weg, woanders. Sie fragte dann: »Woran denkst du?« Ich sagte: »Was du vom Soldaten gesagt hast, woran man ihn erkennt, am Kampfesmut, am Durchstehen, an der Moral, das hat mich so berührt. Ich fühle mich ja auch als Soldat, als ein Soldat im Wahnsinn. Ich bin Alkoholiker. Wie der Soldat, im Frieden und an der Front, machtlos ist gegenüber den Militärs, so bin ich machtlos gegenüber dem Alkohol, machtlos im Frieden mit meiner Sucht, wenn ich nicht trinke, und machtlos im nassen Sumpf, wenn ich trinke. Ich habe mehr als tausendmal in zwanzig Jahren gegen das Glas angekämpft und ich meine damit nicht irgendwelche schwärmerischen Wünsche im Kopf, sondern begonnene und durchgestandene Kämpfe, dem Glas zu widerstehen, was dann immerhin jedesmal zu kurzen Strecken völliger Enthaltsamkeit führte, zu mehreren Tagen, manchmal Wochen und einmal vierunddreißig Monaten ohne Stoff. Aber ich habe jeden Kampf wieder verloren und das seelisch Verheerende war bei mir, daß ich schon bei jedem neuen Kampf, den ich begann, weil ich nämlich trinkend einfach nicht schreiben konnte, daß ich schon vorher das klare Faktum meiner baldigen Niederlage gekannt habe, weil ich diese Entwürdigung schon hundert Mal überlebt hatte. Es gab immer Leute, die mir Mut machten, es trotzdem wieder zu versuchen, das Glas hinzustellen. Der Soldat im Frieden und im Frontdreck hat ja auch andere Soldaten, machtlos wie er selber, die ihn ermutigen, anzugreifen und es durchzustehen – denn das ist doch wohl klar: Kampfesmut kommt doch nicht aus irgendeinem subjektiven Heldentum, sondern aus Solidaritätserlebnissen mit Leuten deiner untersten Ranglosigkeit, mit Burschen im selben Boot. Dann zum Durchstehenkönnen: Auch hier empfinde ich mich als typischen Soldaten, denn das Nichtmehrtrinken durch regelmäßiges Bleiben bei der Truppe erfordert Durchstehvermögen, weil zwei Dinge dir ungeheuer gefährlich werden als Alkoholiker: wenn es dir zu schlecht geht beim Nichtsaufen oder wenn es dir zu gut geht beim Nichtsaufen. Das heißt, normalerweise, Rückfall, und ein Rückfall bei einem, der es längere Zeit geschafft hat, trocken zu bleiben, ein Rückfall bei so einem heißt fast immer schmutziger Tod, leider nicht Kopf-ab, sondern langsam und schmutzig und mit Schulderfahrung irgendwo draußen im letzten Tropfensuff verenden. Der Soldat braucht im Frieden dasselbe Durchstehvermögen wie im Krieg. Und der Alkoholiker braucht das auch. Du hast von der Moral deines Großvaters gesprochen, von seiner Soldatenmoral. Meine Soldatenmoral heißt: ›Nichtsaufen, bei der Truppe bleiben und meine Machtlosigkeit verstehen lernen, damit ich sie zu meinem Nutzen und zum Nutzen meiner Freunde, in der Truppe und außerhalb der Truppe, erfolgreich praktizieren kann.‹« – »Bitte, erkläre mir das«, sagte sie. »Gern, denn es ist einfach: Wenn ich ehrlich genug bin zu mir selber und meine Machtlosigkeit, in Jahren, langsam besser verstehen lerne, dann werde ich immer besser erfahren, daß ich auch machtlos vor dem trinkenden Freund bleibe, und werde nie versuchen, ihn zu missionieren. Dadurch erspare ich mir Enttäuschungen, Ekel vor mir selber durch das Vermeiden von vermeidbarem Mißerfolg und Haß gegen die Truppe. Erspare ich mir aber das, so geht es mir besser. Und je besser es mir geht, desto weniger brauche ich zu sagen, daß es mir recht gutgeht, denn jedermann sieht mir bei der Truppe an, daß es mir besser geht. Damit helfe ich am meisten denen, die noch drinhängen, denn für mich war die größte Hilfe, als ich noch ohne Paddel durch den Fluß Scheiße ruderte, daß ich ein paar Friedhoffreunde erlebte, denen ich sofort ansah, an den Augen, wo sie gewesen waren und daß es ihnen jetzt besser ging. Die Erkenntnis, die Hinnahme und die schrittweise Anwendung meiner Machtlosigkeit, das ist meine Soldatenmoral.« – »Und das nennst du einfach?« fragte Viktoria. »Es ist einfach, denn es ist nicht immer leicht«, sagte ich lachend. »Entschuldige meine starken Worte zum Montag«, sagte ich betreten, nahm Viktoria in den Arm und wiegte sie ein wenig hin und her und sang ihr leise ein rotzruhiges Lumpenliedchen, leise und mehr krächzend als singend, mit hmhmhm und lalala und hmhmhm die schönen dicken räubertrockenen Wörterchen behaglich für Viktoria erfindend. Sehr erfreute sie dieses wackelige Flüsterlied in schöner Schmusesprache.

»Du bist sehr frei«, sagte sie später. Ich sagte: »Deine Zuneigung, jetzt, in diesem Augenblick, die tut mir gut.« Sie sagte: »Ernst, fasse den Gedanken, daß es außer dir auch noch ein paar durchaus gute Männer gibt, aber auch du gehörst zu denen, die ich später nicht bereue.« Das war ein Kompliment nach meinem Geschmack, ehrlich und darum wirklich geistvoll. Es tat mir verdammt gut. »Ich fühle mich wie ein ruhig alternder Mann«, sagte ich. »Erzähle mal davon«, sagte Viktoria. Da erzählte ich ihr von meinem Leben in diesem Jahr und sagte zum Schluß: »Naja, und so kommt es nun, daß wir zwei heute Liebe im Heute erleben, Liebe nur für heute und sonst nichts und dafür furchtlose Liebe, Liebe ohne Geschäft mit Liebe. Früher – als Säufer, wollte ich ein ganz Großer in der Literatur werden, nicht aus Größenwahn, sondern aus Liebe zu denen, die lesen. Jetzt altere ich unbetrunken und weiß, daß ich nie ein ganz Großer sein kann, denn mir fehlt wirkliche Freiheit, geschulte Geistigkeit, ich bin aber jetzt froh, wenn es mir gelingt, ein Erzähler vom Möglichen zu werden, ein Typ mit einem steifen guten Fuhrmannsklang in seiner Sprache. Und das verdanke ich der Truppe, ruhig und entspannt altern zu dürfen.« – »Das ist durch und durch phantastisch«, sagte Viktoria.

Ich wurde so schläfrig, daß ich zu Viktoria sagte: »Hör mal, du Liebe im Heute, ich gehe jetzt nach Hause. Ich will mal im Fremdgehen nicht allzu mutwillig den Süchtigen herauskehren, und wenn ich jetzt den Nachbeischlafschlaf mit dir einübe, dann kriege ich Schwierigkeiten mit dem Leben im Heute. Aber den Klammeraffen habe ich lange genug gespielt.« Viktoria konnte nicht genug kriegen von meinem Alkoholikerjargon, sagte: »Ernst, das ist eine völlig unverbrauchte Sprache.« – »Ja, eben, das wird ziemlich gefährlich«, sagte ich und trat den geordneten Rückzug an.

Im Holzhausenpark betrachtete ich den Teich. Es war 9 Uhr

am Vormittag. In einiger Entfernung liefen Kinder auf eine Sandkuhle zu. Ich setzte mich auf eine Bank und machte innere Inventur. Innere, nicht äußere Inventur. Ich ließ mir Zeit. Die Inventur wurde passabel. Für die besiegelten Sachen, die ich erfahren durfte in meiner Inventur an diesem Morgen, war ich mehr als beschenkt. Ich faltete, die Beine übereinandergeschlagen, meine Flossen, die rechte Schreibflosse mit der linken Gichtflosse. So saß ich da und schickte meine machtlose Floskel dankbar in die Ferne. Wenn man schon den Typen in der Truppe nicht danken darf, weil sie dann fuchsig werden und sagen: »Wer hier einem anderen hilft, der hilft sich selber, sieh das nüchtern« – wenn ich also schon diesen Friedhofskusinen und -vettern nicht danken durfte, dann mußte ich das ja schließlich irgendwie fischruhig aussprechen.

Zu Hause ging das Telefon. Es war Viktoria. »Ich wollte fragen, wie es dir geht und ich wollte fragen, ob es dir möglich ist, jetzt noch einmal zu kommen«, sagte sie. Oh, du Wohlgefallen. »Es geht mir so gut, daß ich nicht fürchte, daß ich dafür morgen einen aufs Dach kriege«, sagte ich. »Könntest du noch einmal kommen?« fragte sie. »Ja«, sagte ich. »Soll ich dich mit dem Wagen abholen?« fragte sie. »Mache das«, sagte ich. »Hast du schon geduscht?« fragte sie. »Nein«, sagte ich. »Dann dusche, bitte, nicht. In Ordnung?« fragte sie. Und ob das in Ordnung war. »Sicher«, sagte ich. Sie hing ein.

Ich ging zum Haustor. Sie stoppte und öffnete die Wagentür. Sie trug einen Anzug, einen Hut, eine Bluse aus schwerer Seide und einen Shawlkragen. Wir fuhren und gingen bei ihr sofort ins Bett. Irgendwann schlief ich ein. Ich träumte etwas und erwachte dann. Viktoria saß, in einiger Entfernung, an einem Tisch und schrieb etwas. Eine Lampe warf ihr Licht nur auf den Schreibtisch. Die Türen waren geöffnet. Ich sah sie, in einem Morgenmantel, mit einigen aufgeschlagenen Büchern neben sich, arbeiten. Ich beobachtete sie nicht, sondern betrachtete sie.

Ich stand auf und ging zu ihr. »Du hast geschlafen wie ein

Dachmarder«, sagte sie, »oder bei dir bin ich schon versucht zu sagen, du hast geruht, angenehm zu schlummern, nicht wahr?« – »Bist du schon länger auf?« fragte ich. »Eine Stunde, oh, Gebieter«, sagte sie spottend. Ich beugte mich etwas über sie, um zu sehen, was sie da tat. Sie fand das nicht besonders und ich ließ es sofort bleiben, murmelte verlegen: »Entschuldige, entschuldige . . . ich bin ja kein Topfkucker, aber ein Bücherkukker und ein Papierekucker, es ist stärker als ich.« Sie lachte sehr, wirklich belustigt. »Möchtest du Kaffee?« fragte sie. Ich nickte. Stand da, nackt, setzte mich, genierte mich ziemlich, so nackt. Ich hustete etwas, aus Verlegenheit. Sie brachte schon Kaffee. In einer Thermoskanne. »Du kannst ihn trinken, er ist frisch«, sagte sie und schenkte mir ein.

Wir rauchten. »Ist schon nach Mitternacht?« fragte ich. »Kurz nach Mitternacht. Mußt du heim?« – »Keineswegs, nein«, sagte ich. »Was sagt denn deine Frau zu deiner Sittlichkeit?« fragte, ja das fragte sie. »Schneeflocke? Oh, für die ist das alles reine Literatur«, sagte ich ernsthaft. Sie stützte ihr Kinn auf ihren Handrücken und betrachtete nun mich, wie ich vorhin sie. »Deine Frau ist ein Realist«, sagte sie. »Hm, Realismus plus Zürich«, sagte ich. Um das alles ein wenig zu relativieren, denn es war mir äußerst unangenehm, in dieser Heutefrau Illusionen über mein Triebleben aufkommen zu lassen, murmelte ich: »Du mußt nicht glauben, daß ich die ganze Zeit mit hochaufgerichtetem Bruder Lustig durch die Gegend stürze, um die Luft zu prüfen. Ich klammere mich zu Hause an meine Gewohnheiten, denn zu Hause verläuft alles ausgesprochen ruhig und regelmäßig und ich tauge auch ganz gut für lange und intensive Askese. Aber du weißt, wie es passiert ist, was uns passiert ist. Das kommt mal vor, aber dann kann ich es eigentlich nur als letzter fassen.« Sie sagte lächelnd: »Ich glaube es dir, denn ich glaube mir. Sonst glaube ich nämlich niemand irgend etwas, kein Wort.« – »Dann leuchtet es mir ein«, sagte ich befriedigt. »Möchtest du auch Musik hören?« fragte sie. »Gern, suche etwas aus, was dir gefällt«, sagte ich. Ich war gespannt. Sie ging zu einem Gerät, schaltete es ein. Dann wählte sie aus zwei Reihen mit Schallplatten etwas aus. Was sie jetzt wohl nehmen würde? Eine der vier Ouvertüren? Die Nr. 4 in D-Dur? Oder ein Klavierstück allein? Ein Instrumentalkonzert? Eine der Kantaten? Vielleicht ›Ich habe genug‹? »Ein Mann, der nicht singen will, taugt nichts. Und da ich nicht singen kann, habe ich die Kantaten geschrieben, um wenigstens im Geiste zu singen«, hatte Johann Sebastian gesagt.

Dann kam die Musik: Über den pianissimo tremolierenden Streichern erhebt sich jenes Hornsolo, das mit der für ihn so charakteristischen Naturquinte beginnt. Rasch gewinnt er in diesem 1. Satz seiner 4. Sinfonie (›Bewegt, nicht allzu schnell‹) den ersten Höhepunkt. Dann das Thema, typisch, zweiteilig. Die Des-Dur-Melodie der Violen, die Durchführung setzt über einen langgezogenen Orgelpunkt auf b ein.

Ich stand auf, nahm einen Bleistift aus Viktorias Bleistiftglas und setzte mich wieder auf meinen Stuhl und dirigierte den ganzen 1. Satz mit, diese das Gespenstische überwindende Zerbrochenheit der Romantik in diesem 1. Satz der ›Romantischen‹. Ich machte nicht viel beim Mitdirigieren, machte mit der rechten Hand bestimmt nicht mehr als zuletzt Hans Knappertsbusch auf seinem Reitersattel in der Münchner Residenz; mit der linken Hand machte ich noch weniger, manchmal holte ich aus mit dem linken Arm, von hinten nach vorn aufholend, aber das auch nur zweimal in diesem schreckenseinsamen riesigen ersten Satz. Den Fortgang der Sinfonie hörten wir, auf dem Bett nebeneinander liegend. Später sagte Viktoria: »Du vorhin, auf dem Stuhl und nackt, für dich da im Nichts dirigierend, so sparsam und exakt, das war ein Bild.« Ich sagte: »Ich habe zu Beginn doch tatsächlich etwas gezögert, habe mich geschämt, vorher, sogar ziemlich heftig – aber dann dachte ich, es kränkt wohl keinen.« Ich dachte an das Hohe Vieh: ». . . und nun war es Tag und Scheherazade ruhte sich aus von der Liebe und sammelte neue Freude im Schlummer ihrer Phantasie. Dann wurde es Nacht und Scheherazade begab sich wiederum zu dem König Schehrijar und sie umarmten sich und sie liebten sich, und dann erzählte Scheherazade dem König alsbald weiter.« Karls Stelle, das habe ich nun, penetrant wie ich bin, nach mehr als fünfunddreißig Jahren in der 6bändigen Dünndruckausgabe des Insel Verlags nachgeprüft, Karls Stelle war tatsächlich seine eigene Hinzutat. Da begann Viktoria zu erzählen:

»Ich fing in München mit dem Studium der Jurisprudenz an. Ich war neunzehn und fing, nach einem ziemlich verrückten Orientierungssemester, intensiv zu arbeiten an. Das Leben an der Universität faszinierte mich. Im zweiten Semester entschied ich mich für Rechtsgeschichte. Dabei stieß ich auf das Werk des Juristen Cesare Beccaria, Marchese de Bonesana. Beccaria wurde in Mailand geboren, im Jahr 1738. Er starb auch dort, im Jahr 1794. Schließlich entdeckte ich in München eine schlechte Übersetzung einiger Schriften von ihm und war so fasziniert, daß ich Italienisch lernte, um Beccaria im Original lesen zu können. Ich hatte einen italienischen Freund, Giovanni. Durch ihn lernte ich Italienisch und er lernte Deutsch durch mich. Wir haben mühelos und genußvoll gelernt. – Beccaria forderte als einer der ersten die Abschaffung der Todesstrafe und der Folter. 1764 veröffentlichte er sein Werk ›Von den Verbrechen und Strafen‹. Es erschien anonym. Vierundzwanzig Jahre nach dem Erscheinen der Schrift wurde, im damaligen Großherzogtum Toscana, die Todesstrafe abgeschafft. Dieses Werk hat mich stärker beeinflußt als alles, was ich an Theorie bis dahin kennengelernt hatte. Als ich langsam begriff, was sonst noch alles in diesem Buch steht, brach ich mein Studium der Rechtsgeschichte ab. Die Betrachtung der Ergebnisse des Forschers Beccaria, der sich selbst erforscht hat, und die Erkenntnis des schleichenden Rückschritts in allen Bereichen von Rechtsetzung und Rechtsprechung seither haben mich veranlaßt, mein Studium aufzugeben. Ich war damals zweiundzwanzig Jahre alt. Ich wäre in einen Sog geraten, wenn ich dieses Studium weiter betrieben hätte. In einen Sog – oder in eine Sucht, wie du es nennst, die Gesellschaft verändern zu wollen. Ich glaube, dieser Sog fängt erst dann richtig an, wenn einer begriffen hat, daß er es allein nicht kann – und wenn er dann so tut, als hätte er es nicht begriffen, und umso heftiger weitermacht in seiner Illusion von Gesellschaftsveränderung. Die Gesellschaft wird nämlich von Zeitgenossen mit einem ziemlich großen Eigensinn und mit Beharrungsvermögen gemacht. Wer da verändern will, muß mehr können, als bloß Leute überzeugen. Er muß zeigen, wie etwas besser funktioniert und warum es sich lohnt. Ich kenne genügend Leute, die ihr Denken im Kopf bereits für erreichte volle Wirklichkeit halten. Ich gehöre nicht zu ihnen. Giovanni ging zurück nach Bologna, und ich war plötzlich allein. Es tat sehr weh. Als ich endlich akzeptierte, daß Giovanni mich verlassen hatte, fand ich zu mir. Ich studierte dann sechs Semester im Bereich von Philosophie und Soziologie und fing mit den Vorbereitungen zu einer Doktorarbeit an. ›Märchen als Beginn meines Interesses an Theorie‹, das ist mein Thema und meine These.« Viktoria sagte: »Das Thema interessiert dich, du kannst es nicht verbergen.«

In der Woche darauf arbeitete ich in Nichtenergie, wie ich sie bis dahin selten erlebt habe. Es war kein Arbeiten mehr, es war ein Hergang in Sprache, bei dem ich fühlte, daß ich nur Notar war. Ich rief Viktoria an und fragte: »Wollen wir uns heute sehen?« Sie hatte auf den Anruf gewartet. Sie hatte die ganze Zeit gewußt, daß er kommen würde, daß wir uns dann zum dritten Mal treffen würden. Jetzt sagte sie: »Ernst, ich habe heute auf deinen Anruf gewartet. Drei Messer braucht die Liebe, eins in die Augen, eins in den Mund, eins ins Herz.« – »Wir können es ja noch, mit einer gewissen Künstlichkeit, hinauszögern«, sagte ich mit fahler Stimme. »Oh, nein«, sagte sie. »Schön, also vorwärts, ich komme zu Fuß«, sagte ich. »Ich kann dich abholen«, sagte sie. »Nein, zu den dreieinigen Dingen geht ein Westfale zu Fuß«, sagte ich. Sie sagte: »Das hast du schön gesagt.« Ich sagte: »Die Messer müssen aber sitzen, jeder von uns kriegt nur eines zu schmecken.« – »Mein Messer in den Augen sitzt hervorragend«, sagte sie. »Gut, dann plazier' mir meins heute ebenso hervorragend«, sagte ich. »In den Mund?« fragte sie. »Klar«, sagte ich. »Und wer kriegt dann das dritte Messer der Liebe zu schmecken?« fragte sie. »Der weiße Wal Ausplünderung«, sagte ich. »Ins Herz?« fragte sie. »Ins Herz«, sagte ich. »Ja, Messerernst«, sagte sie. Verdammter Dialog. »Du hast mir doch von deinen zwei Freunden in deiner Truppe erzählt, die dir die Hand einmal gegeben haben, von Kettenernst und Beilrudi«, sagte sie. »Hm«, sagte ich. Sie sagte: »Die haben wohl kaum geahnt, was für einem Dritten im Bunde sie damals die Hand gegeben haben«, sagte sie. »Das habe ich damals auch nicht gewußt«, sagte ich. »Ich habe viel über die beiden und über dich und über mich nachgedacht«, sagte sie. »Ich will jetzt nicht mehr weitertelefonieren«, sagte ich. »Höre noch, denn vielleicht wirst du unterwegs überfahren – du zu Fuß durch Frankfurt, da schauderts einen ja. Die beiden hätten dich verrecken lassen können, nur ein bißchen Ignoranz von denen hätte damals genügt. So sehe ich das heute. Aber sie handelten anders. Und demnächst wird es heißen: Kettenernst, Beilrudi und Messerernst.« Ich konnte ihre anmutige Stimme nicht mehr ertragen, sie riß mich mittendurch. Mit einer künstlichen Steifheit, gegen die alle meine früheren Untaten der Höflichkeit noch zutraulichste Naivitäten waren, sagte ich zu dieser wahrlich gorgohaften Frankfurter Scheherazade: »Und dann wird man nur noch einmal etwas sagen, nämlich Guten Tag.« Zitternd legte ich den Hörer auf die Gabel und ging zu ihr. Unterwegs habe ich vor Angst gesungen: ›Ich habe genug‹ – mit der herrlichen Schlußzeile: ›Ich freue mich auf meinen Tod, ach, hätt' er sich schon eingefunden . . .‹, komponiert von Johann Sebastian als reines Leben, als Leben im aktiven Sterben.

Viktoria legte einen Arm um meinen Nacken, ich legte einen Arm um ihre Hüfte – dann umarmten wir uns. Dann zogen wir uns aus. Dann liebten wir uns. Dabei dachte ich zum erstenmal an meinen anderen Freund, den ich so lange nicht gesehen hatte, ich dachte an Herrn Freude. Und dachte an eine Frau und fand nicht den Namen dieser Frau. Genauer noch: Als ich um

Viktorias Hüfte meinen Arm gelegt hatte, da dachte ich an jene Frau, deren Name mir jetzt immer noch unaussprechlich war, selbst in Gedanken an meinen Freund Freude noch unaussprechlich war. Viktoria sagte: »Ich liebe dich, heute, nur noch heute, aber dafür vollkommen.« Ich sagte: »Viktoria, du bist die Frau der sieben Türen.« – »Was ist das für eine Frau?« fragte Viktoria. »Es ist die Antwort der Frau mit sieben Siegeln«, sagte ich. »Wer ist die Frau mit sieben Siegeln?« fragte Viktoria. Das erzählte ich ihr.

Wir saßen am Fenster. Im Garten draußen zeichneten die Herbstfarben das Blätterwerk der Bäume. »Wie ist das alles mit dir gekommen, wie ist es zugegangen, daß du nicht mehr trinkst?« fragte sie. Ich sagte: »Es ist sonderbar genug, denn ich schreibe ein Buch, in dem ich davon erzähle – und bin doch sicher, daß ich diese Frage nur aufwerfen kann. Alles, was ich erzähle, kommt mir vor wie Stroh, gemessen an dem, was ich erlebt habe. Thomas von Aquin sagte es auch, befragt nach seiner Erfahrung während der Niederschrift seiner ›Summa theologica‹.« Dann sagte ich: »Ich fühle, daß in meinem dritten Lebensjahr etwas passiert ist. Folge von etwas, was im Geburtshergang passiert ist. Dort liegt der Schlüssel. Nie wohl will ich ihn finden, Viktoria. Um tätig zu bleiben.« Da fragte Viktoria: »Ernst, wer war Schwester Anna?« Als sie den Mund zu dieser Frage öffnete, bekam ich das Messer der Liebe zu schmecken; eine Hand stieß es mir in den Mund. In dem Schmerz, in dem du, nun für immer, deine Grenze erfährst. Und mit diesem Messer im Mund sah ich mich, mit weit aufgerissenen Augen, nach Liebreich um. Aber ich sah ihn nicht. Er stand unsichtbar links neben mir. Da ich Liebreich nun nicht sah, so suchte ich mit meinem Blick meine Freundin und erzählte ihr, mit dem Messer im Mund, von Schwester Anna. Ich erzählte nur das Notwendigste, denn jeder Satz war eine Qual, eine Qual im langsamen beginnenden Erwachen. Als ich meine Erzählung beendet hatte, sagte ich: »So wahr Schwester Anna gestorben ist, ohne erfahren zu haben, was in mir vorging, so wahr wird

der weiße Wal Ausplünderung gestellt, wenn die Zeit reif ist. Die Stunden des Geschäfts mit bestimmter Krankheit sind gezählt, Viktoria.«

Viktoria sagte: »Und nun, Ernst, die dritte Frau?« – »Ja, die dritte, Schneeflocke – wenn es sie nicht gäbe, wäre meine Lebenskraft, trotz Ruth und trotz Schwester Anna, längst zusammengebrochen, denn ohne Schneeflocke hätte ich den Widerstand gegen die Weiße Armee längst aufgegeben«, sagte ich. Viktoria sagte: »Sie muß eine phantastische Frau sein.« – »Sie ist eine nüchterne Frau, gescheit und heiter und unkäuflich, das ist alles«, sagte ich. Viktoria fragte: »Kämpft deine Frau politisch gegen die Weiße Armee?« Ich sagte: »Wenn du unter politisch ihren nun fast schon zwanzig Jahre währenden Versuch, einem Kranken wie mir zu helfen, daß er sich äußert – wenn du das als politisch verstehen willst, dann kämpft Schneeflocke politisch. Denn sie ist keine Welterrettungsmetze, kein Rotkehlchen, sie bahnte mir den Weg zum Erzählen.« Viktoria sagte: »Vielleicht beurteile ich meinen Vater zu hart.« Ich sagte: »Erzähle ihm von dir, dann wird er sich viel besser verstehen. Es wird bald ein anderer Feldzug beginnen. Der Feldzug der Kranken, in den Weiten ihrer Schneefriedhöfe, der wird nun bald beginnen. Dann werden keine Generäle mehr gebraucht, dann werden Leute gebraucht, die sich selber besser verstehen, Freunde von Beschneiten, die sich selber entmachtet haben, die werden dann gebraucht. Davon erzähle deinem Vater, wenn du möchtest, vor allem aber erzähle ihm von dir.« Viktoria sagte: »Bitte, sprich weiter.« Ich sagte: »Ich sehe drei Funken Nichtenergie. Der erste Funke wird die ökologische Katastrophe verstehbarer machen. Er wird um die ganze Welt wandern, von Herz zu Herz, von Mund zu Mund, von Sprache zu Sprache. Der zweite Funke Nichtenergie wird Selbsthilfe überspringen lassen in einen Bereich von Nichtkranken. Er wird die Teilungen von sieben Ländern verstehbarer machen und dann wird Europa ein Entwicklungsland werden, es wird Entwicklung freisetzen. Wenn mehr als zwei Länder in Westeuropa ihren absoluten Tiefpunkt erreichen, wird Entwicklung beginnen. Der dritte Funke Nichtenergie wird, unter einer Zeitmütze, die in Wahrheit und in Wirklichkeit gegebene und entdeckte Relativität der Zeit vollends deutlich machen. Die Zeitmütze heißt: Fehler zugeben lernen, dadurch Erzählenkönnen, dadurch Zuhörenlernen. Das leitet ein Zeitalter ganz anderer Phantasie ein.« Sie fragte: »Kannst du mir das näher erklären?« Ich konnte es ihr nicht erklären und sagte: »Ich kann es nicht erklären, ich weiß nur, daß die Phantasie die dritte Gabe der Selbsthilfe ist. Die Musik ist die Selbsthilfe in Angst, Sprache ist Selbsthilfe im Schmerz, die Phantasie ist Selbsthilfe im langen Lebenstod. Aber alle drei Gaben sind Geschenke auf dem Tisch aller. Der Tisch ist das Fundament über der Leere und auf dem Tisch ist das Nichts. Nimm dir, Namenlose, der Tisch ist reich gedeckt, und je mehr du nimmst von diesem Tisch, desto reicher wird er. Tue es heute, dann erlebe, dann erzähle. Ich nahm von diesem Tisch, vorhin, als die Phantasie selber redete in Selbsthilfe, ich nahm von dem Tisch aus dem Nichts und nun erlebte ich und jetzt erzähle ich dir, was vorhin geschah: Ich hatte einen Wachtraum und träumte, ich stünde vor sieben Türen eines anbrechenden Zeitalters ganz anderer Phantasie. Ich sah einen Hochwald und vor dem Hochwald ein Haus mit sieben verschlossenen Türen, Wald und Haus umflossen und überspült von einem Meer. Ich träumte nun, die erste Tür würde sich noch in diesem Jahrhundert öffnen und die zweite Tür im kommenden Jahrhundert und die dritte Tür hundert Jahre später und die vierte Tür im folgenden Jahrhundert, die fünfte Tür wiederum hundert Jahre später, die sechste Tür im dann folgenden Jahrhundert und die letzte Tür in siebenhundert Jahren. Ich trat vor die erste Tür und klopfte an. Die Tür blieb verschlossen, aber sie gab einen Klang, der sich durch die Gewässer ringsum Bahn schuf. Es war ein Klang der Liebe. Ich ging zur zweiten Tür und klopfte an. Auch diese Tür blieb verschlossen, aber auch sie gab einen Klang. Es war ein Klang der Arbeit. Ich klopfte an die dritte Tür. Sie blieb auch verschlossen. Aber sie gab einen Klang, umflossen von den Meeren, einen Klang Erinnerung. Ich klopfte an die vierte Tür. Nichts und niemand öffnete diese Tür, aber sie gab einen Klang und ich empfand ihn als Ernüchterung. Ich klopfte an die fünfte Tür, in steigender Erwartung, etwas würde mein Traumwissen korrigieren, aber auch diese Tür öffnete sich nicht, als ich anklopfte, aber sie gab einen Klang, den Klang des Lernens. Ich ging zur sechsten Tür und klopfte an. Geschlossen blieb sie wie alle vorherigen Türen, aber ich hörte nun, von sehr weit draußen, durch die Gewässer bis her zu mir, einen bis heute nie vernommenen Klang, während ich an die sechste Tür klopfte, und ich wußte, es war der Klang der Wirklichkeit. Ich ging zur siebten Tür und klopfte an. Sie öffnete sich nicht. Da hörte ich ihren Klang und hörte ihn nun, den Klang von anbrechender ganz anderer Phantasie. Da sah ich drei Beschneite, die schon tot waren, noch einmal aufstehen und aufeinander zugehen und leben. Die erste Gestalt war eine Frau, die zweite Gestalt war ein Kind, die dritte Gestalt war ein Mann. Die Frau war eine Gefangene. Das Kind war ein Fremder. Der Mann bleibt ein Zerbrochener. Die Gefangene wird sterben als Kranke und aufstehen und auf das Kind zugehen. Das Kind wird staunen und auf die Frau zugehen und von seinem Kopf die Zeitmütze herunternehmen und um die Stirn einen Teil der Fruchtblase haben, die Glückshaube. Die Frau wird erbleichen und der Zerbrochene wird kapitulieren und seinen rechten Arm zwischen die Frau und die Zeitmütze halten und Liebreich wird von links kommen und den Mann auf seiner linken Schulter berühren und der Mann wird niederstürzen und den Tod eines frohen Mannes sterben und die Frau wird frei und das Kind wird ein Botschafter und das Leben wird ihn vor sieben Türen im Heute führen.«

Ich hatte überhaupt nicht erfaßt, daß eine unsichtbare Hand mir das Messer aus dem Mund gezogen hatte. Ich spuckte Blut, da stellte ich es fest. Ich kam zurück aus der Toilette. Da fragte sie mich: »Was ist dein tiefstes Unglück?« Ich sagte: »Unehrlich zu mir selber zu sein.« Ich fragte sie: »Was ist dein tiefstes

Unglück?« Sie sagte: »Im Glück als Frau ohne andere Frauen, die auch so glücklich wären, zu sein.« Sie fragte: »Was ist dein höchstes Glück?« Ich sagte: »Das Elend meines Privatlebens.« Ich fragte sie: »Was ist dein höchstes Glück?« Sie sagte: »Meine Bereitschaft, mein tiefstes Unglück zu ändern.« Dann sagte sie den vernichtenden Satz: »Ernst, wir werden nun nie mehr zusammensein.«

Ich wollte zurückweichen. Ich wich nicht mehr zurück. Eine urgewaltige Furcht hieb mir waagrecht und mit einem unerwarteten Schlag gegen beide Beine und zerbrach meine Beine, aber Angst wogte hoch in mir und hielt mich aufrecht auf den zerbrochenen Beinen und ich wich nicht zurück – da sank der nie mehr endende Schnee herab, und ich schneite ein, und der Schnee bedeckte mich und Scheherazade schneite nicht ein. Da sah ich, in weiter Ferne, drei Beschneite auf mich zukommen und erkannte eine Frau, ein Kind und einen Mann. Und Scheherazade drehte sich um und sah die drei Beschneiten auch. Zuerst sah Scheherazade die Frau und stieß einen qualvollen Schrei aus. Dann sah Schehezarade das Kind und hielt den Atem an. Dann sah Scheherazade den Mann und stieß einen machtlosen Seufzer aus. Der herabsinkende Schnee hatte nun auch mein Gesicht ganz bedeckt. Ich empfand tosende zunehmende Stille und das Fortgehen Scheherazades in dieser tosenden Stille und ich empfand Todesfurcht und den Ernst erbarmender Angst in erschreckender Ferne. Unter dem Schnee sagte ich, im Schutz der selbst in erschreckender Ferne helfenden Angst Gottes um das richtige Wort bittend: »Danke, lieber Gott, für die anderen herbeikommenden Beschneiten . . .« Und gehe nun, entsetzlich langsam auf meinen zerbrochenen Beinen, schnurgerade auf euch zu.

Die Nachricht

Ulrike Meinhof ist tot. Das Fernsehen verbreitet die Nachricht, sie hätte sich in ihrer Gefängniszelle im Gefängnis Stuttgart-Stammheim erhängt. Ich kann aus meiner Betäubung nicht zu mir kommen. Von welcher Frau phantasierte ich bei meiner ersten Ankunft in Frankfurt? Von welcher Frau erzählte ich später in Paris? Ich nenne die Worte Angst, Entsetzen, Trauer. Ich nenne diese Worte, und damit ist mein Maß voll. Mehr Wirklichkeit finde ich nicht in mir als diese Worte. Möge ihr Geist mehr Wirklichkeit in anderen Menschen ansprechen und verwirklichen; ich bin leer, denn ich fühle mich leer. Dem einen Freund, dem ich hätte helfen können, habe ich nicht geholfen und jener Frau, die nun tot ist, der ich vielleicht hätte helfen können, ihr habe ich auch nicht geholfen. Ich wollte mich nicht aufdrängen, wollte mein Buch fertig schreiben, es veröffentlichen, und habe dabei oft an Ulrike Meinhof gedacht und mir vorgestellt, daß mein Buch beitragen könne zu einer Entkrampfung unserer verfestigten einseitigen Vorstellungen von bestimmter Krankheit. Jetzt ist es zu spät. Ich sitze unbetrunken am Tisch und lebe. Ich habe mich gerettet. Es ist widerlich. Gott, mäßige mich, mäßige meine Verzweiflung, denn auch sie ist eitel. Mäßige meine Sprache, Gott, zu drei Fragen. War Ulrike Meinhof eine Kranke oder war sie eine Nichtkranke? Wie waren die Umstände ihres Sterbens? Was können wir tun, damit ihr Leben und ihre Gefangenschaft in sich selber und ihr Sterben wenigstens nun, nach ihrem Ableben, ihr Herz stillen und ihre Tortur mildern und ihren Geist lösen? Meine Fragen, Gott, sind echte Fragen, denn wenn ich mich auch noch so machtlos erforsche, so finde ich keine Antwort auf auch nur eine dieser drei Fragen. Ich fühle nur, daß Antwort auf diese Fragen anderen Kranken helfen würde, ohne Skandal und ohne Beschuldigungen und ohne neue Gewalttaten gegen Nichtmitschuldige am Elend dieser Verstorbenen. Das fühle ich, darum sage ich es. Inspiriere Menschen heute, Frauen, Kinder und Männer heute zu hinreichender Ehrlichkeit zu sich selber, wirklichkeitswürdige Fragen zu stellen, machtlose Fragen. Gewaltmindernde Sprache aus Erzählen von sich selber und aus machtlosen Fragen – vermehre du sie, Gott, in uns. Dann errichte in denen, die meine Fragen kennenlernen, die Gewißheit des Mangels an Anklage in meiner Klage, damit kein Druck fremdes Wissen peinige und keine Furcht vor Unterstellung fremde Phantasie verunreinige. Was ich frage, kann ich nur fragen dank meiner in Selbsthilfe zum Stehen gebrachten Krankheit. Ulrike Meinhof hatte keine Chance zur Selbsthilfe, sie kannte keine machtlose Gemeinschaft. Ich bitte dich, ihr in das Erleiden ihres Totseins dasjenige an Geschwisterlichkeit aus dem Meer meiner Angst, aus der Qual meines Entsetzens und aus meiner machtlosen Trauer zu übermitteln, was du ihr übermitteln willst, und mir gib den Mut zur Mäßigung meines Zustandes, damit ich in meiner Betäubung heute nicht trinke. Meine Fragen aber senke in den Geist von Süchtigen und Nichtsüchtigen, damit dort Fragen freiwerden, die mehr taugen als diese Sprache meiner Ohnmacht am Tag dieser so schaurig lange vorweg gefühlten, in mir selbst immer wieder panisch abgeleugneten Befürchtung.

In den Monaten nach dieser Nachricht bis heute habe ich das Wichtigste zuerst getan, im Heute das erste Glas stehen lassen. In der Truppe habe ich eine Zeit tiefer innerer Rückständigkeit überstanden, weil ich weiterhin regelmäßig dort durch die Tür ging und fühlte, daß ich den Wunsch habe, die Selbsthilfe dort und nirgendwo sonst auf Dauer fortzusetzen. Im Schreiben bin ich dabei ruhiger geworden und habe mein beamtenhaftes Erzählen unhastiger vollzogen.

Es ist wieder November, das dritte Jahr ohne Glas und ohne Tabletten vollendet sich. Das Eis zwischen Schneeflocke und mir beginnt zu schmelzen. Alles geht von selber. Jetzt verstehe ich langsam, wie weise Elisabeths Empfehlung vor zwei Jahren war, in der verminten Beziehung zwischen Eleonora und mir vor dem beendeten dritten Jahr ohne Stoff auf jeden voreiligen Willen zu verzichten. Jetzt begreife ich langsam den Moment aufscheinender Nüchternheit in meinem Inneren, als ich Elisabeths Empfehlung hörte und sie sofort zu meiner Sache machte. Schneeflocke und ich haben einen weiteren Schritt zueinander getan. Wir beginnen, uns gegenseitig zu erzählen. Früher war jeder November ein Selbstmordmonat für mich.

Jetzt wird er zum Monat eines ganz anders verstandenen Todes. Mit dem Tod Ulrike Meinhofs nicht zurechtkommend, möchte ich euch erzählen, warum ich dem Tod Erfahrung, Kraft und Hoffnung verdanke.

Tod

Entsetzt vor der Fülle in meiner Einsamkeit, dem Berg meiner Rettung, empfand ich Sucht nach Alleinsein. Absterbend in der Fülle von Liebe im Mangel der Liebe schrie ich laut und lachte in entsetzlichen Grimassen. Entrissen meiner inneren Leere durch den Funken Lust auf ungeschriebene Sprache und geborgen vom Tod in lebhaftes Nichts, leugnete ich wütend mein Innerstes, leugnete ich meine Angst. So packte Furcht mein Herz und Liebreich schmiedete die drei eisernen Reifen des Froschkönigs um meine Brust: Unterwürfigkeit und Größenwahn und Suche nach fremden Schuldigen. Und auf meinen Haarschopf drückte Liebreich mir den Blechhut meiner Schande, die Narrenlegende, nicht richtig im Kopf zu sein, Narr für die einen, sieches Genie für die anderen, unwahr beides. Mit den drei Reifen der Verfroschung und mit dem Blechhut meiner Schande flüchtete ich in Alkohol und Tabletten und in Unehrlichkeit zu mir selber. Denn weil Liebreich meine Reifen für immer um meine Brust geschmiedet hatte, so wollte ich mir wenigstens den Blechhut von meinem Schopf reißen. Aber er war fest verknotet in meinem starren Pesthaar. Sieben Kusinen des Todes ließen mein Haar hervorsprießen nach allen Seiten, damit Liebreich das Blech meiner Schande immer neu und immer fester verknote auf meinem wirren Alkoholikerkopf. Ich wußte, daß mein Saufen nicht normal ist, und soff immer exzessiver weiter und sagte böse: Diejenige und das da, ach, Unsinn – das Ganze ist schuld. Da packte mich Gier, einzuwandern in mein längst begrabenes Leben. So warf ich mich dem bittersten Tod eines Kranken, krank zu sein ohne Krankheitskenntnis und ohne Krankheitsbejahung, heulend und schweigend an den Hals.

Das ist meine Erfahrung vom Tod, und nun will ich von der Kraft des Todes mitteilen, was ich derzeit weiß: Liebreich erschuf in der Bitternis meiner Verfehltheit Lücken der Lüge, Felder des Schmerzes. So liebreich war mein Tod in meinem begrabenen Leben. Liebreich baute in dem Kerker meiner Mitschuld Fenster der Freude, Felder vorläufiger Produktivität. So liebreich war mein Tod in meinem mitschuldigen Leben. Liebreich trieb einen Stollen der Rettung durch die Mauer meiner Furcht, hinab in das Meer meiner Angst, einen Stollen zu meinem Traum im Mutterleib, zu meinem Traum vom Kommen ganz anderer Phantasie. So liebreich war mein Tod in meinem süchtigen Ende meines Lebens, meiner zwanzigjährigen Gefangenschaft und zerbrach die Tortur für einen Moment: In der Gestalt eines Traums im Mutterleib erschien mein Tod zum erstenmal vor meinen augenlosen Blicken und das Licht der Wahrheit stieß mich aus dem Leib meiner Mutter, aus ganzer göttlicher Zeit im Leib Ruths stieß Wahrheit mich hinaus in ganz andere Zeit aus organisierter Gottesleere außerhalb des Leibes meiner Mutter. So erfaßte ich beim Hergang meiner Geburt die Wahrheit und Wirklichkeit irdischer Zeit als Vorgang von fortschreitender Zeitspaltung. Zum zweitenmal erschien Liebreich mir in einer lieblichen Gestalt, in Gestalt eines jungen Mädchens. Hell vor Anmut und dunkel vor Schmerz schaute mein Tod mich an aus dem Antlitz dieser Frau und ich gab ihr den Namen Holunder und flüchtete in Panik. Zu machtvoll war das Erkennen meines Gesichts von kommender Geschwisterlichkeit zwischen Frauen, Kindern und Männern. Zum drittenmal erschien Liebreich mir am Morgen meiner Kapitulation. In der Gestalt eines Schneestamms, der über meinem Leib langsam auf meine Herzgegend zurollte. Ein sprachloser Seufzer des Danks, Ausmaß meiner grenzenlosen Verwunderung, brachte den Schneestamm zum Stehen. Denn in der Verwunderung stieg aus den Trümmern meines Gedächtnisses nun das Drama der Angst, der Einsamkeit und des Schnees, Pharmaschnee, Muttermilcheinsamkeit und Sprachangst, entdeckt unter den Schneefeldern des Nanga Parbat. So vollendete Liebreich, in drei Erscheinungen, meine bedingungslose Kapitulation. Mit Großmut handelte mein Tod in mir, denn ich kapitulierte nicht aus irgendeiner eigenen Fähigkeit, sondern nur kraft der Vollständigkeit meiner Niederlage und mit einem Wunsch, mit dem nun zwanzig Jahre von meinen vergeblichen Widerstandsversuchen zusammengedroschenen Wunsch, mit dem Trinken aufzuhören.

Meine Hoffnung heute kommt aus meiner Erfahrung und aus der Kraft mit dem Tod in mir. Denn Erfahrung und Kraft im Tod allein begründen Hoffnung, denn sie erschaffen Gemeinschaft mit Kranken und Nichtkranken, sie erbauen Erkenntnis, Demut und Zuneigung mit jedem von uns, wer er sei oder nicht sei, denn allen gemeinsam ist das Erlebnis der Angst. Nicht mehr geleugnete Angst wird die Furcht vor unseren besiegelten Mängeln umwandeln in machtlose Gemeinschaft mit Kranken und mit Nichtkranken, mit Unklugen und mit Klugen, mit Menschen in der Nähe und mit Menschen in der Ferne, mit Leidenden und mit Ernüchterten und mit Gott, wie du ihn verstehst, und so mit Verstorbenen und Geborenen und mit noch nicht Geborenen. So erschafft mir mein Tod, in bejahter Angst, Gemeinschaft und Hoffnung. Denn nur aus Gemeinschaft kommt Hoffnung.

Eleonoras Erfahrung

»Damals, Ernst, als Anita die Wende einleitete in unserem zerbrochenen Leben, als ich von ihr hörte, sie wäre schon zwei Jahre weg vom letzten Glas, durch eine Gruppe mit anderen Alkoholikern, da dachte ich: ›Mein Gott, das ist eine Ewigkeit, eine Ewigkeit von Freiheit.‹ Für mich war Anita damals ein legendäres Fabelwesen.

Du hattest es lange Zeit im Alleingang geschafft, nicht mehr zu trinken. Ich war damals sicher, du würdest nie mehr trinken.

Dann, bei der Nacht, erwachte ich, hörte draußen ein Gegröle in der Straße. Im Halbschlaf habe ich gedacht: ›Wie früher der Ernst . . .‹ Dann, mit einem Schlag wach, wußte ich, daß du es bist. Ich war zuerst nur betäubt. Tage später erst erkannte ich, daß wir nun wieder hineingehen in diese Hölle, daß nun wieder die Hölle von vorne angefangen hatte.

Sechs Jahre später, nach bleibender bleierner Panik, als du zu der Braut gezogen warst, rief Anita hier an und sagte mir, es gäbe einen Weg zur Genesung, einen Weg, der wirklich funktioniert. Durch die Hilfe einer Gruppe. Ja, Ernst – inzwischen bist du schon drei Jahre weg vom letzten Glas. Und das ist nun normal geworden, normale schöne Freiheit.

Das Schlimmste in den Jahren unseres Niedergangs, die nach deinem Rückfall damals kamen, das war für mich das kalte Grauen im Ungewissen, das ich kannte und in dem es nur eine Gewißheit für mich gab: daß ein Mann wie du, vor dem man wirklich Respekt hat, daß der sich nun wieder so lächerlich machte. Das war das Schlimmste für mich. Was für einer langen Hölle waren wir gemeinsam entronnen. Dann die schöne lange Zeit, in der du nicht getrunken hattest, deine lächelnde Ausdauer beim Arbeiten, eine ruhige Ausdauer, die meine Ausdauer ja noch bei weitem übertrifft, was doch etwas heißen will, und die vielen interessanten Menschen, die dich wirklich respektierten – der schlagartige Rückfall. Nun wußte ich, was kam: die Hölle, die Panik, meine Lähmung, alles wieder von vorn.

Ich habe dann bald jedes Interesse verloren in diesen folgenden Jahren. Jeden Tag ist ein Stück Interesse weggegangen. Ich habe mich bald für nichts mehr interessiert, weder für Leute, noch für Dinge, noch für Ereignisse. Du hattest den Alkohol und die Tabletten, in die du flüchtetest. Ich hatte nichts zum Flüchten. Ich war wie ein Tier, das, über Jahre hinweg, verendet, ein Tier, das sich im Verenden immer mehr verkriecht. Überlebt habe ich es nur – ja, Ernst, wohl nur wegen meiner ererbten Moral, wenigstens für mich eine Ordnung aufrechtzuerhalten, mitten in dieser fortschreitenden Lähmung und in dieser immer betäubender werdenden Interesselosigkeit den durchaus eindeutigen sauberen Stil instinktiv aufrechtzuerhalten. So faßte ich immer wieder ein bißchen neue Hoffnung, immer wieder einen Zipfel Hoffnung. Es war zuletzt für mich unbegreiflich, aber mit dieser Moral, mit der ich mich früher fast wie geschlagen erlebte, mit ihr faßte ich immer noch diesen Zipfel Hoffnung, oder! Sonst hätte ich es nicht überlebt. Ich wollte mich nämlich umbringen, hatte es in den sechs Jahren deines Niedergangs fest vor. Ich habe es nicht getan, weil meine Mutter noch lebte. Ich lebte weiter, weil ich meiner Mutter das nicht antun wollte. Wenn sie nicht mehr gelebt hätte, hätte ich mich umgebracht. Schau mal, es ist ja wieder dasselbe: Ich bin damals, von Zürich aus, mit dir gegangen, weil ich dachte: ›Der da, der braucht dich . . .‹ Und so bin ich in dieses Ungewisse mit dir hineingegangen. Und nicht umgebracht habe ich mich, weil ich meiner Mutter das nicht antun wollte. Wieder dasselbe. Ich habe so intensiv gelebt, weil da immer jemand war, für den ich einfach überleben mußte. Und die Leute fragen mich immer: ›Woher haben Sie nur diesen Humor?‹ Ich weiß es nicht, mich fragen nur immer die Leute und du fragst mich ja auch oft danach. Woher das bei mir komme, wollen sie alle wissen, Ernst, ich weiß nicht einmal, was Humor ist, könnte es nicht sagen. Ich weiß auch nicht, ob Humor mit meiner Art zu leben zusammenhängt. Ach, ich bin ja jetzt sehr ernst im Moment, denn daß ich jetzt hier für Angehörige von Alkoholikern erzähle, wie man rauskommt aus diesem Elend und wie ein Alkoholiker zur Gruppe kommt und daß die Hölle aufhört dann, in einigen Jahren – und daß man sich fest darauf verlassen darf, daß es solide funktioniert, ach, Ernst, so etwas erzählt eine Schweizerin nicht mit Lachen. Aber eben, das würdest du ja den größten Humor nennen.

Du hast mich im Suff geschlagen. Und geschlagen hast du mich auch, wenn du saufen wolltest und ich mich als Hindernis dir in den Weg stellte, ahnungslos von Krankheit, wie wir waren. Das ist oft passiert. Zuerst habe ich noch zurückgeprügelt, mit Fäusten und eisernen Pfannen und Tiegeln und Töpfen und dir einen Box gegeben und hart ans Schienbein getreten – aber dann habe ich mich immer weniger gewehrt dagegen, am Schluß überhaupt nicht mehr. Zuerst Wut, dann Haß auf dich, dann Gleichgültigkeit. ›Scheißer‹, habe ich gedacht zuletzt. Warum ich es erwähne: wegen der geschlagenen Frauen. Ich rede nicht von unserem Unglück, weil ich mir einbilde, daß wir so wichtig wären, ich rede heute aus dem Grund, aus dem du erzählt hast: Weil es möglich ist, rauszukommen aus der Hölle auf Erden, und ich habe nur den Mut zur Genauigkeit aus dem Grund, aus dem du so genau geworden bist wieder im Schreiben in den letzten Jahren, so genau und so ruhig ausdauernd: weil man ja die Rettung einfach anderen Leuten verdankt. Sonst würde ich nichts verlauten lassen, denn Verlautbarung von Schande ohne ernsthafte Hoffnung für andere Leute, das ist eine ungute Charaktereigenschaft. Also zum Verprügeltwerden als Frau: da ist jetzt ein Haus der geschlagenen Frauen gegründet worden. Und hoffentlich gibt es auch in anderen Städten bald solche Zufluchtsmöglichkeiten. Aber wenn ich nun höre, was diese Sozialarbeiterinnen da so von sich geben an Erkenntnissen, diese Sucht nach Ursachenforschung, Ernst – wie bei den Alkoholikern, solange die noch trinken wollen. Diese guten Mädchen wollen das Richtige, sie verdienen sich den Himmel mit dem, was sie für andere Frauen tun, bestimmt. Aber einen Riesenschritt in noch mehr Hilfe täten diese Mädchen, wenn sie das süchtige Untersuchen der Gesellschaft aufgäben und die Frauen ermutigten, die Dinge beim Namen zu nennen. Dann würde sich herausstellen, daß Alkoholismus eine der am meisten verschwiegenen Gründe für die Prügeleien ist, Krankheit. Familienkrankheit, Krankheit beim Alkoholiker und Miterkrankung seiner Angehörigen. Es ist offenbar noch möglich, am Fernsehen über Geprügeltwerden zu sprechen, aber es ist offenbar kaum möglich, in diesem Zusammenhang von Alkoholismus zu sprechen. Das Wort ›Alkoholiker‹ scheint noch schlimmer zu sein. Und es ist für mich so entsetzlich, wenn ich da die Mädchen über ›Gesellschaft‹ reden und argumentieren und analysieren höre. Alkohol ist in den meisten Fällen der Auslöser dieser brutalen Gewalt. Und solange das in den Fällen, wo es zutrifft, nicht ehrlich auf den Tisch und auf den Teppich gebracht wird, hilft alles nichts, denn Theorie von Gesellschaft wird erst dann brauchbar, wenn die banalen Sachen des Leidens erfaßt und ausgesprochen und geändert worden sind. Aber wie unendlich schwierig ist es, daß man sich selber etwas klarer macht als Alkoholiker und als Angehöriger eines Alkoholikers, wie die Sachen in dieser Krankheit stehen: daß ein relativ fair verarbeitetes Genußmittel für die meisten Menschen, Alkohol, daß eben dieses Genußmittel für eine bestimmte Gruppe von Menschen, für Süchtige, die Hölle auf Erden ist und bleibt – das zu lernen, darauf kommt es an. Und wenn da einige dieser geschlagenen Frauen dazu kämen, die banalen Tatsachen zu erkennen und, wo es sich um Alkohol handelt, auch davon zu sprechen, dann könnten sie sich als Kranke verstehen lernen und dann könnten sie die Krankheit ihrer trinkenden Quäler ebenfalls erkennen und könnten sich dort helfen, wo Genesung wirklich auf Dauer funktioniert, für den Alkoholiker in einer Gruppe mit anderen Alkoholikern und für Angehörige in Gruppen für Angehörige, die verstehen lernen müssen, daß sie mitkrank sind. Wer das nicht mehr lernen kann, dem wird nie mehr zu helfen sein. Soviel zum Faktum, daß du mich geprügelt hast.

Warum ich nicht weggegangen bin von dir, das ist nicht so einfach zu sagen. Da war nicht nur ein einzelner Grund, es kamen mehrere Gründe zusammen. Zuerst hat Mitleid mit dir eine entscheidende Rolle gespielt. Ich dachte: ›Er geht ganz unter, wenn du weg bist.‹ Du warst auf eine erbarmungswürdige Weise hilflos, unfähig zum Leben wie ein Kind. Es ist Unrecht, so jemand zu verlassen. Aber ich hätte gehen müssen, ab Mitte 1971 hätte ich gehen müssen. Ich war dafür offenbar schon zu kaputt. Dann wurde mir schließlich alles egal und ich habe für mich keine Zukunft mehr gesehen, ob ich nun blieb oder ging. Und dann hielt mich da noch jenes ›Unheimliche‹ – das unheimliche Gefühl, daß da mit dir etwas nicht stimmt. Krankheit, wie ich später erfuhr. Die so unheimlich diffuse Erfahrung von Krankheit, die du bloß noch nicht klar erkanntest, sie hat mich wohl auch bei dir festgehalten. Aber das ist so unheimlich im Bösen wie im Guten und beides zugleich, bis es sich endlich klärt, daß ich darüber wirklich nur mit größter Scheu spreche. Laß es uns dabei belassen. Weil es gutgegangen ist.

Die Angst in den letzten Jahren deines Niedergangs, sie war das, was mich sofort wieder überfiel, sofort nach deinem Rückfall. Ich kannte diese Angst ja aus den ersten sechs Jahren deines Trinkens. Sie hatte mich, während du nicht trankst, allmählich verlassen. Nun war sie wieder schlagartig da: Panik, Angst im Nacken. Tag und Nacht hat mich die Angst gepackt und sie hat mich überhaupt nicht mehr verlassen. Es ist die Panik, wenn du auf einer Zeitbombe lebst. Ich habe nichts dagegen tun können. Fünfzehn Jahre habe ich mit dieser Angst leben müssen, ohne irgend etwas dagegen tun zu können, damit mußte ich leben. Alles sonst war entwürdigend. Es war ein entwürdigendes Leben, denn alles war entwürdigend. Aber die Angst war noch anders. Für diese Angst gab es keine Krücken. Hoffnungslos vegetierte ich weiter, jemand, der aufs Ende wartet.

Als du am Ende dieser Schreckenszeit ganz heruntergekommen warst und zur Braut zogst, fort in die Dachkammer, im August 1973 war das, drei Monate vor deinem endgültigen Tiefpunkt, da habe ich kaum noch reagiert. Es war nicht das erste Mal, daß du auszogst, und dieser Auszug hat nichts besser und nichts schlechter gemacht. Du konntest mich nicht mehr schockieren und diese Alkoholikerverlobung war ja irgendwo von dir noch ein böser Spaß, mitten in deinem Elend. Ich hatte Schlimmeres erwartet. Daß du jemand totschlägst, das habe ich erwartet. Mit Gott bin ich ja vorsichtig, sage nicht, daß es ihn gibt, und sage nicht, daß es ihn nicht gibt, aber falls es ihn nicht gibt, ist meine Weisheit mit dem Glück, daß du keinen totgeschlagen hast, aufgeschmissen. Und deswegen werde ich mich hüten, zu sagen, Gott gibt es nicht. Ernst, mir fehlt wohl jede Phantasie, ich bin wohl Tatsachenrealist. Ich bin neutral, wie die Schweiz, aber nicht aus Gleichgültigkeit, sondern aus einem tiefinneren Bedürfnis nach Mäßigung. Nein, mit deinem letzten Auszug, der Flucht zum Bräutchen, hast du mich aus meiner dumpfen Lähmung nicht mehr herausreißen können.

Meine Lage war übel. Es war alles am Ende. Nur ein Berg Schulden. Einer, der aus dem brennenden Haus geht und den anderen drin hocken läßt. Was mir auffiel, war schlimm: Unsere früheren Bekannten, die wollten nun nichts mehr mit mir zu tun haben. Als du zur Braut zogst, haben sie mich fallenlassen, fallenlassen wie einen faulen Apfel. Das war schlimm, für diese Bekannten. Für mich weniger. Meine Lage konnte so etwas nicht mehr verschlimmern. Schlimm für die Leute, daß man so etwas noch merkt. Es gab Ausnahmen. Ja, es gab Ausnahmen, mehrere, wenige. Ausnahmen sind immer wenige Ausnahmen.

Ich war allein in der Wohnung, allein mit den Katzen. Dumpf habe ich vor mich hingelebt, habe Tabletten geschluckt. Jeden Tag habe ich Tabletten geschluckt. Keine Spur Interesse mehr. Schon vorher hatte ich kaum noch reagiert auf irgendwas. Nun hörte der Rest von meiner Reagibilität auch noch auf und mit den Tabletten wurde das erträglicher, aber nur so lange, wie die Tabletten wirkten. Wenn mein Zustand sich nicht geändert hätte, würde ich heute wohl immer noch Tabletten nehmen, ganz unsüchtig. Weiß man nicht. Vielleicht hätte ichs noch Jahrzehnte ausgehalten, das kann keiner sagen. Sucht heißt auch Interesse, unglückliches Überglück in nie aufhörendem Interesse, so denke ich, denn ich lebe ja nun achtzehn Jahre mit einem Süchtigen und bin mit krank geworden in seiner Krankheit, so empfinde ich Sucht. Davon war bei mir auch nicht eine Spur, ich bin anders. Und so hätte ich es wahrscheinlich noch Jahrzehnte ausgehalten.

Die Wende kam mit Anitas Anruf. Du warst eine Woche weg, fest bei der Braut, da rief mich eine junge Frau an, sagte, sie sei Alkoholikerin, Anita mit Namen, ob sie dich sprechen könne? ›Der ist weg, ausgezogen‹, sagte ich. ›Dann bin ich zu spät‹, sagte Anita. Um was es denn ginge? Da sagte Anita, sie hätte eine Radiosache von dir gehört, ›Trinken‹, wo du sagst, daß du Alkoholiker bist und wo du die Antabus noch als Möglichkeit gesehen hast, diesen Wahnsinn. ›Ich wollte Ihren Mann einladen, mal zu uns in die Gruppe zu kommen. Ich bin jetzt zwei Jahre weg vom letzten Glas, durch diese Gruppe‹, sagte Anita. ›Das ist sinnlos, da kommt er nicht hin‹, sagte ich. ›Dann kommen Sie doch mal‹, sagte Anita. ›Ich, wieso denn ich?‹ fragte ich. Anita sagte: ›An jedem ersten Freitag im Monat machen wir ein Informationsmeeting im Dominikanerkloster. Dort kann jeder hinkommen, der von dem Problem betroffen ist und sich informieren möchte. Es gibt nämlich einen Weg aus dieser Hölle und er funktioniert. Kommen Sie mal und hören Sie sich mal an, was Leute zu sagen haben, die das Problem erfolgreich handhaben.‹ Ich sagte: ›Ja, ich komme.‹

Es waren noch vierzehn Tage bis zu diesem offenen Meeting. Das erschien mir sehr lang. Ich habe so darauf gewartet, auf diesen Freitagabend. Gefühlt habe ich nichts, als der Tag gekommen war. Rein wollte ich da, rein wollte ich. Dann bin ich reingegangen und habe zugehört, was die da alles sagten. Da sprachen mehrere Alkoholiker von ihren selbstgemachten Erfahrungen und es sprachen auch Angehörige, die ihre trinkenden Partner zur Gruppe gebracht hatten. Das gabs offenbar. Es war ein Rundgespräch. Als ich an der Reihe war, da habe ich erzählt, wie es bei uns aussah. Kein langes Zeug drumherum geredet habe ich, ich habe erzählt, was wirklich ablief. Wenn man so am Ende ist und nichts mehr zu verlieren hat, kann man erzählen. Dann hat sich einer zu Wort gemeldet. Er hieß auch Ernst. Das war Kettenernst, wie du ihn ja inzwischen liebevoll nennst. Dieser Ernst hat mir Mut gemacht, weil er klar aussah. Er hat zu mir gesagt: ›Mädchen, zuerst einmal: Du hast in allen diesen Jahren alles falsch gemacht. Du hast den Kerl nur bemuttert. Du hast damit den Leidensweg von diesem Mann nur verlängert. Wenn du ihm wirklich helfen willst, dann mußt du jede Hilfe kompromißlos einstellen. Und mußt ihn saufen lassen. Die Tür zumachen und den Mann saufen lassen, damit er endlich und hart ans Ende kommt. Er kann dabei draufgehen oder er kann, auf dem Tiefpunkt, kapitulieren. Beides ist drin. Du mußt es riskieren. Hilfe ist erst wieder sinnvoll, wenn er das Glas hingesetzt hat, weil er satt ist. Bis dahin mußt du ihn, mit dem nackten Arsch draußen im Winter, hängen lassen.‹ Alles stand auf dem Kopf. Ich habs wohl deshalb sofort kapiert. Ich habe dem Ernst das sofort abgenommen. Es hat mir eingeleuchtet. Weil es so absolut verrückt war, was er sagte. ›Aber der ist doch jetzt bei der Braut‹, habe ich gesagt. Dann hat Ernst gesagt: ›Warte ab, denn nach allem, was du hier gesagt hast, ist er bald bedient. In drei Monaten ist er fertig.‹ Dann hat sich eine Angehörige gemeldet, Marlies. Sie hat zu mir gesagt: ›Am nächsten Freitag komme in die Angehörigengruppe.‹ Ich fühlte: Hier war Wirklichkeit. Am nächsten Freitag bin ich in die Angehörigengruppe gegangen.

Es ist in dieser Angehörigengruppe am ersten Abend etwas Sensationelles passiert. Dort sagten sie mir, daß Alkoholismus eine Krankheit ist. In diesem Moment ist die jahrelange Angst, gegen die keine Macht der Welt in fünfzehn Jahren etwas ausrichten konnte, von mir weggegangen. Sofort, noch in diesem ersten Meeting, konnte ich anfangen, etwas zu atmen und etwas zu leben. Denn die jahrelange Angst ist eingestürzt und ich fühlte, wie sie schon damit anfängt, von mir wegzugehen. Das ist für mich heute noch unerklärlich.

Marlies hat mir in der Zeit darauf Mut gemacht. Sie kümmerte sich um mich. Rief mich ein paarmal an abends. Sie gab mir auch ihre Telefonnummer. Anita hatte mir auch ihre Telefonnummer gegeben. Und Marlies hat sich um mich gekümmert. Die Erfahrung aus der Angehörigengruppe – und daß dir einer ein paar persönliche Worte sagt und mal anruft, das ist das, was wirklich zählt.

Am Sonntag darauf war ein Treffen in Aschaffenburg. Dort habe ich Rudi kennengelernt, deinen späteren Sponsor. Dem habe ich von dir erzählt. Er hat zugehört. ›Saufen lassen‹, hat Rudi gesagt.

Ich ging jetzt regelmäßig in die Angehörigengruppe. Ich lebte nun etwas besser. An meiner Lage hatte sich zwar kaum etwas verändert, das Alleinsein, die Schulden, die Sinnlosigkeit im Büro waren geblieben, aber die Angst vor dem Alkohol, die fünfzehn Jahre meines Lebens überschattet hatte, die ging weg. Das war das Wichtigste überhaupt. Ich konnte wieder durchatmen, einigermaßen.

Ich habe nun packenweise Literatur über Alkoholismus gelesen, alles, was ich bekommen konnte. Ich habe das in erster Linie für mich getan und habe mich damals kaum mit der Frage beschäftigt, ob du das jemals kapieren würdest oder nicht. In den drei Monaten, in denen du bei der Braut warst, habe ich auch nie versucht, mein Wissen bei dir anzubringen. Ich hatte bis jetzt alles falsch gemacht, das stellte sich immer klarer heraus.

Von dir kamen Nachrichten, daß du jetzt kontrolliert trinken könntest, beim Essen ein Glas Wein und so weiter. Inzwischen kannte ich auch die Phasen von Jellinek. Der Automatismus deiner Krankheit, den ich diesen Phasen entnehmen konnte, wie das alles im Detail und dann fortschreitend auch auf dich zutraf, das hat mich bestärkt, die Erfahrung der Gruppe ernstzunehmen und Hilfe durch Nichthilfe zu praktizieren, bis du unten warst.

Am 16. November kamst du mittags, um mit mir wegen der Scheidung zu sprechen. Du warst schon angetrunken. Fragtest, ob ich Alkohol im Haus hätte? Ich machte einen Tee und stellte dir Stroh-Rum dazu auf den Tisch. 80 Prozent. Die Flasche war noch mehr als halbvoll. Du hast zuerst noch etwas Tee zum Rum genommen, dann hast du die Flasche langsam ausgetrunken. Du sahst schon schlimm aus, als du kamst: zusammengeschlagen, zitternd, verdreckt. Als die Flasche leer war, warst du sterbenskrank, ein Wrack. Du wolltest zur Hauptwache. Ich habe dich hingefahren. Früher hätte ich dich in diesem Zustand niemals vor die Tür gelassen, jetzt habe ich dich rausgelassen, dachte: ›Entweder kommt er zum Ende, oder er geht kaputt, oder sie schlagen ihn tot . . .‹ An der Hauptwache ließ ich dich aus dem Wagen. Du torkeltest davon. ›Er krepiert oder es bessert sich jetzt‹, dachte ich. Ich fuhr weg und ging abends in die Angehörigengruppe. Ich hatte nun probiert, was ich gelernt hatte. Hilfe, das hatte ich begriffen, Hilfe wird erst dann sinnvoll, wenn der Betroffene sich selber geholfen hat und wenn er die Flasche ungetrunken hinstellt. Daß einer erst so auf den Tiefpunkt kommen muß, bis ihm das gelingt, jedenfalls unter den gegenwärtigen Umständen noch, war für mich eine inzwischen nüchterne Erfahrung geworden, die mir erst die Gruppe bewußt gemacht hatte. Und dort hatte ich außerdem gelernt, daß es in den weitaus meisten Fällen schiefgeht. Dieser Wirklichkeit standzuhalten, einer Wirklichkeit, die ich längst befürchtet hatte, damit hatte ich genug zu tun. Das war noch mein Glück, denn sonst wäre ich wohl für immer alltagsverrückt geworden, so verrückt, daß es keiner mehr registriert, weil ja viele verrückt sind und alle, denen das nützt, dabei tüchtig beiseite schauen.

Am Mittag des folgenden Tages riefst du mich aus dem Appartment von Bernd an. Du warst unten, hart aufgeschlagen, ich hörte es aus deiner Stimme: ›Kannst du mich holen? Ich will nicht mehr trinken. Habe schon angefangen mit dem Aufhören. Hilf mir, Mädchen, die Braut kapiert nichts.‹ Du bist schon ein böser Hund damals gewesen – wer kapierte, der zählte für dich, damals. Du hattest nicht nur als Alkoholiker deinen Tiefpunkt, du hattest auch als Mensch deinen Tiefpunkt, denn das war auch dein Tiefpunkt als Künstler, ja, du warst fertig.

Ich habe dich abgeholt. Es war, auf den Tag genau, eingetreten, was der andere Ernst mir damals in meinem ersten Informationsmeeting gesagt hatte. ›In drei Monaten ist er fertig‹, hatte er gesagt. Ich hatte in diesem Vierteljahr gelernt. Fünfzehn Jahre Elend und dafür drei Monate lernen und dabei noch Glück zu haben, wenigstens erleben zu dürfen, daß man lernt, Ernst, so war es jetzt gekommen. Ich war nicht überrascht von deinem Anruf und holte dich ab.

Die ersten zehn Tage mit dir, in denen du nicht trankst, gehören zu den schlimmsten Zeiten, die wir miteinander hatten. Du hattest einen harten Entzug hier hinter dich gebracht. Außer Anita und mich ließest du keinen in deine Nähe. Ich glaube, jeden anderen hättest du erwürgt. Am zweiten Tag lerntest du Ernst und Rudi kennen, zu denen faßtest du Vertrauen, zogst dich aber sofort zurück. Es war zuviel für dich. In den ersten zehn Tagen kam dein ganzer Haß aus allen Jahren aus dir heraus und alles ging gegen mich. Ich war diesem Ansturm des Hasses nur deshalb in meiner Ohnmacht gewachsen, weil es meine letzte Hoffnung war, daß du es nun packst mit dem Nichtmehrtrinken und mit der Truppe.

Du gingst in jene Klinik, weil ich dich darum gebeten habe, ich konnte nicht mehr, brauchte Ruhe. Du hast eingewilligt. Du hast nichts mehr angerührt und hast wegen mir eingewilligt, dorthin zu gehen, obschon du es für reinen Wahnsinn gehalten hast, dich überhaupt nur einen Tag mit so etwas zu befassen. Drei Dinge hattest du, bis über den Kragen, satt: Alkohol, Tabletten und Ärzte. Trotzdem bist du hingegangen in diese Klinik, weil ich nun durchdrehte und nicht mehr konnte: Dein furchtbarer jahrelanger Haß brach aus dir heraus und alles kehrte sich gegen mich und trotzdem warst du zur selben Zeit vollkommen solidarisch mit mir. Das war ja das, was mir wie unheimlicher Wahnsinn vorkommen mußte.

Aus der Klinik kamen böse Nachrichten von dir. Ein Hiob, der böse wird. Ich habe mich dagegen gewehrt, zuzugeben, daß du gerade dabei bist, eine Schweinearbeit der Erkenntnis zu machen, ich habe mich dagegen gewehrt mit allen Mitteln, aber ich spürte hier in Frankfurt, daß da einiges daran war. Als ich dich später dort besuchte und mich durch Augenschein informierte und deine wüste Ablehnung erkannte, deine steinerne Entschlossenheit, die Flucht ins neue erste Glas nicht mehr anzutreten und als du zu mir sagtest: ›Ich saufe jetzt nicht, um diese weiße Scheiße für immer aus mir auszumisten, bis zum letzten Erdentag‹, da wußte ich, was die Stunde geschlagen hat, denn du trankst tatsächlich nicht mehr, und ich kenne deine Art, etwas durchzuziehen. Es hat mich ungeheuer schockiert, daß ich innerlich bereit wurde, dir einmal zuzustimmen, so krank du auch warst. Denn in der Zwischenzeit war etwas passiert, was dich verwandelt hatte: Du hattest an die vierzig Tage und Nächte nicht mehr getrunken und hattest Ron, den Alkoholiker, kennengelernt. Du warst fest entschlossen, in Frankfurt zu Rons Truppe zu gehen, zu Ernst, Anita und Rudi, zu denen und zu den anderen dort. Da begriff ich, noch in der Klinik, daß hinfort, was Sucht und Ärzte betrifft, mit dir nie mehr gut Kirschen essen wäre. Ernst, kaum bist du einige Wochen aus dem Saufen heraus und schon muß ich dir innerlich irgendwo zustimmen.

Du kamst zurück nach Frankfurt und gingst sofort zur Truppe und gingst jeden Tag in ein anderes Meeting. Ich ging weiter in die Angehörigengruppe, weil es mir so schlecht ging. Unser Leben war beklemmend, ganz böse. Du hattest dir Rudi als Sponsor genommen. Er konnte mir Mut machen damals. Und als Alkoholiker ist Rudi ein illusionsloser Mann. Aber er konnte mir, was dich betrifft, Mut machen.

In den ersten Monaten wurde ich fast gar nicht fertig mit den Schwierigkeiten. Ich lebte immer noch weitgehend wie vorher, in einer unheimlichen Anspannung. Ich tat fast nichts Neues. Deshalb konnte es mir auch nicht viel besser gehen. Meine Gruppe hat mir noch von allem am meisten genützt. Langsam wich die Lähmung von mir, weil ich sah, daß du weiterhin nicht mehr trankst. Aber, lieber Herr Fischkopf, ich wurde keineswegs zu einem glücklicheren Menschen, ich wurde nun eine ganz aggressive Person. Das ganze erste Jahr ohne Glas verlief schlimm. Aber es war kein Vergleich mit der Saufzeit. Als das erste Jahr um war, wir beide noch zusammen waren, hatten mir drei Dinge geholfen: meine Aktivität, die Angehörigengruppe und die Zeit.

Der Haß auf dich kam, seit du aus der Klinik zurück warst und stur nicht mehr trankst. Nimm das einmal so, wie es ist. Der Haß gegen dich steigerte sich. Aber ich habe versucht, mir meinen Haß nicht anmerken zu lassen und habe ihn, in dosierten Aggressionen, außerhalb des Hauses rausgelassen. Auch davon erfuhrst du nichts, du hattest genug mit dem Nichtsaufen und mit der Truppe und mit deinen ersten neuen Versuchen im Schreiben zu tun. Tag und Nacht hast du dich geschunden und ich habe das registriert. Du fingst sogar schon an mit dem systematischen Schuldenabbezahlen. Und dann hast du dich bereits um die ersten Nassen gekümmert, hattest da auch keine Angst vor Fehlern. Du sagtest immer: ›Wenn ich nicht saufe und einem anderen im selben Dreck ehrlich helfen will – und ehrlich, das heißt kostenlos im Fall von Sucht, dann korrigiert der Geist der Truppe barmherzig meine Fehler, Schneeflocke – und über den Rest amüsiert sich der liebe Gott.‹ Du hast das gesagt und du hast so gehandelt. Aber ich haßte dich trotzdem wie die Pest. Nur habe ich mich entschlossen, diesen Haß draußen abzulassen. Denn ich wollte nicht, daß du deswegen noch einmal einen Rückfall bautest. Es kamen für dich zu viele Belastungen zusammen. Ein trockener Alkoholiker, der nicht mehr trinken will, der säuft nicht, weil seine Frau ihn bedrängt oder kujoniert. Aber wenn mehrere Belastungen von verschiedenen Seiten zusammenkommen, dann ist der Rückfall schnell im Haus, dann ist er schon vorprogrammiert.

Ich erinnere mich an das, was ich früher alles geschworen hatte, wenn du nur nicht mehr söffest. Nun hattest du aufgehört mit dem Saufen und ich nahm das ernst, was ich damals geschworen hatte, und schimpfte und giftete und jammerte nicht an dir herum. Denn so sicher es für mich heute ist, daß du so anormal soffst, weil es eine Krankheit ist, dein Süchtigsein, so klar wurde mir, mitten in meinem wachsenden Haß gegen dich, daß ein neuer Rückfall jetzt, wo du in der Selbsthilfe derart aktiv geworden warst, auch auf mein Konto gegangen wäre. Ich jedenfalls hätte keine Möglichkeit mehr gesehen, einen neuen Rückfall von dir damit abzutun, daß du ja krank bist und bleibst, sondern den neuen Rückfall hätte ich mir dann, zu einem Teil, auf die eigene Nase binden müssen. Deshalb bin ich länger als zwei Jahre bewußt und immer wieder bewußt den untersten Weg gegangen. Was auch von dir kam, ich habe nicht angefangen mit Gedrängel und Gegifte und Gejammer. Dafür war mir dein Einsatz, den du brachtest, viel zu wichtig. Denn du tatest inzwischen auch etwas für andere Leute. Weil du Hund nämlich genau wußtest, daß du kein Heiliger, sondern höchstens eines Tages ein nüchterner Alkoholiker bist. Ich wollte diesen Prozeß nicht zerstören. Die Geduld nahm ich aus meinem Wissen von dem, was gewesen war, und aus dem Sehen, was jetzt war, und aus der Erkenntnis der Angehörigengruppe – und aus den nüchtern registrierten Fehlern, die Angehörige dort mit Männern machten, nachdem die aufgehört hatten mit dem Trinken.

Ich habe aus Richtigem und aus Falschem gelernt und das ist nur möglich in einer Gruppe. Wissen, Sehen und Erkenntnis waren meine soliden Hilfen. So bekam ich langsam Hoffnung. Hoffnung kommt bei mir nur durch das Erlebnis meiner langsam zunehmenden Fähigkeit, mich und andere, an denen mir liegt, nüchtern zu akzeptieren, weil wir verschieden sind. Leute zu akzeptieren, obwohl sie verschieden sind, ist hoffnungslos, sehr schwach. Leute mögen, weil sie verschieden sind, das gibt mir Hoffnung. So sehe ich es. Du bist anders. Deshalb mag ich dich ja, du Ungeheuer.

Nach fast drei Jahren nun geht es mir besser. Ich führe es auf das zurück, was ich getan und was ich nicht getan habe, und auf den langsamen Genesungsprozeß bei dir und bei mir.

Das punktuelle Fremdgehen von dir nahm ich nicht mehr zur Kenntnis. Unwichtig für mich. Das hängt bei dir ja wohl zusammen mit der Klärung bestimmter sprachlicher Dinge. Bei dir geht ja alles nur um Sprache. Sprache der Frauen muß dich ja wohl ewig faszinieren. Und so etwas kann keiner am Schreibtisch ergrübeln. Wer ein Talentchen heiratet, der hat die Flittchen, wer einen Schriftsteller heiratet, heiratet die Sprache, und Sprache, das heißt Frauen, denn nur die, die bedrückt sind, haben lebendige Sprache. Die Talentchen ärgert das, die Schriftsteller wissen das. Natürlich hat es lange gebraucht, bis ich das verstehen lernte und dann, Ernst: Nicht der Alkohol hat unsere Beziehung ruiniert, sondern deine Weibergeschichten im Suff, diese Klammeraffengeschichten, dieses Unnormale. Denn ohne Suff hattest du keine solche unnormalen Weibergeschichten. Deine Abenteuer mit Frauen nach deinem letzten Glas sind normal. Darüber brauchte ja zwischen uns auch nicht mehr gesprochen zu werden. Früher erörtertest du jedes Weiberzeug mit mir bis zum Siedepunkt, und wenns dir nicht aus dem Maul kam, dann redete es dir aus dem Hintern. Seit du nicht mehr trinkst, hat sich das immer mehr normalisiert bei dir. Hinzu kommt noch: Wer Liebe mit Sexualität verwechselt, der müßte sich, wenn er ehrlich ist, mindestens alle zwei Jahre wieder scheiden lassen. Und das wird ja von den meisten Menschen geleugnet. So sehen sie dann auch aus, diese Heileweltschwalben und diese entstiefelten Kater, wie du sie nennst. Ach, was war ich erleichtert, als du dir nach fünfzehn Monaten ohne Glas endlich mal wieder eine wirklich ansehnliche Frau an Land zogst. Zu Karola habe ich damals gesagt: ›Wenn der sich nicht bald zusammengenommen und eine vernünftige fremde Frau endlich ohne Geschrei genossen hätte, dann hätte ich den bald auch nicht mehr gewollt.‹ Da hat Karola sehr gelacht, aber mir war das ernst. Und dann bin ich ja auch sicher: Dein Fremdgehen, das ist die Genesungsphase. Du sagst zwar immer fischernst, du bist nur trocken und noch lange nicht nüchtern, aber du bist ein Nützer auf lange Zeit. Dich muß man lange und tüchtig lieben, sonst hat man von dir keinen Gewinn. Ich bin ja wahnsinnig, daß ich das hier als meine Erfahrung erzähle, denn das hatten deine Frauen, die Schönen der Morphologie, ja sämtlich nie begriffen, und das war mein Glück. Aber die Sicherung des Besitzstandes war noch nie ein Glück, ich glaube, nur Erkenntnis bleibt Glück.

Es ist vollkommen neu für mich, daß ich jetzt mal ins Kino gehe. Achtzehn Jahre habe ich das nicht gemacht. Ich gehe auch ins Hallenbad. Und fange, irgendwann, mit Malen an. Das Mosaiken in Zürich, vor achtzehn Jahren, weißt du noch, wie du dich erregt hast, weil ich die Platte aus dem Klubhaus noch an mich gerissen habe? Ja, Ernstel, damals wurde mein Hang zum Kunstgewerbe ziemlich heftig und, hoffentlich, für immer unterbrochen. Malen ist anders. So einen Schafbock mit steifen Beinen auf dem Eis, wie Sis ihn malte, das ist schon nicht mehr das Kunstgewerbe einer verzweifelten Ehefrau, das ist schon malerisch. Ich konnte als Kind ganz heiter zeichnen, vielleicht male ich nie einen so bleibenden Schafbock wie Sis, vielleicht male ich Fliegen. Es kommt von allein, aus mir alleine kommt das. Das ist ganz eigenartig. Ich bekomme wieder Interessen. Was ich nie aufgehört hatte, was ich selbst in der schlimmsten Lähmung nicht aufhörte, war das Lesen. Weil ich halt immer allein war. Wenn alles zu Ende ist, bleibt zuletzt doch noch fremdes Erzählen bei dir. Wo auch das aufhört, ist dann das Leben zu Ende.

Die Leute sagen, ich hätte Humor. Ob ich Humor habe, weiß ich nicht. Von meinem Vater habe ich Gutmütigkeit und Geduld geerbt, von meiner Mutter Aufgewecktheit und Durchblick. Ob man Humor hat, weiß man selber wohl nie. Ich glaube, Humor ist ein Ausdruck seelischer Gesundheit. Es gibt ja auch noch Galgenhumor, von dem wollen wir aber heute nicht reden. Es ist auch spät, ich gehe jetzt ins Bett und du, du fängst ja erst jetzt richtig an zu leben. Meine Miterkrankung in deiner Krankheit Alkoholismus, mein Mitkranksein, das konnte ich lange nicht begreifen. Es ist ein langer Weg für einen Angehörigen, bis ihm das klarer wird, und er braucht eine Angehörigengruppe, damit es besser wird. Ich habe fast drei Jahre dein Nichtmehrtrinken und meine Gruppe gebraucht und unzählige Kontakte mit anderen Angehörigen, die noch tief drin hingen und hängen, bis ich lernte, meine Mitkrankheit zu verstehen. Je mehr man aber lernt und im Gelingenderen auflebt, desto eher kommt er dann, der Humor. Humor ist eine sehr ernste Erleichterung. Nur in der Angehörigengruppe hocken und denken, damit käme Genesung von selber, das führt zur Stagnation. Und Stagnation in der Sucht heißt Rückfall.

Weißt du, was erheiternd ist? Ich habe doch immer geplärrt in der ersten Zeit, ich verstünde das mit dem Heute nicht. Aber ich habe immer schon im Heute gelebt. Denn mit einem Typ wie dir konnte ich nur im Heute leben, anders ging es nicht. Das erschließt sich mir nun langsam. Wenn ich zu wählen hätte zwischen Humor und Heiterkeit, Ernst, ich würde die Heiterkeit wählen. Heiterkeit ist beständiger.«

Freude

> »Übrigbleiben wird nur der Unbekannte, der alles das in sich zusammenhält, was seinen Zeitgenossen am meisten fehlt.«
> *Carl Jakob Burckhardt an Hugo von Hofmannsthal*

Irgendwo in diesem Land, in dem Angst und Mitschuld und Sprache drei Formen des Wahnsinns zum rettenden Alltag gemacht haben – Angst den Wahnsinn romantischer absoluter Liebe, Mitschuld den Wahnsinn romantischer absoluter Arbeit und Sprache den Wahnsinn romantischer absoluter Freude, irgendwo in diesem Land der Deutschen, weithin rechtschaffener Irrer, lebt ein Maßvollerer, Herr Freude. So nannte ihn eine Frau, die ihn besser kannte als ich. Freude – wandernde Literatur, weil er Dinge aus der Literatur lärmfrei in seinem Leben praktiziert – ist es unangenehm, in Arbeiten schreibender Zeitgenossen mit Namen genannt zu werden. Es ist nicht Furcht und es ist kein Kokettieren mit Bescheidenheit, denn dieser nachdenkliche Mann lebt mit seinen namentlichen Werken unbefangen in seinem Ruhm, der Verstehen heißt. Auch er ist gefangen mit uns allen. In ihm leben ein Mann und eine Frau in heller tätiger Hochzeit. Das war mein erster Eindruck von der Heiterkeit in dem Mann mit dem schönen Namen Freude.

Vor zwanzig Jahren lebte ich als Bettler in einer Stadt, wo ich selbst unter Trinkern, sonst schnell Kumpane im selben Boot, fremd blieb. Jemand wies mich auf eine Chance hin, mit Schreiben etwas Geld zu verdienen. Ein Verlag startete ein ehrgeiziges Unternehmen zur Orientierung über etliche tausend Einzelwerke der Weltliteratur. Es wurden Leute gesucht, die über bestimmte Werke schreiben konnten. Ich ging dorthin, zerlumpt und verschüchtert. Ich hatte das Glück, eine Frau zu treffen, die zum Kollegium der leitenden Redaktion gehörte. Sie empfing mich freundlich, und wir kamen in ein Gespräch. In meiner Manteltasche trug ich ein Buch mit den letzten Aufzeichnungen von Simone Weil in einer soeben erschienenen deutschen Übersetzung, deren Vollkommenheit mich faszinierte. Ich zog den Band aus meiner Manteltasche und las, um jener Frau eine Freude zu machen, eine Stelle vor, in der Simone Weil über Gemeinschaft schreibt. Ich hatte keine Gemeinschaft und bedurfte ihrer und so entnahm ich dem Werk Simone Weils die Zuversicht, daß es Gemeinschaft auch für mich eines Tages geben würde – weil so klar und einfach darüber geschrieben wurde. Was nüchtern beschrieben wird, existiert oder es wird kommen, das fühlte ich. Nachdem ich, in meiner Zerlumptheit, jene Stelle für die Frau gelesen hatte, kam ich auf die Beschaffenheit jener Übersetzung zu sprechen. Die Erörterung war, von meiner Seite, kurz und bestimmt. Dann stellte sich heraus, daß jene Frau eine ähnliche Hilfe durch Simone Weil erfuhr wie ich. Ich war äußerst klar in dem Moment, keine Spur überrascht. Aber diese Frau sagte zu mir: »Daß Sie hier hereinkommen, in Lumpen und ohne irgendeine Spur von Furcht und daß Sie sich hier zu mir setzen und mir aus der Selbsterfahrung Simone Weils vorlesen, das ist für mich so wunderbar, das ist sie ja, die Gemeinschaft, von der Simone schreibt. Da kommt ein Fremder und bringt mir zum Bewußtsein, daß es keine obskure Zufälligkeit ist, daß ich Simone Weils Mitteilungen brauche. Der da hereinkommt, der braucht sie eben auch. Schauen Sie, darum sitze ich hier und versuche, Weltliteratur auffindbar zu machen.« Ich nickte nur, es war alles einfach und klar.

Ich machte einige Probearbeiten, sie wurden angenommen. Nun schrieb ich mir aus einer Liste der Werktitel einige Titel auf. Es handelte sich um Werke, die mir in meinem gekenterten Leben Mut gemacht hatten, nicht vollends zu verzweifeln. Diese Werke hatten meine Fähigkeit zum Zweifel in mir aufrechterhalten. Um meinen Gefühlen der Dankbarkeit einen möglichst ruhigen Ausdruck zu geben, nahm ich mir vor, über diese Werke mit aller mir möglichen Allgemeinheit zu informieren, den Wahrheitsgehalt und den Sachgehalt in diesen Büchern kurzgefaßt zu erzählen. Wer am Boden ist, liest genauer, falls er liest. Ich hatte mir etwa hundert Bücher notiert. Die Exemplare fand ich in der Staatsbibliothek. Aber ein bestimmtes Buch fand ich nicht. Es zählte seit mehr als hundert Jahren zu den Rarissima. Aber ich wollte auf eine nochmalige Begegnung mit dem französischen Text nicht verzichten. Im Arbeiten war ich schon immer von peinvoller Genauigkeit, ein Fischkopf mit Monokel, mit einem unsichtbaren Monokel. Mein Interesse, Vorwerk der Liebe zu fremden geistigen Versuchen, das war mein unsichtbares Monokel auf meinem Fischauge. So suchte ich nun weiter nach jenem raren Buch, um es noch einmal kennenzulernen, bevor ich schrieb.

Ich bettelte und trank weiter, kannte kaum Leute und hatte auch keine Vorstellung, wer jenes Buch wohl besitzen könnte.

Ich ging zu jener Frau, um sie zu fragen, was sie an meiner Stelle täte. Sie kannte jenes Buch, wußte von seiner Existenz, aber das war auch alles. Da sagte sie: »Warten Sie einmal – wenn dieses Buch überhaupt jemand hat oder Ihnen helfen kann, es zu entdecken, dann nur Herr Freude.« Ich war vollkommen hingerissen von dem Namen Freude. Da sagte die Frau: »Ich nenne diesen Mann so.« Dann nannte sie mir seinen bürgerlichen Namen. Ich wußte sofort, um wen es sich handelte. »Warum nennen Sie ihn Freude?« fragte ich die Frau. Sie antwortete mir daraufhin: »Seine Geistigkeit vermittelt Freude. Er ist ein wissender Mann, heiter und ernst. Und er hat ein Herz für andere schwierige Menschen. Herr Freude liebt schwierige Menschen. Deshalb ist er so frei und auch, in nicht gemeiner Weise, so produktiv.« Herr Freude liebte schwierige Menschen? Dann war er wie ich. Ich dankte der Frau für den Hinweis und ging. Ich brauchte zwei Tage, bis ich den Telefonhörer hochhob. Dachte immer wieder: ›Wenn Freude dieses Buch hat, wie käme er dazu, es einem Bettelbruder wie dir zu geben?‹ Es war in der Zeit nach dem Abendessen, als ich anrief. Jener Mann meldete sich. Er nannte seinen bürgerlichen Namen und hatte eine ruhige fragende Stimme. Ich nannte keinen Namen, mir war immerzu bang zumute. Statt dessen sagte ich, um was es ging. Da hörte ich Herrn Freudes Stimme: »Ach! Dieses Buch besitze ich zufällig. Wenn Sie vorbeikommen wollen, borge ich es Ihnen gern.« Ich nahm alle Courage zusammen und fragte: »Kann ich jetzt gleich kommen?« Mir wurde heiß bewußt, daß ich nicht getrunken hatte den ganzen Tag. »Natürlich, kommen Sie gleich jetzt«, sagte Herr Freude.

Ich stand vor dem Haus und schellte, dachte: ›Du siehst aus wie ein Ganove, den sie wegen milieuunwürdigen Aussehens ausgestoßen haben, du Beamter der Phantasie.‹ Freude empfing mich mit Interesse. »Sie müssen schon verstehen, daß mich jemand interessiert, der nach diesem Buch fragt. Kommen Sie, bitte, in mein Arbeitszimmer«, sagte er. Dort gab er mir das Buch, und ich schlug es auf. Mir kam das alles vor wie ein

Wunder. Das war er, der lebendige Text, frisch wie am Tag seines ersten Erscheinens. Ich murmelte staunend: »Wie kommt es, daß Sie diese Kostbarkeit einem Typ wie mir, den Sie nicht kennen, mitgeben wollen?« Da sagte Herr Freude heiter: »Ach, ich bin ja nun gewiß kein großer Menschenkenner, aber ich bilde mir nun einmal ein, daß jemand, der nach einem solchen Buch fragt, unbedingt vertrauenswürdig ist, nein?«

Wir haben uns wiedergesehen. Ich brachte das Buch bald zurück; Freude lieh mir weitere Bücher. In seinem Arbeitszimmer las er mir aus Werken, die er liebte, vor. Wir erzählten einander. Ich lernte durch Freude, daß mein Niedergang in der Trinkerei unvermeidlich war, daß indessen in den Phasen der Gegenwehr gegen das Glas intensive Abenteuer der Kommunikation möglich waren. Und ich lernte, daß ich ein Typ bin, der bereit war, diese Abenteuer mit den gefürchteten unvermeidlichen Abstürzen zu bezahlen. Drittens lernte ich durch Freude, daß meine sehr frühe Entscheidung, Schriftsteller zu sein, die einzige selbständige und richtige Entscheidung in meinem Leben war, die ich folglich auch nie bereuen mußte.

Zwanzig Jahre später war ich ein Schriftsteller, der, nach einem jähen hellen Erfolg und einem langsamen schmutzigen Niedergang, noch einmal versucht hatte, ohne einen Funken Zuversicht das Erdreich der Schande über seinen gelähmten Resten gleichwohl erzählend aufzubrechen. Ich hatte dabei, was den Ausstoß angeht, hart überreagiert. Das fühlte ich auch deutlich in meiner Dauerarbeit. Als ich nun meinte, mit dem Buch fertig zu sein, und als ich das Ergebnis auf meinem Tisch liegen sah, eine Wüstenei meiner Überanstrengung, wurde ich, für einen Moment, nüchtern. Da durchzuckte mich der Gedanke, den Steinsack Sprache an Herrn Freude zu schicken und ihn um ein Urteil zu bitten. Das habe ich dann getan.

Ich wußte, daß es lange dauern würde, bis Antwort käme; ich kannte selbst die Gründlichkeit von Freude. Ich erlebte einen zweiten Moment Nüchternheit und übte Geduld, übte sie jeden Tag wieder neu und lernte abwarten. Schließlich kam die Antwort. Freude schlug mir eine Roßkur vor. Das war sein Resümee. Es war ein Schock für mich, weil ich genau das und nichts sonst erwartet hatte. Aber ich gab zu, daß ich das erwartet hatte, und der Schock wich sofort, als ich es in mir zugab. Da erlebte ich den dritten Moment Nüchternheit und wurde bereit, mit der Arbeit wieder von vorn anzufangen und die Roßkur zu versuchen.

Zum erstenmal in vier arbeitsschweren Jahren trat ich zurück von mir und faßte mir ein Herz und erblickte Frau Sprache. Ich dachte an Herrn Freude und sah Frau Sprache und faßte mir ein Herz und legte meine Tatze scheu um die Hüfte von Frau Sprache und und küßte Frau Sprache auf ihren atmenden frischen Mund – o, Seligkeit, sie erwiderte meinen Kuß mit Hingabe und mit Standhaftigkeit und mit Verlangen. Unser keuscher wilder Kuß setzte mich, in meinem Meer der Angst, in alle meine angeborenen und erworbenen und verschütteten Fähigkeiten und in alle meine mit gerechten Gefühlen ersehnten Schwierigkeiten ein. Unser Kuß war ein Anker der Liebe im Erlebnis meiner Mängel, ein Pfahl des Schmerzes im Erlebnis meiner Vitalität und ein Turm der Dankbarkeit im Erlebnis meiner Unbetrunkenheit. Unser Kuß war der Anker der Sprache in der Korona von Liebe, Phantasie und Selbsthilfe in fortschreitender Zeitspaltung. Das Herz sammelte Zeit ein und gab Staunen her; die Galle sammelte Haß ein und gab Hoffnung her; meine Lungen sammelten Schmerz ein und gaben nie erlebten meerbewegten Sprachklang her. Liebe statt Haß und Sprache statt Wahnsinn in diesem wilden frischen Kuß mit Frau Sprache aber erschufen in mir Freude, ernste geistige Freude, weit über allen Tod hinaus. Aufatmen vor höherer Macht brachte mein Unbewußtes wieder in Gang, diese Turbine der Gestaltung allen Elends in meinem Inneren, für deren Ausführung meine Wachheit nur ein unwissender Handwerker bleibt. Ich fühlte, wie die Turbine anlief, denn ich sah die Fliege in

China, ohne Bewußtsein zu Fuß auf dem Weg zum Heng-schan. Die Freude sprang zum Gehirn und sprang fort vom Gehirn und sprang in die Leber. Mein Hirn enteiste nicht durch Hirn, sondern nur durch die Freude in meiner Leber, denn Freude allein schuf jedes Hirn, kein Hirn schuf jemals Freude.

1973–1977

Inhalt

Erstes Buch: Kindheit

Zweites Buch: Krankheit